华侨城
美丽乡村实践

探索篇

华侨城集团有限公司 编著

中国旅游出版社

厚德载物　业精于勤

党的十八大以来，以习近平同志为核心的党中央把生态文明建设作为统筹推进"五位一体"总体布局和协调推进"四个全面"战略布局的重要内容，开展了一系列根本性、开创性、长远性工作，提出一系列新理念、新思想、新战略，形成了习近平生态文明思想。坚持人与自然和谐共生，保护生态环境，促进绿色发展，建设美丽中国等是习近平生态文明思想的基本要求，也是习近平新时代中国特色社会主义思想的重要组成部分。生态文明思想深刻回答了为什么建设生态文明、建设什么样的生态文明、怎样建设生态文明的三大理论问题，是我们党的重大理论和实践创新成果，是新时代推动生态文明建设的根本遵循，对解决"三农"问题、建设美丽乡村具有重要指导意义。

生态兴则文明兴，生态衰则文明衰。纵览历史，我国从未像现在这样既面临着巨大的生态环境压力，又迎来了全面、广泛、深刻的生态文明建设变革，并形成了以建成美丽中国为核心的全新治理目标，其建设难度前所未有。建设美丽中国，关键在于建设美丽乡村。中央一号文件《中共中央国务院关于实施乡村振兴战略的意见》对实施乡村振兴战略进行了重大部署，要求"把乡村建设成为幸福美丽新家园"。习近平总书记指出：中国要强，农业必须强；中国要美，农村必须美；中国要富，农民必须富。将农村美与农业强、农民富相联系起来，充分显示出以习近平同志为核心的党中央对建设美丽乡村的坚定信念，对造福全体农民的坚强决心。因此，我们必须以习近平生态文明思想为指导，注重保护生态环境，发展绿色产业，优化村镇布局，改善安居条件，培育文明乡风，建设产业兴旺、生态宜居、乡风文明、治理有效、生活富裕的社会主义美丽乡村。

美丽乡村是国家建设重点，也是华侨城集团在"百年未有之大变局"历史背景下所应肩负的责任。"木欣欣以向荣，泉涓涓而始流。"青山绿水，乡间百味，正是华侨城美丽乡村建设所追求的乡风图景。华侨城积极发挥央企担当，围绕发展绿色经济、优化村镇布局、改善安居条件、培育文明乡风等重要战略理念，聚焦"三农"问题总要求，构建"田成方、林成网、渠相连、路相通"的田园格局，形成美丽乡村建设与农民增收致富互促共进的良好局面，因地制宜探索各具特色的美丽宜居乡村建设模式。华侨城集团未来将继续紧跟国家战略，在新冠肺炎疫情肆虐和经济全球化减缓的严峻背景下，积极发挥央企责任和担当，为乡村振兴和经济增长创造引导和贡献。

《华侨城美丽乡村实践（探索篇）》涵盖了美丽乡村建设中的核心战略主张，从华侨城自身产业特色出发，结合国家美丽乡村战略，形成了从"两新＋一融＋一全"到乡村振兴战略的理论体系框架，涵盖新型城镇化、新基建、城乡融合、全域旅游、产业兴旺、生态宜居、乡风文明、治理有效、生活富裕九大维度，进而指导华侨城做好美丽乡村建设的顶层战略设计，并结合华侨城自身优势，将新发展理念融入美丽乡村战略的各个方面，成为华侨城美丽乡村建设的重要指引。华侨城美丽乡村建设在紧扣九大战略维度的同时紧紧追随集团未来发展的总体目标，形成了有前瞻、有系统、有潜力的创新发展理念。

《华侨城美丽乡村实践（探索篇）》包含了美丽乡村建设的 EPOC 模式、华侨城美丽乡村项目可行性研判指标、华侨城美丽乡村规划管理方法、华侨城美丽乡村资产包管理模型、华侨城美丽乡村标准体系等重要模块，以更加科学、更加成形的思想指导体系，引导美丽乡村建设实现专业化和智慧化。与此同时，结合美丽乡村的特点，形成了华侨城集团独有的特色乡村建设框架，通过项目有效运营，实现项目综合效益的最大化。在美丽乡村建设过程中，华侨城集团一如既往地结合自身文旅融合的产业优势，积极承接人民日益增长的美好生活需要，坚持高效合理的运营模式和发展理念，树立"统筹考虑，找准定位；加强融合，提升产业；突出文化，提高品位；建设生态，打造宜居；保留乡味，回归自然"的战略思路。华侨城集团积极践行"一带一路"、文旅融合、新型城镇化、乡村振兴等国家战略，围绕"中国文化产业领跑者、中国全域旅游示范者、中国新型城镇化引领者"三大战略定位，构建"文化＋旅游＋城镇化"和"旅游＋互联网＋金融"的创新发展模式，为美丽乡村建设事业贡献央企力量和央企智慧，成为行业领跑者和产业领军者，为美丽乡村事业发展探索先行经验和发展路径。

厚德载物，业精于勤，《华侨城美丽乡村实践（探索篇）》是华侨城美丽乡村探索与实践事业中留下的脚印，是基于实践、基于科学、基于时代背景的美丽乡村建设智慧结晶，旨在为业内提供先进经验的同时也为乡村振兴事业提供重要理念引导，未来将在此基础上进一步迭代和深化，进一步为国家打造乡村振兴新图景和美丽乡村新远景贡献力量。

何以担当，全力以赴。华侨城集团将倾注一切企业资源和企业智慧，担负起乡村振兴战略的时代重任。责任重于泰山，华侨城集团竭力做好美丽乡村事业的每一步规划与实践，以实现社会价值为最高目标，在党和人民提供的平台上，华侨城坚守造福一方的企业责任，无愧于党和人民，在新时代做好家国情怀的排头兵。

积于跬步，历久弥新。华侨城将不忘初心，牢记使命，努力建设好脚下的每一寸山河，为中华民族的伟大复兴贡献应有的智慧和力量，在新时代谱写乡村振兴事业新华章。

山高路远，勇攀高峰。在建设美丽乡村的路途上，华侨城比以往更多了一份坚韧，多了一份稳健。华侨城人为美丽乡村事业添砖加瓦，为祖国的经济腾飞横刀立马，将永葆美丽乡村事业激情，携手并肩，风雨同路，追寻企业价值新高峰！

编委会

2020 年 12 月

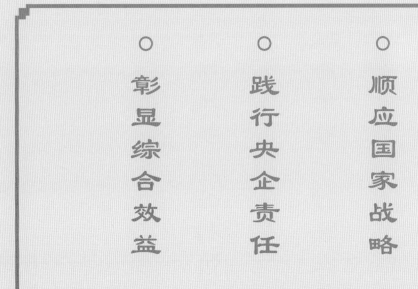

○ 顺应国家战略

○ 践行央企责任

○ 彰显综合效益

○ 华侨城美丽乡村EPCO

○ 政府主导 村民主体 企业参与

目录
CONTENTS

第一章

华侨城美丽乡村战略主张

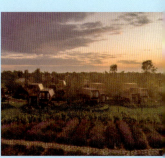

第一节　战略思考维度

一、总体框架

美丽乡村建设具有一定的前瞻性和发展性，蕴含现代农村建设的标准和理念。当前，我国农村发展现状与美丽乡村建设要求尚有很大差距。因此，必须把美丽乡村建设作为一项长期、系统的战略工程逐步推进，在注重美丽乡村建设的阶段性的同时也要看到其长期性和艰巨性。华侨城美丽乡村建设坚持系统的思维和方法，把美丽乡村建设融入农村经济、政治、文化、社会等各方面建设的全过程，从农民、农业和农村三位一体的战略高度整体推进；同时，立足长远的战略目标，做好美丽乡村建设的顶层设计。

华侨城美丽乡村战略以新发展理念为指引，以城乡融合、新基建、新型城镇化、全域旅游等为依托，以产业兴旺、生态宜居、乡风文明、治理有效、生活富裕的乡村振兴战略为最终落脚点，九个维度相辅相成、相互贯通，共同引导华侨城美丽乡村建设，形成体系完善的战略纵深（见图1-1）。

第一，美丽乡村建设是城乡融合发展的载体和内在推动力，华侨城美丽乡村坚持推动"产城人"与"人城产"发展逻辑的转变，按照产业先导、职住平衡、完善配套、塑造城市美学的原则，统筹布局建设产业新城，重构城市发展方式，以城乡融合促进乡村振兴，探索美丽乡村可持续发展的有效路径。

第二，新基建为美丽乡村建设创造发展引擎，是美丽乡村建设图景中的重要动力。新基建对美丽乡村建设提供长期的经济拉动作用和产业引导作用，华侨城致力于打造新基建的同时，着力打造影响新基建可持续发展的"软基建"，做到"硬的新基建"与"新的软基建"协同发力，明确新基建的边界和投资的重点，做好美丽乡村建设的顶层设计，真正促使新基建获得长期的成效。

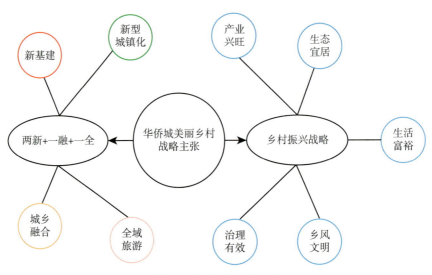

图 1-1 华侨城美丽乡村建设与九大维度战略关系

第三，新型城镇化和美丽乡村建设相辅相成，是中国经济增长的重要引擎，也是中国扩大内需的最大潜力。华侨城打造"文化＋旅游＋城镇化"的美丽乡村创新发展模式，将新型城镇化理念融入美丽乡村建设过程，积极探索城镇化建设的新路径和新标准，致力于成为"中国新型城镇化的引领者"。

第四，华侨城集团致力于成为中国全域旅游建设示范者。将"旅游＋"与"＋旅游"的创新发展理念融入美丽乡村建设图景中，在"旅游＋地产"的创业发展模式基础上，华侨城集团提出了"文化＋旅游＋城镇化""旅游＋互联网＋金融""科技＋产业＋园区"等创新发展模式，以此推动乡村振兴战略进一步实施，为美丽乡村建设提供了新动能和新路径，贡献了我国美丽乡村建设先行创新范例。

第五，"产业兴旺、生态宜居、乡风文明、治理有效、生活富裕"是党的十九大报告中提出的实施乡村振兴战略的总要求，华侨城在美丽乡村的建设过程中，紧紧围绕乡村振兴战略，深入贯彻落实总体要求，着眼于多方位、多维度设计美丽乡村建设图景，真正意义上推动乡村振兴。只有满足了乡村振兴战略，才能打造出具备发展潜力和吸引力的美丽乡村，乡村振兴战略的实施是解决农业农村基本问题的重要理论先导，华侨城也是乡村振兴战略实施的先行示范者。通过华侨城美丽乡村建设示范，挖掘了美丽乡村历史文化，改善了村庄环境，提升了村民整体素质，群众满意度不断提高，幸福感不断增强，取得了良好的经济、社会、生态、文化效益，走出了乡村振兴的新路子。与此同时，华侨城美丽乡村建设坚持党建引领，聚焦乡

村振兴，积极打造党员队伍、开展民生工程、发展集体产业、弘扬文明新风，真正
意义上为美丽乡村实现了"旧貌换新颜"。

二、城乡融合

美丽乡村建设作为城乡融合发展的载体和内在推动力，不仅有利于实现农民生
活、就业与公共服务的改善，而且能够通过转变农民生活方式、农业发展方式与农
村治理方式等真正缩小城乡差距。华侨城集团致力于以美丽乡村建设为突破口推动
乡村振兴，符合中央要求，顺应群众意愿，具有十分重要的现实意义。

华侨城集团始终坚持"产城人"与"人城产"的发展逻辑转变，按照产业先
导、职住平衡、完善配套、塑造城市美学的原则，统筹布局建设产业新城，重构城
市发展方式，探索城市可持续发展的有效路径，坚持"产业功能区就是若干新型城
市社区"的理念，积极塑造未来城市新形态。

专栏 1-1　产业功能区

所谓产业功能区，就是要通过构建产业生态圈、创新生态链吸引集
聚人才、技术、资金、信息、物流等要素，实现高效配置和聚集协作，形
成集生产、研发、居住、消费、服务、生态多种功能于一体的新型城市社
区。其根本目的是有效破解传统园区"重生产发展、轻生活服务""重项
目数量、轻企业协作""重地理集中、轻产业集聚"等问题，着力解决产
城分离、同质竞争、公共服务不配套、基础设施不专业等现实问题。产业
功能区克服了传统工业园区产城脱节、职住分离的缺陷。一个产业新城，
不仅要有产业，更要聚人气。无疑，"人"是其中的首要因素。

1. 美丽乡村建设有利于促进生产要素城乡间流动配置

促进生产要素城乡间流动，是促进农业农村经济发展的重点，也是华侨城美
丽乡村建设的重要一环。实现城乡融合发展，其实质是实现各类要素在城乡之间合
理配置和充分利用，这就要求必须打破城乡二元体制，解决当前城乡生产要素配置
不平衡、利用不充分的问题。可以说城乡生产要素融合是城乡融合发展的关键，而
美丽乡村建设是华侨城集团促进生产要素在城乡间自由流动与合理化配置的重要

路径。

第一，华侨城美丽乡村建设有利于土地集约节约使用，均衡城乡用地，提高土地收益。华侨城集团推动美丽乡村建设的思路是通过整合自然村，促进农民向社区和中心村集中，产业向园区集中，进而有效盘活农村闲置、低效用地，破解土地资源瓶颈，为规模经营创造条件，实现用地节约、布局优化和要素集约，为农村和城市建设腾出空间，提高农村单位土地收益。

第二，华侨城美丽乡村建设有利于促进农业生产方式升级和农业发展方式转变，引导优化当地就业方式和就业结构，提高农民的劳动收益。华侨城美丽乡村建设打破了原有村庄布局，统一规划并统一建设、统一管理，有利于耕地向规模化经营集中，进而提高农民生产经营的组织化程度，促进现代农业发展，推动农业产业内改造升级。通过项目引进、企业进驻、产业合作社等措施，可以吸纳农村就业人口。

第三，华侨城美丽乡村建设有利于吸引资金流入农村、留在农村，提高农村资金密集度。通过美丽乡村建设，农村社区经济建设将得到有效加强，现代农业与二、三产业持续发展将降低农村金融的投资风险和供给成本，提升当地的投资价值与投资回报，进而形成资金流入与农民增收、农村发展和美丽乡村建设的良性循环。

第四，随着土地、劳动力、资金等基础要素的价格趋于合理，这些要素不断向美丽乡村社区聚集，市场条件下其他生产要素也必然随之向农村涌流，比如现代农业发展必然要求更高的科学技术、管理技术与信息技术等。

专栏 1-2　城乡一体化、城乡统筹到城乡融合

改革开放以来，随着我国城乡政策的日益推进，城乡关系呈现显著变化，总体呈现出由城乡分割到逐步融合的趋势，城乡经济联系趋于密切。特别是从 20 世纪 80 年代末期开始，我国城乡关系变动剧烈，发展不均衡问题受到广泛关注。其中，农业、农民、农村问题长期受到国家重视。1982—1986 年中央连续 5 年发布以农业、农村和农民为主题的中央一号文件，对农村改革和农业发展做出具体部署。进入 21 世纪以来，从 2004 年开始，连续 15 年发布以"三农"为主题的中央一号文件，彰显党中央对

"三农"问题的重视，也直接推动"三农"发展进入新的历史阶段。中央一号文件的主题从农村改革、农民增收，到新农村建设、农业基础设施、农业科技创新、现代农业发展、农业现代化、乡村振兴等，不仅囊括农村制度层面，而且直接涉及农业农村的发展。

2003年10月，党的十六届三中全会明确提出统筹城乡发展，位于五个统筹的首位，核心是要解决城乡收入差距加大、城乡之间发展不平衡、城乡居民享受公共服务不均等问题。政策更侧重于政府行为，由政府指导资源配置。2012年11月，党的十八大报告明确提出"推动城乡发展一体化"，形成以城带乡、城乡一体的新型城乡关系，政策重心依然侧重于城市，以城市带动乡村的发展。党的十九大报告指出，推动实施乡村振兴战略，坚持农业农村优先发展，提出"产业兴旺、生态宜居、乡风文明、治理有效、生活富裕"的总要求。

把乡村作为与城市具有同等地位的有机整体，实现经济社会文化共存共荣，表明我国城乡关系发生了历史性变革，城乡发展进入了新的发展阶段。从"统筹城乡发展"到"城乡发展一体化"，再到"城乡融合发展"，既反映了中央政策的一脉相承，又符合新时代的阶段特征和具体要求。

2. 美丽乡村建设有利于改善农村居民生活条件与环境

党的十九大提出的新时代我国社会主要矛盾转化的判断，是一个完整系统的论述，包含着极为丰富的内容，有着深刻的理论意义和实践意义。当前农村居民对居住条件和生产生活环境提出了新的更高的要求。一部分人通过求学、创业、进城务工、随亲入城等方式逐渐流入城市并留在城市，能够基本享有城市的生活条件与环境，而那些未进城的村民，在乡村还未全面振兴的情况下，大部分人面对的仍是规划缺位、环境堪忧、公共服务不足的旧村旧貌。要真正改变这种旧村旧貌，使农村居民的生活条件与环境实现实质性改善，需要依靠美丽乡村建设。

第一，美丽乡村建设能够集中整治当前存在的农村环境污染问题，有利于形成环境优美、生态涵养的农村新貌，乡村振兴，生态宜居是关键。美丽乡村社区建设将通过科学规划、统一管理、集中治理环境污染问题，减少各自然村环境整治分散化供给的各种成本，着眼推进美丽乡村生态建设和农业可持续发展。

第二，美丽乡村建设将在空间上形成更具优势的综合承载力，能够充分发挥社区综合服务功能，提高村民生活质量。在经济领域，形成支撑经济发展的各类基础设施硬环境和益于农业现代化与产业联动发展的政策软环境；在公共服务领域，形成集教育、医疗、卫生、养老、就业培训等服务于一体的综合服务平台；在社会治理领域，完善基层政权和群众自治组织建设，实现民主开放的基层社会治理目标等。

第三，美丽乡村社区能够进一步强化基层组织建设，不断提高社区管理和服务水平。一方面，美丽乡村社区建立后，由于规模更大、村民身份更加复杂而使得社区治理更加困难、更需规范。这将倒逼基层治理方式与党建工作模式不断创新，催生更具活力的美丽乡村社区基层组织以及更有适应性的社区治理机制。另一方面，美丽乡村社区将吸引农村优秀人才、社会返乡人才、经济社会组织优秀人才等加入组织队伍，成为具体社区管理和服务者，因此不仅贫困村、"空心村"等基层党组织"主心骨"弱化的情况能够得到显著改善，同时美丽乡村社区更能够充分发挥好基层党组织核心作用，带领农民群众推进移风易俗、改进生活方式、提高生活质量。

第四，美丽乡村建设将突出农村发展的整体特色，形成各具特色、层次分明、文化底蕴浓厚的乡村风貌。美丽乡村建设根本性地服务于农村发展，因此必然要遵循农村自身的发展规律，必须以现代农业和特色产业形成产业支撑，以乡村风貌、民族文化和地域文化为特色形成农民聚居区，进而形成美丽乡村社区，使之成为农村居民凝结情感归属、传承发展乡土文化、焕发乡村文明的重要载体。

城乡融合发展对于华侨城集团具有十分重要的战略意义，华侨城集团积极着眼于推动城乡融合，并以此推动美丽乡村建设，积极探索乡村振兴战略的顶层设计，为乡村发展提供新轨迹及新业态。城乡融合发展理念在华侨城美丽乡村建设思考维度中处于引导性位置。

三、新基建

新基建，是指能够支撑传统产业向网络化、数字化、智能化方向发展的信息基础设施的建设。在美丽乡村建设与新基建全面布局的时代背景下，积极推动新基建设融入美丽乡村建设，促进新型城乡一体化，为美丽乡村建设带来新型助推力，打造乡村经济发展新引擎，已是势在必行。

专栏1-3　硬的新基建＋新的软基建协同发力

　　以5G通信、人工智能、大数据中心、工业互联网、城际高铁和城际轨道交通、特高压、新能源汽车充电桩等为核心的新基建，与传统"铁公基"相比，尽管在整个固定资产投资中占比较小，短期内直接拉动GDP的驱动力有限，但它的科技特征鲜明、成长性和创新性突出、乘数效应显著，必将会对构建数字经济时代的关键基础实施，以及推动整个社会的数字化转型产生深远的影响。因此，新基建对经济发展的长期拉动作用被普遍看好。

　　中国基础设施建设新一轮发力的关键应当在于"软基建"：通过发展医疗、公共卫生、教育、公共住房、医院、老人院、都市停车场等，增强社会软实力。不解决"医疗、教育和住房"这三座新大山，贫困人群很难真正脱离贫困，中产阶层就没有制度基础。基建在经历过去多年的大规模投资后已经出现边际作用递减情况。要拉动经济，只能靠消费拉动，这就意味着要进一步减少贫困人口、壮大中产阶层，使得消费力得到更充分的释放。

　　过去讲基建主要是钢筋水泥，现在发展数字经济要改变传统思维方式，要更重视"软基建"，大力发展人工智能应用所需的各种工具库、算法库、软件库，打造一个完整的工具链。在抗击疫情的背景下，"新型基础设施建设"一词近期频繁出现在有关恢复经济发展的政策中。人工智能作为"新基建"的内容之一，也被按下加速键。

　　在华侨城美丽乡村建设中，为使新基建实现预期的战略目标，同时又不重蹈过去大水漫灌导致产能过剩的覆辙，华侨城集团积极做好细致的顶层设计，明确新基建的边界与目标，做好建设规划，创新投资模式，并对新基建项目做好实时监控、评价和调整等工作。

　　为促进中国经济结构转型、应对美国发起的贸易战以及破解新冠肺炎疫情带来的经济压力，新基建是一个应时应势的选择，但仅仅把重点放在其中可拉动GDP的数据中心、城际高铁、特高压网络、充电桩建设等领域的硬投资上显然不够，还需着力关注影响新基建可持续发展的"软基建"。新基建中的"软基建"工作，即做好相关法律法规和治理能力的建设，商业规则和契约精神的培育和弘扬，技术标准体系和知识产权保护机制的完善，信息安全保护和信息伦理体系的构建，行业反垄断和反不正当竞争制度的完善，以及专业人才培养和科研成果转化机制的建设等。华侨城集团明确"新基建"与"软基建"协同发展的战略目标，在顶层设计中完善实施细节，明确新基建的边界和投资的重点，真正使新基建获得长期的成效。

1. 基建是市场与政府合力推动下的科技赋能

华侨城集团紧跟政策导向与国家战略部署，发挥企业能力水平，助力新基建融入美丽乡村建设。2020 年作为"十三五"收官之年和"十四五"规划布局之年，创新新起点的同时将推动新部署，新部署将促进新发展，新发展将带来新希望。我国正处在转变发展方式、优化经济结构、转换增长动力的关键阶段，"十四五"期间将推出一批重大工程和项目，着力提升基础设施水平。新基建的投资更多是市场与政府合力推动，而不是和传统基建一样由地方政府主导。随着民间投资在其中的作用越来越突出，"新基建"对于经济发展的带动作用也将远大于传统基建。新基建的推出被有些人解读为疫情下的求生政策，但实际上，新基建中提到的一些基础建设比如特高压输电、城市地铁早在传统基建时期就已经开始布局了。不过依然可以找出它的指向性，就是更偏科技赋能。

2. 新基建与农业农村数字化建设相契合

新基建对乡村建设的推动，和 2020 年年初农业农村部、中央网络安全和信息化委员会办公室联合印发的《数字农业农村发展规划（2019—2025 年）》（以下简称"《规划》"）的要求是相辅相成的。这一《规划》的印发实施，顺应了数字化发展新趋势，契合了亿万农民群众的新期待，突出了数字农业农村建设的战略地位，对加快建设数字中国、弥合城乡"数字鸿沟"、培育乡村振兴新动能、抢占全球农业制高点，具有十分重要的意义。它明确了今后一段时期数字农业建设的发展思路，提出要以产业数字化、数字产业化为发展主线，以数字技术与农业农村经济深度融合为主攻方向，以数据为关键生产要素，着力建设基础数据资源体系，加强数字生产能力建设，加快农业农村生产经营、管理服务数字化改造，强化关键技术装备创新和重大工程设施建设，推动政府信息系统和公共数据互联开放共享，全面提升农业农村生产智能化、经营网络化、管理高效化、服务便捷化水平，用数字化引领驱动农业农村现代化，为实现乡村全面振兴提供有力支撑。

3. 新基建为美丽乡村建设方向带来重要战略引导

党中央关于"建设数字中国""发展数字经济""实施数字乡村战略"的举措，对推动信息技术与农业农村全面深度融合，引领乡村振兴有着重要意义。农村新基建为美丽乡村建设带来了重要战略引导，将为农村能源开发利用和能源电气化带来动力，补齐农村基础设施和公共服务短板，提供新的发展机遇。农村新型基础设施建设主要体现在几个方面：一是交通，主要有村屯内的道路硬化（水泥路）；通屯道路的建设，多数建为三级、四级公路。二是水利，主要有农田灌溉水利建设、地头水柜建设、人畜饮水蓄水池建设、水库大坝加固及河道防洪堤建设等。三是农村电力和农村能源，主要有农村沼气池建设和农村电网改造等。四是农业产业和农村市场，主要有各种农业产业基地（各种瓜果蔬菜、牲畜生产基地）的建设、各乡镇的农贸市场建设。五是环境生态治理，主要有水流域治理、垃圾处理设施建设、污水处理等。六是村部建设，主要指乡镇里各村的办公楼建设及农事村办服务点的建设等，为群众办事带来效率和便捷。

将新基建融入美丽乡村建设，是华侨城美丽乡村的重要战略目标之一。从长远看，农村新基建将为乡村经济发展、政府行政监管赋能；为乡村基层治理、农民参与赋权；为广大农民群众从乡村公共服务方面赋利。

新基建是华侨城美丽乡村建设的重要突破口，也是美丽乡村战略目标中的重要思考维度之一，华侨城集团坚持以新基建推动农业农村现代化，进一步加速城乡融合步伐。新基建将是美丽乡村战略提档升级的重要环节，因此，应加大新基建的投入，同时也应注重"软基建"的发展，进一步为美丽乡村建设赋能，这也是势在必行的。

四、新型城镇化

新型城镇化是中国经济增长的重要引擎和扩大内需的最大潜力。华侨城集团在推动新型城镇化的过程中，坚持"以人民为核心""以质量为导向"的高层级发展理念，结合三十余年"造城"经验，提出"文化＋旅游＋城镇化"创新发展模式，全国开拓布局，探索城镇化建设的新路径、新标准，致力于为人们打造"望得见山、看得见水、记得住乡愁"的美丽图景，致力于成为"中国新型城镇化的引领者"。

专栏1-4 新型城镇化与区域协调发展战略

"十三五"以来，我国区域协调发展水平已有长足提升。从东南沿海率先发展到西部大开发，从振兴东北到中部崛起，从长江经济带到粤港澳大湾区，从长三角一体化到京津冀协同发展、成渝双城经济圈，我国区域经济发展总体战略布局和整体体系不断完善。

展望"十四五"，我国经济发展的空间结构正在发生深刻变化，重大战略区域、中心城市和城市群将成为承载诸多发展要素的主要空间形态。在"十四五"期间，伴随着更多推进区域协调发展和新型城镇化的政策落地，我国经济高质量发展将获得更多动能。

区域协调发展更为"与时俱进"。回顾"十三五"时期，我国多个区域协调发展战略向纵深推进，一盘纵横联动东西南北、统筹联通国内国外的发展新棋局正加快形成。党的十九届五中全会审议通过的《中共中央关于制定国民经济和社会发展第十四个五年规划和二○三五年远景目标的建议》明确，坚持实施区域重大战略、区域协调发展战略、主体功能区战略，健全区域协调发展体制机制，完善新型城镇化战略，构建高质量发展的国土空间布局和支撑体系。

我国目前正在经历人类历史上规模最大的一次城镇化进程。随着户籍制度改革的破题、基本公共服务均等化的推进，到2020年年底，我国"十三五"时期实现1亿左右农业转移人口和其他常住人口在城镇落户，完成约1亿人居住的棚户区和城中村改造，引导约1亿人在中西部地区就近城镇化目标得以完成。

区域发展和城镇化都将拓展中国经济增长空间，"区域空间"也是"发展空间"。从区域发展来看，中西部地区发展有巨大的潜力，而城镇化也将是中国最大的内需所在。

我国区域发展经历了由点及面、由不均衡到逐步均衡发展的过程。区域发展的重点片区集聚相关要素，率先实现自身发展。之后，通过辐射、带动后发区域，实现邻近区域、边远区域的梯次发展，最终实现整体的协调发展。而这在当前构建以国内大循环为主体，国内国际双循环相互促进的新发展格局下，将扮演重要角色，甚至成为经济增长的重要引擎。

新型城镇化和美丽乡村建设是相辅相成的。华侨城美丽乡村建设着眼于多个维度的思考，助力新型城镇化进程的同时，推动新型城镇化和美丽乡村建设协同发展。城镇化是农村人口转变为城市人口的过程，这是世界各个国家在工业化进程中必然要面对的问题，而美丽乡村建设是社会主义新农村建设的重要任务，华侨城美丽乡村建设追求的是生态发展、生活富裕、乡村文明、村容整洁、管理民主的发展理念，致力于推动农民整体生活水平的提高。中国现在有将近八亿农民，随着经济发展和科技水平的提高，将会有接近一半农民离开土地，走入城镇，这是一个必然的趋势。而留下来的一半要继续生活在乡村，华侨城集团明确自身使命与担当，要通过美丽乡村建设，打造新型发展理念，来解决农民所面对的问题，为农业农村发展带来新机遇，并助力新型城镇化进程。

1. 城镇化是一个国家现代化进程的必然趋势

与先行完成城市化的美国等西方发达国家相比，我国经历着与任何一个国家都不一样的、前所未有的城镇化过程，既遵循着世界城市化的基本规律，但又有其自身特殊性。华侨城集团深刻认识到我国城镇化的特殊性，这种认识是推进我国城镇化健康发展、走特色城镇化道路的基本前提。21 世纪以来，经济全球化日益深入，以信息技术为核心的技术革命持续推进，信息经济、知识经济发展迅猛，世界性的经济结构调整加快，资源短缺和环境污染等问题日益突出，我国与世界经济的联系日趋紧密，在世界经济格局中的角色与地位正逐步从追赶者向竞争者转变，这些新时代条件的变化，决定了我国城镇化道路不能完全照搬发达国家的城市化模式与经验。

2. 体制性障碍是我国城镇化面临的最大挑战

刘易斯的"城乡二元结构"理论表明，二元结构的普遍性是发展中国家城市化过程绕不过的一道坎。但是，我国的二元结构又有着其他国家所没有的特殊复杂性：不仅存在单一的经济二元结构，而且这种二元还渗透到其他领域，社会、政治、文化等领域也存在二元结构；在快速城镇化的过程中，旧的城乡二元结构尚未打破，城市中大量农业转移人口（农民工）与市民的利益分化甚至固化又形成了新的二元结构。多重二元结构的交织，已成为阻碍我国城镇化健康发展的突出障碍。体制性障碍催生多重二元结构交织，是我国城镇化面临的最大挑战，也是我国城镇化的最大特殊性。未来，我国城镇化进程将是一个不断消解深层次体制性障碍下的城乡多重二元结构、促进城乡一体化发展和迈向现代化的过程。

3. 城镇化进程与经济社会转型相叠加

市场经济是城镇化的制度基础。西方国家的城市化在自由市场经济中起步，其发展到高级阶段时才逐步受到政府的干预。而我国城镇化的曲折历程，是伴随着计划经济体制向社会主义市场经济体制转型发展的过程，一方面在市场经济和工业化快速发展中裹挟推进，另一方面又明显受到国家和政府意志的深刻影响。我国的城镇化还未来得及消解计划经济体制向社会主义市场经济体制转型过程中累积的历史问题，就又面临应对国际金融危机、国际关系的重新调整、经济和社会转型等共时性问题。积极稳妥地推进城镇化，成为现阶段我国最大的结构调整，是未来发展最大的内需源泉，也是最大的改革红利。未来，城镇化进程必将在当前推进经济社会转型的过程中实现推进。

坚持走中国城镇化的特色之路，是我国城镇化建设的必然要求。我国是世界上人口规模最庞大的发展中国家，选择什么样的城镇化道路，是决定城镇化成败的关键。华侨城集团坚持把中国特色城镇化战略构想转化为行动指引，推动新型城镇化健康发展，形成了特色鲜明的城镇经济、文化、制度和精神气质，并且增进了人民的福祉，从根本上推动了城镇、区域乃至国家在更大空间中形成比较优势和竞争优势。

4. 正确处理好新型城镇化和美丽乡村二者之间的关系

新型城镇化并不是要让所有的农民都进城，应该是让那些想进城的、符合进城条件的一部分农民，主动流入到城市里，这其中，尊重农民意愿是主要问题。仍会有一部分留在农村，甚至会有一部分从城市返流到农村的人，他们就是美丽乡村建设的主体。往往较高的发展速度是在廉价的土地、能源、劳动力等要素基础上取得的，但这种发展模式是难以持续的。发展方式的健康性和合理性是政府和企业必须要认真对待的问题，新型城镇化与美丽乡村建设相辅相成，华侨城集团致力于实现科学的、可持续的发展，做好美丽乡村建设的基础工作，推动新型城镇化与美丽乡村建设协同发展。

解决城镇化发展方式的问题，应当有三个优先考虑：第一，要优先考虑农民的自主权问题，首先要考虑农民的意愿，农民希望怎么发展，以及他们具备什么样的发展条件和物质基础。第二，要考虑农民权利的保护，既包括农民财产权，也包括农民其他所有权的保护。第三，考虑可持续发展，城镇化会导致部分农民失去土地，导致他们发生职业的变化等，由此而产生的不适应和矛盾，以及人员流失造成的农村空心化问题，必然会影响农村、农民的可持续发展，必须予以重点关注，不能仅以城镇化率为唯一目标。

打造新型特色城镇，解决农业农村根本性问题，切实改善美丽乡村生态，是华侨城美丽乡村建设的重要使命。作为美丽乡村建设思考维度中的总体性概括，将新型城镇化发展纳入到华侨城美丽乡村总体战略目标之中，成为华侨城美丽乡村打造新业态、新格局和提高乡村居民生活质量的突破口。

五、全域旅游

旅游产业是华侨城最为核心的优势产业，华侨城集团秉承"旅游+"与"+旅游"的创新发展理念，在"旅游+地产"发展模式的基础上提出了"文化+旅游+城镇化""旅游+互联网+金融""科技+产业+园区"等创新发展模式，致力于成为中国全域旅游示范者。华侨城集团已布局全国60余座城市，在全国运营和管理景区近80家，累计接待游客超过6.5亿人次，年接待游客量突破1.5亿人次，位列全球主题公园集团第三、亚洲第一。

多年来，华侨城集团立足于"优质生活创想家"的品牌定位，培育了康佳、欢乐谷连锁主题公园、锦绣中华、中国民俗文化村、世界之窗、东部华侨城、欢乐海岸、深圳华侨城大酒店、威尼斯睿途酒店、OCT-LOFT华侨城创意文化园等行业领先品牌。

在新战略引领下，华侨城以旅游业为纽带，对区域内的资源进行全面整合提升，也正是对国家全域旅游战略的积极响应。除了总部深圳，华侨城在中国旅游资源最丰富的区域如云南、海南、陕西、四川、山西、北京、河北等地，广泛布局全域旅游新业务，串珠成链，培育产业新动能，激发产业新活力，致力于成为"中国全域旅游示范者"。

在美丽乡村建设过程中，华侨城集团借势而为，承接上位规划与政策导向，积极实施乡村振兴战略，积极作为，主动将"美丽乡村"融入"全域旅游"发展大局。

　　根据全域旅游的定义，需要对一定区域内的旅游资源、产业经营、生态环境、公共服务、体制机制、政策法规、文明素质等进行全方位、系统化的优化提升。华侨城集团致力于将全域旅游融入美丽乡村建设图景，实现区域资源有机整合、产业融合发展、社会共建共享，以旅游业带动和促进美丽乡村经济和乡风文明协同发展。

　　打造融入美丽乡村的全域旅游项目，需各行业积极融入其中，各部门齐抓共管，全城居民共同参与，充分利用目的地全部的吸引物要素，为前来旅游的游客提供全过程、全时空的体验产品，从而全面地满足游客的全方位体验需求。"全域旅游"所追求的，不再是旅游人数的增长，而是旅游质量的提升，追求的是旅游对人们生活品质提升的意义，追求的是旅游在人们新财富革命中的价值。

　　相应地，全域旅游目的地就是一个旅游相关要素配置完备、能够全面满足游客体验需求的综合性旅游目的地、开放式旅游目的地，是一个能够全面动员（资源）、立足全面创新（产品）、可以全面满足（需求）的旅游目的地。从实践的角度，将全域旅游融入美丽乡村建设图景，有助于完善美丽乡村产业配套，为美丽乡村建设带来新的经济增长点。

　　华侨城集团致力于实现两个升级，一是促进传统农业空间升级为农旅复合空间。搭建"村域经济一体化管理平台""乡村众创平台"两个平台，打造多个旅游板块，依托华侨城平台引资、引智，对美丽乡村进行建设与管理。开展引爆性的旅游、众创活动进行宣传带动，打造特色，聚焦人气，带动资源进入，为美丽乡村输送客流，撬动社会投资、政府的资金和政策支持，实现投资收益和各方共享、共赢。二是促进区域旅游产业从观光旅游升级为休闲度假旅游。华侨城集团坚持市场导向，基于游客的配套需求、新居民的需求以及市民的休闲生活需求，打造农旅融合的文创特色美丽乡村，延长游客居停时间，提高消费频次和消费水平，力促区域旅游向休闲度假旅游转型升级。与周边景区差异化定位、有效联动，助力全域旅游的提质升级。

　　华侨城美丽乡村建设以点辐射，通过点状网红产品的打造，激活都市人对原乡生活的向往，以产品为基点，连接乡村旅游及产业，形成乡村文化旅游生态平台，盘活美丽乡村旅游动线，提升乡村知名度的同时也为乡村创造收入机会。围绕特定人群和消费客群的需求，营造新的生活、产业环境，从而将美丽乡村充分和区域文旅组团联动。基于经营载体创造新型旅游产品组合，有效盘活美丽乡村旅游动线，为都市人打造出一个可回归、可游览、可休闲的原乡生活空间。

华侨城在美丽乡村建设过程中围绕尊重农业、尊重农村、尊重农民的发展理念，带动村民参与，实现村民及村集体的共同富裕。通过与村委会的合作，参与乡村治理，积极发挥经营模式的辐射效应，连接、影响乡村多种经济形式，带动乡村旅游市场和乡村经济的发展，以"轻资产撬动、平台化经营、本地化管理"的经营思路，以文旅的经营延展特性赋能美丽乡村，打造"华侨城美丽乡村实践"的新样板，最终实现政府、当地村民、外来游客和华侨城多方共赢。

六、产业兴旺

推进产业兴旺是实施乡村振兴战略的首要任务。党的十九大报告提出了乡村振兴战略的总要求，即"产业兴旺、生态宜居、乡风文明、治理有效、生活富裕"，其中"产业兴旺"位居其首。2017年12月召开的中央农村工作会议提出"农业强不强、农村美不美、农民富不富，决定着亿万农民的获得感和幸福感，决定着我国全面小康社会的成色和社会主义现代化的质量"。推进乡村产业兴旺，实现农业强、农村美、农民富，就有了扎实的基础和强劲的依托。华侨城在推动产业融合的同时也促进城、镇、村相融合，致力于打造产业兴旺的美丽乡村。

专栏1-6　以乡村振兴战略为引导构建美丽乡村

对美丽乡村建设而言，党的十九大提出的乡村振兴战略是迄今为止最为重大的利好。2018年全国两会释放出的包括机构改革在内的一系列重要改革、重要政策、重要理念，不少都是为乡村振兴战略的实施"保驾护航"的。在习近平新时代中国特色社会主义思想的指引下，美丽乡村建设无疑将进入一个新的阶段，主要表现在：内涵将得到新的丰富，力度将得到新的拓展，重要性也将得到新的提升。

乡村振兴战略与美丽乡村建设一脉相承，共同构成新时代"三农"发展的基本架构。"美丽乡村"发端于习近平同志2003年在浙江实施的"千村示范万村整治"行动，于2013年由农业部率先推向全国；乡村振兴战略则是以习近平总书记为核心的新一届中央领导集体着眼于乡村发展的瓶颈问题、着眼于农民群众的殷切期盼、着眼于美丽中国的宏伟蓝图而做出的重要战略部署。因此，二者同根、同源。随着乡村振兴战略的提出，新时代的"三农"发展架构基本形成。

乡村振兴战略是一定时期的战略性安排，美丽乡村建设则几乎是永恒的话题。乡村振兴战略是中国特色社会主义进入新时代做好"三农"工作的总抓手，主要从当前影响到乡村发展的体制、机制、政策入手，确立目标、提出要求、设定步骤，该改革的改革、该完善的完善、该废除的废除，其内涵与内容将会相对明确。而美丽乡村的建设内容则随着所处的不同阶段、面对的不同问题、发展的不同需要而会有所不同，"美丽"没有尽头。

乡村振兴战略是战略层面的部署，美丽乡村建设则是措施层面的抓手。两者在不同层面上形成很好的互补、搭配关系。围绕乡村振兴战略，下一步将会出台一系列具体政策、实际举措，这些政策与举措将进一步丰富美丽乡村的建设内容，推动、打造美丽乡村的升级版、未来版。二者的共同目标都是让农业成为有奔头的产业，让从事农业生产成为有吸引力的职业，让农村成为安居乐业的美丽家园。

乡村振兴战略是自上而下的行政动员，美丽乡村建设则是自下而上与自上而下相结合的创造性探索。乡村振兴战略体现出的是政府的意志，主要运用的是行政的手段，通过制度性改革、政策性调剂、行政性干预，以解决那些市场不能解决、基层难以解决、群众盼望解决的深层次瓶颈问题，调动各方面积极性形成促进乡村发展的良好环境、支持体系。美丽乡村的创建发轫于基层的创新创造，而后逐级得到认可，最后形成社会共识、中央号召、全国政策，使乡村振兴战略在基层得到贯彻实施，从而推动乡村社会的进步。美丽乡村建设服从于乡村振兴战略的总体安排，乡村振兴战略落地的关键抓手是美丽乡村建设。乡村振兴战略是中央针对农业农村发展到新阶段推出的重大部署，是20世纪中叶之前的一项重大任务，因此将会成为我们党优先发展农业农村，推动一、二、三产业融合，尽快实现城乡一体化的一个重要安排。今后的美丽乡村建设，需服从这个安排，以新的 20 字要求为方针，主动换挡提质升级。诚如是，美丽乡村建设就是乡村振兴战略落地的重要内容、主要载体和关键抓手。

中国特色社会主义乡村振兴道路，是城乡融合发展之路、共同富裕之路、质量兴农之路、乡村绿色发展之路、乡村文化兴盛之路、乡村善治之路和中国特色减贫之路，这是一条通往美丽乡村梦想的道路。

1. 推动产业兴旺是实施乡村振兴战略的首要任务

华侨城在推进美丽乡村建设的过程中，首先注重产业发展。就多数乡村地区而言，如果产业不兴，即便再有"生态宜居、乡风文明"，也不可能简单地实现乡村振兴。乡村全面振兴，是涵盖乡村经济建设、政治建设、文化建设、社会建设、生态文明建设和党的建设的全面振兴，借此激活乡村的经济价值、文化价值、社会价值和生态价值等多重功能和价值。但乡村振兴首先是产业振兴，实施乡村振兴战略首先要激活的是乡村的经济价值。这是增强广大农民获得感、幸福感、安全感的坚实基础，不仅有利于农民更好地就地就近实现就业增收，也有利于农民规避异地城镇化可能带来的家庭人口空间分离和留守儿童、留守妇女、留守老人等问题，更好地实现就地就近城镇化。华侨城集团明确落实乡村振兴战略的总要求，用"产业兴旺"代替"生产发展"，突出了以推进供给侧结构性改革为主线的思路，强调了利用现代产业发展理念和组织方式改造农业农村产业的理念。

2. 产业兴旺是要在美丽乡村建设中打造产业竞争力

华侨城集团在美丽乡村建设过程中积极推进产业融合，以产业融合促进产业竞争力提升，并积极利用产业发展进程凝练核心优势。我国的政策实施为华侨城集团带来了新的发展空间。推进产业兴旺需优化涉农企业成长壮大的环境，鼓励新型农业经营（服务）主体等成为农业农村延伸产业链、打造供应链、提升价值链、完善利益链的中坚力量，因而推进乡村产业兴旺，必须注意发挥涉农企业骨干甚至"领头雁"的作用。离开了企业的积极参与，推进乡村产业兴旺就如同汽车失去了引擎。为加快构建现代农业产业体系、生产体系、经营体系，推进农村一、二、三产业融合发展，提高农业创新力、竞争力和全要素生产率，新型农业经营主体、新型农业服务主体的作用举足轻重。它们往往是推进质量兴农、绿色兴农、品牌兴农、服务兴农的主力军，也是带动农业延伸产业链、打造供应链、提升价值链的"拓荒者"或"先锋官"。华侨城集团作为大型创新型企业，不仅可以为发展现代农业、推进农业农村产业多元化和综合化发展带来新的领军人才和发展要素；还可以为创新农业农村产业的发展理念、组织方式和业态模式，拓展和提升农业农村产业的市场空间，促进城乡产业有效分工协作做出更多贡献，进而更好地带动农业农村延伸产业链、打造供应链、提升价值链。

3. 美丽乡村软环境建设是产业兴旺的关键

美丽乡村软环境是推进产业兴旺的催化剂，华侨城集团在美丽乡村建设过程中积极打造美丽乡村软环境，为各方产业创造了新的发展空间。推动产业兴旺的关键是在美丽乡村建设过程中优化企业成长发育的环境，帮助其降低创新创业的门槛、成本和风险。要结合最新农业支持政策，加强对新型农业经营主体、新型农业服务主体的倾斜性、制度化支持，引导其提高创新力、竞争力、全要素生产率，并且增强对小农户发展现代农业的带动作用。要结合构建农村一、二、三产业融合发展体系，加快发展农业生产性服务业，鼓励发展专业大户、家庭农场、农民合作社、农业产业化龙头企业等新型农业经营主体。推动农业企业、农资企业、农产品加工企业向新型农业服务主体或农村产业融合主体转型，或转型成长为农业生产性服务综合集成商、农业供应链问题解决方案提供商。带动其增强资源整合、要素集成、市场拓展能力，进而提升创新力和竞争力，成为推进乡村产业兴旺的领军企业或中坚力量。结合这些转型力量，引导传统农民、乡土人才向新型职业农民转型，鼓励城市人才或企业家"下乡"转型为新型职业农民或农业农村产业领域的企业家。鼓励各类新型经营主体、新型服务主体、新型融合主体等在完善农业农村产业利益链中发挥骨干带动作用。通过建立健全领军型经营（服务）主体—普通经营（服务）主体—普通农户之间，以及农业农村专业化、市场化服务组织与普通农户之间的利益联结和传导机制，增强企业或新型经营主体、新型服务主体、新型融合主体对小农户增收和参与农业农村产业发展的辐射带动力，更好地给予小农户参与推进乡村产业兴旺的能力和机会。

4. 正确处理好美丽乡村建设中产业"多元化"与"专业化"的关系

华侨城在美丽乡村建设过程中紧紧抓牢"多元化"和"专业化"的关系，以科学高效的方式促进产业兴旺。发展现代农业是推进乡村产业兴旺的重点之一,但如果说推进乡村产业兴旺的重点只是发展现代农业,则是认识偏差。需进一步引导督促城乡之间、区域之间完善分工协作关系。至少在今后相当长的时期内,就总体和多数地区而言,推进乡村产业兴旺要着力解决农村经济结构农业化、农业结构单一化等问题,需要大力发展对农民就业增收具有较强吸纳、带动能力的乡村优势特色产业和企业,特别是小微企业,丰富农业农村经济的内涵。因此,在推进乡村产业兴旺的实践中,华侨城采取了发展现代农业和推进农业农村经济多元化、综合化"双轮驱动"的方针,二者都应是推进乡村产业兴旺的战略重点。推进农业农村经济多元化、综合化,要注意引导农村一、二、三产业融合发展,鼓励农业农村经济专业化、特色化发展;也应注意引导城市企业、资本和要素下乡积极参与,发挥城市产业对乡村产业高质量发展的引领辐射带动作用。但哪些产业或企业适合布局在城市,哪些产业或企业适合布局在乡村或城郊地区,实际上有个区位优化选择和经济合理性问题。按照推进乡村振兴和区域经济高质量发展的要求,适宜"下乡"的企业应具有较强的乡村亲和性,能与农业发展有效融合,能与乡村或农户利益有效联结,有利于带动农业延伸产业链、打造供应链、提升价值链。

5. 美丽乡村载体和平台建设将助力乡村产业兴旺

美丽乡村是推动乡村产业兴旺的载体,华侨城在美丽乡村建设过程中注重打造各类产业园区,以提高各类产业发展的协同性,创造实现产业兴旺的新机遇。近年来,在我国农业农村政策中,各种产业发展的载体和平台建设日益引起重视,如作为产业发展区域载体的粮食生产功能区、重要农产品生产保护区、特色农产品优势区、现代农业产业园、农村产业融合发展示范园、农业科技园区、电商产业园、返乡创业园、特色小镇或田园综合体、涉农科技创新或示范推广基地、创业孵化基地,作为产业组织载体的新型农业经营主体、新型农业服务主体、现代农业科技创新中心、农业科技创新联盟和近年来迅速崛起的农业产业化联合体、农业共营制经济体、现代农业综合体等复合型组织,以及农产品销售公共服务平台、创客服务平台、农特产品电商平台、涉农科研推广和服务平台、为农综合服务平台、追溯监管综合服务平台等。这些产业发展的载体或平台往往瞄准了影响乡村产业兴旺的关键环节、重点领域和瓶颈制约,通过整合资源、集成要素、激活市场,甚至组团式"批量"对接中高端市场,实现农业农村产业的连片性、集群化、产业链一体化开发,集中体现现代产业发展理念和组织方式，有效健全产业之间的资源、要素和市场联系，是推进农业质量变革、效率变革和动力变革的先行者，也是推进农业农村产业多元化、综合化发展的示范者。以这些平台或载体建设为基础推进产业兴旺，不仅有利于坚持农业农村优先发展和城乡融合发展，还可以为推进乡村产业兴旺和乡村振兴的高质量发展提供重要支撑，为深化相关体制机制改革提供试点试验和示范窗口，有利于强化城乡之间、区域之间、不同类型产业组织之间的联动协同发展机制。

华侨城美丽乡村建设以实现产业兴旺为重要战略目标，从多方面推进农业农村经济多元化、综合化发展。在推动产业兴旺的同时，华侨城集团尊重不同产业的自身特性和发展要求，引导乡村优势特色产业适度集聚集群集约发展，并向小城镇、产业园区、中心村、中心镇适度集中；或依托资源优势、交通优势和临近城市的区位优势，实现连片组团发展，提升发展质量、效率和竞争力，夯实其在推进乡村产业兴旺中的节点功能。只有乡村产业真正建设、发展起来，才能实现乡村经济持续稳定，根本性解决村民的生产生活问题。华侨城在美丽乡村建设的过程中积极从多个维度、多个方位真正打造了新型产业，并持久性推动产业兴旺，为乡村振兴事业做出了积极贡献。

七、生态宜居

华侨城在美丽乡村建设过程中，始终将生态宜居作为重要的发展目标，通过提高美丽乡村综合治理水平，运用现代科技和管理手段，将乡村生态优势转化为生态经济优势，大力发展生态经济、绿色产业，提供更多更好的绿色生态产品和服务，促进生态和经济良性循环，在发展经济的同时打造生态宜居的美丽乡村，落实"绿水青山就是金山银山"的发展理念。

专栏1-7 着力打造生态宜居的美丽乡村

生态宜居是生态文明建设在美丽乡村建设中的重要体现，也是华侨城美丽乡村建设的重要目标，华侨城美丽乡村所打造的生态宜居也为产业兴旺、乡风文明、治理有效、生活富裕提供了坚实的环境基础。生态宜居要求农业产业生态化和农村生态产业化共同发展，协调生态环境与农业发展、农村建设、农民富裕，是实现乡村振兴的关键。华侨城集团积极打造

"绿水青山"与"三生融合"的美丽乡村，将绿色发展理念和"生态、生产、生活"有机融合，做到美丽乡村不仅有颜值，更加具有经济实力和发展潜力。华侨城美丽乡村侧重环境整治，同时更注重补齐功能短板，做活产业，进一步带动农业农村发展，加快城乡融合统一发展。华侨城集团积极推动美丽乡村立足于自身资源优势，做好产业兴旺、产城融合的文章，重点做好一、二、三产深度联动、"生态、生产、生活"有机融合，推动美丽乡村的生态文明建设和产业发展携手并进，五大节点齐步并驱，让产村结合、三生融合，让美丽乡村焕颜再生。

1. 生态宜居是落实绿色发展理念的重要体现

华侨城美丽乡村建设为现代化经济体系建设做出了积极贡献。据数据测算，农村土地面积占全国土地面积的 94% 以上，承担着水土、植被等自然资源保护的历史使命。所以，乡村是生态文明建设的重要组成部分，也是贯彻绿色发展理念的重要承载区。生态宜居反映了农民的生产意志和生活需求，是实施乡村振兴战略的关键。华侨城美丽乡村坚持"望得见山，看得见水，记得住乡愁"的农耕文明外显原则，但面对城市基础设施建设、生活环境的改善，要想使美丽乡村能留住人、吸引人，则生态宜居就显得尤为重要。只有改善乡村人居生活环境，在绿水青山中，让农民也能享受到市民应有的生活品质，才能增加乡村吸引力，在留住农民的同时，吸引热爱乡村的新农人参与美丽乡村建设中来。

2. 不友好生产与不健康生活方式叠加成为要解决的关键问题

党的十六届五中全会提出了建设社会主义新农村的目标，之后取消了农业税、农业特产税，减轻了农民负担。同时，通过粮食补贴，调动了粮食生产积极性，实现了连续十多年粮食大丰收。在粮食增产引导下，农业转向粗放式生产，大量使用农药、化肥、农膜等，导致产生土壤板结、地力下降、耕地重金属污染面积增加等问题。过分追求产量的粗放式农业生产，降低了农产品质量，破坏了乡村生态环境，也为我国农业生产安全埋下了隐患。受 GDP 至上观念影响，长期以来各地乡村基础设施建设，特别是乡村环保基础设施建设严重滞后，部分地区的生活垃圾和污水集中处理存在重重困难。传统乡村污染的自我消纳循环方式在现代生产生活方式中被打破，如传统的畜禽粪便直接作为肥料参与生产循环，而现代规模化养殖生产与种植业分割，很难全部实现循环。"垃圾靠风刮、污水靠蒸发"的不良生活方式，造成乡村污染问题日益严重，已经危害到农民的身体健康。近年来我国农民癌症发病率不断上升，就是乡村不友好生产方式与不健康生活方式叠加产生后果的一个佐证。造成不友好生产方式与不健康生活方式叠加的根本原因，是没有充分兑现生态红利。华侨城积极寻求友好健康的美丽乡村发展方式，致力于创造全方位生态宜居的美丽乡村，将新型管理理念融入美丽乡村的建设进程中，为乡村发展及乡村治理带来真正意义上的良性循环。

3. 乡村生态优势与经济优势未能实现有效转化

目前，多数乡村没有找到将生态优势转化为经济优势的有效途径，绿色生态和经济发展之间没有形成良性循环。主要表现在三个方面：一是观念不活，有人认为"生态环境好不能当饭吃"，青山绿水只能作为自然资源客观存在，并没有充分发挥其经济价值。二是机制不活，资源开发存在体制障碍，生态环境保护者和经营者利益得不到合理补偿，如有些地区水源地补偿资金并不能完全弥补保护成本，如果不能实现水源地产业替代，在环保严监管背景下，只能"守着金饭碗讨饭吃"。三是形式不活，乡村生态经济实现形式比较单一，要么是种养殖，要么是乡村旅游，没有实现一、二、三产业的多重功能融合，现代技术、金融资本等生产要素参与不充分。因此华侨城在美丽乡村建设中将优势转化的途径创新作为重要任务，寻求绿色生态与经济发展相辅相成的产业闭环，为乡村振兴战略推进创造新的路径。

4. 实现乡村生态宜居需要加速推进美丽乡村综合治理

加强乡村突出环境问题综合治理是实现生态宜居的首要任务。强化乡村人居环境整治，需加快补齐乡村人居环境突出短板，推进生产生活方式绿色化，实现人与自然和谐发展。在补齐乡村人居环境设施和服务短板的进程中，要健全治理技术、施工建设、运行维护等规范标准；要建立有制度、有标准、有队伍、有经费、有督查的乡村人居环境管护长效机制；构建政府债券、城乡建设用地增减挂钩所获土地增值收益、财政整合资金、社会资本在内的乡村生态宜居所需的资金体系。在强化突出环境问题治理上，要加强农业面源污染防治、农村水环境治理和饮用水水源保护，要开展重金属污染耕地防控和修复，严禁工业和城镇污染向乡村转移。在推行农业生产绿色化上，要实现投入品减量化、生产清洁化、废弃物资源化、产业模式生态化。在推行农民生活绿色化上，要强化绿色消费教育，推进乡村传统生活方式与现代文明生活方式融合，提倡自然、环保、节俭、健康的生活方式。二是统筹山水林田湖草系统治理。把山水林田湖草作为一个生命共同体，进行统一保护、统一修复。健全耕地、草原、森林、河流、湖泊休养生息制度，分类有序退出超载的边际产能；划定江河湖海限捕、禁捕区域，保护和修复水资源生态，控制水资源消耗总量和强度；开展湿地保护和修复，重视天然林、草原及生物多样性保护，综合治理荒漠化、石漠化、水土流失等。三是推动乡村自然资本加快增值。为适应生态农业发展趋势，农业要强化标准化生产，推行农产品认证，利用"互联网+"，拓宽市场渠道，实现"优质优价"。在积极发展绿色生态经济方面，要专注特色产业，实现规模化、品牌化的基本要求，推进乡村自然资本加快增值，为实现乡村生态宜居奠定坚实物质基础。

为美丽乡村创造出生态宜居的生活条件，是华侨城美丽乡村建设的核心目标之一，只有真正做到生态宜居，得到村民和游客的认可，才能保持美丽乡村的魅力和吸引力。华侨城集团积极创造美丽乡村新生态，做到产业生态、环境生态、民生生态和谐统一，不断提升乡村村民的根本利益，创造生态宜居、人人向往的理想生活空间。

八、乡风文明

华侨城集团以培育"新乡贤"和"新农人"作为乡风文明的发展动力，积极打造乡风文明的美丽乡村。几千年来，中国社会一直有以乡绅为代表的传统乡村精英在乡村建设中发挥带头作用的传统。今天的美丽乡村，精英仍然以不同的形式存在，并涌现了来自于城市的"新乡村精英"及"团体型组织精英"。企业家、外企高管、社会名流等选择到乡村创业，经营生态农庄、农家乐、度假酒店、民宿等项目，客观上成了乡村社会的"新村民"。华侨城在美丽乡村建设过程中致力于打造乡风文明，使这些人在乡村社会中不再是孤立的存在，而与当地居民形成有效沟通和共存共生的关系，积极激励这些乡村精英参与村落公共事务，使他们能在乡村社会发展中发挥积极带头作用，解决乡村经营型人才不足的问题，重塑和谐内生的乡风，实现乡村振兴。尤其要增强"新乡贤"的本土认同感，建立企业、社会组织与乡村社会之间共生关系的有效机制，将以前的"雇主—租客"的关系转变成为"当家人与新主人"的共生关系，增强乡村治理的能力。华侨城在美丽乡村建设过程中已经开始推动乡贤参与城乡社区治理，形成"乡贤+"的村级治理模式，并不断总结经验做法，在乡村治理工作中进行推广。

专栏 1-8　从风俗文化到乡风文明

乡风是指乡里的风俗、地方的风俗，是一个地区历代相沿积久而成的风尚、习俗。风俗虽不是一种成文的法律，但对社会成员有一种非常强烈的行为制约作用，是对人们的生活、思想和行为具有很大约束性的精神力量。文明乡风建设，是社会主义新农村建设不可或缺的重要组成部分，是建设美丽乡村、建设美丽中国的有效途径，是推动社会主义核心价值观落地生根的必然要求。华侨城在美丽乡村建设过程中，注重以乡风文明作为乡村文化基础，打造别具特色、文化丰富的美丽乡村。

乡村振兴最根本的实施对象和受益主体是农民。而农业不仅是面朝黄土的种地，更包括仰望蓝天的创新创业。华侨城美丽乡村积极打造现代农业的双创空间，以此助力"新农人"的培养。"新农人"包括创新创业人才、高技能人才，也包括职业农民。除了制定优惠的政策措施，积极鼓励专业人员与高技能人才到广阔的乡村干事创业外，还需要提高农业、农村吸引力，让一部分高素质劳动力留在农村务农，加快培育有文化、懂技术、善经营、会管理的新型职业农民队伍，进而加快构建集约化、专业化、组织化、社会化相结合的新型农业经营体系，使"新农人"更加便捷高效地助力美丽乡村建设，也使得美丽乡村建设的方向更具前瞻性，实现持续发展的良好格局。

1. 美丽乡村基础设施是建设文明乡风的基础

只有具备了一定的物质基础，才能带来广大农民精神面貌的变化、思想观念的解放，增强对精神文化生活的渴望。如建设阅览室、体育场、文化广场，为村民开展丰富多彩的文化娱乐活动搭建平台，丰富乡村的文化生活，有利于新乡风的形成。

2. 思想引领是建设文明乡风的有力保障

提高农民的思想道德素质，定期或不定期地对他们进行党的基本理论、基本路线、基本纲领教育，引导其树立正确的世界观、人生观和价值观，增强走中国特色社会主义道路和实现中国梦宏伟奋斗目标的理想信念。以社会主义核心价值观和荣辱观教育为重点，开展社会公德、家庭美德和个人品德教育。

3. 陈风陋俗整治是建设文明乡风的重点方向

铺张浪费、厚葬薄养、人情攀比等陈规陋习，败坏农村社会风气，引起广大农民强烈反感。应着眼文明素质养成，通过组织"三下乡"等多种形式，积极传播科学健康生活方式，移风易俗、敦风化俗，引导农民摒弃落后习俗，过上现代文明生活。大力推动村民议事会、道德评议会、红白理事会等村民组织加强自身建设，开展乡风评议，建立道德激励约束机制，形成健康向上的民间舆论。坚持立破并举，把自治、法治、德治结合起来，大力整治黄赌毒、封建迷信等突出问题，打击黑恶势力和涉农犯罪，把不良风气压下去，把良好风尚立起来。

华侨城集团积极建设文明乡风，牢牢把握培育和践行社会主义核心价值观这个根本任务，紧扣美丽乡村建设主题，不断深化农村精神文明建设，并通过美化农村人居环境、培育新型农民，持续推进社会主义新农村建设。

九、治理有效

加强乡村治理，做到管理高效、治理有效是美丽乡村建设的重要一环。华侨城在美丽乡村建设过程中将新型管理方法和治理机制融入美丽乡村，以更加科学的方式提升乡村治理效能，真正意义上做到治理有效、节约成本。

1. 治理有效体现美丽乡村建设的政治站位

如果不存在有效有力的治理主体，就不可能实现乡村的有效治理，也就不可能有美丽乡村建设的成功。首先，人民群众是最大的治理主体。推进基层治理，从根本上讲是为乡村振兴助力，乡村人民群众是最大的受益者。关乎自身利益的事情，人民群众必须积极参与。其次，乡村基层干部也是治理主体。基层干部在乡村治理中主要扮演统筹协调的作用，要深度思考如何把人民群众动员组织起来，如何让人民群众在乡村治理的相关平台、形态上发挥作用，让人民群众有力可以使出来，积极为乡村治理建言献策，贡献智慧和力量。

专栏 1-9　以治理有效实现乡村振兴

实现乡村振兴，重在治理有效。要深入贯彻实施乡村振兴战略，就必须在产业兴旺、生态宜居、乡风文明、治理有效、生活富裕的密切结合中寻找制度配置之道。其中，"治理有效"在诸因素之中起着举足轻重的作用，加快推进乡村治理体系和治理能力现代化是实现乡村振兴的必由之路。

治理有效是华侨城美丽乡村建设的重要保障，是"五位一体"总布局中的社会建设对农村的具体要求。实施乡村振兴战略，是党中央做出的重大决策，是摆在各级党委政府面前的重大政治任务，也是为各级党组织、广大党员干部开出的时代考卷。答好这张考卷，需要我们同心协力、同舟共济，更需要我们突出重点、精准施策，关键是要把"治理有效"放到重要位置。与此同时，治理有效的关键在于党建引领与社区共建，实现党建引领居民自治，共建共治服务提升。

2. 治理有效体现美丽乡村建设的科学精准

推进美丽乡村建设，实施乡村振兴战略，党中央提出了建立"党委领导、政府负责、社会协同、公众参与、法治保障"的现代乡村社会治理的目标。落实到基层，就是要围绕这一目标，积极构建制度机制，强化制度机制的统筹调配、科学保障作用，推动乡村治理科学合理、措施精准。具体执行落实中，要注重撬动各方力量，把各类群体的力量借过来，为乡村治理注入活力。

3. 治理有效体现美丽乡村建设的时代特点

推进乡村基层治理，是中国特色社会主义新时代赋予我们的历史重任，需要我们这一代人积极作为，按照既定目标稳步推进、加快落实。推进基层治理，关键还是要结合实际情况，坚持实事求是、求真务实、与时俱进的原则，既不能"按兵不动"，也不能"急功近利"，更不能搞"一刀切""一锅煮"。由于不同地区发展程度的不同、民风民俗的不同、文化习惯的不同、思维方式的不同，推进基层治理也要采取不同的方式、措施和路径，只要聚焦一个目标，集中精力研究和落实有效措施，乡村治理的步伐就会显著加快，乡村振兴就指日可待。

十、生活富裕

美丽乡村建设的效果如何，关键还是要通过农民的腰包鼓不鼓，是否实现了生活富裕来进行检验。作为文旅产业的先行示范者，华侨城集团通过美丽乡村建设，积极创造"文旅扶贫"的乡村经济发展理念，构建"文化＋旅游"的乡村战略格局，为美丽乡村居民带来了新的经济发展空间。华侨城集团围绕打赢脱贫攻坚战，深入实施"旅游+"战略，通过推进旅游业"四全三化"，即全景、全民、全业、全时，产品全域化、环境全域化、服务全域化，努力实现全域共建、全域共融、全域共享，打造华侨城美丽乡村文化生态休闲体验区的区域旅游品牌。

作为乡村美学的践行者，今天的华侨城美丽乡村由历史沉淀而来，村中的历史景观作为原本自然资源与人类过去生存状态的融合，有了更深层的价值与意义。华侨城美丽乡村以"乡村振兴·美学路径"为主题，让人们见证了华侨城美丽乡村的探索，感受到了现代与乡村的融合。华侨城美丽乡村建设紧紧围绕乡村振兴的"美学路径"，是对以往乡村工作大拆大建模式的重大超越，它的核心是通过设计师和艺术家的原创作品，提升乡村美学体验，普及全民美育，创造乡村美学价值，创造出真正属于乡村的核心竞争力。作为乡村主体，村民的思想观念、美学素养的提升是发展美学经济至关重要的一环，华侨城美丽乡村让村民闲时有处可栖，有美学活动可参与，让村民成为享受美、创造美的主体，进而使华侨城美丽乡村成为具有示范性、推广性、有活力的乡村新社区。与此同时，也给更多游客一个"留下来"的理由，增强乡村的吸引力。乡村美学是立足传统、放眼未来的美学实践。实践证明，把单个村落的保护和振兴放到美丽乡村战略之下，是具有更高成功率的实施策略。

1. 美丽乡村建设成功与否在于是否实现生活富裕

为实现生活富裕，我国要始终依靠党建引领，不断深化农村集体产权制度改革，不断发展壮大集体经济，加快变革乡村产业结构不合理、发展相对滞后的现状，倾力打造出一批传统文化底蕴深厚、品牌响、效益好的农业集体产业项目，有效解决农村基础设施欠账较多、公共产品及公共服务相对匮乏的实际困难，从根本上为广大农民群众实现生活富裕提供有力组织和经费保障。党的十九大报告和中央农村工作会议为我国广大乡村实现生活富裕指明了具体奋斗方向。我国农民增收致富和稳定就业的重要支撑依然是农业产业，大力促进乡村产业持续提质增收和实现农民充分就业，始终是摆在乡村振兴战略中的重点工作。美丽乡村建设成功与否，从根本上来讲还在于能否实现乡村生活富裕的根本性奋斗目标。伴随着互联网经济和新兴旅游业态的快速发展，在我国广大乡村地区已涌现出了一批集农村电商新产业、休闲旅游新业态、产学研为一体的新型优质农业经营主体，且呈现出蓬勃发展的良好发展态势，这为实现农业增产增收、农民充分就业打下了坚实的物质基础。

专栏 1-10　生活富裕是广大村民的根本利益

　　"让村民过上好日子"也是华侨城美丽乡村建设的核心理念之一。实现生活富裕是美丽乡村建设的根本落脚点，"三农"问题的核心是广大农民群众的收入问题。2020 年 10 月 29 日，中国共产党第十九届中央委员会第五次全体会议审议通过了《中共中央关于制定国民经济和社会发展第十四个五年规划和二〇三五年远景目标的建议》，公报中指出：坚持把解决好"三农"问题作为全党工作重中之重，走中国特色社会主义乡村振兴道路，全面实施乡村振兴战略，强化以工补农、以城带乡，推动形成工农互促、城乡互补、协调发展、共同繁荣的新型工农城乡关系，加快农业农村现代化。要保障国家粮食安全，提高农业质量效益和竞争力，实施乡村建设行动，深化农村改革，实现巩固拓展脱贫攻坚成果同乡村振兴有效衔接。解决好我国"三农"问题，实施乡村振兴和实现生活富裕，关键在党，关键在选好党的基层组织的领头雁以及加强党的基层组织建设。立足新时代，美丽乡村建设需要直面广大农民群众对美好生活的需要和向往，始终依靠党建引领，统筹兼顾"五位一体"总体布局，不断发展壮大乡村集体经济，不断创新"三农"经济发展运行体制机制，出实招切实增强村民参与市场经济竞争的能力。华侨城集团从全局的角度系统全面推进美丽乡村建设，切实将党的建设和农村经济、政治、社会、文化、生态文明建设融入乡村振兴的全过程之中。

　　为实现乡村振兴，要紧紧抓住实现村民生活富裕这个"牛鼻子"，聚精会神谋发展，全力推动广大乡村形成农业强、农村美、农民富的乡村振兴良好局面。在实现生活富裕的乡村振兴过程中，真正让广大乡村地区成为看得见山、望得见水、记得住乡愁的美好家园，从而切实增强广大农民群众的获得感与幸福感，为我国全面建成小康社会和实现"两个一百年"的奋斗目标提供有力支撑。

2. 生活富裕根本目标有效贯穿于美丽乡村建设全过程

在新的经济形势下，我国必须通过不断深化农业供给侧结构性改革，不断改革和完善农业发展保障体系建设，有效实现农业提质增收。广大乡村地区必须不断深化农村产权制度改革，进一步形成有利于村民就业创业的良好社会环境。同时，要善于在"三农"事业改革发展的全过程中，不断孵化新兴企业主体和农业产业新业态，全面推动乡村一、二、三产业进一步融合发展，进而多层面形成发展合力，不断增加我国广大农民群众的家庭经营性收入、工资性收入、财产性收入和转移性收入，从而切实将实现生活富裕的根本目标有效贯穿于美丽乡村建设的全过程。乡村振兴战略为新时代我国乡村发展指明了前进的方向。实现乡村振兴，必须从实现农民富裕入手，不断满足人民群众对美好生活的向往，逐步实现农业产业全面升级换挡、农村社会全面深化发展，实现农民全方位奔小康的美好愿望，全面增强村民获得感。在乡村振兴战略的实施过程中，必须紧紧依靠一批懂农业、爱乡村、爱农民的"三农"工作者，不断健全乡村建设体制机制，不断加强乡村建设规划，不断更新和完善乡村卫生设施，全面建成生态良好、生活富裕的美丽乡村，使广大农民群众可以在生活富裕的基础上同步享受生态好、村容美的高质量乡村生活。

生活富裕既是乡村振兴的根本，也是实现全体人民共同富裕的必然要求。华侨城在美丽乡村实践中以"文旅扶贫"和"乡村美学"为核心来实现生活富裕，打造新型特色产业，切实将富裕落实在每一个乡村居民的现实生活中，为美丽乡村建设带来了更具参考意义的案例。解决广大群众收益问题，能够真正意义上改变基本民生，为农民生活带来希望和动力，使美丽乡村发展更具持续性，这也是华侨城集团长期以来积极贯彻的核心目标之一。

第二节　战略定位

2013年中央1号文件明确提出"努力建设美丽乡村"的战略目标。近年来，从国家到地方，大量资金、人力和物力投入美丽乡村建设，取得了阶段性进展。但也应看到，无论是在认识上还是在实践上，美丽乡村建设尚存在若干问题和误区，影响了美丽乡村建设的质量和进程。因此，需要对美丽乡村建设进行科学定位，同时理顺美丽乡村建设的逻辑和思路。结合国家发展情况、政策导向以及企业自身能力，华侨城集团针对自身在美丽乡村建设中的作用提出三个定位：中国美丽乡村"文旅 +"产业领跑者、中国城乡融合与美丽乡村建设引领者、中国乡村美学和东方乡村生活方式示范者。

一、中国美丽乡村"文旅 +"产业领跑者

作为中国美丽乡村"文旅 +"产业的领跑者，华侨城集团充分发挥了在文化产业、文旅产业、科技产业、资本运作等方面的综合产业能力。在美丽乡村建设进程中，华侨城集团围绕"中国文化产业领跑者"的战略定位，挖掘独特的地域乡村文化资源，加大了对文化产业和内容的整合，继续着力打造"文化 +"的 IP 产业链和 IP 集群，做到了中国美丽乡村文化产业的先行先试。

与此同时，华侨城集团围绕"中国全域旅游示范者"的战略定位，秉持面向城乡融合发展的"社会思路"与面向生活方式营造的"客户思路"，以美丽乡村产业发展为抓手，整合区域旅游产业与消费市场，为美丽乡村建设导入全新的驱动力，发展以品牌化线上经营 + 网红化线下场景、文化"新"遗产、战略性新兴产业共性平台等为核心内容的产业业态，努力打造中国美丽乡村旅游产业的发展样板。在华侨城美丽乡村的建设过程中，通过融入创新互联网、后城镇化等"华侨城新思维"，华侨城美丽乡村实现了三产融合、产融结合、景（园）城（镇、村）融合等，成为中国美丽乡村新经济、新业态、新消费的行业标杆。

二、中国城乡融合与美丽乡村建设引领者

作为中国城乡融合与美丽乡村建设的引领者，华侨城集团追求体现大型央企的社会责任与企业责任，为美丽乡村事业树立行业标杆。华侨城按照国家乡村振兴的战略部署，积极探索美丽乡村新型业态的投融资与盈利的新模式，将华侨城的"文化 + 旅游 + 城镇化"和"旅游 + 互联网 + 金融"的创新发展模式与"文化生活方式 + 战略性新兴产业共性平台 + 城乡融合"的开发建设模式相结合，通过打造"一镇一品""一村一品"品牌，摸索出了一条华侨城独有的本土化、特色化的"美丽乡村"开发建设路径。

与此同时，华侨城集团充分发挥"在花园中建设城市"的能力，创新探索华侨城美丽乡村独特的消费场景、村落风貌，为美丽乡村建设开拓了新视野和形成了新理念。

三、中国乡村美学和东方乡村生活方式示范者

作为中国乡村美学和东方乡村生活方式的示范者，华侨城集团积极响应乡村振兴、新型城镇化、城乡融合等国家战略要求，坚定贯彻党建引领、社企共建、社区治理等政策导向，扎实履行华侨城作为文旅央企的政治责任、经济责任和社会责任，充分发挥华侨城作为中国文化企业30强和中国旅游集团20强的综合企业能力，围绕共建共享、产业扶贫、文化"新"遗产、美学生活、品牌化线上经营等主线在美丽乡村建设中进行布局谋篇，努力实现经济效益、社会效益和生态效益共赢。

在美丽乡村建设过程中，华侨城集团深入探索实践"文化生活方式＋战略性新兴产业共性平台＋城乡融合"模式，这与华侨城"文化＋旅游＋城镇化""旅游＋互联网＋金融""科技＋产业＋园区"的实践模式是一脉相承的，始终将创新发展思维融入美丽乡村建设中，做到了从单纯的提供产品向打造平台的总体战略转变。

专栏1-11　华侨城三大战略模式

在"旅游＋地产"的创业发展模式基础上华侨城集团提出了"文化＋旅游＋城镇化""旅游＋互联网＋金融""科技＋产业＋园区"等创新发展模式。使得集团商业模式更加多元，产品要素更加丰富，盈利方式更加多样，与此同时，现金回流速度更快，参与主体也更加多元。

一、"文化＋旅游＋城镇化"战略模式

"文化＋旅游＋城镇化"是新战略期华侨城集团发展新型城镇化的总体思路，聚焦文化、旅游、城镇化产业协同发展，依靠自身对文化旅游资源价值的理解、旅游运营经验的积淀、区域成片开发的能力，并依托区域特色资源，通过区域整体规划，发展多种文旅业态，打造高品质的综合性文化旅游目的地，提升区域城镇化水平和价值。

二、"旅游＋互联网＋金融"战略模式

"旅游＋互联网＋金融"是创新的旅游业务商业价值实现形式，即在旅游产业与互联网、金融融合发展的趋势下，依托华侨城在旅游行业的优势及资源，整合上游大量的旅游景区，打造覆盖全国的景区联盟和线上旅游平台体系，积累景区和游客数据，为景区和游客提供基于数据的旅游服

务产品。并为旅客提供门票、住宿、交通、保险等服务，构建基于平台交易及服务的盈利模式。

三、"科技＋产业＋园区"战略模式

"科技＋产业＋园区"发展模式，通过科技提升产业，产业发展科技，构筑代表未来的、有科技属性的、高壁垒的产业组合。通过科技提升区域能级，通过园区化为科技提供前沿科技孵化基地，对科技产业形成反哺。通过产业集群带动区域升级，为产业发展导入专业化运营服务，形成产业园区、产业小镇、产业新城等园区品牌，与集团创新发展模式形成协同效应。

第三节　总体目标

新时代，华侨城集团根据美丽乡村建设的目标，树立"统筹考虑，找准定位；加强融合，提升产业；突出文化，提高品位；建设生态，打造宜居；保留乡味，回归自然"的战略思路。华侨城集团积极践行和落实"一带一路"、文旅融合、新型城镇化、乡村振兴等国家战略和建设目标，围绕"中国文化产业领跑者、中国全域旅游示范者、中国新型城镇化引领者"三大战略定位，构建"文化＋旅游＋城镇化"和"旅游＋互联网＋金融"等创新发展模式，主题公园、文化演艺、特色小镇、美丽乡村、都市文化旅游综合体、精品酒店等多业态齐头并进，蓬勃发展，文化旅游产业的规模和品质不断提升。

一、华侨城"第二次跨越式高质量发展"的新产品线与新业务平台

当前，华侨城正处于由"高速发展"向"高质量发展"的新的历史阶段，通过深入探索美丽乡村业务，全面践行国家乡村振兴战略，进一步丰富华侨城文、农、旅融合的新产品线与新业务平台，打造华侨城的"第二增长曲线"。

华侨城将通过美丽乡村实践，进一步探索培育企业发展的新增长点和发展动

力，推动新旧动能转换；进一步紧跟国家政策导向、政府发展需求和市场升级趋势；进一步落实三产融合、景村融合、产融结合等发展理念。

未来，华侨城在实施国家和地方"十四五"规划以及进一步践行国家乡村振兴战略的前行道路上，也将一如既往地体现央企的使命担当。

二、打造美丽乡村创想生活方式"第一品牌"

根据华侨城集团的总体发展目标，预期在 2035 年之前在全国再建成 20 个华侨城，其中深圳再建成 6 个华侨城；支持 100 个美丽乡村建设，以及每年实现城镇化领域投资 1000 亿元，收入 1000 亿元，并实现 100 万人的直接及间接就业；致力于打造具有全球竞争力的世界一流文化旅游企业集团，争创中国新型城镇化第一品牌，增强在全球文化旅游产业第一阵营的竞争优势；集团整体提质增效，实现高质量发展。

三、提升美丽乡村的平台型企业核心竞争力

实现高质量发展，首先要"转意识"，坚持速度与质量并重，规模与效益并举。增加运营收入，实现可持续发展。同时提高企业核心竞争力，增强精细化管理以及改革创新的能力。其次要"转动力"，充分利用互联网新动能来铸造用户运营以及产业创新和产品创新，通过创新来解放生产力。最后要"转结构"，要完善高质量发展的内涵，搭建整体生态系统，利用多种补偿模式实现产业生态的多样性发展，实现产业结构的均衡优化。

四、实现美丽乡村建设"百村计划"

华侨城集团未来将继续紧跟国家战略，打造 50 个特色小镇、50 个美丽乡村，也即"100 个美丽乡村计划"，与城乡居民共同创业，共同富裕。未来，华侨城将通过政府与社会资本合作的 PPP 模式，建成若干个大型新型城镇化示范项目，并以"100个美丽乡村计划"，投资建设 100 个具有丰富中国传统民俗及文化的特色村镇，创造数十万个创业和就业岗位，与城乡居民共同创业实现共同富裕。华侨城"100 个美丽乡村计划"将在适合的村落实施，着力打造特色州县、特色景区和景点，深度挖掘地区文化特色，通过古镇、古村、自然风光、民俗体验、休闲度假、特色商品等的

塑造，构建和完善若干条旅游精选线路，打造产业旺、生态好的美丽乡村。

五、推进美丽乡村建设与文化旅游深度融合

在文化旅游融合的新时代，华侨城将继续秉承"优质生活创想家"定位，发挥文化旅游龙头企业的示范作用，主动对接国家战略，全力以赴为中国文化旅游产业发展提供华侨城智慧，讲好中国故事，传承中华文化，丰富文化内涵，不断为人民提供高品质的文化旅游产品和服务，为人民美好生活增添欢乐体验，增添幸福感、满足感，在不断满足人民美好生活需求中实现企业高质量发展，为新时代中国文化旅游产业的发展和文化旅游产业的深度融合做出央企贡献。

第四节 发展理念

在发展理念上，华侨城不断结合自身文旅产业优势，积极聚焦人民日益增长的美好生活需要，坚定不移推进新型城镇化、全域旅游的落地实施，助力乡村振兴战略，持续践行央企社会责任，切实发挥领跑者的担当与使命，为中国文化旅游产业发展贡献力量，逐渐形成了"大局意识＋党建引领＋协同发展"的政治导向理念、"文化旅游＋战略性新兴服务业＋城乡融合"的产业发展理念、"互联网＋平台型运营＋创新融合"的建设运营理念和"因地施策＋综合效益导向＋分类评价"的考核评价理念（见图1-2）。

一、"大局意识＋党建引领＋协同发展"的政治导向理念

华侨城在美丽乡村建设的政治导向方面始终牢固树立坚定的政治立场，紧跟党中央步伐，始终在政治上思想上行动上同以习近平同志为核心的党中央保持高度一致，以习近平新时代中国特色社会主义思想为指导，全面贯彻党的十九大和十九届二中、三中、四中、五中全会精神，深入贯彻习近平总书记系列重要讲话精神和治国理政新理念新思想新战略，积极应对经济社会发展的大战大考，强化大局意识和

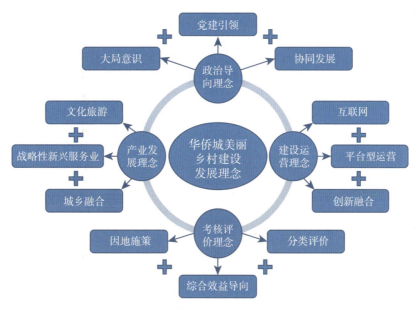

图 1-2 华侨城美丽乡村建设发展理论

政治引领，发挥组织优势，持续落实全国国有企业党的建设工作会议精神，不断推动党建工作与生产经营深度融合，以党建工作的提质、增效、升级，为集团实现高质量可持续发展提供坚强保证。

党的十九大以来，华侨城集团始终深刻理解和把握国家战略、产业战略、国企改革的大趋势，构建"文化＋旅游＋城镇化"和"旅游＋互联网＋金融"等创新发展模式，确立了文化、旅游、新型城镇化、电子科技及相关业务投资五大主业，现已在全国 60 余座城市布局，管理和运营近 80 家文化旅游景区，是目前中国唯一同时获评"全国文化企业 30 强"和"中国旅游集团 20 强"的企业。在增速迅猛的势头下，集团债务总体可控，并连续 10 年获得国务院国资委年度业绩考核 A 级评价。

跨越发展离不开党建引领。华侨城集团多措并举铸造红色引擎，激发澎湃动能，以高质量党建推动高质量发展不断迈上新台阶。启动"学习引擎"，提高政治站位，筑牢思想根基，集团党委以党的政治建设为统领，带头践行"两个维护"，坚决贯彻落实习近平总书记重要指示批示精神和党中央决策部署。新冠肺炎疫情发生以来，华侨城集团党委闻令而动、令出行随，成立应对新冠肺炎疫情工作领导小组，在"第一时间"做好"第一议题"学习，组织党委会、领导小组专题会、理论学习中心组学习会等 10 余次，落实学习主体责任，切实把思想和行动统一到习近平总书记关于统筹推进疫情防控和经济社会发展的科学部署上来。建立疫情防控工作日报制度，根据疫情形势变化，陆续发布《关于做好节后复工的八项指导意见》《关于进一步做好新冠肺炎疫情常态化防控期间有关工作的通知》等应对方案，制定复工复产《工作指引》，为统筹做好疫情防控和生产经营"两手抓""两手硬"提供遵循。各级党组织运用"三会一课""互联网＋党员学习"等形式开展学习千余次，确保学懂弄通、笃学笃行。集团党委坚持理论联系实际，原原本本逐字逐句开展学习，加强系统交流研学，以扎实学风筑牢思想根基。

二、"文化旅游＋战略性新兴服务业＋城乡融合"的产业发展理念

华侨城集团以"文化旅游＋战略性新兴服务业＋城乡融合"为产业发展理念，坚持人才扶贫、基金扶贫、旅游扶贫、产业扶贫、短板扶贫、文化扶贫"六大路径"，在长期的扶贫实践中探索了"文化旅游＋美丽乡村""产业扶贫＋乡村振兴"特色发展之路；在生态环保方面，坚持"生态环保大于天"的发展理念，努力践行绿色低碳发展思想，共建美丽中国。华侨城集团以面向城乡融合发展的"社会思路"与面向生活方式营造的"客户思路"为综合发展理念，在创造产业发展空间的同时切实为客户带来利益，推动产业发展从消费性服务业向生产性服务业的转变。

华侨城集团坚决激发市场主体活力，弘扬企业家精神，为国家经济发展积蓄力量，助力加快形成以国内大循环为主体、国内国际双循环相互促进的新发展格局。一是战略引领，规划先行。要尽快完成集团"十四五"发展规划，进一步强化战略管理意识，加强区域研判，推动科学分类布局，推动国家战略势能转化为企业发展实效。二是深化协同，融合发展。深化"战区与战区""战区与兵种""兵种与兵种"之间的协同，保证集团"一盘棋"和利益最大化，实现业务互联、互惠互利。三是聚焦主业，持续创新。因地制宜完善产品分类，不断加强产品和模式创新。探索特色小镇、美丽乡村、康旅等产品的盈利模式，丰富产品组合形式，保障产品品质，提升项目效益。四是抢抓机遇，破题转型。加快培育互联网新动能，破题"旅游＋互联网＋金融"创新发展模式，加快互联网、大数据、信息化建设，带动集团业务的跨越发展。五是深化改革，完善机制。进一步推动体制机制改革，建设服务集团跨越式发展需要的高素质专业化干部人才队伍，完善中长期激励体系，实现共

享共赢发展。

华侨城集团坚决落实党中央决策部署和习近平总书记重要指示精神，积极应对百年未有之大变局，扎实做好"六稳"工作，全面落实"六保"任务，系统科学谋划集团"十四五"规划和当前各项重点工作任务，努力在我国社会主义现代化进程中发挥更大作用，实现更大发展，为全面建成小康社会，实现两个一百年发展目标做出更大贡献。

三、"互联网＋平台型运营＋创新融合"的建设运营理念

华侨城集团在推进美丽乡村建设运营过程中坚持互联网发展理念，以品牌化线上产品经营＋网红化线下主题场景为核心内容，为农业农村发展带来了新的前景。华侨城集团创新了"旅游＋互联网＋金融"的战略模式，是创新的旅游业务商业价值实现形式，即在旅游产业与互联网、金融融合发展的趋势下，依托华侨城在旅游行业的优势及资源，整合上游大量的旅游景区，打造覆盖全国的景区联盟和线上旅游平台体系，积累景区和游客数据，为景区和游客提供基于数据的旅游服务产品，并为旅客提供门票、住宿、交通、保险等服务，构建基于平台交易及服务的盈利模式。与此同时，华侨城集团致力于打造"智云慧眼"——华侨城智慧旅游服务平台。"智云慧眼"涵盖智慧景区、智慧酒店、智慧社区、智慧城区，着力于构建大用户、大数据、大营销和大金融体系，实现信息流、资金流、用户流的统一。依托大数据和华侨城金融创新能力推出华侨城智慧旅游E卡通。华侨城旅游投资管理有限公司作为华侨城轻资产运营的核心平台以及"旅游＋互联网＋金融"战略的主力实施平台，业务范围涵盖旅游管理经验输出、旅游金融、全域旅游E卡通发行等，目标是培育全域旅游共生产业链，打造出一个"省心、省时、省钱"旅游消费新范式，让旅游真正融入居民生活和城市发展。

在互联网发展理念基础上，华侨城集团在美丽乡村建设过程中特别注重共建共享生态平台与战略性产业运营，加速战略性新兴产业的布局发展与传统产业的转型升级，积极构建更加科学合理的规模型、利润型、现金流型产业格局。以平台型运营思维推动产业发展，其核心是发挥华侨城以文化和旅游"造城"的优势，采取政府、村镇、企业、民间社会资本等多方合作共享的PPP模式，搭建新型开放的城镇化综合开发平台。华侨城通过科学的策划、管理和资本运作，以开放合作，利

益共享的众筹方式，引入专业团队，塑造智力支持能力，推进生态环境、现代农业、文化和旅游观光、现代产业培育、城镇综合治理等公共产品和服务的要素聚集、整合和完善，构建"文化 +""旅游 +""互联网 +"等新型产业生态集群。同时，通过"旅游 + 互联网 + 金融"的运作模式，广泛连接市场要素和资本要素。以互联网手段提升公共服务治理效率，扩大市场半径；以资本杠杆，引入民间资本，放大华侨城以国有资本为主体的功能，以"平台搭建、联合建设和智力支持"为手段，全面推进新型城镇化，使得国有资本在新型城镇化的发展过程中发挥重要作用。在金融投资方面，把自身文化品牌作为华侨城集团资本战略运作的目标，同时打造内部金融服务平台，支撑主业发展。在创新方面，致力于打造智力支持平台和创新发展平台，以平台型运营思维推动企业内部要素流动并提高企业创新发展空间。

最后，在互联网思维和平台型运营基础上，华侨城近年来更是积极主动以"文化 + 旅游 + 城镇化""旅游 + 互联网 + 金融"创新发展模式承接国家新型城镇化战略，积极推进美丽乡村建设与全域旅游发展，以文化旅游带动乡村振兴，探索出了"文化旅游 + 美丽乡村""产业扶贫 + 乡村振兴"的特色创新融合之路，秉持创新融合思维，在精准扶贫上做出了特色与成效，得到社会各界的广泛认可。一是推动文化产业创新融合，华侨城紧随时代发展，积极投身文化产业建设，提升公共文化水平，提升中国文化自信。华侨城集团通过对文化主题景区、文化主题酒店、文化艺术、文化演艺、文化创意产业、文化科技、文化节庆及相关产品制造等诸多领域的经营，并着重打造创新融合的产业生态圈，引领中国文化产业跨越前行。二是推动三产创新融合，尽管全国各地助推三产融合的热情高涨，但三产融合从战略到落地，却有很长的路要走。近年来农业特色小镇、田园综合体成了资本追捧的风口，但很多都偏离了农业产业这个核心，做成了单纯的旅游项目，甚至房地产项目。华侨城集团积极推动三产融合的健康发展，明确三产融合是为了解决农业产业附加值过低，是为了延伸农业产业链和价值链的发展理念，并且一直严格遵循"姓农、务农、为农、兴农"的建设方向。三是推动城乡融合，华侨城集团在推动三产融合的同时，积极推进城、镇、村融合，以城乡融合促进农业农村发展。

四、"因地施策 + 综合效益导向 + 分类评价"的考核评价理念

美丽乡村建设是一个复杂的系统工程，在进行具体项目开发建设运营过程中难免会遇到各种各样的问题，华侨城集团在实践中逐渐总结出了一套差异化发展理念，因地制宜地制定具体开发策略，建立起对项目进行综合评价和分类评价相结合的考核体系，极大地激发了项目团队的建设积极性，对提高华侨城美丽乡村建设成效起到了积极作用。

首先，美丽乡村建设模式的选择受当地生态资源及环境、政策法规、人文风俗、历史区位等多重因素影响，因此华侨城在推进美丽乡村建设过程中一直秉承因地施策、因时施策的发展理念，将整个美丽乡村建设项目大体划分为经济效益型、社会服务型、战略导向型三类，针对不同区域、不同类别、不同时段的美丽乡村项目制定差异化的考核评价体系，科学评判美丽乡村的建设成效，最大限度地发挥建设运营团队的积极性。

其次，在推进美丽乡村建设中不以单一指标评判建设成效，而是以综合效益导向为理念，综合考虑经济因素、社会因素和环境因素等变量，更加系统全面地展现美丽乡村建设成效。经济效益主要体现在两方面，一是指在美丽乡村自身运营系统及其影响范围之内，人们通过改造、经营、挖掘当地特色资源形成经济产业所产生的那部分效益；二是指美丽乡村建设对于政府所产生的那部分经济效益，如以特色产业为核心的供销及生产等产业链上下游企业的税收、建设完成后的美丽乡村周边土地溢价所产生的经济收益等，经济效益可以用净资产收益率、总资产报酬率、营业利润率、成本费用利润率、资本收益率等指标来衡量。社会效益则是项目对诸如增加就业、提高人民生活质量、增加社会福利等所做的各种贡献总和，是从全社会宏观角度来考察的效果和利益。具体包括文化的传承和保护、旅游业促进商贸经济发展、就业率提高、居民生活质量提高、基础设施改善等指标。环境效益体现在美丽乡村自身的产业生态与当地自然环境融为一体、产业建设规划与当地行政建设规划协调发展等，譬如清洁能源、洁净水资源、污水处理等方面的规划协调一致，为所在区域提供更好的居住环境以及休闲娱乐空间等，具体包括生态环境改善、植被保护、绿化覆盖率提高、资源合理利用、居民环保意识增强等指标。

最后，在美丽乡村建设评价考核中强化分类考核理念，按照经济效益型、社会服务型、战略导向型等不同类型的项目制定差异化指标权重，以考核偏向倒逼形成差异化的发展战略方向，最终形成多元化、立体化、综合化的美丽乡村建设体系。例如，设定为战略导向型的项目，将不以经济效益为考核评价的重点，更加侧重于考察项目的社会影响力和公司的品牌效应，从而树立起华侨城在美丽乡村建设中的品牌标杆和行业样板，为后续相关业务的开展打下更加坚实的基础。

第二章

华侨城美丽乡村

EPCO 模式

第一节　华侨城美丽乡村 EPCO 模式概述

一、缘由与背景

2016 年，华侨城集团首次提出"100 个美丽乡村计划"的建设蓝图，计划创造 20 万个创业和就业岗位，之后在海南、云南、成都、深圳等地开展了美丽乡村项目建设，取得了一系列的成果。在美丽乡村项目建设过程中，华侨城结合实际情况和实践经验，归纳总结并创新性提出了"华侨城美丽乡村 EPCO 模式"，计划通过该模式更好地指导美丽乡村项目的开发，打造华侨城美丽乡村精品项目。

华侨城美丽乡村 EPCO 模式是在 EPC 工程总承包模式的基础上发展而来。EPC 工程总承包是指从事工程总承包的企业受建设单位委托，按照合同约定对工程项目的可行性研究、勘察、设计、采购、施工、试运行（竣工验收）等实行全过程或若干阶段的承包，EPC 工程总承包企业对承包工程的质量、安全、工期、造价全面负责。

EPC 工程总承包在国际工程中使用已经有近 50 年的历史，得到广泛的应用和普遍的认同。从 20 世纪 80 年代开始，我国的 EPC 发展经历了起步阶段（1982—2003 年）、摸索阶段（2003—2014 年），现已进入加速发展阶段（2014 年至今）。近年来，国家先后出台了系列政策和法规，推动 EPC 工程总承包的发展，其逐渐成为我国未来项目建设的重要趋势。2017 年 2 月 21 日，国务院办公厅下发的《关于促进建筑业持续健康发展的意见》（国办发〔2017〕19 号），再次提出"加快推行工程总承包。政府投资工程应完善建设管理模式，带头推行工程总承包"。2020 年，浙江、上海、福建、广东、广西、湖南、湖北、四川、吉林、陕西等地启动了工程总承包试点，推进步伐明显加快。

二、美丽乡村 EPCO 模式简述

1. 美丽乡村 EPCO 模式定义

华侨城美丽乡村 EPCO（Engineering Procurement Construction Operation）模式是指在美丽乡村开发过程中，采用"EPC 工程总承包＋运营"的模式，即采用"策划设计（Engineering）＋采购（Procurement）＋施工（Construction）＋运营（Operation）"全过程承包的综合开发模式（见图 2-1）。

图 2-1　华侨城美丽乡村 EPCO 模式

美丽乡村 EPCO 模式实现设计、采购、施工各阶段工作合理交叉与紧密融合，对工程的进度、质量、造价和安全等全面负责，并对项目进行有效运营，实现项目综合效益的最大化。

在华侨城美丽乡村 EPCO 模式中：

（1）策划设计（Engineering）：包括项目的总体策划、具体的设计工作、建设工程实施组织管理的策划。其中，总体策划是关键。

（2）采购（Procurement）：是指美丽乡村项目设备、材料、服务等的采购。

（3）施工（Construction）：包括美丽乡村项目的施工、安装、试车、技术培训等。

（4）运营（Operation）：是指美丽乡村项目的经营管理、营销推广等具体营运工作，是实现项目目标的核心内容，是 EPC 工程总承包工作的服务对象，是项目增值的重要环节。

2. 美丽乡村 EPCO 模式分类

华侨城美丽乡村 EPCO 模式可以分为 EPC＋O 两部分，因此在实践过程中，可根据不同项目的具体情况，灵活采用不同的模式进行项目开发，其本质都是为了更好地服务项目本身。例如，华侨城深圳光明新区文化艺术中心项目采用的是 EPCO 模式，光明新区马拉松山绿道项目采用的是 EPC 模式。在实际运用中，华侨城美丽乡村 EPCO 模式结合不同的项目目标，可以形成多种模式：

（1）EPC/EPCO 模式。EPC/EPCO 模式是总承包企业按照合同约定，承担工程项目的设计、采购、施工、试运行服务等工程总承包（EPC）工作，并对承包工程的质量、安全、工期、造价全面负责，最终向建设单位提交一个满足使用功能、具备使用条件的工程项目，并根据合同约定进行运营（O）。

（2）F+EPC/EPCO 模式。F+EPC/EPCO 模式是应建设单位及市场需求而派生出的一种新型项目管理模式，F 为融资投资，F+EPC 为融资 EPC，由总承包企业提供融资并负责交钥匙，并根据合同约定进行运营（O）。

（3）I+EPC/EPCO 模式。I+EPC/EPCO 为以投资为引领的工程总承包模式，是以投资为动力，设计为龙头，实现设计、生产、采购、施工一体化的全产业链建设管理，并根据合同约定进行运营（O）。

（4）PPP+EPC/EPCO 模式。PPP+EPC/EPCO 不是 PPP 模式的一种，而是在解决资金问题方面采用融合社会资本的模式，在建设方面采用 EPC 模式，并根据合同约定进行运营（O）。

（5）BOT+EPC/EPCO 模式。BOT+EPC/EPCO 模式，即政府向某一企业颁布特许，允许其在一定时间内进行公共基础设施建设和运营（O），而企业在公共基础设施建设的过程中采用总承包施工模式施工，当特许期限结束后，由企业负责将该设施向政府进行移交。

三、美丽乡村 EPCO 模式的优势

1. 以全生命周期运营为导向，实现高效管理

传统模式下，政府投资的美丽乡村项目的建设和运营往往分离，如果项目建设阶段考虑运营不足，往往会造成运营不畅、成本增加、技术适用错误等情况。美丽乡村作为"重运营"类型的项目，采用 EPCO 模式，可以将设计、施工和运营等环节进行集成，以运营为出发点，解决设计和施工脱节、建设和运营脱节的问题，实现项目全生命周期的高效管理。

2. 有效提升政府项目投资效率，吸引企业进入

近年来，地方政府的融资主战场已经转向专项债和市场化融资。在国务院要求确保专项债快速见效的背景下，美丽乡村项目采用 EPCO 模式可实现投资和建设运

营的分离，项目资金筹措由政府或者企业通过专项债和市场化融资解决，美丽乡村建设运营由总承包企业负责实施，有效提高投资效率，促进设计、施工和运营各个环节的有效衔接，降低运营风险，吸引企业进入。

3. 提高项目实施效率，缩短工期加速运营

采用 EPCO 模式，总承包企业在项目投标阶段，即统一考虑项目策划、设计建设及运营的总体要求，重点考虑设计和施工的衔接问题，进而制订合理的施工方案和进度计划。在项目施工过程中，总承包企业只需在制订的项目计划基础上提前做好材料采购计划和组织好施工即可，极大加速了项目建造过程中各个环节的速度，相比较传统模式能从总体上缩短工期。同时，因为在策划阶段已经完成了运营方面的策划，故能在建设完成后快速进入运营阶段。

第二节　华侨城美丽乡村 EPCO：前期研判

一、选址要求

1. 政府意愿

在美丽乡村项目建设过程中，政府意愿对于项目发展具有主导作用，需要高度重视。由于在美丽乡村建设过程中，涉及土地征用、乡村治理、村民入股等诸多事项，因此政府部门的高度协作尤为重要。华侨城较成功的模式是，由政府与企业合作搭建平台，依托企业资源与品牌号召力，吸引多元人才、品牌等进驻，形成多主体参与的共创共建共享模式。为此，在选址阶段要充分做好和政府部门的沟通工作，深度解读和高度重视政府意愿，并进行充分评估。

2. 政策聚焦

美丽乡村项目建设投入大，回收周期长，需要积极争取各种政策扶持。企业应积极争取土地优惠、农地入市、规划调整、税收减免、人才引进、金融支持、财政奖补、基础设施配套、政府购买公共服务等方面的政策扶持。其中，重点争取的政策包括土地优惠、农地入市、规划调整、税收减免、基础设施配套和财政奖补。

3. 城市规模

美丽乡村项目的建设选址，优先选择在一、二线城市（城区人口在 300 万以上）周边，或者有较多外来游客的旅游城市（年接待游客 1500 万人次以上）周边。乡村旅游的客源市场主要以周边区域为主，因此项目依托的城市的人口越多、现代化程度越高、经济越发达、外来游客数量越多、文化越独特，其成功可能性就越大。

4. 产业基础

美丽乡村项目在选址过程中，需要考虑当地的产业基础和旅游产业融合性，产业基础越完善，项目发展空间越大。美丽乡村旅游大体可以分为四种类型：一是以绿色景观和田园风光为主题的观光型乡村旅游。二是包括休闲农庄、农业科普园等以体现休闲和增长见识为主题的乡村旅游。三是以乡村民俗、乡村民族风情以及传统文化为主题的文化型乡村旅游。四是以康体疗养和健身娱乐为主题的康乐型乡村旅游。由于不同类型的美丽乡村项目对产业基础的要求存在差异性，因此需要围绕总体市场定位，结合乡村产业基础和乡村旅游类型，进行综合选址。

5. 交通条件

旅游交通是旅游产品的一部分，交通运输的时间和空间距离会影响旅游者的行为决策。自驾车旅游者普遍会选择距离较近，路况相对较好的乡村目的地。交通区位的主要衡量指标是通达性和便捷性，通过时间距离和空间距离来量化。这涉及美丽乡村和依托城市之间是否有道路相连，以及道路的等级条件。美丽乡村项目与依托城市之间的空间距离在 10 ~ 80 千米，车程在 1 小时以内是最佳旅游空间距离。另外，在旅游区位上，美丽乡村位于景区范围内，或处于某一旅游热线上则是优势区位。

6. 资源组合

旅游资源是美丽乡村旅游发展的重要基础，乡村旅游资源的各种特性决定了项目的吸引力，如丰富性、等级品质、鲜明特色等。乡村自然环境、有形人文资源、无形人文资源共同构成乡村旅游资源。应选择具备生态优良、环境优美、田园"氛围"浓、乡土气息"纯"等若干资源集中地作为优先开发的美丽乡村项目。其中，生态环境是首要要求，也是硬性要求。

政策聚焦

美丽乡村项目普遍存在投入资金大、建设和回报周期长、利润率低、情况复杂等特点，因此美丽乡村项目在策划以及和政府对接的前期，需要积极争取政府相关配套政策扶持，从而降低企业运营风险。配套政策主要包括如图2-2所示的土地优惠等八方面的内容。

| 土地优惠 | 农地入市 | 规划调整 | 税收减免 |
| 人才引进 | 金融支持 | 基础设施配套 | 公共服务购买 |

图2-2　华侨城美丽乡村建设的主要配套政策

一、土地优惠

1. 积极争取土地优先支持

美丽乡村项目中的核心因素是土地，因此在争取配套政策过程中，首要是获得土地方面的政策支持。具体包括：争取有效扩大集体建设用地使用、流转范围和土改试点，简化审批审核程序；有序开展乡村闲置集体建设用地等土地综合整治，将结余的农村集体建设用地，优先用于乡村产业项目；积极探索农村集体经济组织以出租、入股、合作等方式盘活利用闲置宅基地和农房，改造建设乡村旅游接待和活动场所，开展项目。

2. 通过专项扶持产业项目获得土地

积极向政府申请将乡村休闲旅游等发展用地优先保障纳入规划和建设计划的重点旅游项目用地和旅游扶贫用地之中。对利用存量建设用地发展休闲农业、乡村旅游等农村二、三产业的市、县，积极争取政策性新增建设用地计划指标奖励。对使用荒山、荒坡、荒滩及石漠化、边远海岛土地建设的旅游项目，积极争取政策性新增建设用地计划指标。

3. 申请优先安排土地年度计划

积极争取政府将美丽乡村、乡村休闲旅游等乡村产业建设用地纳入土地利用总体规划和年度计划并合理安排。积极争取政府将预留部分规划建设用地指标用于单独选址的农业设施和休闲旅游设施等建设。2020 年中央一号文件提出，省级制定土地利用年度计划时，应安排至少 5% 新增建设用地指标保障重点乡村重点产业和项目用地，该部分用地指标应积极争取。

二、农地入市

1. 创新获得供地方式

美丽乡村项目建设过程中要结合中央政策导向，获取地方政府政策扶持，积极争取农村土地制度改革、宅基地改革试点政策。2019 年，国务院印发的《关于促进乡村产业振兴的指导意见》提出，鼓励各地探索针对乡村产业的省市县联动"点供"用地，支持乡村休闲旅游和产业融合发展。推动制定修订相关法律法规，完善配套制度，开展集体经营性建设用地入市改革，增加乡村产业用地供给。

2. 创新发展产业形态

充分发挥农地在乡村旅游开发中的多元化应用，立足发掘农业的多种功能和乡村的多重价值，依据自然风貌、人文环境等资源禀赋，开发特色突出、主题鲜明的乡村休闲旅游项目。用好农用地，发展景观农业、农事体验、观光采摘、研学教育、休闲垂钓等业态，开发"后备箱""伴手礼"等旅游产品。盘活闲置农房和宅基地，发展精品民宿、共享农庄、康体养老、农家乐等业态。有效开发"四荒地"，发展休闲农（牧、渔）园、森林人家、健康氧吧、生态体验、特色动植物观赏等业态。

3. 创新推动利益联结机制

积极推广契约型、分红型、股权型等合作方式，鼓励农村集体经济组织以土地使用权入股、联营等方式发展乡村休闲旅游等项目，形成有效沟通机制，让农民更多参与产业发展、更多分享产业链增值收益，降低集体土地交易成本与经营风险。

三、规划调整

1. 以村庄规划为主体，整合土地资源

村庄规划是法定规划，是国土空间规划体系中乡村地区的详细规划，

是开展国土空间开发保护活动，实施国土空间用途管制，核发乡村建设项目规划许可，进行各项建设等的法定依据。在美丽乡村项目建设过程中，要融合村土地利用规划、村庄建设规划等乡村规划，实现土地利用规划、城乡规划等有机融合，将美丽乡村建设内容和需求融入"多规合一"的实用性村庄规划中，进而为美丽乡村项目建设预留出建设用地，从而确保项目得以实施落地。

2. 优化调整用地布局，提升村庄空间品质

积极争取在不改变国土空间规划主要控制指标情况下，优化调整村庄各类用地布局，确保村庄各类用地满足美丽乡村建设需要，同时提升村庄空间品质，让村民体验美丽乡村建设的发展成果。如涉及永久基本农田和生态保护红线调整的，严格按国家有关规定执行，调整结果依法落实到村庄规划中。

3. 用好规划"留白"机制，预留项目发展空间

国家规定各地可在乡镇国土空间规划和村庄规划中预留不超过 5% 的建设用地机动指标，村民居住、农村公共公益设施、零星分散的乡村文旅设施及农村新产业新业态等用地可申请使用，因此可充分利用好这一政策，预留美丽乡村项目建设用地。对一时难以明确具体用途的建设用地，可暂不明确规划用地性质并纳入未来建设计划。

四、税收减免

1. 充分利用乡村振兴相关税收优惠政策

国家高度重视乡村振兴战略实施，并出台了众多相关税收优惠政策，在美丽乡村项目建设过程中，要结合项目实际情况，充分用好税收优惠政策。主要有以下方面：

（1）支持农村基础设施建设方面。包括基础设施建设税收优惠、农田水利建设税收优惠、农民住宅建设税收优惠、农村饮水工程税收优惠等

（2）推动涉农产业发展方面。包括优化土地资源配置税收优惠、促进农业生产税收优惠、支持新型农业经营主体发展税收优惠、促进农产品流

通税收优惠、促进农业资源综合利用税收优惠。

（3）激发农村创业就业活力方面。包括小微企业税收优惠、重点群体创业就业税收优惠。

2. 积极争取地方政府的产业税收优惠政策

积极争取将美丽乡村项目纳入当地扶持产业或项目名录，获得当地政府在增值税、所得税等税种方面的政策优惠。如对新购进的固定资产，允许选择缩短折旧年限或采取加速折旧的方法。对新购进的专门用于研发的仪器、设备，符合相应条件新购进的研发和生产经营共用的仪器、设备，允许在计算应纳税所得额时一次性全额扣除或允许缩短折旧年限或采取加速折旧方法。对购买的环境保护、节能节水、安全生产等专用设备，该专用设备的投资额的抵免比例可以提升。对乡村旅游基础设施建设免征耕地占用税、契税、印花税，实行企业所得税项目投资抵免和定期减免。对购买旅游企业发行的企业债券利息免征个人所得税。对乡村民族文化产品实行低税或免税政策。

五、人才引进

1. 用好人才引进政策导入优质团队

美丽乡村建设离不开人才，要高度重视人才引进工作，并充分用好当地的人才扶持政策。以海南自由贸易港建设为例，先后出台了《海南省人才团队建设实施办法（试行）》《海南省优化大师级人才服务保障办法》《关于推进"1+N"人才评价机制改革的实施意见》等政策，用于吸引集聚高层次人才团队，其他各省份也都有各自人才引进政策。因此，美丽乡村项目建设过程中应充分用好当地政府的人才引进政策，直接引进优秀团队或柔性引进高级人才，有助于项目实施。

2. 完善人才引进政策促进项目实施

完善有效的人才引进政策主要包括以下内容：一是普惠的创新创业支持，比如优先推荐申报国家或省级科技项目，优先申报科研经费，优先推荐投资基金股权投资，向有关金融机构推荐申请人才信用贷款等。二是全面的服务保障待遇，比如团队人才可实现落户，购房享受本地居民的待遇，子女申请转学协调安排，还包括人才补贴、人才公寓、用车出行、医疗保健等方面的服务保障。三是重点的建设经费资助，对有实际贡献的团队，给予奖励资助。四是实行个人所得税实际税负减免。通过获取以上方面的政策，为美丽乡村项目的实施有效提供人才保障。

六、金融支持

1. 积极争取地方政府的财政扶持

积极争取地方政府采取财政贴息、融资担保、扩大抵（质）押物范围等综合措施，为企业解决融资难题。积极争取地方政府的产业专项扶持资金、扶贫资金以及其他与美丽乡村相关的专项资金等。积极争取政府购买公共服务、基础设施配套建设、以奖代补等财政扶持。

2. 加大与金融机构合作力度

积极争取银行、保险等金融机构开发符合美丽乡村项目需求的信贷产品、保险产品和服务模式。积极发展产业链金融，支持美丽乡村项目设立内部担保基金，放大银行贷款倍数。争取获得金融机构对开发企业提供的金融优惠政策，合理确定授信额度，实行随用随借、循环使用方式，满足美丽乡村项目差异化资金需求。

3. 探索运用新型金融工具

对美丽乡村的农产品探索采用"订单＋保险＋期货"的模式，支持符合条件的美丽乡村开发公司进行上市融资、发债融资。鼓励具备条件的美丽乡村开发公司发起组织农业互助保险，降低农业产业化联合体成员风险。

七、基础设施配套

1. 积极争取"三农"扶持资金开展基础设施建设

美丽乡村项目需要充分用好国家和地方政府对农村农业的扶持资金，包括开展现代农业产业园建设、高标准农田建设、农村人居环境整治、农村"厕所革命"等方面的资金扶持。以华侨城美丽乡村文门村项目为例，天涯区政府对于机耕道、农家乐、儿童乐园等配套建设给予了一定的支持，减少了企业的投入。

2. 争取农村公路建设配套支持

积极争取将美丽乡村项目的农村公路建设、养护、管理机构运行经费及人员基本支出纳入地方政府一般公共财政预算。推广"建养一体化"模式，通过政府购买服务等方式，可以由美丽乡村建设单位负责建设和养护农村公路。允许采取出让公路冠名权、广告权、相关资源开发权等方式，筹资建设和养护农村公路。

八、公共服务购买

1. 积极争取政府对公共服务的购买政策

美丽乡村项目涉及村庄公共服务的诸多方面，积极争取地方政府对公共服务的购买政策，有助于项目顺利进行。在争取地方政府购买公共服务的过程中，需要加深与政府部门沟通和交流，建立双方的信任机制，明确采购公共服务的内容，并且将服务事项化、具体化，建立严格的评估监督机制，完善购买程序及相关法律法规，建立稳定的制度保障。

2. 探索和完善美丽乡村购买公共服务的内容

当前，美丽乡村项目所涉及的乡村公共服务内容，主要包括教育、医疗、社会保障、公共文化等方面，但适合作为美丽乡村项目开发企业参与的政府购买的公共服务项目相对有限。为此，需要美丽乡村项目开发企业在实际项目开展过程中，结合村庄情况和自身资源，探索和完善美丽乡村购买公共服务的工作机制，重点围绕公共文化服务、医疗（康养）等内容开展。

二、规模体量

由于美丽乡村项目的总体投入较大，为确保投资回报和降低投资风险，美丽乡村项目在前期研判时需要考虑占地总面积、建设用地面积和投资额度、用地类型与构成等，并通过总体策划和财务测算实现项目收支平衡，并确保项目预期收益率达到企业要求。

1. 占地总面积

美丽乡村项目（核心区）的占地总面积应不小于1000亩，建议在2000亩以上。过少的占地总面积不利于开展旅游项目和基础设施建设，难以形成项目吸引力。在极特殊的情况下可以适度降低，如周边有游客量极大的大型景区、主题乐园，或位于大型城市周边等。

2. 建设用地面积和投资额度

（1）建设用地面积：项目建设用地面积应不少于100亩，建议在150亩以上，容积率应为1.5 ~ 2。

（2）投资额度：单个美丽乡村项目（核心区）总投资额一般应为8亿 ~ 20亿元（其中，文旅吸引物或者产业投资一般控制在1亿 ~ 2亿元之间）。投资额应按照建设面积每平方米2000 ~ 4000元计算，农业用地投资额以每亩10万元计算。

3. 用地类型与构成

项目的建设用地（含集体建设用地和国有出让地）中，用于旅游服务产业、商务、商业用途的建设用地比例应为20% ~ 40%；用于发展民宿及旅居的建设用地比例应为10% ~ 30%；用于公共基础设施、绿地等的建设用地比例应为15% ~ 30%。建设用地的具体比例应根据每个项目的实际情况进行设计和平衡。

此外，项目的农业用地面积应不少于600亩，建议在1000亩以上。美丽乡村项目开展过程中对休闲农业有较高的依赖性，过少的农业用地不利于开展农业体验、规模种植和田园景观打造。

三、特色要求

1. 满足政府的特定要求

在美丽乡村项目的前期研判阶段，明确政府的特定需求对于项目的成败非常重要，需要重点关注，主要包括以下方面：

一是实现旅游产业优化升级的目标。美丽乡村项目建设是将特色旅游资源转换为旅游产品的过程，政府往往以美丽乡村项目为抓手，以点带面、以点连线，进而带动当地旅游产业优化和升级。

二是打造乡村振兴战略的典范。乡村振兴战略是我国的重要国家战略，政府希望通过美丽乡村项目建设，打造出区域级乃至国家级的乡村振兴典范，并充分满足"产业兴旺、生态宜居、乡风文明、治理有效、生活富裕"的总要求。

三是通过旅游发展实现扶贫目标。政府希望通过开发贫困地区的乡村旅游资源，兴办旅游经济实体，使旅游业形成区域支柱产业，实现贫困地区居民和地方财政双脱贫致富。扶贫需求较强烈的乡村往往也是交通较为不便，较为偏远，产业基础薄弱的乡村。

四是充分体现招商引资的成果。政府在旅游项目招商引资过程中会注重引进企业的实力和能力，希望能引进行业顶级企业和央企，从而确保旅游项目的成功开发。

2. 满足华侨城"战区"的特定要求

在多年的实践中，华侨城集团逐步形成总部与下属子集团"1+N"的组织架构，同时以"精总部、大产业"为特点，着力构建"集团—战区—项目"三级管控体系。

华侨城内部的北方集团、华东集团、中部集团等区域子集团，拥有雄厚资金实力和开发能力，被誉为"战区兵团"，而文化集团、旅游投资集团、资本集团等专业化子集团，则被视为"兵种"。"战区＋兵种"合作，采取"大会战"的方式，全方位地参与旅游项目的开发建设中，进行"大兵团作战"，充分调动了华侨城各二级集团的积极性，使其发挥出了各自的优势并形成协同效应。

在美丽乡村项目前期研判的过程中，需要充分考虑华侨城集团的"战区"和"兵种"资源以及协作模式，并在项目论证过程中将其纳入决策，为项目开发的顺利开展提供重要支持。

第三节　华侨城美丽乡村 EPCO：工程总承包

如图 2-1 所示，华侨城美丽乡村 EPCO 模式是"EPC 工程总承包＋运营"模式，工程总承包既包括策划设计、采购、施工等方面，也涵盖项目风险管理、项目进度管理、项目质量管理、项目费用管理等重要支撑内容（见图 2-3）。

图 2-3 华侨城美丽乡村 EPCO：工程总承包涉及的主要内容

一、策划设计（Engineering）：从总体策划到具体设计

1. 实施要点

通过项目策划形成管理计划和实施计划。在项目策划内容中要体现企业发展的战略要求，明确本项目在企业发展战略中的位置，通过对项目各类风险的分析和研究，明确项目公司的工作目标、管理原则、管理的基本程序和方法。

一是重视项目策划方案的编制。项目策划需要结合项目的实际情况，进行综合考虑、整体协调。项目策划的输出需满足合同要求，主要包括资源的配置计划、项目协调程序。

二是重视设计执行计划的编制。设计执行计划是项目设计策划的成果，是重要的管理文件。设计执行计划控制目标对应设计执行计划中制定的有关合同项目技术管理、质量管理、安全管理、费用管理、进度管理和资源管理等方面的主要控制指标和要求。

三是重视设计评审工作的组织。主要是对设计技术方案进行评审，一般分为三级：第一级，项目中重大设计技术方案由企业组织评审；第二级，项目中综合设计技术方案由项目公司组织评审；第三级，专业设计技术方案由本专业所在部门组织评审。项目设计评审程序需符合工程总承包企业设计评审程序的要求。

四是强调设计技术交底。在施工前，组织设计交底或培训，需要说明设计意图，解释设计文件，明确设计对施工技术、质量、安全和标准等的要求。发现并消除图纸中的质量隐患，对存在的问题，及时协商解决，并保存相应的记录。

2. 项目策划方案的具体内容与要求

华侨城集团依据多年的项目策划和设计管理实践经验，积累并总结了具有高度指导性的项目策划及设计管理指导手册，以供下属不同企业规范使用。具体如下所示：

项目策划及设计管理指导手册

1. 项目策划

1.1 基础规定

1.1.1 项目公司应在项目初始阶段开展项目策划工作,并编制项目管理计划和项目实施计划。

1.1.2 项目策划应结合项目特点,根据合同和工程总承包企业管理的要求,明确项目目标和工作范围,分析项目风险以及采取的应对措施,确定项目各项管理原则、措施和进度。

1.2 策划内容

1.2.1 项目策划应满足合同要求。同时应符合工程所在地社会环境、依托条件、项目干系人需求,以及项目对技术、质量、安全、费用、进度、职业健康、环境保护、政策和法律法规等方面的要求。

1.2.2 项目策划应包括下列主要内容:

(1)明确项目策划原则;

(2)明确项目技术、质量、安全、费用、进度、职业健康和环境保护等目标,并制定相关管理程序;

(3)确定项目的管理模式、组织机构和职责分工;

(4)制订资源配置计划;

(5)制定项目协调程序;

(6)制订风险管理计划;

(7)制订分包计划。

1.3 项目管理计划

1.3.1 项目管理计划应由项目负责人组织编制,并由工程总承包企业相关负责人审批。

1.3.2 项目管理计划编制的主要依据应包括下列主要内容:

(1)项目合同;

（2）项目发包人和其他项目干系人的要求；

（3）项目情况和实施条件；

（4）项目发包人提供的信息和资料；

（5）相关市场信息；

（6）工程总承包企业管理层的总体要求。

1.3.3　项目管理计划应包括下列主要内容：

（1）项目概况；

（2）项目范围；

（3）项目管理目标；

（4）项目实施条件分析；

（5）项目的管理模式、组织机构和职责分工；

（6）项目实施的基本原则；

（7）项目协调程序；

（8）项目的资源配置计划；

（9）项目风险分析与对策；

（10）合同管理。

1.4　项目实施计划

1.4.1　项目实施计划应由项目负责人组织编制，并经项目发包人认可。

1.4.2　项目实施计划的编制依据应包括下列主要内容：

（1）批准后的项目管理计划；

（2）项目管理目标责任书；

（3）项目的基础资料。

1.4.3　项目实施计划应包括下列主要内容：

（1）概述；

（2）总体实施方案；

（3）项目实施要点；

（4）项目初步进度计划等。

1.4.4 项目实施计划的管理应符合下列规定：

（1）项目实施计划应由项目负责人签署，并经项目发包人认可；

（2）项目发包人对项目实施计划提出异议时，经协商后可由项目负责人主持修改；

（3）项目公司应对项目实施计划的执行情况进行动态监控；

（4）项目结束后，项目公司应对项目实施计划的编制和执行进行分析和评价，并把相关活动结果的证据整理归档。

2. 项目设计管理

2.1 基础规定

2.1.1 工程总承包项目的设计应由具备相应设计资质和能力的企业承担。

2.1.2 设计应满足合同约定的技术性能、质量标准和工程的可施工性、可操作性及可维修性的要求。

2.1.3 设计管理应由设计负责人负责，并适时组建项目设计组。在项目实施过程中，设计负责人应接受项目负责人和工程总承包企业设计管理部门的管理。

2.1.4 工程总承包项目应将采购纳入设计程序。设计组应负责请购文件的编制、报价技术评审和技术谈判、供应商图纸资料的审查和确认等工作。

2.2 设计执行计划

2.2.1 设计执行计划应由设计或项目负责人负责组织编制，经工程总承包企业有关职能部门评审后，由项目负责人批准实施。

2.2.2 设计执行计划编制的依据应包括下列主要内容：

（1）合同文件；

（2）本项目的有关批准文件；

（3）项目计划；

（4）项目的具体特性；

（5）国家或行业的有关规定和要求；

（6）工程总承包企业管理体系的有关要求。

2.2.3　设计执行计划宜包括下列主要内容：

（1）设计依据；

（2）设计范围；

（3）设计的原则和要求；

（4）组织机构及职责分工；

（5）适用的标准规范清单；

（6）质量保证程序和要求；

（7）进度计划和主要控制点；

（8）技术经济要求；

（9）安全、职业健康和环境保护要求；

（10）与采购、施工和试运行的接口关系及要求。

2.2.4　设计执行计划应满足合同约定的质量目标和要求，同时应符合工程总承包企业的质量管理体系要求。

2.2.5　设计执行计划应明确项目费用控制指标、设计人工时指标，并宜建立项目设计执行效果测量基准。

2.2.6　设计进度计划应符合项目总进度计划的要求，满足设计工作的内部逻辑关系及资源分配、外部约束等条件，与工程勘察、采购、施工和试运行的进度协调一致。

2.3　设计实施

2.3.1　设计组应执行已批准的设计执行计划，满足计划控制目标的要求。

2.3.2　设计负责人应组织对设计基础数据和资料进行检查和验证。

2.3.3　设计组应按项目协调程序，对设计进行协调管理，并按工程总承包企业有关专业条件管理规定，协调和控制各专业之间的接口关系。

2.3.4　设计组应按项目设计评审程序和计划进行设计评审，并保存评审活动结果的证据。

2.3.5 设计组应按设计执行计划与采购和施工等进行有序的衔接并处理好接口关系。

2.3.6 初步设计文件应满足主要设备、材料订货和编制施工图设计文件的需要；施工图设计文件应满足设备、材料采购，非标准设备制作，施工以及试运行的需要。

2.3.7 设计选用的设备、材料，应在设计文件中注明规格、型号、性能、数量等技术指标，其质量要求应符合合同要求和国家现行相关标准的有关规定。

2.3.8 在施工前，项目公司应组织设计交底或培训。

2.3.9 设计组应依据合同约定，承担施工和试运行阶段的技术支持和服务。

2.4 设计控制

2.4.1 设计负责人应组织检查设计执行计划的执行情况，分析进度偏差，制定有效措施。设计进度的控制点应包括下列主要内容：

（1）设计各专业间的条件关系及其进度；

（2）初步设计完成和提交时间；

（3）关键设备和材料请购文件的提交时间；

（4）设计组收到设备、材料供应商提交的最终技术资料的时间；

（5）进度关键线路上的设计文件提交时间；

（6）施工图设计完成和提交时间；

（7）设计工作结束时间。

2.4.2 设计质量应按项目质量管理体系要求进行控制，制定控制措施。设计负责人及各专业负责人应填写规定的质量记录，并向工程总承包企业职能部门反馈项目设计质量信息。设计质量控制点应包括下列主要内容：

（1）设计人员资格的管理；

（2）设计输入的控制；

（3）设计策划的控制；

（4）设计技术方案的评审；

（5）设计文件的校审与会签；

（6）设计输出的控制；

（7）设计确认的控制；

（8）设计变更的控制；

（9）设计技术支持和服务的控制。

2.4.3　设计组应按合同变更程序进行设计变更管理。

2.4.4　设计变更应对技术、质量、安全和材料数量等提出要求。

2.4.5　设计组应按设备、材料控制程序统计设备、材料数量，并提出请购文件。请购文件应包括下列主要内容：

（1）请购单；

（2）设备材料规格书和数据表；

（3）设计图纸；

（4）适用的标准规范；

（5）其他有关的资料和文件。

2.4.6　设计负责人及各专业负责人应配合控制人员进行设计费用进度综合检测和趋势预测，分析偏差原因，提出纠正措施。

2.5　设计收尾

2.5.1　设计负责人及各专业负责人应根据设计执行计划的要求，除应按合同要求提交设计文件外，尚应完成为关闭合同所需要的相关文件。

2.5.2　设计负责人及各专业负责人应根据项目文件管理规定，收集、整理设计图纸、资料和有关记录，组织编制项目设计文件总目录并存档。

2.5.3　设计负责人应组织编制设计完工报告，并参与项目完工报告的编制工作，将项目设计的经验与教训反馈给工程总承包企业有关职能部门。

二、采购（Procurement）：从设备到材料采购

1. 实施要点

一是做好采购执行计划的制订。包括采购进度计划、物流计划、检验计划和材料控制计划。

二是确定采买方式。可采用招标、询比价、竞争性谈判和单一来源采购等方式进行采买。

三是严格询比价及采买程序。按以下程序进行：进行供应商资格预审，确认合格供应商，编制项目询价供应商名单；编制询价文件；实施询价，接受报价；组织报价评审；必要时与供应商澄清；签订采购合同或订单。

四是明确催交的内容和要点。催交是协调和督促供应商依据采购合同约定的进度交付文件和货物。催交工作的要点是及时发现供货进度已出现或潜在的问题，及时报告，督促供货商采取必要的补救措施，或采取有效的财务控制和其他控制措施，防止进度拖延和费用超支。

五是明确检验的内容和要点。检验是通过观察和判断，必要时结合测量、试验所进行的符合性评价。检验工作包括材料检验、工序检验、中间控制点检验和中间产品试验、强度试验、致密性试验、整机试验、表面处理检验、运输包装检验及商检等，涉及采购的全过程或部分环节。检验方式可分为放弃检验（免检）、资料审阅、中间检验、车间检验、最终检验和项目现场检验。检验结论中，对不符合合同要求的情况，需列出不符合项的内容，并对不符合项整改情况进行说明。

五是明确运输的内容和要点。运输是将采购货物按计划安全运抵合同约定地点的活动。设备、材料的包装和运输需满足采购合同约定。在采购合同中，需包括包装规定、标识标准、多次装卸和搬运，以及运输安全、防护要求等。

六是开箱检验的内容和要点。开箱检验是以合同为依据，决定开箱检验工作范围和检验内容，进口设备、材料的开箱检验按照国家有关法律法规执行。开箱检验需按合同检查设备、材料及其备品备件和专用工具的外观、数量以及随机文件等是否齐全，并做好记录。

2. 实施内容与流程

华侨城集团依据多年的项目采购管理实践经验，积累并总结了具有高度指导性的项目采购管理指导手册，以供下属不同企业规范使用。具体如下所示：

项目采购管理指导手册

1. 基础规定

1.1 项目采购管理应由采购负责人负责，并适时组建项目采购组。在项目实施过程中，采购负责人应接受项目负责人和工程总承包企业采购管理部门的管理。

1.2 采购工作应按项目的技术、质量、安全、进度和费用要求，获得所需的设备、材料及有关服务。

1.3 工程总承包企业宜对供应商进行资格预审。

2. 采购工作程序

2.1 采购工作应按下列程序实施：

（1）根据项目采购策划，编制项目采购执行计划；

（2）采买；

（3）对所订购的设备、材料及其图纸、资料进行催交；

（4）依据合同约定进行检验；

（5）运输与交付；

（6）仓储管理；

（7）现场服务管理；

（8）采购收尾。

2.2 采购组可根据采购工作的需要对采购工作程序及内容进行调整，并应符合项目合同要求。

3. 采购执行计划

3.1 采购执行计划应由采购负责人负责组织编制，并经项目负责人批

准后实施。

3.2 采购执行计划编制的依据应包括下列主要内容：

（1）项目合同；

（2）项目管理计划和项目实施计划；

（3）项目进度计划；

（4）工程总承包企业有关采购管理程序和规定。

3.3 采购执行计划应包括下列主要内容：

（1）编制依据；

（2）项目概况；

（3）采购原则包括标包划分策略及管理原则，技术、质量、安全、费用和进度控制原则，设备、材料分交原则等；

（4）采购工作范围和内容；

（5）采购岗位设置及其主要职责；

（6）采购进度的主要控制目标和要求，长周期设备和特殊材料专项采购执行计划；

（7）催交、检验、运输和材料控制计划；

（8）采购费用控制的主要目标、要求和措施；

（9）采购质量控制的主要目标、要求和措施；

（10）采购协调程序；

（11）特殊采购事项的处理原则；

（12）现场采购管理要求。

3.4 采购组应按采购执行计划开展工作。采购负责人应对采购执行计划的实施进行管理和监控。

4. 采购

4.1 采购工作应包括接收请购文件、确定采买方式、实施采买和签订采购合同或订单等。

4.2 采购组应按批准的请购文件组织采买。

4.3 项目合格供应商应同时符合下列基本条件：

（1）满足相应的资质要求；

（2）有能力满足产品设计技术要求；

（3）有能力满足产品质量要求；

（4）符合质量、职业健康安全和环境管理体系要求；

（5）有良好的信誉和财务状况；

（6）有能力保证按合同要求准时交货；

（7）有良好的售后服务体系。

4.4 采购负责人应根据采购执行计划确定的采买方式实施采买。

4.5 根据工程总承包企业授权，可由项目负责人或采购负责人按规定与供应商签订采购合同或订单。采购合同或订单应完整、准确、严密、合法，宜包括下列主要内容：

（1）采购合同或订单正文及其附件；

（2）技术要求及其补充文件；

（3）报价文件；

（4）会议纪要；

（5）涉及商务和技术内容变更所形成的书面文件。

5. 催交与检验

5.1 采购负责人应组织相关人员，根据设备、材料的重要性划分催交与检验等级，确定催交与检验方式和频度，制订催交与检验计划并组织实施。

5.2 催交方式应包括驻厂催交、办公室催交和会议催交等。

5.3 催交工作宜包括下列主要内容：

（1）熟悉采购合同及附件；

（2）根据设备、材料的催交等级，制订催交计划，明确主要检查内容和控制点；

（3）要求供应商按时提供制造进度计划，并定期提供进度报告；

（4）检查设备和材料制造、供应商提交图纸和资料的进度符合采购合同要求；

（5）督促供应商按计划提交有效的图纸和资料供设计审查和确认，并确保经确认的图纸、资料按时返回供应商；

（6）检查运输计划和货运文件的准备情况，催交合同约定的最终资料；

（7）按规定编制催交状态报告。

5.4　依据采购合同约定，采购组应按检验计划，组织具备相应资格的检验人员，根据设计文件和标准规范的要求确定其检验方式，并进行设备、材料制造过程中以及出厂前的检验。重要、关键设备应驻厂监造。

5.5　对于有特殊要求的设备、材料，可与有相应资格和能力的第三方检验单位签订检验合同，委托其进行检验。采购组检验人员应依据合同约定对第三方的检验工作实施监督和控制。合同有约定时，应安排项目发包人参加相关的检验。

5.6　检验人员应按规定编制驻厂监造及出厂检验报告。检验报告宜包括的主要内容：

（1）合同号、受检设备、材料的名称、规格和数量；

（2）供应商的名称、检验场所和起止时间；

（3）各方参加人员；

（4）供应商使用的检验、测量和试验设备的控制状态并应附有关记录；

（5）检验记录；

（6）供应商出具的质量检验报告；

（7）检验结论。

6. 运输与交付

6.1　采购组应依据采购合同约定的交货条件制订设备、材料运输计划并实施。计划内容宜包括运输前的准备工作、运输时间、运输方式、运输路线、人员安排和费用计划等。

6.2 采购组应依据采购合同约定，对包装和运输过程进行监督管理。

6.3 对超限和有特殊要求的设备的运输，采购组应制定专项运输方案，可委托专门运输机构承担。

6.4 对国际运输，应依据采购合同约定、国际公约和惯例进行，做好办理报关、商检及保险等手续。

6.5 采购组应落实接货条件，编制卸货方案，做好现场接货工作。

6.6 设备、材料运至指定地点后，接收人员应对照送货单清点、签收、注明设备和材料到货状态及其完整性，并填写接收报告并归档。

7. 采购变更管理

7.1 项目公司应按合同变更程序进行采购变更管理。

7.2 根据合同变更的内容和对采购的要求，采购组应预测相关费用和进度，并应配合项目公司实施和控制。

8. 仓储管理

8.1 项目公司应在施工现场设置仓储管理人员，负责仓储管理工作。

8.2 设备、材料正式入库前，依据合同约定应组织开箱检验。

8.3 开箱检验合格的设备、材料，具备规定的入库条件，应提出入库申请，办理入库手续。

8.4 仓储管理工作应包括物资接收、保管、盘库和发放，以及技术档案、单据、账目和仓储安全管理等。仓储管理应建立物资动态明细台账，所有物资应注明货位、档案编号和标识码等。仓储管理员应登账并定期核对，使账物相符。

8.5 采购组应制定并执行物资发放制度，根据批准的领料申请单发放设备、材料，办理物资出库交接手续。

三、施工（Construction）：从施工、安装到试运营

1. 实施要点

一是严格工程变更的控制。项目公司严格控制施工过程中有关工程设计和施工方案的重大变更。这些变更对施工执行计划将产生较大影响，需及时对影响范围和影响程度进行评审，当需要调整施工执行计划时，需按照规定重新履行审批程序。

二是做好项目进度的控制。施工组对施工进度计划采取定期（按周或月）检查方式，掌握进度偏差情况，对影响因素进行分析，并按照规定提供月度施工进展报告。

三是优化项目费用的控制。项目公司需进行施工范围规划和相应的工作结构分解，进而做出资源配置规划，确定施工范围内各类（项）活动所需资源的种类、数量、规格、品质等级和投入时间（周期）等，并作为进行施工费用估算和确定施工费用控制（支付）的基准。

四是强调项目质量的控制。特殊过程质量管理一般应符合《建设项目工程总承包管理规范》（GB / T 50358—2017）的规定，并保存记录；对设备、材料质量应进行监督，确保合格的设备、材料应用于工程。通过施工分包合同，明确项目分包人需承担的质量职责，审查项目分包人的质量计划与项目质量计划的一致性。

五是做好项目安全的控制。根据工程施工的特点和条件，识别需控制的施工危险源。采用适当的方法，根据可预见的危险情况发生的可能性和后果的严重程度，评价已识别的全部施工危险源，根据风险评价结果，确定重大施工危险源。

六是做好试运行准备。需要做好包括人力、机具、物资、能源、组织系统、许可证、安全、职业健康、环境保护，以及文件资料等的准备。试运行需要准备的文件资料包括操作手册、维修手册和安全手册等。

2. 实施内容与流程

华侨城集团依据多年的项目施工及试运行管理实践经验，积累并总结了具有高度指导性的项目施工及试运行管理指导手册，以供下属不同企业规范使用。具体如下所示：

项目施工及试运行管理指导手册

1. 项目施工管理

1.1 基础规定

1.1.1 工程总承包项目的施工应由具备相应施工资质和能力的企业承担。

1.1.2 施工管理应由施工负责人负责，并适时组建施工组。在项目实施过程中，施工负责人应接受项目负责人和工程总承包企业施工管理部门的管理。

1.2 项目施工执行计划

1.2.1 施工执行计划应由施工负责人负责组织编制，经项目负责人批准后组织实施，并报项目发包人确认。

1.2.2 施工执行计划宜包括下列主要内容：

（1）工程概况；

（2）施工组织原则；

（3）施工质量计划；

（4）施工安全、职业健康和环境保护计划；

（5）施工进度计划；

（6）施工费用计划；

（7）施工技术管理计划，包括施工技术方案要求；

（8）资源供应计划；

（9）施工准备工作要求。

1.2.3 施工采用分包时，项目发包人应在施工执行计划中明确分包范围、项目分包人的责任和义务。

1.2.4 施工组应对施工执行计划实行目标跟踪和监督管理，对施工过程中发生的工程设计和施工方案重大变更，应履行审批程序。

1.3 施工进度控制

1.3.1 施工组应根据施工执行计划组织编制施工进度计划，并组织实施和控制。

1.3.2　施工进度计划应包括施工总进度计划、单项工程进度计划和单位工程进度计划。施工总进度计划应报项目发包人确认。

1.3.3　编制施工进度计划的依据宜包括下列主要内容：

（1）项目合同；

（2）施工执行计划；

（3）施工进度目标；

（4）设计文件；

（5）施工现场条件；

（6）供货计划；

（7）有关技术经济资料。

1.3.4　施工进度计划宜按下列程序编制：

（1）收集编制依据资料；

（2）确定进度控制目标；

（3）计算工程量；

（4）确定分部、分项、单位工程的施工期限；

（5）确定施工流程；

（6）形成施工进度计划；

（7）编写施工进度计划说明书。

1.3.5　施工组应对施工进度建立跟踪、监督、检查和报告的管理机制。

1.3.6　施工组应检查施工进度计划中的关键路线、资源配置的执行情况，并提出施工进展报告。施工组宜采用赢得值等技术，测量施工进度，分析进度偏差，预测进度趋势，采取纠正措施。

1.3.7　施工进度计划调整时，项目公司按规定程序应进行协调和确认，并保存相关记录。

1.4　施工费用控制

1.4.1　施工组应根据项目施工执行计划，估算施工费用，确定施工费用控制基准。施工费用控制基准调整时，应按规定程序审批。

1.4.2　施工组宜采用赢得值等技术，测量施工费用，分析费用偏差，预测费用趋势，采取纠正措施。

1.4.3　施工组应依据施工分包合同、安全生产管理协议和施工进度计划制定施工分包费用支付计划和管理规定。

1.5　施工质量控制

1.5.1　施工组应监督施工过程的质量，并对特殊过程和关键工序进行识别与质量控制，并应保存质量记录。

1.5.2　施工组应对供货质量按规定进行复验并保存活动结果的证据。

1.5.3　施工组应监督施工质量不合格品的处置，并验证其实施效果。

1.5.4　施工组应对所需的施工机械、装备、设施、工具和器具的配置以及使用状态进行有效性和安全性检查，必要时进行试验。操作人员应持证上岗，按操作规程作业，并在使用中做好维护和保养。

1.5.5　施工组应对施工过程的质量控制绩效进行分析和评价，明确改进目标，制定纠正措施，进行持续改进。

1.5.6　施工组应根据施工质量计划，明确施工质量标准和控制目标。

1.5.7　施工组应组织对项目分包人的施工组织设计和专项施工方案进行审查。

1.5.8　施工组应按规定组织或参加工程质量验收。

1.5.9　当实行施工分包时，项目公司应依据施工分包合同约定，组织项目分包人完成并提交质量记录和竣工文件，并进行评审。

1.5.10　当施工过程中发生质量事故时，应按国家现行有关规定处理。

1.6　施工安全管理

1.6.1　项目公司应建立项目安全生产责任制，明确各岗位人员的责任、责任范围和考核标准等。

1.6.2　施工组应根据项目安全管理实施计划进行施工阶段安全策划，编制施工安全计划，建立施工安全管理制度，明确安全职责，落实施工安全管理目标。

1.6.3 施工组应按安全检查制度组织现场安全检查，掌握安全信息，召开安全例会，发现和消除隐患。

1.6.4 施工组应对施工安全管理工作负责，并实行统一的协调、监督和控制。

1.6.5 施工组应对施工各阶段、部位和场所的危险源进行识别和风险分析，制定应对措施，并对其实施管理和控制。

1.6.6 依据合同约定，工程总承包企业或分包商必须依法参加工伤保险，为从业人员缴纳保险费，鼓励投保安全生产责任保险。

1.6.7 施工组应建立并保存完整的施工记录。

1.6.8 项目公司应依据分包合同和安全生产管理协议的约定，明确各自的安全生产管理职责和应采取的安全措施，并指定专职安全生产管理人员进行安全生产管理与协调。

1.6.9 工程总承包企业应建立监督管理机制。监督考核项目公司安全生产责任制落实情况。

1.7 施工现场管理

1.7.1 施工组应根据施工执行计划的要求，进行施工开工前的各项准备工作，并在施工过程中协调管理。

1.7.2 项目公司应建立项目环境管理制度，掌握监控环境信息，采取应对措施。

1.7.3 项目公司应建立和执行安全防范及治安管理制度，落实防范范围和责任，检查报警和救护系统的适应性和有效性。

1.7.4 项目公司应建立施工现场卫生防疫管理制度。

1.7.5 当现场发生安全事故时，应按国家现行有关规定处理。

1.8 施工变更管理

1.8.1 项目公司应按合同变更程序进行施工变更管理。

1.8.2 施工组应根据合同变更的内容和对施工的要求，对质量、安全、费用、进度、职业健康和环境保护等的影响进行评估，并应配合项目公司实施和控制。

2. 项目试运行管理

2.1 基础规定

2.1.1 项目公司应依据合同约定进行项目试运行管理和服务。

2.1.2 项目试运行管理由试运行经理负责，并适时组建试运行组。在试运行管理和服务过程中，试运行经理应接受项目负责人和工程总承包企业试运行管理部门的管理。

2.1.3 依据合同约定，试运行管理内容可包括试运行执行计划的编制、试运行准备、人员培训、试运行过程指导与服务等。

2.2 试运行执行计划

2.2.1 试运行执行计划应由试运行经理负责组织编制，经项目负责人批准、项目发包人确认后组织实施。

2.2.2 试运行执行计划应包括下列主要内容：

（1）总体说明；

（2）组织机构；

（3）进度计划；

（4）资源计划；

（5）费用计划；

（6）培训计划；

（7）考核计划；

（8）质量、安全、职业健康和环境保护要求；

（9）试运行文件编制要求；

（10）试运行准备工作要求；

（11）项目发包人和相关方的责任分工等。

2.2.3 试运行执行计划应按项目特点，安排试运行工作内容、程序和周期。

2.2.4 培训计划应依据合同约定和项目特点编制，经项目发包人批准后实施，培训计划宜包括下列主要内容：

（1）培训目标；

（2）培训岗位；

（3）培训人员、时间安排；

（4）培训与考核方式；

（5）培训地点；

（6）培训设备；

（7）培训费用；

（8）培训内容及教材等。

2.2.5 考核计划应依据合同约定的目标、考核内容和项目特点进行编制，考核计划应包括下列主要内容：

（1）考核项目名称；

（2）考核指标；

（3）责任分工；

（4）考核方式；

（5）手段及方法；

（6）考核时间；

（7）检测或测量；

（8）化验仪器设备及机具；

（9）考核结果评价及确认等。

2.3 试运行实施

2.3.1 试运行负责人应依据合同约定，负责组织或协助项目发包人编制试运行方案。试运行方案宜包括下列主要内容：

（1）工程概况；

（2）编制依据和原则；

（3）目标与采用标准；

（4）试运行应具备的条件；

（5）组织指挥系统；

（6）试运行进度安排；

（7）试运行资源配置；

（8）环境保护设施投运安排；

（9）安全及职业健康要求；

（10）试运行预计的技术难点和采取的应对措施等。

2.3.2　项目公司应配合项目发包人进行试运行前的准备工作，确保按设计文件及相关标准完成生产系统、配套系统和辅助系统的施工安装及调试工作。

2.3.3　试运行负责人应按试运行执行计划和方案的要求落实相关的技术、人员和物资。

2.3.4　试运行负责人应组织检查影响合同目标考核达标存在的问题，并落实解决措施。

2.3.5　合同目标考核的时间和周期应依据合同约定和考核计划执行。考核期内，全部保证值达标时，合同双方代表应分项或统一签订合同目标考核合格证书。

2.3.6　依据合同约定，培训服务的内容可包括生产管理和操作人员的理论培训、模拟培训和实际操作培训。

四、项目风险管理

1. 实施要点

项目风险管理主要包括风险识别、风险评估和风险控制三个部分，并分别采用不同的办法进行管理。

一是做好项目风险的识别。一般采用专家调查法、初始清单法、风险调查法、经验数据法和图解法等方法。

二是做好项目风险的评估。一般采用调查和专家打分法、层次分析法、模糊数学法、统计和概率法、敏感性分析法、故障树分析法、蒙特卡洛模拟分析和影响图法等方法。

三是做好项目风险的控制。一般采用审核检查法、费用偏差分析法和风险图表表示法等方法。

2. 实施内容与流程

华侨城集团依据多年的项目风险管理实践经验，积累并总结了具有高度指导性的项目风险管理指导手册，以供下属不同企业规范使用。具体如下所示：

项目风险管理指导手册

1. 基础规定

1.1 工程总承包企业应制定风险管理规定，明确风险管理职责与要求。

1.2 项目公司应编制项目风险管理程序，明确项目风险管理职责，负责项目风险管理的组织与协调。

1.3 项目公司应制订项目风险管理计划，确定项目风险管理目标。

1.4 项目风险管理应贯穿项目实施全过程，宜分阶段进行动态管理。

1.5 项目风险管理宜采用适用的方法和工具。

1.6 工程总承包企业通过汇总已发生的项目风险事件，可建立并完善项目风险数据库和项目风险损失事件库。

2. 风险识别

2.1 项目公司应在项目策划的基础上，依据合同约定对设计、采购、施工和试运行阶段的风险进行识别，形成项目风险识别清单，输出项目风险识别结果。

2.2 项目风险识别过程宜包括下列主要内容：

（1）识别项目风险；

（2）对项目风险进行分类；

（3）输出项目风险识别结果。

3. 风险评估

3.1 项目公司应在项目风险识别的基础上进行项目风险评估，并应输出评估结果。

3.2 项目风险评估过程宜包括下列主要内容：

（1）收集项目风险背景信息；

（2）确定项目风险评估标准；

（3）分析项目风险发生的概率和原因，推测产生的后果；

（4）采用适用的风险评价方法确定项目整体风险水平；

（5）采用适用的风险评价工具分析项目各风险之间的相互关系，确定项目重大风险；

（6）对项目风险进行对比和排序；

（7）输出项目风险的评估结果。

4. 风险控制

4.1 项目公司应根据项目风险识别和评估结果，制定项目风险应对措施或专项方案。对项目重大风险应制定应急预案。

4.2 项目风险控制过程宜包括下列主要内容：

（1）确定项目风险控制指标；

（2）选择适用的风险控制方法和工具；

（3）对风险进行动态监测，并更新风险防范级别；

（4）识别和评估新的风险，提出应对措施和方法；

（5）风险预警；

（6）组织实施应对措施、专项方案或应急预案；

（7）评估和统计风险损失。

4.3 项目公司应对项目风险管理实施动态跟踪和监控。

4.4 项目公司应对项目风险控制效果进行评估和持续改进。

五、项目进度管理

1. 实施要点

第一，采用赢得值管理技术和网络计划技术控制进度。赢得值管理技术主要用来控制进度偏差和时间偏差。网络计划技术运用的主要是关键线路法，通过控制关键活动，分析总时差和自由时差来控制进度。用控制基本活动的进度来达到控制整个项目进度的目的。

第二，以工作分解结构进行任务分配。工作分解结构（WBS）是一种层次化的树状结构，将项目划分为可以管理的项目工作任务单元。项目的工作分解结构一般分为以下层次：项目、单项工程、单位工程、组码、记账码和单元活动。通常按各层次制订进度计划。

第三，通过进度计划安排时间和资源分配。根据执行计划所消耗的各类资源预算值，按照每项具体任务的工作周期展开并进行资源分配。进度计划编制说明中的风险分析涉及经济风险、技术风险、环境风险和社会风险等。控制措施包括组织措施、经济措施和技术措施。

第四，分析项目进度执行的偏差。提交项目进度执行报告，报告应包含当前进度和产生偏差的原因，并提出纠正措施。

第五，重点监控接口。项目公司对设计、采购、施工和试运行之间的接口关系进行重点监控。

第六，建立分包人定期报告机制。项目分包人依据合同约定，定期向项目公司报告分包工程的进度。

2. 实施内容与流程

华侨城集团依据多年的项目进度管理实践经验，积累并总结了具有高度指导性的项目进度管理指导手册，以供下属不同企业规范使用。具体如下所示：

项目进度管理指导手册

1. 基础规定

1.1　项目公司应建立项目进度管理体系，按合理交叉、相互协调、资源优化的原则，对项目进度进行控制管理。

1.2　项目公司应对进度控制、费用控制和质量控制等进行协调管理。

1.3　项目进度管理应按项目工作分解结构逐级管理。项目进度控制宜采用赢得值管理、网络计划和信息技术。

2. 进度计划

2.1　应按合同要求的工作范围和进度目标，制定工作分解结构并编制项目进度计划。

2.2　项目进度计划文件应包括进度计划图表和编制说明。

2.3　项目总进度计划应依据合同约定的工作范围和进度目标进行编制。项目分进度计划应在总进度计划的约束条件下，根据细分的活动内容、活动逻辑关系和资源条件进行编制。

2.4　项目分进度计划应在控制经理协调下，由设计负责人、采购负责人、施工负责人和试运行经理组织编制，并由项目负责人审批。

3. 进度控制

3.1　项目实施过程中，项目控制人员应对进度实施情况进行跟踪并采集数据，同时根据进度计划，优化资源配置，采用检查、比较、分析和纠偏等方法和措施，对进度进行动态控制。

3.2　进度控制应按检查、比较、分析和纠偏的步骤进行，并应符合下列规定：

（1）应对工程项目进度执行情况进行跟踪和检测，采集相关数据；

（2）应对进度计划实际值与基准值进行比较，发现进度偏差；

（3）应对比较的结果进行分析，确定偏差幅度、偏差产生的原因及对项目进度目标的影响程度；

（4）应根据工程的具体情况和偏差分析结果，预测整个项目的进度发展趋势，对可能的进度延迟进行预警，提出纠偏建议，采取适当的措施，使进度控制在允许的偏差范围内。

3.3 进度偏差分析应按下列程序进行：

（1）采用赢得值管理技术分析进度偏差；

（2）运用网络计划技术分析进度偏差对进度的影响，并关注关键路径上各项活动的时间偏差。

3.4 项目公司应定期发布项目进度执行报告。

3.5 项目公司应按合同变更程序进行计划工期的变更管理，根据合同变更的内容和对计划工期、费用的要求，预测计划工期的变更对质量、安全、职业健康和环境保护等的影响，并实施和控制。

3.6 当项目活动进度拖延时，项目计划工期的变更应符合下列规定：

（1）该项活动负责人应提出活动推迟的时间和推迟原因的报告；

（2）项目进度管理人员应系统分析该活动进度的推迟对计划工期的影响；

（3）项目进度管理人员应向项目负责人报告处理意见，并转发给费用管理人员和质量管理人员；

（4）项目负责人应综合各方面意见做出修改计划工期的决定；

（5）修改的计划工期大于合同工期时，应报项目发包人确认并按合同变更处理。

3.7 项目公司应根据项目进度计划对设计、采购、施工和试运行之间的接口关系进行重点监控。

3.8 项目公司应根据项目进度计划对分包工程项目进度进行控制。

六、项目质量管理

1. 实施要点

第一，严格执行质量管理人员的项目负责制。质量管理人员（包括质量经理、质量工程师）在项目负责人领导下，负责质量计划的制订和监督检查质量计划的实施。项目公司建立质量责任制和考核办法，明确所有人员的质量管理职责。

第二，落实项目质量计划的全面性和规范性。其中，所需的文件包括项目执行的标准规范和规程；采取的措施包括项目所要求的评审、验证、确认监视、检验和试验等。

第三，强调项目输入的控制规范。项目公司确定项目输入的控制程序或有关规定，并明确输入有效性评审人的职责和要求，以及在项目公司内部传递、使用和转换的程序。

第四，做好接口质量的重点监控管理。项目公司在设计、采购、施工和试运行接口关系中对质量实施重点监控。

第五，做好不合格品的控制管理。对验证中发现的不合格品，按照不合格品控制程序规定进行标识、记录、评价、隔离和处置，防止非预期的使用或交付；不合格品处置结果需传递到有关部门，其责任部门需进行不合格原因的分析，制定纠正措施，防止今后产生同样或同类的不合格品；采取的纠正措施经验证效果不佳或未完全达到预期的效果时，需重新分析原因，进行下一轮计划、实施、检查和处理。

第六，做好全过程质量控制记录。包括评审记录和报告、验证记录、审核报告、检验报告、测试数据、鉴定（验收）报告、确认报告、校准报告、培训记录和质量成本报告等。

2. 实施内容与流程

华侨城集团依据多年的项目质量管理实践经验，积累并总结了具有高度指导性的项目质量管理指导手册，以供下属不同企业规范使用。具体如下所示：

项目质量管理指导手册

1. 基础规定

1.1 工程总承包企业应按质量管理体系要求，规范工程总承包项目的质量管理。

1.2 项目质量管理应贯穿项目管理的全过程，按策划、实施、检查、处置循环的工作方法进行全过程的质量控制。

1.3 项目公司应设专职质量管理人员，负责项目的质量管理工作。

1.4 项目质量管理应按下列程序进行：

（1）明确项目质量目标；

（2）建立项目质量管理体系；

（3）实施项目质量管理体系；

（4）监督检查项目质量管理体系的实施情况；

（5）收集、分析和反馈质量信息，并制订纠正措施。

2. 质量计划

2.1 项目策划过程中应由质量经理负责组织编制质量计划，经项目负责人批准发布。

2.2 项目质量计划应体现从资源投入到完成工程交付全过程的质量管理与控制要求。

2.3 项目质量计划的编制应主要依据下列内容：

（1）合同中规定的产品质量特性、产品须达到的各项指标及其验收标准和其他质量要求；

（2）项目实施计划；

（3）相关的法律法规、技术标准；

（4）工程总承包企业质量管理体系文件及其要求。

2.4 项目质量计划应包括下列主要内容：

（1）项目的质量目标、指标和要求；

（2）项目的质量管理组织与职责；

（3）项目质量管理所需要的过程、文件和资源；

（4）实施项目质量目标和要求采取的措施。

3. 质量控制

3.1 应对项目所有输入的信息、要求和资源的有效性进行控制。

3.2 项目公司应根据项目质量计划对设计、采购、施工和试运行阶段接口的质量进行重点控制。

3.3 项目质量经理应负责组织检查、监督、考核和评价项目质量计划的执行情况，验证实施效果并形成报告。对出现的问题、缺陷或不合格，应召开质量分析会，并制定整改措施。

3.4 项目公司按规定应对项目实施过程中形成的质量记录进行标识、收集、保存和归档。

3.5 项目公司应根据项目质量计划对分包工程项目质量进行控制。

4. 质量改进

4.1 项目公司人员应收集和反馈项目的各种质量信息。

4.2 项目公司应定期对收集的质量信息进行数据分析；召开质量分析会议，找出影响工程质量的原因，采取纠正措施，定期评价其有效性，并反馈给工程总承包企业。

4.3 工程总承包企业应依据合同约定对保修期或缺陷责任期内发生的质量问题提供保修服务。

4.4 工程总承包企业应收集并接受项目发包人意见，获取项目运行信息，应将回访和项目发包人满意度调查工作纳入企业的质量改进活动中。

七、项目费用管理

1. 实施要点

一是强调费用控制的协调性。费用控制与进度控制、质量控制应相互协调，防止对费用偏差采取不当的应对措施，而对质量和进度产生影响，或引起项目在后期出现较大风险。

二是强调估算控制的有效性。估算是为完成项目所需的资源及其所需费用的估计过程。在项目实施过程中，通常应编制初期控制估算、批准的控制估算、首次核定估算和二次核定估算。

三是强调费用控制的核心作用。费用控制是工程总承包项目费用管理的核心内容。工程总承包项目的费用控制不仅是对项目建设过程中发生费用的监控和对大量费用数据的收集，更重要的是对各类费用数据进行正确分析并及时采取有效措施，从而达到将项目最终发生的费用控制在预算范围之内。

四是强调预算控制的准确性。把批准的控制估算分配到记账码及单元活动或工作包，并按进度计划进行叠加，得出费用预算（基准）计划。

五是做好预算与实际费用的比对。确定项目费用控制目标后，需定期（宜以每月为控制周期）对已完工作的预算费用与实际费用进行比较，实际值偏离预算值时，分析产生偏差的原因，采取适当的纠偏措施，以确保费用目标的实现。

2. 实施内容与流程

华侨城集团依据多年的项目费用管理实践经验，积累并总结了具有高度指导性的项目费用管理指导手册，以供下属不同企业规范使用。具体如下所示：

项目费用管理指导手册

1. 基础规定

1.1　工程总承包企业应建立项目费用管理系统以满足工程总承包管理的需要。

1.2 项目公司应设置费用估算和费用控制人员，负责进行工程总承包项目费用估算，制订费用计划和实施费用控制。

1.3 项目公司应对费用控制与进度控制和质量控制等进行统筹决策、协调管理。

1.4 项目公司可采用赢得值管理技术及相应的项目管理软件进行费用和进度综合管理。

2. 费用估算

2.1 项目公司应根据项目的进展编制不同深度的项目费用估算。

2.2 编制项目费用估算的依据应包括下列主要内容：

（1）项目合同；

（2）工程设计文件；

（3）工程总承包企业决策；

（4）有关的估算基础资料；

（5）有关法律文件和规定。

2.3 根据不同阶段的设计文件和技术资料，应采用相应的估算方法进行项目费用估算。

3. 费用计划

3.1 项目费用计划应由控制经理组织编制，经项目负责人批准后实施。

3.2 项目费用计划编制的主要依据应为经批准的项目费用估算、工作分解结构和项目进度计划。

3.3 项目公司应将批准的项目费用估算按项目进度计划分配到各个工作单元，形成项目费用预算，作为项目费用控制的基准。

4. 费用控制

4.1 项目公司应采用目标管理方法对项目实施期间的费用进行过程控制。

4.2 费用控制方面应根据项目费用计划、进度报告及工程变更，采用检查、比较、分析、纠偏等方法和措施，对费用进行动态控制，将费用控制在项目批准的预算以内。

4.3 费用控制应按检查、比较、分析和纠偏的步骤进行，并应符合下列规定：

（1）应对工程项目费用执行情况进行跟踪和检测，采集相关数据；

（2）应对已完工作的预算费用与实际费用进行比较，发现费用偏差；

（3）应对比较的结果进行分析，确定偏差幅度、偏差产生的原因及对项目费用目标的影响程度；

（4）应根据工程的具体情况和偏差分析结果，对整个项目竣工时的费用进行预测，对可能的超支进行预警，采取适当的措施，把费用偏差控制在允许的范围内。

4.4 项目公司应按合同变更程序进行费用变更管理，根据合同变更的内容和对费用、进度的要求，预测费用变更对质量、安全、职业健康和环境保护等的影响，并实施和控制。

4.5 项目公司应定期编制项目费用执行报告。

第四节 华侨城美丽乡村 EPCO：运营

如图 2-1 所示，华侨城美丽乡村 EPCO 模式是"EPC 工程总承包＋运营"模式，其中运营涉及产业结构、产品体系、经营策略、市场推广、组织保障五个方面（见图 2-4）。

| 产业结构 | 产品体系 | 经营策略 | 市场推广 | 组织保障 |

图 2-4 华侨城美丽乡村项目运营涉及的主要内容

一、产业架构

1. 文化 + 旅游

"文化 + 旅游"简称为文旅，是指通过旅游实现感知、了解、体察人类文化具体内容之目的的行为过程。文旅产业是重要的情绪产业、欢乐产业、幸福产业，是美好生活的组成部分，实现文化旅游产业高质量发展，是丰富人民美好生活内涵、推动社会全面进步的一项基础性工程。华侨城美丽乡村项目中，文旅是核心，是整个项目的出发点和落脚点，主要包括文化观光、文化创意、文化博览、旅游演艺等特色产品（见表 2-1）。

表 2-1　华侨城"文化 + 旅游"产业架构

产业架构		特色产品	典型项目
文 + 旅	文化观光	小型文化景点	文门村"官帽石""钦差读书石"
		文化艺术公园	南岸美村"锦绣安仁·奇境花园"、光明小镇"荔枝公园"
	文化创意	艺术生活聚落	文门村"稻田咖啡馆"
		主题书院	中廖村"村上书屋"、天涯小镇"爱情主题书店"
	文化博览	主题博物馆聚落	乌龙古渔村"乌龙博物馆"、南岸美村"乡村生态博物馆"
		艺术展馆聚落	中廖村"木艺工坊""非遗学堂"
	旅游演艺	—	中廖村"山水黎歌"演出、"黎院新歌"表演

2. 农业 + 旅游

"农业 + 旅游"是乡村旅游和休闲农业发展的新模式，是实现产业融合的新手段，是在充分发挥农业产业功能的基础上，充分利用土地资源，有效实现旅游开发，形成农业生产、田园休闲、商业配套等核心功能架构。华侨城美丽乡村项目中，农旅是基础，为美丽乡村项目的成功提供了必要的物质基础、游客体验基础。包括特色农业、观光休闲、家庭科普、体验度假、乡村电商、农创众创、节庆活动等特色产品（见表 2-2）。

表 2-2 华侨城"农业+旅游"产业架构

产业架构		特色产品	典型项目
农+旅	特色农业	特色种植与繁育	光明小镇"千亩稻田景观""40 万平方米油葵花海""8 万平方米的紫色马鞭草花海",南岸美村"花卉"产业
		智慧温室/大棚	光明小镇"四季采摘园区"
		观光工厂（坊）	中廖村"木艺体验+活字印刷+木筷制作"、光明小镇"文创体验工坊"
	观光休闲	农业公园	南岸美村"美田弥望"、光明小镇"艺术稻田"
		休闲绿道	中廖村"最美骑行车道"、南岸美村"花田绿道"
		小型景观与旅游线路	天涯小镇"五龙文化风情街区"、南岸美村"花卉艺术场景"
	家庭科普	主题营地	中廖村"黎乡非遗"、南岸美村"美营"
		自然学校	自然课堂、科普小课堂、亲子课堂
	体验度假	主题农庄（场、园）	南岸美村"耕学农场"、文门村"欢乐农场"
		农（园）艺博览园	南岸美村"奇境花园"
		特色 IP 主题乐园	中廖村"儿童乐园"、南岸美村"无动力乐园"
		主题民宿	南岸美村"蜂巢酒店"、中廖村"主题民宿"、螺溪谷"文化民宿"
		特色餐饮	南山村"南山有鱼养生菜"、南岸美村"花园餐厅"、乌龙古渔村"乌龙酒肆"
	乡村电商	电商平台	海南集团"海岛乡荟"电商平台
		特色消费场景	
	农创众创	OCT 创想营与社群俱乐部	天涯小镇"青年之家""天涯创客"
		乡村公共服务（文化）中心	天涯小镇"党建共建"、南岸美村"美院"乡村客厅
	节庆活动	田园节庆	渔浦星灯、花田艺术季、农民丰收节、文化祭、美食节

3. 康养+旅游

康养产业是指依托良好的自然生态环境、人文活动环境等资源条件，以维护或促进身心健康为需求动机，结合旅游观光、休闲度假、运动康体、医疗保健、养心养颜、健康膳食等形式，以达到强身健体、修身养性、医疗康复等目的的一种新式旅游活动，是旅游业态与健康养生融合发展的结果。华侨城美丽乡村项目中，康养产业是新亮点，是文化生活方式的积极探索，也是美丽乡村项目发展到高水平阶段的必然结果，市场需求潜力巨大。包括生态健康、户外运动、旅居度假等特色产品（见表 2-3）。

表 2-3 华侨城 "康养 + 旅游" 产业架构

产业架构		特色产品	典型项目
康 + 旅	生态健康	大地景观	南岸美村 "田园绿道、大地景观、田野艺术"
		露营地	中廖村 "星空营地"、南岸美村 "探险营地"
	户外运动	生态公园	中廖村 "最美骑行车道"、光明小镇 "荔枝公园"
	旅居度假	健康管理中心	中廖村 "黎药种植 + 中医理疗"、南岸美村 "康养旅居"
		大数据养生服务平台	中廖村 "黎药种植 + 中医理疗",从线下到线上
		共享院落	南岸美村 "溪地·阿兰若" 民宿、"向野而生" 民宿;天涯小镇 "志愿者服务站"

二、产品体系

1. 以 "欢乐田园" IP 为引领

"欢乐田园" 是华侨城重点打造的特色主题乐园 IP 品牌,广受市场好评。将 "欢乐田园" IP 品牌导入,作为美丽乡村项目产品体系的引领,是华侨城建立起独特竞争优势的重要举措(见图 2-5)。"欢乐田园" 将地方特色文化和农业文化有机融合,提供生态观光、零售、主题体验、餐饮、特色住宿等内容,是 "全家出游理想选择" 之地。以成都黄龙溪·欢乐田园为例,创新打造了七大主题区域,让游客在欢娱中认识乡村、探索农业、享受田园,实现对川蜀田园文化生活的全景展示,开放前 3 天接待游客近 5 万人次,2019 年国庆期间园区接待游客近 18 万人次。

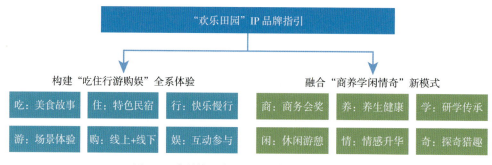

图 2-5 华侨城 "欢乐田园" 美丽乡村产品体系

2. 构建 "吃住行游购娱" 全系体验

(1)吃:美食故事

"民以食为天",美食永远是人们最基本的需求,提供独特的美食,是美丽乡村项目成功的重要前提之一。由于目前国内大多数美丽乡村旅游项目的停留时间较短，因此提供美食有助于延长游客的停留时间，也是提升项目吸引力的重要方式。在打造乡村美食过程中，核心要点是打造美食故事，美食故事是给游客一个停留并品尝美食的重要理由。以华侨城中廖村为例，先有鸡根据地是特色餐厅的代表，各式菜品均取材于村里田间，主打菜"先有鸡先有蛋"是游客的必选，槟榔树下的露天餐厅和老房改建的阳光房餐厅，是游客的"网红打卡地"。华侨城南山村项目，已经建成的南山有鱼养生菜馆，以乡土美食文化为主题，将餐饮的色、香、味与乡土有机食材相结合，并通过订制、共享模式，让游客全程体验美食制作的乐趣，享受乡土美味以及乡村休闲生活方式，已经成为当地高端、精品餐饮的代表。

（2）住：特色民宿

民宿是美丽乡村项目建设和运营中的重要内容，也是重要利润来源之一，同时民宿作为住宿接待的空间载体，还承担起康养、度假、旅居、研学、会展等接待功能。民宿产品包括精品民宿、民宿酒店、主题民宿等类型。中廖村发展特色民宿，建设有各类风格迥异的特色精品民宿、星空帐篷、拼装酒店、度假农庄等，其中民宿 51 间，精品民宿 4 间，星空帐篷 4 间，拼装酒店 2 间，未来计划打造更多黎族民宿群，实现更高创收。

（3）行：快乐慢行

美丽乡村项目中，"行"包括游客中心、游客慢行道、游览观光车、骑行车道等内容。美丽乡村项目中，"行"是以游客为中心，实现对整个空间区域的感知、体验，因而需要为游客创造快乐、轻松、享受的体验环境。中廖村项目游客中心提供接待、投诉、咨询、导游等相关服务；投入的 10 辆大力神观光车是亮丽的风景线，为游客提供便捷交通和暖心讲解服务；"最美骑行车道"全长 14 千米，沿途可欣赏美丽风景，感慨大自然的鬼斧神工，感受黎族文化的神秘与古老，体验黎家风土民情，以绿色方式享受旅程之美，获得放松有趣的骑行体验。

（4）游：场景体验

对游客而言，美丽乡村游玩的核心，是获得独特、美好的游玩体验，而不是仅仅停留在景观观赏层面，因此经营开发者需要对旅游场景塑造予以高度重视。在场景塑造过程中，应结合村庄独特的自然、人文、产业资源，开创性导入文化创意元素与并村庄元素对接，进而打造充满乡村特色的旅游场景及产品。中廖村的"山水黎歌"，是以山水为舞台，依托中和湖栈道、水面、竹排进行的黎族歌舞表演，将山水人融为一体，黎族阿哥阿妹在水面放歌，游客沿环湖栈道轻松观看，为具有身临其境观赏效果的山水实景表演；黎家小院的"黎院新歌"演出是根据黎族民俗与生产生活情景进行编排的黎族特色演出，使特色黎家表演融入其中。

（5）购：线上 + 线下

随着线上购物的普及，网购已经成为一种消费习惯，华侨城准确把握到这一趋势，将旅游线下购物和线上购物相结合，形成了"线下体验，线上购买，相辅相成，优势互补"的购物模式。电商（线上购物）是美丽乡村项目互联网营销的重要抓手，为美丽乡村的特色农产品、特色商品提供销售渠道和展示空间。中廖村项目已陆续推出中廖鸡蛋、中廖山兰酒、中廖百香果等系列黎物产品，并计划搭建电商产业、共享产业平台，与中廖村民真正实现共融、共赢。华侨城文门村项目正积极引导村民种植南国热带水果和高效农作物，并计划通过电商平台销售。

（6）娱：互动参与

在乡村旅游过程中，深度体验是核心，传统走马观花式的观光游对游客的吸引力正快速下降，此外由于美丽乡村项目多数是开放式的，不收取门票，因此打造娱乐互动式项目，具有创造收入、提升体验和吸引力的多重意义。打造娱乐活动的重点在于互动参与，可针对不同的目标人群提供不同类型的体验产品，或者根据不同的四季节气、空间场景提供有差异、独特的娱乐体验项目。中廖村项目提供了木艺体验、活字印刷、木筷制作三类娱乐体验项目，深受亲子家庭、研学旅游人群的好评，在非遗传承、民族文化发扬的同时，也拉近了人与人之间的距离并增进了彼此间的情感交流。

3. 融合"商养学闲情奇"新模式

（1）商：商务会奖

"商"是指商务旅游，包括商务旅游、会议会展、奖励旅游等旅游新需求、新要素，是美丽乡村旅游的增长点。美丽乡村项目在餐饮、住宿等设施建设较为完善，游玩体验和互动体验项目较为成熟，具备了商务旅游接待能力后，通过推动商务旅游，能为美丽乡村项目带来更多的游客和更高的消费。目前，中廖村已经先后多次接待国内外的商务旅游客群、奖励旅游客群等。

（2）养：养生健康

在美丽乡村项目发展过程中，"养"已经成为一个重要的服务内容，"养"是指养生旅游，包括养生、养老、养心、体育健身等健康旅游新需求、新要素。养生健康的内涵十分丰富，涵盖健康饮食、健康休养、健康治疗、健康调理、健康运动等内容。康养旅居和康养社区化是未来社会和产业发展的重要趋势。在华侨城中廖村，通过传承千百年的黎药文化，引入中医理疗等，打造了黎乡养生＋民宿的新体验、新产品。

（3）学：研学传承

"学"是指研学旅游，包括研学、科考、培训、拓展训练、摄影、采风、夏冬令营等活动，是美丽乡村项目文化展示与传承的重要载体，对应亲子市场、学生人群和关注文化的人群。美丽乡村在发展过程中，需要将文化元素予以沉淀，将非物质文化遗产加以展示，将乡村打造成为中华特色文化的传承地。中廖村充分挖掘了其独具特色的少数民族文化，通过非遗文化节等形式向世界展示其文化之美，如儋州调声、崖州民歌、穿杖表演、黎家美食等，并成立了"海南省非物质文化遗产中廖村传习研究中心"，让游客感受古老文化焕发的新魅力。

（4）闲：休闲游憩

"闲"是指休闲度假，包括乡村休闲、度假等休闲旅游新产品和新要素，是未来旅游发展的方向和主体，是乡村旅游发展到成熟阶段的必然产物。游客来乡村不再是观光，而是停留、体验、感悟、升华，在这里发发呆，享受美食，和家人体验天伦之乐，乡村成为第二故居。中廖村开展黎乡田园项目，游客可与家人、朋友进行休闲垂钓、采摘，体验天然农产带来的自然馈赠，体验世外桃源的乐趣，享受美食并在民宿中入住停留。

（5）情：情感升华

"情"是指情感旅游，包括婚庆、婚恋、纪念日旅游，朝觐旅游等各类精神和情感旅游新业态、新要素。情感升华不仅能带来更高的重游率，更能给美丽乡村带来可持续发展的动力。中廖村通过建设村上书屋、椰林树影、太阳花小径、湖光山舍等，在打造"网红打卡地"的同时，也为村民和游客打造了"家乡"的意境，充分体现了"主客共享、和谐共生"的生态文明新追求。

（6）奇：探奇猎趣

"奇"是指探奇，包括探索、探险、探秘、游乐、新奇体验等探索性的旅游新产品、新要素。美丽乡村项目中导入该类元素，对年轻人和爱好探奇的人群能产生较大吸引力，如打造得当，该类项目有可能成为美丽乡村的标志性项目，成为旅游的网红点。中廖村为游客提供定制活字印章、钥匙扣、金属书签等服务，探索打造游客专属文创产品，是对该领域的积极探索。

三、经营策略

1. 开放模式

因为美丽乡村项目多依托于村庄，但村庄作为主体难以封闭式管理，所以大多数美丽乡村项目都属于开放式的。由于未能获取门票收入，因此美丽乡村项目主要通过具体消费场景获得收入，包括餐饮、住宿、商品购买、体验活动参与、观看演艺、游览车乘坐等。为此，对运营方提出了较高的要求，需要充分考虑产品设计、场景打造、消费者需求等因素。由于不收取门票，因此容易存在游客"搭便车"的情况，即进来逛一圈后，不消费就离开，在美丽乡村产品不具有足够吸引力吸引游客消费的情况下，经营企业往往难以盈利。因此，美丽乡村项目要有自己的"明星产品"，如主题民宿、主题美食、特色商品等吸引游客进行消费。

2. 封闭模式

封闭式的美丽乡村项目要求有相对独立、封闭式、独立管理的区域作为核心吸引物，对项目选址和空间布局有较高的要求。华侨城成都黄龙溪·欢乐田园项目就属于封闭式的。由于能收取门票，因此门票收入往往成为该类项目的重要收入组成。同时，由于封闭管理，该类项目往往能提供更为优质的旅游服务和体验，在空间利用上也更有效率，避免了游客和村民"搭便车"的情况，对于项目品牌建设、价值提升有较大好处。但该类项目对游客数量的要求较高，土地面积和投资额度较大，经营风险也较高，因此要进行充分的项目可行性论证和深度的项目策划。

3. "总体开放 + 点状封闭"模式

"总体开放 + 点状封闭"运营模式，是指总体开放，进入美丽乡村免费，但具体体验项目实行收费。在环境容量方面，既给予游客最大活动空间，又便于控制核心资源所能承载的游客数量；在游客接待方面，既保障接待场所的多样性发展，又保障接待场所的设施和服务质量。在旅游监管方面，既可监管经营场所的运行，又可通过封闭景点的门票来进行旅游统计与分析。例如中廖村项目中，进入乡村是免费的，只针对黎夫彩园、体验工坊、一户一味等核心项目收取门票或其他费用。

4. 一村一品

"一村一品"的本质是差异化战略，是指在一定区域范围内，以村为基本单位，充分发挥本地资源优势，通过大力推进规模化、标准化、品牌化和市场化建设，使一个村拥有一个（或几个）市场潜力大、区域特色明显、附加值高的主导产品和产业。华侨城美丽乡村项目运营过程中，高度重视差异化，针对资源不同、特点不同的村庄确定差异化的定位。"一村一品"要求体现美丽乡村和周边村庄在总体定位、产业、产品、运营等方面的差异性，要形成能用一句话概括的旅游 IP 形象。如华侨城天涯小镇项目的定位为"海南最文艺滨海休闲小镇"，华侨城中廖村的定位为"黎族文化生态村、中国向世界展示美丽乡村的标杆典范"，能很好体现出"一村一品"的差异化定位。

5. 品牌化线上"产品—客群"经营

华侨城针对美丽乡村贯彻品牌化战略，通过打造优质 IP 和优质产品并通过线上宣传的方式，建立起产品对客群的吸引力，实现有效的引流。以品牌化为美丽乡村赋能，是华侨城实现差异化竞争的重要策略。以线上营销吸引客群，充分进行品牌和产品传播，是华侨城美丽乡村快速获得市场认可的有效方式。在华侨城中廖村项目中，华侨城通过多种线上平台，对中廖村进行了多维度、持续性的宣传推广，取得了良好的品牌效应和综合效益，使得中廖村获得"中国美丽休闲乡村"等称号，并成为三亚乡村旅游的标志性项目。

6. 网红化线下"流量—现金流"运营

华侨城针对美丽乡村项目和产品进行了"网红化"设计和运作，吸引年轻人和亲子家庭等客群，实现了美丽乡村品牌线下的有效经营，将流量有效转换为了现金流。美丽乡村的线上"产品—客群"经营，最终通过网红化线下"流量—现金流"运营模式实现变现。这一整体运作思路，是华侨城总结多年的主题公园、文旅项目的成功模式后所提炼出来的，在美丽乡村项目中也高度契合实际，并取得了丰厚成果。

7. "乡村资产投资"与"城乡资本运作"相结合

华侨城美丽乡村项目在运营过程中，遵循"资源—资产—资本"的开发路径。将美丽乡村中的"资源"，即不同级别、层次的自然、文化资源及产品，通过开发转化为华侨城拥有或控制并预期会带来经济效益的"资产"，并在此基础上通过

"城乡资本运作"的形式,将"资产"转化为能够实现增值的"资本"。如在符合国家政策的前提下,探索美丽乡村项目的资产证券化,通过将具有可预期收入的美丽乡村项目资产在资本市场上以发行证券的方式予以出售,来获取融资,以最大化提高资产的流动性。此外,引入资本战略投资者,也是重要路径之一。

四、市场推广

1. 政企联动合作共赢

政企联动是指华侨城和地方政府深度合作和联合互动,以实现华侨城美丽乡村项目的宣传推广。政企联动是华侨城在多年市场推广过程中总结出来的宝贵经验,具有极好的营销推广效果。政企联动运作模式成功的核心在于,华侨城充分从政府的角度出发,围绕综合效益目标,依托政府资源和平台,通过多种方式和灵活形式进行宣传推广,实现"政府搭台、企业唱戏、联合互动、合作共赢"的良好效果。华侨城的美丽乡村项目均采用了该模式,取得了良好的综合效益。

2. 社群营销精准定位

社群营销是指基于线上、线下等系列活动,找到目标人群,把具有共同兴趣、爱好的人聚集在一起并进行营销宣传,通过吸引受众关注、汇聚人群达到最终的营销目的。华侨城美丽乡村项目在实践过程中,探索出"品牌 + 体验元素"的社群精准营销形式,在美丽乡村品牌的基础上,通过提炼独特体验元素符号,打造独特的消费者体验。这个体验元素可以是一个产品、一种服务、一个消费情景或者一种生活方式。如华侨城天涯小镇项目就利用社群营销的形式,通过"全球招募轮值镇长"进行推广,取得良好效果。

3. 节庆赛事活动引领

节庆赛事营销,又被称为事件营销,是国内外受到较高认可度的市场推广方式,也是快速建立认知度、知名度的重要形式。华侨城美丽乡村项目通过举办非遗文化节、农民丰收节、非遗手工培训等各种活动对外进行宣传推广,并形成常态化的节庆赛事举办机制,有助于美丽乡村项目的持续营销和 IP 打造。

4. 多渠道宣传推介

积极拓展宣传渠道,如通过微信、微博、抖音等新兴媒体,电视、报纸等传统媒体,以及旅游推介会等方式实现多渠道宣传,通过多渠道营销让游客加深印象,建立兴趣和游玩意向。以中廖村为例，在通过天涯之声进行宣传的同时，也开通了"亲民式"中廖官方抖音、快手、微信视频号等进行品牌宣传、内容营销。

5. 联合营销互动

联合营销是与具有营销宣传、媒体推广能力的第三方合作，联合营销、借势营销，并有效降低营销成本。以中廖村为例，与"海南小芳"新媒体公司合作，以中廖村场地免费使用的方式实现对中廖美丽乡村的宣传推广，待达到一定粉丝量以后，进行直播带货，向外推销中廖黎物等产品，实现双方互利共赢。

6. 在线旅游渠道推广

高度重视在线旅游（OTA）的推广工作，是美丽乡村项目快速推向市场、建立市场形象的重要方式。在线旅游模式已经成为获得游客的重要渠道，需要及时增开携程购票等 OTA 平台渠道，持续通过网络平台进行营销推广。

7. 线上线下销售平台打造

结合旅游信息化的发展趋势，积极打造线上线下销售平台，线上平台包括微信商城、淘宝天猫、京东等，通过开拓销售渠道，扩大接触人群和接触点，实现销售促进，获取客户认可。如中廖村对中廖黎物等商品进行了线上、线下双向布局，受到客户广泛好评。

8. 特色主题营销促进

围绕社会热点、特定主题，如"扶贫""丰收节"等主题开展营销活动，不仅具有良好的营销效果，同时也因为有新闻性而更加容易获得媒体传播。例如，中廖村在节假日期间携手合作单位，联动鹿回头景区、马岭社区设置扶贫助农产品销售摊位，将优质助农产品与流量优势强强联合，探索中廖黎物"走出去"的新模式；华侨城天涯小镇轮值"镇长"事件营销活动以精准"引人、引智、引资"的模式，通过名人代言及他们的各项资源，打造了天涯小镇特有的公益品牌 IP。

五、组织保障

1. 以党建为引领，提升领导力

在美丽乡村建设过程中，离不开广大村民、村集体的积极配合和参与，为切实践行企业社会责任，维护村企关系，树立良好的企业形象，展现华侨城"以人为本""村企和谐"的美丽乡村发展理念，华侨城坚持以党建为引领，强化和村集体、社区的交流沟通，顺利地实现了当地资源的高效整合，促成社区及村民主动配合项目实施。

2. 强化组织建设，提升凝聚力

华侨城的组织建设程度如何，直接关系到项目的生命力、战斗力、保障力。因此，华侨城以加强组织建设为抓手，开展好员工直接教育管理，引导广大党员发挥先锋模范作用；优化组织设置，配强领导班子，增强员工主动意识，推进美丽乡村项目建设。

3. 建立沟通机制，提升合作力

美丽乡村建设和运营过程中，涉及村集体和广大村民的生活和工作等方面，缺乏有效沟通将对项目开展造成不利影响，为此需要建立有效的沟通机制，进而促进华侨城和村集体、村民的高效合作。具体包括建立联席工作制度、定期信息交流、配备专职人员对接等。

第五节　华侨城美丽乡村 EPCO：输出能力

华侨城在众多的美丽乡村项目建设过程中，积极探索并逐渐形成了包含前端、中端、后端的 EPCO 管理体系和模式，包括信息化、协议合同体系及项目管理、施工管理、安全管理、建设管理等内容，逐步建立起了美丽乡村标准化体系和对外输出运营能力。

一、提供一站式全产业解决方案

依托华侨城的专业团队和成功项目积累的经验，结合美丽乡村项目具有的综合性、多元性、多变性的特点，华侨城集团能够提供具有市场竞争力的美丽乡村EPCO 商业模式、项目合作模式、产业运作模式、旅游扶贫模式、党建共建模式、政企共建模式等众多模式服务，及一站式全产业解决方案，为各地美丽乡村的建设提供充分的智力、金融和产业等支撑，推动美丽乡村高标准建设、高质量发展。

二、采用与产业合作伙伴联合开发的模式

以海南三亚为例，华侨城东岸公司启动产业合作伙伴的招商工作，与具有专业能力、专项资源的产业合作伙伴深入合作，实现全产业链的资源对接，进一步丰富了华侨城美丽乡村 EPCO 模式的内涵，当前正在积极面向全国推广。建立产业合作伙伴联合开发机制，是华侨城美丽乡村项目在项目定位确定后，在具体项目的设计、建设、运营过程中提高效率、降低成本、快速响应、投融资拓展的重要基石。

三、采用与设计单位战略合作的模式

通过"华侨城策划规划联盟（OCT Alliance）"，华侨城与设计单位进行了深度合作，建立了战略合作关系，提高了 EPCO 的效率，对于项目策划、设计、建设乃至运营等环节都起到非常重要的作用。采用与设计单位战略合作的模式，使得通过招标等途径入围的设计单位战略合作伙伴能够紧密融入华侨城美丽乡村项目的规划设计及建设运营中，统筹项目从启动到运营的全过程、全流程，能有效实现项目建设进度优化、项目建设费用控制、项目质量保障、项目风险降低等综合优势。

四、建立高效标准化的 EPCO 模式

华侨城在美丽乡村项目的建设过程中，总结建立了标准化的 EPCO 模式，通过系统化、流程化、科学化、规范化的运作，能有效加快建设速度，充分发挥各个环节的有机融合、全过程衔接，最终确保项目目标的实现和综合效益最大化。采用标准化 EPCO 模式，在项目起步阶段，能充分发挥策划、设计在整个项目中的主导作用，有效实现工程项目建设方案和运营方案的衔接，通过"三控三管一协调"等措施，缩短设计、采购、施工和运营之间的衔接周期，使得流程衔接更为顺畅，满足项目高效推进的要求，有效实现建设项目的进度、成本和质量控制等。

五、建立分类招投标、合同和结算方案

1. 分类招标

华侨城结合美丽乡村项目的建设特点，将项目主要分成三类：

（1）非标准设计项目：零星工程、维护工程、原有建筑品质提升工程、市政园林品质提升工程等。

（2）农业设施施工项目：农产品种植、农业设计建设等。

（3）大额投资新建类地产项目：多栋新建民宿酒店、大型商业街、游乐场所等。

针对以上项目分类，确立不同项目类型的招标模式：

（1）对于非标准设计项目，采用年度招标的方式。按年度对美丽乡村建设的小型项目（单体民宿、乡村书屋、小型商业设施、环境绿化整治工程等）的设计、施工等进行招标，拟选定 2 ~ 3 家合格投标人作为入围单位。

（2）对于农业设施施工项目，采用多元化采购方式。对于较大规模的建设，采取公开招标形式；对于零星施工、农业种植活动，优先考虑本村村民，建立起良好的村企合作关系。

（3）对于大额投资新建类地产项目，以联合开发为主要模式。由于大额投资新建类地产项目建设投入较大、周期较长、专业性较强、市场化程度较高，因此该类项目要优先在合作伙伴中选取，先邀请符合项目要求的若干个合作伙伴，并依法开展招投标程序，最终确定项目合作伙伴，实现优中选优。

2. 分类合同和结算

合同采用分类设置的标准化合同模板，合同管理部门应负责项目合同的订立，对合同的履行进行监督，并负责合同的补充、修改和（或）变更、终止或结束等有关事宜的协调与处理。合同管理应包括工程总承包合同和分包合同管理。

项目结算，根据建设项目的具体情况和所签订的合同，采用固定总价、固定单价、成本加浮动酬金等项目结算方式。固定总价合同要求以固定总价完成约定的工程内容，适用于工程任务和范围明确，施工环境因素变化小，工程条件稳定并合理的项目，一般周期较长。固定单价合同强调单价优先，以各项单价乘以实际工程量结算，适用于工程量测算未完全准确，需要加快建设进度的项目。成本加酬金合同，在签订时不能确定具体的合同价格，只能确定酬金的比例。适用于分段施工，或为缩短工期等而不等待施工图完成即开展的项目和对技术要求较高的项目。在执行过程中，通常可以利用承包商的施工技术专家，帮助改进或弥补设计中的不足。

在实施过程中，通过分类管理有效提升了华侨城美丽乡村项目建设管理和资源配置的效率，实现了在确保工程质量的同时，有效压缩了工期。

六、推行以项目品质为导向的现场管理模式

美丽乡村改造施工阶段，多数建设项目都需要在原始村庄基础上进行改造提升，可能存在采集的原始数据与实际情况存在偏差，造成图纸与现场实际不符，导致图纸无法指导施工的情况，在此情况下可形成文字性资料，由相关负责人签字后发放。在建设成本无法审核的情况下，采用现场实测实量，用影像资料留底的方式记录，做好影像资料收集。若项目建设存在普遍性的效率降低情况，如材料成本提升、运输困难等，应统一整理好影像资料和申请材料，集中开会解决。在项目建设过程中，采取设计采购施工一体化工作模式，安排设计师驻场，把控设计效果，满足设计功能。

第三章

华侨城美丽乡村投资拓展（工具）

第一节　华侨城美丽乡村项目可行性评价方法

　　在推进新型城镇化建设与经济新常态下供给侧结构性改革的叠合期，美丽乡村建设是新型城镇化的一种重要方式，是促进经济增长的重要内驱力，也是促进我国经济发展转型的有效途径。因此，美丽乡村吸引了越来越多人的目光，俨然已经成为全国的热点话题，美丽乡村建设在全国各地更是遍地开花，如火如荼。

　　国家"十三五"发展规划纲要明确提出了特色小镇、美丽乡村发展建设的要求，"要发展特色县域经济，加快培育中小城市和特色小城镇"。2016年7月，住房和城乡建设部、国家发展改革委员会、财政部发布《关于开展特色小镇培育工作的通知》，首次在全国范围提出特色小镇的建设任务，提出到2020年我国将培育1000个左右的特色小镇。2016年10月，国家发展改革委员会发布了《关于加快美丽特色小（城）镇建设的指导意见》，明确了特色小（城）镇的形态，并从经济转型、产业升级等角度诠释了发展路径和措施。2017年2月，国家发展改革委员会发布《关于开发性金融支持特色小（城）镇建设促进脱贫攻坚的意见》，提出要加大特色小（城）镇建设的金融支持力度，为特色小（城）镇的建设给予了落到实处的支持。2017年10月，习近平总书记在党的十九大报告中提出了实施乡村振兴的战略目标，指出解决"三农"问题是全党工作的重中之重。结合美丽乡村的发展模式理念和乡村振兴的任务，美丽乡村可以成为带动乡村经济发展的重要载体，可以为实现乡村振兴战略目标提供切实可行的发展思路。伴随着国家各项优惠政策和指标的出现，特色小镇、美丽乡村的发展走上了快车道，越来越多的开发商和投资者投身到建设当中。在国家大力推进新型城镇化建设、经济转型升级和实施乡村振兴战略的大背景下，特色小镇、美丽乡村的提出具有创新性和时代性。

　　随着美丽乡村建设项目的增多，美丽乡村在我国经济发展中的作用也变得愈加重要，美丽乡村的综合效益问题开始受到重视。因为美丽乡村效益的提高，意味乡村的生命力更强，可以更加稳定和持续地发展，更有利于国家资源的优化配置、合理利用，避免各种国家资源的浪费，这就要求我们对美丽乡村的效益有可靠的评价方法。在经济新常态下，单纯地追求经济增长的发展模式并不可取，而对美丽乡村效益好坏的评价同样不能仅仅考虑其经济效益。美丽乡村的建设规模一般较大，并且作为未来人们生活居住的地方，其重要性不仅在其对区域经济带来的增长方面，还在于其对环境的改善和社会效益的提升等方面。因此，对美丽乡村的评价要从更加全面的角度去考虑，要考虑其综合效益，而不是单纯地考虑美丽乡村建设所带来的经济增长，需要对美丽乡村进行全面且系统的综合评价。

一、相关概念和原则

1. 美丽乡村与建制村的关系

美丽乡村是不同于行政村，不同于产业园区的发展平台或空间形态。它是聚焦特色产业和新兴产业，充分利用自身资源优势，以自身的特色产业为核心，集产业、社区、文化、旅游等多种功能于一身的综合体。

美丽乡村是相对独立于城市中心区，具有明确产业定位、文化内涵、旅游特征和一定社区功能的发展空间平台。而建制村是经省、自治区、直辖市人民政府批准设立的村，其目的是为更好地促进城乡物资交流和经济发展，是我国城镇化建设的基层单位。

美丽乡村不同于建制村，它不划定特定的行政区域，是以城市郊区或农村聚集区为依托，以产业、文化、旅游等功能为切入点，结合供给侧结构性改革对该区域的特色加以深度挖掘，对资源进行合理整合后，建立的一种新型的城镇化发展平台。

美丽乡村可以依托建制村建设，进而对建制村的经济发展、人才引进、外来投资等产生积极的影响，形成对建制村发展及规划的补充及指导，形成对建制村城乡一体化建设的促进，从而营造良性的发展氛围及产生有利的经济态势。

美丽乡村也可以独立存在，不依托建制村，而是建设成一个大型的经济综合体。这样可以更好地聚焦产业和文化等方面的优势资源，形成品牌特色和完整的产业体系等，同时可以避免原有建制村的发展格局等所带来的限制，有利于美丽乡村项目的成功。

2. 美丽乡村与旅游区

首先，美丽乡村与旅游区存在产业结构上的差异。美丽乡村与旅游区对所在区域的经济发展都有带动引领作用，但在产业结构组成上存在差异。旅游区是对当地的人文、自然等条件进行开发改造而形成的集旅游、餐饮住宿等一体的旅游产业链，在产业结构上较为单一。而美丽乡村的产业结构不限于旅游产业链，有时亦强调对当地其他产业经济的整合，使之规模扩大并形成更具市场竞争力的发展态势，更强调产业结构的多元化。

其次，美丽乡村与旅游区存在对居民生活质量改善上的差异。美丽乡村与旅游区对所在区域的居民生活质量改善都有一定作用，但在影响范围及程度上存在差异。旅游区直接关联和常住人口较少，对大多数居民的生产、生活设施的改善作用不强。而美丽乡村不仅能改善当地的生态环境，同时直接关联的常住人口较多，在美丽乡村建设过程中也会将居民所需求的医疗、教育等方面的服务项目考虑在内，使居民生活更加便利，能最大限度地改善居民的生活质量。

3. 美丽乡村综合效益内涵和原则

美丽乡村的发展建设水平由综合效益决定，对美丽乡村的评价要考虑经济、社会、环境三大方面的综合效益。

经济效益主要体现在两方面，一是指在美丽乡村自身运营系统及其影响范围之内，通过人们改造、经营、挖掘当地特色资源形成经济产业所产生的那部分效益；二是指美丽乡村建设对于政府所产生的那部分经济效益，如以特色产业为核心的供销及生产等产业链上下游企业的税收、建设完成后的美丽乡村周边土地溢价所产生的经济收益等。

社会效益则是项目对诸如充分增加就业、提高人民生活质量、增加社会福利等所做的各种贡献总和，是从全社会宏观角度来考察的效果和利益。美丽乡村社会效益的显著特征为，其发展建设能有效地解决所在区域的就业，提高当地人民生活水平等。

环境效益，体现在美丽乡村自身的产业生态与当地自然环境融为一体、产业建设规划与当地行政建设规划协调发展等，譬如清洁能源、洁净水资源、污水处理等方面的规划协调一致，为所在区域提供更好的居住环境以及休闲娱乐空间等。

综合效益评价的原则：

第一，科学性原则。综合效益的评价必须以科学为指导，遵循自然及经济发展规律并结合我国当前国情、国策，选择科学的分析方法及评价指标，进行系统的量化研究。遵循科学性原则所得出的研究结果才对项目的研究及发展具有指导意义，若选择的分析方法及评价指标科学性缺失，则该综合效益评价可能对项目今后发展产生错误的导向。

第二，客观性原则。在进行项目的综合评价中需要收集大量的数据并对之进行分析处理，在数据收集及处理过程中需秉持公平公正原则，确保数据资料的客观性，唯此才能为项目综合效益评价分析提供可靠依据，才能保证所做出综合效益评价的真实性及有效性。

第三，可操作性原则。影响综合效益评价的因素众多，在进行评价时考虑全部影响因素并不现实，故应选取既具有可操作性、简单明了，又能直观显示评价结果的指标来进行分析。综合效益评价的结果最直观的体现为数字，在评价时需尽量选取可量化的评价指标。

第四，综合性原则。综合效益评价是对项目各方面影响的评价总和。在选取评价指标方面应全方位、多维度地进行思考，避免单一地从经济、社会、环境中选取一个作为评价指标。只有在选取指标时考虑综合性原则才能更好进行项目的综合效益评价分析，所做出的综合效益评价才是准确且具有指导意义的。

二、美丽乡村可行性评价指标体系

美丽乡村项目应从经济效益、社会效益和环境效益三方面进行综合评价，从而得出项目建设的可行性和未来的发展前景，以实现对项目规划、建设及运营的指导作用。

1. 经济效益指标

美丽乡村的经济效益主要反映的是从美丽乡村规划建设到投入使用的建设运营总成本与总收入之间的关系，一般可以进行定量分析。对美丽乡村项目进行经济效益评价是确定在经济上是否可行的重要依据，而经济效益的好坏也是投资者最关心的问题，因此对美丽乡村的经济效益进行评价具有重要的现实意义。经济效益评价指标有很多种，参考国际著名会计事务所项目可行性研究指标评价体系，以及国务院国资委考核分配局编制的 2017 年《企业绩效评价标准值》，根据美丽乡村项目的特点形成了华侨城美丽乡村经济效益评价指标体系，包括净资产收益率、总资产报酬率、营业利润率、成本费用利润率、资本收益率等财务指标，村民人均纯收入、农村集体经济总收入两项反映乡村经济发展基础的指标，以及建设用地和品牌美誉度提升等指标。

（1）财务指标

①净资产收益率

净资产收益率（ROE）是指项目的税后净利润和净资产的比率，可表示项目的获利能力，收益水平的高低。净资产收益率的数值越大，反映出该项目的盈利能力越好，项目越值得投资，其计算公式如下：

$$净资产收益率 = 项目净利润 / 项目净资产 \times 100\%$$

其中，项目净利润指的是项目当期利润总额减去所得税后的金额，即项目的税后利润，项目净资产指的是总资产扣除负债之后的资产。

净资产收益率为 15% ~ 39% 是合适的值域区间。

②总资产报酬率

总资产报酬率（ROA）是以投资报酬为基础来分析项目的所有资产（包括净资产和负债）的盈利能力的指标，投资报酬是利息和税前利润的总和。其计算公式如下：

$$总资产报酬率 = （利润总额 + 利息支出）/ 平均资产总额 \times 100\%$$

总资产报酬率是投资报酬与投资总额的比率，其中投资总额一般为当期平均资产总额，平均资产总额是指企业资产总额年初数与年末数的平均值，即平均资产总额 = （资产总额年初数 + 资产总额年末数）/2。

总资产报酬率一般用来评价项目所有资产的获利能力，可从总体上反映项目资产投入和产出的比率，该指标数值越大，表示项目投入产出能力越好，项目的单位资产的收益水平越高。

总资产报酬率不同行业和不同企业之间区别很大，以一般制造企业为例，总资产报酬率常在 5% ~ 10% 之间，到 10% ~ 20% 已经相当可观。美丽乡村项目总资产报酬率建议参考正在运营项目的相关指标数据进行测算。

③营业利润率

营业利润率是指项目经营所得的营业利润占营业收入或总投资的百分比。其计算公式为：

营业利润率 = 营业利润 / 营业收入 × 100%

其中，营业利润 = 主营业务利润 + 其他业务利润 – 营业费用 – 管理费用 – 财务费用；营业收入 = 主营业务利润 + 其他业务利润。

营业利润率反映项目的营业效率，营业利润率越高，说明企业的盈利能力越强；反之，此比率越低，说明企业盈利能力越弱。

营业利润率反映了企业业务的获利能力，是评价企业经营效益的主要指标。一般房地产业超过 40%，高科技产业超过 30%，零售业 15%，制造业 10%，建筑业 2%，其他大于 10%。

④成本费用利润率

成本费用利润率（RPCE）是一定时间段内项目的利润总额与成本费用总额的比率。其计算公式为：

成本费用利润率 = 利润总额 / 成本费用总额 × 100%

成本费用利润率反映的是经营费用带来的利润成果。该项指标数值越高，经济效益越好。

成本费用利润率是选择项目经营内容、分析其利润水平的重要指标。在进行成本费用利润率分析时，可以选择几年的成本费用利润率数据进行比较，从而分析项目成本费用利润率的变化趋势，也可以将数据与整个行业进行比较，以评估项目成本利润水平。

一般而言，销售企业成本费用利润率为 30% 左右较为正常。

⑤资本收益率

资本收益率又称资本利润率，是指项目净利润（即税后利润）与平均资本（即资本性投入及其资本溢价）的比值。其计算公式为：

资本收益率 = 净利润 / 平均资本 × 100%

资本收益率是用来反映项目利用资本获得收益的能力。资本收益率越高，项目自身投资的经济效益越好、投资的风险越小。因此，资本收益率是投资者和潜在投资者进行投资决策的重要依据。对于项目经营者来说，如果资本收益率高于债务基金成本，适度的债务管理对投资者是有利的；反之，如果资本收益率低于债务基金成本，那么过度的债务管理将损害投资者的利益。

（2）乡村经济发展基础指标

①村民人均纯收入

村民人均纯收入：是指拟开发项目所在村居民家庭全年总收入中，扣除从事生产和非生产经营费用支出、缴纳税款和上交承包集体任务金额以后剩余的，可直接用于进行生产性、非生产性建设投资，生活消费和积蓄的那一部分人均收入。也包括工资性收入、经营性收入、财产性收入、转移性收入。

②农村集体经济总收入

农村集体经济总收入：是农村集体经济组织实行家庭承包经营为基础、统分结合的双层经营体制下的村集体总收入。农村集体经济是指主要生产资料归农村社区成员共同所有，实行共同劳动，共同享有劳动果实的经济组织形式。尤其是在家庭联产承包责任制基础上，一些农民顺应市场经济的发展，在农村社区或突破社区界限，自发成立了农民专业合作社以及股份制、股份合作制等多种形式的经济组织，提高了组织化程度和收入水平。

（3）建设用地指标

建设用地：是指建造建筑物、构筑物的土地，是城乡住宅和公共设施用地，工矿用地，能源、交通、水利、通信等基础设施用地，旅游用地，军事用地等，是付出一定投资（土地开发建设费用），通过工程手段，为各项建设提供的土地，是利用土地的承载能力或建筑空间，不以取得生物产品为主要目的的用地。建设用地指标是关系到项目开发总体规划布局，以及建设发展空间延展性等方面的重要考评指标。

（4）品牌美誉度提升指标

品牌美誉度：是品牌力的组成部分之一，它是市场中人们对某一品牌的好感和信任程度，它是现代企业形象塑造的重要组成部分。现代营销学理论认为，品牌知名度只是品牌美誉度的一个组成部分，故而美誉度更能体现品牌整体特征。以获得奖项数和新闻报道次数等指标来反映品牌美誉度的情况。

2. 社会效益指标

美丽乡村的社会效益是指乡村建设运营对社会经济所带来的贡献，也反映对提高人民物质文化生活水平的贡献程度。社会效益往往是项目建设所带来的隐性效益，通常在项目建成后较长时间内才能发挥出来。美丽乡村的建设将带来诸多的社会效益，其代表性指标包括文化的传承和保护、旅游业促进商贸经济、提供就业岗位数、基础设施改善。

（1）文化的传承和保护

在美丽乡村建设和开发过程中能否处理好当地文化资源与美丽乡村建设之间的关系是评价的重点。在美丽乡村建设过程中通过对当地特色文化的深入挖掘和开发，将文化变成产业，使经济发展依托于文化，实现文化与经济发展相互依存，起到文化保护和传承的作用。

测量文化可以有五个维度：市场要素、文化载体、文化价值、人才教育、文化环境。这五个维度之间相互联系，每一个维度内部都有与之对应的一些因素。这五个维度分别属于两个层面，文化载体、文化价值和人才教育是文化的核心层；市场要素和文化环境是文化的外围层。需要指出的是在讨论测量文化问题时，并非要用这些维度涵盖文化的一切意义。测量文化要注意文化的特殊性，文化产品不是一般商品，而是具有很强文化意义的商品，它只有在交换的时候才是商品，当它不作为交换出现的时候只是代表精神内涵的一种意义而存在。所以，当文化产品作为一种纯粹精神意义的时候，它如果被量化反而会破坏文化本身的价值体现。

（2）旅游业促进商贸经济

旅游经济本身是一种开放型经济，一个地区独特的旅游产品可以吸引大量的境外游客前来观光游览，从而使旅游业进一步成为对外开放的外向型产业。美丽乡村的建设发展可以吸引大量的游客，从而促进当地及周边住宿、餐饮以及其他旅游相关行业的发展。

旅游业是富民又富地方的产业，在安排就业、增加财源、促进经济增长方面具有其他产业无法替代的作用。发展旅游业是加快经济发展的切入点，在拉动地方经济综合作用方面具有其他产业无法比拟的优势。新时期旅游产业的功能主要定位在促进区域经济的快速发展、带动相关产业的发展、促进区域产业结构调整、拉动就业与缓解就业压力、发挥缩小区域差异效应、增强国民文化素质等方面。

（3）提供就业岗位数

就业率是指某一时点内就业人口数占经济活动人口数（就业人口数＋失业人口数）的比例，通常用百分比表示。

美丽乡村建设和运营本身可以创造大量的就业岗位，其旅游业的发展又可以带来一部分的工作岗位，可以促进当地就业情况的改善。该指标主要考虑美丽乡村的建设运营过程中对当地就业率的影响。

（4）基础设施改善

在美丽乡村建设过程中会针对性加强美丽乡村道路交通设施、供水、供暖以及无线网络等基础设施的建设。该指标主要评价美丽乡村的建设是否带来基础设施的改善。基础设施包括交通、邮电、供水供电、商业服务、科研与技术服务、园林绿化、环境保护、文化教育、卫生事业等市政公用工程设施和公共生活服务设施等。它们是国民经济各项事业发展的基础。在现代社会中，经济越发展，对基础设施的要求越高；完善的基础设施对加速社会经济活动，促进其空间分布形态演变起着巨大的推动作用。

建立完善的基础设施往往需较长时间和巨额投资。对新建、扩建项目，特别是远离城市的重大项目，更需优先发展基础设施，以便项目建成后尽快发挥效益。

3. 环境效益指标

目前，国家越来越注重环境保护，经济发展不能以破坏生态环境为代价。美丽乡村的环境效益是指美丽乡村在建设过程中和建成之后从自然环境角度考虑所产生的效果和收益，体现美丽乡村建设对生态环境的影响。主要选取以下指标对美丽乡村的环境效益进行评价，生态环境改善、植被保护、绿化覆盖率、资源合理利用、居民环保意识提高。

（1）生态环境改善

美丽乡村建设发展过程中，旅游业是重要支撑，发展旅游业要注重对当地生态环境包括水体和大气等的保护和改善，以及对噪声量的控制和固体废弃污染物的妥善处理，为游客创造优美的旅游环境。同时，在建设过程中更要严格管理，保护原生态环境，尽量将对生态环境的负面影响降到最低。

（2）植被保护

美丽乡村的发展往往要依靠当地有比较优势的自然环境，进而挖掘其经济价值，而植被是决定自然环境的核心因素，故此应保护当地植被，以此作为美丽乡村建设的重要环境效益指标。

（3）绿化覆盖率

绿化覆盖率指绿化植物的垂直投影面积占区域总用地面积的比值。

115

绿化覆盖率（%）= 绿化植物垂直投影面积 / 区域用地总面积 ×100%

美丽乡村具有宜居宜旅的属性，建成之后将有大量人员居住，故而居住区的绿化覆盖率也应满足国家和美丽乡村建设的要求，与当地优美的生态环境相互融合。

（4）资源合理利用

在美丽乡村建设过程中，通过合理的规划设计，使原来的荒山等资源的经济价值被充分挖掘，有利于对当地的自然资源和文化资源进行充分合理的利用。

（5）居民环保意识提高

美丽乡村优美的环境是当地经济发展的重要保障，优美的环境能促进当地经济发展，提高人们的生活质量，当人们感受到环境优美所带来的好处时，会更加积极地去保护环境。

综上，华侨城集团精心构建了华侨城美丽乡村可行性评价指标体系，如表 3-1 所示。其为二级指标体系，包含一级指标 3 项，二级指标 14 项。在下一小节中，将按照经济效益主导型、社会效益主导型和政策主导型的三种类型，对该指标体系分别测算指标权重。

表 3-1　美丽乡村可行性评价指标体系

	一级指标	二级指标
华侨城美丽乡村可行性评价指标体系 S	经济效益指标 A_1	村民人均纯收入 B_1
		农村集体经济总收入 B_2
		建设用地指标 B_3
		品牌知名度美誉度提升 B_4（奖项、报道）
		财务指标 B_5（资产净收益率、总资产报酬率、营业利润率、成本费用利润率、资本收益率）
	社会效益指标 A_2	文化传承和保护 B_6
		旅游业促进商贸经济 B_7
		提供就业岗位数 B_8
		基础设施改善 B_9
	环境效益指标 A_3	生态环境改善 B_{10}
		植被保护 B_{11}
		绿化覆盖率 B_{12}
		资源合理利用 B_{13}
		居民环境意识提高 B_{14}

三、美丽乡村评价模型（层次分析—模糊综合评价法）

1. 评价模型构建

美丽乡村可行性评价属于多因素影响的评价，在众多影响因素当中有的对美丽乡村的综合效益影响较大，而有些却影响较小，这就需要采用一定的方法来分析众多因素对美丽乡村效益的影响程度，确定各个指标的权重。采用层次分析法（AHP）将效益指标进行层次结构化，通过咨询专家，将各个评价指标两两对比，对其相对重要性进行定性描述，从而构造判断矩阵，可比较准确地求出各个指标的权重。

另外，所选取的评价指标有些可以定量分析，有些则只能进行定性描述，此时就需要将定性的问题转化为定量的问题进行分析，对此可采取模糊综合评价法，评价过程中利用专家评议的方法进行处理，并采用百分统计法处理所得到的各个专家的评议结果，最终得到模糊隶属度，进而很好地将只能进行定性分析的指标进行量化处理。

将层次分析法和模糊综合评价法结合起来构建的评价模型，能够充分发挥这两种评价方法的优势，互相弥补不足。运用该模型进行评价不仅可以获得多个专家的评价结果，增加评价的可信度，而且可以有效处理评价中存在的模糊性问题，使评价过程更加科学合理，评价结果更具说服力。因此，采用层次分析法和模糊综合评价法相结合构建的评价模型可以很好地解决美丽乡村可行性评价指标体系各指标权重的确定与定性到定量的转化问题，适用于对美丽乡村项目进行可行性评价。

2. 采用层次分析法（AHP）确定评价指标的权重

（1）确立指标层次结构

美丽乡村可行性评价指标体系由众多因素组成，根据其相互间的从属关系，将各个指标进行分层归类，上一层指标对下一层指标有支配作用，同一层次的指标相互独立。评价指标体系一般分为三个层次，即目标层、准则层和具体指标层。

目标层（A）：是指要最终解决的问题或要实现的最终目标，是指标层次结构当中的最高层。在华侨城美丽乡村可行性评价指标体系中，用 S 表示目标层，其结果表示美丽乡村项目的可行性。

准则层（B）：是指将目标分解为多个要素，是指标层次结构的中间部分，层次结构中可以有多个层次共同作为准则层。在华侨城美丽乡村可行性评价指标体系中，用一级指标 A 来对应准则层，分别用 A_1，A_2，A_3 表示经济效益指标、社会效益指标和环境效益指标。

具体指标层（C）：是将准则层要素进一步细化，是指标层次结构的最后一层，是最终目标的各种特性的具体表现，也是指标层次当中最基础的部分，指标的选取对评价的结果有很大的影响，其选取应科学合理，并与评价目标相适应。在华侨城美丽乡村可行性评价指标体系中，用二级指标 B 来对应具体指标层，一共有 14 个二级指标，具体可参见表 3-1。

（2）测算结果

①经济效益主导型美丽乡村可行性评价指标体系各指标权重（见表 3-2）

表 3-2　经济效益主导型美丽乡村可行性评价指标体系各指标权重计算结果

	一级指标（权重）	二级指标	二级指标权重
美丽乡村可行性评价指标体系 S	经济效益指标 A_1（0.1997）	村民人均纯收入 B_1	0.0084
		农村集体经济总收入 B_2	0.0206
		建设用地指标 B_3	0.0374
		品牌美誉度提升 B_4	0.0510
		财务指标 B_5	0.0823
	社会效益指标 A_2（0.3723）	文化传承和保护 B_6	0.0275
		旅游业促进商贸经济 B_7	0.0645
		提供就业岗位数 B_8	0.1500
		基础设施改善 B_9	0.1303
	环境效益指标 A_3（0.4280）	生态环境改善 B_{10}	0.0396
		植被保护 B_{11}	0.0447
		绿化覆盖率 B_{12}	0.0578
		资源合理利用 B_{13}	0.1176
		居民环境意识提高 B_{14}	0.1683

表 3-2 中，最后一列为各个二级指标对应的权重，一级指标经济效益、社会效益和环境效益的权重分别为 0.1997，0.3723 和 0.4280。

②社会效益主导型美丽乡村可行性评价指标体系各指标权重（见表 3-3）

表 3-3　社会效益主导型美丽乡村可行性评价指标体系各指标权重计算结果

一级指标（权重）		二级指标	二级指标权重
美丽乡村可行性评价指标体系 S	经济效益指标 A_1（0.1702）	村民人均纯收入 B_1	0.0170
		农村集体经济总收入 B_2	0.0227
		建设用地指标 B_3	0.0331
		品牌美誉度提升 B_4	0.0519
		财务指标 B_5	0.0455
	社会效益指标 A_2（0.3216）	文化传承和保护 B_6	0.0415
		旅游业促进商贸经济 B_7	0.0498
		提供就业岗位数 B_8	0.0943
		基础设施改善 B_9	0.1360
	环境效益指标 A_3（0.5081）	生态环境改善 B_{10}	0.0613
		植被保护 B_{11}	0.0712
		绿化覆盖率 B_{12}	0.1049
		资源合理利用 B_{13}	0.1191
		居民环境意识提高 B_{14}	0.1516

表 3-3 中，最后一列为各个二级指标对应的权重，一级指标经济效益、社会效益和环境效益的权重分别为 0.1702，0.3216 和 0.5081。

③政策主导型美丽乡村可行性评价指标体系各指标权重（见表 3-4）

表 3-4　政策主导型美丽乡村可行性评价指标体系各指标权重计算结果

一级指标（权重）		二级指标	二级指标权重
美丽乡村可行性评价指标体系 S	经济效益指标 A_1（0.1858）	村民人均纯收入 B_1	0.0221
		农村集体经济总收入 B_2	0.0253
		建设用地指标 B_3	0.0368
		品牌美誉度提升 B_4	0.0494
		财务指标 B_5	0.0522
	社会效益指标 A_2（0.3481）	文化传承和保护 B_6	0.0617
		旅游业促进商贸经济 B_7	0.0721
		提供就业岗位数 B_8	0.1124
		基础设施改善 B_9	0.1019

续表

	一级指标（权重）	二级指标	二级指标权重
美丽乡村可行性评价指标体系 S	环境效益指标 A_3 0.4661	生态环境改善 B_{10}	0.0584
		植被保护 B_{11}	0.0756
		绿化覆盖率 B_{12}	0.0918
		资源合理利用 B_{13}	0.1030
		居民环境意识提高 B_{14}	0.1373

表 3-4 中，最后一列为二级指标对应的各个权重，一级指标经济效益、社会效益和环境效益的权重分别为 0.1858，0.3481 和 0.4661。

3. 采用模糊综合评价法进行可行性评价

模糊综合评价法利用了模糊数学来处理经济问题当中的模糊性和主观性问题，突破了精确数学的局限性，有利于不可量化问题的解决。在前人不断研究的基础上模糊数学的应用领域越来越广泛。华侨城也利用了模糊综合评价法来对美丽乡村项目的可行性进行评价研究。

模糊综合评价法的基本步骤为：

第一，确定评判对象的因素集，通常用 U 表示；

第二，确定评价集（或称为决策集和备择集），这是评判者对评判对象可能做出的各种总的评判结果组成的一个经典集合，通常用 V 表示；

第三，建立权重集，一般用 A 表示；

第四，单因素模糊评判；

第五，多因素模糊评判；

第六，研判准则和结果分析，运用模糊综合评价法得到的结果一般为归一化结果。其结果通常用 $\overline{B'}$ 表示。

特别地，为了说明如何对模糊综合评价结果进行分析和评价，现举一例。假定，经过计算，我们得到评判结果如下：

$$\overline{B'} = (b_1', \ b_2', \ b_3', \ b_4')$$
$$= (0.1523, \ 0.4880, \ 0.3213, \ 0.0384)$$

这一结果意味着有 15.23% 的观点认为该美丽乡村项目投资综合评价为优，即很应该投资；有 48.80% 的观点认为投资综合评价为良，适合投资；有 32.18% 的观点认为投资综合评价为中等，投资应持审慎态度；有3.84%的观点认为不适合投资。一般地，持有投资综合评价为优和良观点的比例超过半数，可以考虑投资该项目。

第二节　华侨城美丽乡村产业运作

一、产业导入

1. 产业指导目录

（1）产业指导目录的重要作用

①指导美丽乡村项目实现产业导入，助力决策。

②帮助制定产业导入的实施路径，提升运作效率并压缩时间。

③为建立产业供应商库和战略合作联盟，打下基础。

④实现经济效益、社会效益、生态效益的多重共赢。

⑤作为争取地方政策扶持的依据。

（2）产业指导目录的制定原则

华侨城美丽乡村产业指导目录在制定过程中，应遵循"重要贡献"原则和"无重大损害"原则。如果一个产业要纳入指导目录，其需要为经济效益、社会效益目标中的一个或多个指标做出重要贡献，并且对环境效益指标没有重大负面影响。

①"重要贡献"原则是指根据对产业发展、社会效益、生态文明做出实质性贡献的绩效标准，通过列出的产业评价体系标准，涵盖产业发展、社会效益等。此外，产业指导目录为评估产业经济活动对美丽乡村的发展提供了方法论和可行范例，并为准备参考产业指导目录的投资者和其他目标用户提供了具体的指南和案例。

②"无重大损害"原则是产业指导目录对被纳入的产业经济活动进行了评估，判断其是否对环境保护、可持续发展等生态文明目标有重大危害性。

（3）围绕产业指导目录的十项行动要点

在华侨城美丽乡村产业指导目录的应用过程中，为更好地达到预期目标和实现项目的可持续性发展，应重点做好以下十项行动：

①建立华侨城美丽乡村项目的产业分类体系。

②为重点产业项目建立标准和标签。

③促进对可持续性和核心产业项目的投资。

④将产业运营成效、可持续发展纳入评价和市场研究。

⑤在进行项目融资时充分考虑产业适应性、可持续性等因素。

⑥制定绿色、低碳、环保等产业指导的生态评价内容。

⑦厘清产业项目投资人和资产管理人的权利义务。

⑧将社会效益、绿色发展、可持续发展要求纳入审慎要求。

⑨加强产业项目的运营信息统计和管理。

⑩提升企业对产业项目的运营能力并规避短期行为。

（4）产业指导目录的具体内容

华侨城美丽乡村产业指导目录目前包含"文化旅游""农业旅游""康养旅游"三大主导产业，14种业态，31类特色产品（见表3-5）。且该产业指导目录的产业、业态和特色产品等内容将随着华侨城美丽乡村建设的持续推进而不断完善。

表3-5 华侨城美丽乡村产业指导目录

主导产业	主要业态	特色产品
文化旅游	文化观光	小型文化景点
		文化艺术公园
	文化创意	艺术生活聚落
		主题书院
	文化博览	主题博物馆聚落
		艺术展馆聚落
	旅游演艺	旅游演艺场所
农业旅游	特色农业	特色种植与繁育
		智慧温室/大棚
		观光工厂（坊）
	观光休闲	农业公园
		休闲绿道
		小型景观与旅游线路

主导产业	主要业态	特色产品
农业旅游	家庭科普	主题营地
		自然学校
	体验度假	主题农庄（场、园）
		农（园）艺博览园
		特色 IP 主题乐园
		主题民宿
		特色餐饮
	乡村电商	电商平台
		特色消费场景
	农创众创	OCT 创想营与社群俱乐部
		乡村公共服务（文化）中心
	节庆活动	田园节庆
康养旅游	生态健康	大地景观
		露营地
	户外运动	生态公园
	旅居度假	健康管理中心
		大数据养生服务平台
		共享院落

2. 产业平台指引

构建美丽乡村产业平台指引的目的是为了更好落实应用产业指导目录，推动华侨城美丽乡村项目的运营和实施。华侨城美丽乡村产业平台指引是以"欢乐田园"IP为引领，以"吃住行游购娱"基础型产业+"商养学闲情奇"提升型产业为产业架构构建的产业平台指引，以推动形成"1个品牌引领，12个产业平台共发展"的产业平台发展模式（见表3–6）。

表 3-6　华侨城美丽乡村产业平台指引

品牌引领	产业架构	产业平台	产业主题	产品分类
"欢乐田园" IP 品牌引领	基础型产业："吃住行游购娱"	吃	美食故事	文化、主题、食材、菜系、环境
		住	特色民宿	非遗文化、现代文创、生态环境
		行	快乐慢行	慢行绿道、骑行道、交通节点及景观
		游	场景体验	自然景观、人文景观、体验场景、农业田园
		购	线上＋线下	线上电商、线下商铺
		娱	互动参与	亲子手工坊、文化体验、演艺、体育休闲
	提升型产业："商养学闲情奇"	商	商务会奖	商务接待、会展举办、奖励旅游
		养	养生健康	SPA、理疗、食疗、心理调节、运动、中医、体检等
		学	研学传承	中小学研学基地、非遗传承基地、科普园、博物馆、学堂
		闲	休闲游憩	乡村度假、旅居、社群化休闲
		情	情感升华	婚庆基地、回忆旅游、寻根旅游
		奇	探奇猎趣	探险探秘、游乐、新奇体验（网红）

（1）以"欢乐田园"IP 为引领，打造文旅＋农旅的主题型 IP 品牌，是形成华侨城独特竞争优势的重要举措。

（2）构建"吃住行游购娱"基础型产业。全面打造"吃——美食故事""住——特色民宿""行——快乐慢行""游——场景体验""购——线上＋线下""娱——互动参与"等传统旅游内容。"吃住行游购娱"业态是华侨城美丽乡村项目产业平台中的基础内容，是较为成熟的产业平台模式，在美丽乡村项目策划阶段就需要对其有总体和全面性的安排，并根据实际情况分批建设。

（3）拓展"商养学闲情奇"提升型产业。构建"商——商务会奖""养——养生健康""学——研学传承""闲——休闲游憩""情——情感升华""奇——探奇猎趣"等新场景、新体验。"商养学闲情奇"是美丽乡村项目结合市场和资源实际情况，进行积极探索和拓展的产业平台模式，属于升级提升的产业内容，是在"吃住行游购娱"的基础上进一步拓展的结果。该部分产业平台的发展，将会为美丽乡村项目建立自身竞争优势、开拓市场、提升收益、树立品牌提供有力支撑。

产业平台指引和产业指导目录是分别基于不同视角、不同维度对美丽乡村项目进行引导。产业平台指引是基于消费者感知和体验等需求视角进行的产业分类，产业指导目录是基于产品供给视角进行的产业分类。两者之间是互为补充、相互印证的关系。

3. 产业导入实施措施

（1）规范组织实施。华侨城各有关部门在批准实施各类产业项目前，需根据产业指导目录相关要求，按分级审批程序和审批权限执行项目审批、核准和备案制度。对鼓励类投资项目，华侨城主管部门应按照管理规定予以审批、核准和备案，并申报政府的相关优惠政策。对限制类新建项目，华侨城主管部门不予审批、核准和备案，对属于限制类产业的现有项目，在一定期限内采取措施改造提升。对禁止类项目，严禁投资建设。

（2）加强项目监管。华侨城在严格产业项目准入管理的同时，切实加强事中事后监管，根据区域和行业发展特点，开展项目的绩效评估，强化指标监测和督促检查，着力确保产业发展的目标明确、运营有序、可持续发展。

（3）强化要素保障。要统筹考虑美丽乡村产业平台布局要求，加强资源要素统筹，重点强化12个重要产业平台的高质量发展，增强其产业承载力。积极争取用地保障，获得政府有关部门的用地指标支持。

（4）严格准入指标。产业平台项目准入，原则上都需符合华侨城对投资强度、综合效益（经济、社会、环境）、项目功能配套、提升游客体验等要求。

（5）高效推进落实。按照华侨城美丽乡村产业平台指引，形成美丽乡村项目的重点产业链"一张图"，构建以重要产业平台为主要承载的项目招引统筹机制。为确保项目高效落实，制定实施产业平台整合提升和调整方案，按照"成熟一个，整合一个"的原则，积极推动产业平台整合提升。

二、产业招商

1. 产业招商概述

（1）产业招商的定义

产业招商是指在明确项目发展目标，制定美丽乡村的产业运作、商业经营模式的基础上，依托企业自身平台，充分借助各类公共平台、各类市场平台和媒介等方式，通过项目推介，展示资源优势、项目运营优势、经济回报优势等方式吸引投资，引入合作企业投资，带动合作企业参与，从而推动美丽乡村的规划、建设和运营。

产业招商运作的核心就是为美丽乡村制定明确的发展目标和完整的商业模式，此商业模式可以是当地政府作为主体进行规划与设计，也可以是由当地政府牵头，引入投资企业共同参与规划与设计，其目的都是通过商业模式来吸引投资。产业招商模式是美丽乡村建设最常用的吸引投资方式。

（2）产业招商的功能

①投资融资。美丽乡村是招商引资的新载体，招商引资也是美丽乡村成败的关键点。由于美丽乡村建设所需资金量非常庞大，而且投资回报周期长，因此需要通过招商手段达到引资融资的目的，解决美丽乡村建设的资金链问题。

②产业项目建设。通过主动对接大型企业、专业性强的企业等，结合产业项目的资源优势，制定贴身政策，吸引这些企业联手进行项目的规划、设计与建设，以更高的标准、更快的速度、更强的合力进行产业项目的建设，提升项目的规划、设计和建设水平，打造精品工程。

③产业项目经营。吸引央企、国企、民营企业和个体经营者等市场主体参与产业项目的经营管理和市场运作，营造融合产业功能、旅游功能、文化功能、社区功能，构筑集产业链、投资链、创新链、人才链、服务链于一体的美丽乡村产业发展生态圈。

（3）产业招商的原则

①产业引导原则。以美丽乡村的核心产业为招商对象，优先选择关联企业、优势企业进行商业合作洽谈，整合双方资源优势，突出美丽乡村核心项目的产业特色。

②产业集聚原则。以核心产业的发展推动美丽乡村形成既竞争又合作的产业集聚发展态势，增强美丽乡村对外产业的吸纳、集聚和辐射带动力，使美丽乡村成为产业集中度最高的区块，努力扩大规模和范围，形成产业集聚效应。

③重点突破原则。对重点企业、核心项目进行深度追踪，主要负责人主导跟进，洽谈及拍板，确保项目招商工作取得突破。

④人文特色原则。把文化基因植入产业发展、生态保护全过程，结合实际着力培育美丽乡村创新文化，延续历史文化根脉，保护非物质文化遗产，打造独特的山

水文化，形成"人无我有""人有我优"的区域特色文化。

⑤生态优先原则。重视生产和生态融合发展，做到美丽乡村生态特色与产业特色、当地自然风貌相协调，成为产业可持续发展和生态优良的风情特色乡村。

⑥形象推广原则。招商引资离不开好的形象。通过适当的渠道与方式，开展针对性活动，进行公关宣传和推广，树立美丽乡村形象，提高知名度、美誉度和招商成功度。

⑦多维度营销原则。通过宣传、广告、投资机会说明会、项目洽谈会、展览、考察、交流活动多维度营销平台为美丽乡村建设创造商机，营造招商氛围。

（4）产业招商措施

①项目招商。利用华侨城美丽乡村品牌对接政府招商资源，做好地方优质项目储备和点对点招商。

②产业链招商。与华侨城相关部门紧密合作，结合华侨城的优势产业资源，打通产业链上下游进行招商。

③生态圈招商。依托重大项目和主导产业，结合生态投资，整合外部资源，打造华侨城美丽乡村招商生态圈。

④重大项目引领、以商招商、口碑招商。主动策划、对接和储备一批重大项目，借力政府资源，推动项目落地。

（5）产业招商的管理

①做好产业项目库规划。要体现美丽乡村的"特"，需要根据当地文化、经济、产业等特色资源进行精准定位，切实做好产业项目的规划，设计和建立具有竞争吸引力的项目库。

②做好融资规划。依据美丽乡村的总体规划，由相关部门适时编制相应的融资规划，确定美丽乡村建设的投资主体、投融资模式等，做好项目库融资安排，针对具体项目的融资需求，统筹安排融资方式和融资总量。

③做好招商平台建设。建立美丽乡村招商大数据库平台，运用现代信息手段，搭建创新交流平台、技术合作平台、品牌发布平台等，集成利用好各种高端要素，打通产业链、创新链、人才链，促进各种技术、资金、人才自由流动、高效利用。

④做好全员招商工作。一是在全民参与再掀起招商引资高潮上实现新跨越。二是在改进方式、提高招商引资质量上实现新跨越。三是在兑现奖惩、完善招商引资

机制上实现新跨越。四是在突出重点扩大招商引资规模上实现新跨越。五是在强化服务、努力实现招商引资环境建设上实现新跨越。六是招商方式要大胆创新。

⑤做好招商管理。建立美丽乡村招商管理平台，对整个美丽乡村招商工作进行全面把控，确保美丽乡村招商引资工作都在受控状态，降低成本的同时，提高营销效果。同时，通过美丽乡村招商工作循环系统，从系统策划到战略规划，再到战术执行，最后到总结、评估与改进，对招商工作进行不断的总结、跟踪，从而保证招商管理的时效性。

2. 招商指引

（1）总体定位。美丽乡村开展招商工作，首先需要有综合的定位，包括美丽乡村的形象定位、产业定位、项目定位、市场定位、招商主体定位等。此外，美丽乡村是贯彻创新、协调、绿色、开放、共享发展理念，聚焦特色产业，融合文化、旅游、社区功能的创新创业发展平台。因此，美丽乡村的定位还包括旅游景区定位，即以打造 A 级旅游景区为目标的旅游美丽乡村定位。

（2）项目包装。根据美丽乡村的产业定位以及项目定位，谋划包装一批项目，建立美丽乡村项目库。

（3）招商流程设计。设立招商工作组，制定美丽乡村招商工作各环节各部门的职能、工作任务、工作评估方式等。

（4）宣传推广及招商。通过各种平台展示和推广美丽乡村项目库，与潜在招商对象进行商务洽谈，对有意向的招商对象采用专人实时跟进方式，争取达到招商合作。

（5）招商发布。与合作对象共同举行招商合作发布会，展示双方合作模式，扩大宣传效应，带动美丽乡村的其他招商工作。

三、产业运营

1. 品牌运营

（1）对美丽乡村的文化进行深入传承和挖掘（见图 3-1），为品牌塑造提供支撑。以华侨城中廖村为例，通过深入挖掘和继承黎族文化，设计了一批极具特色的黎族形象 IP：大力神（黎族人民开天辟地的祖先）、椰壳怪（会捣蛋的小精灵）、槟榔族（世代繁衍生息的黎族人）。

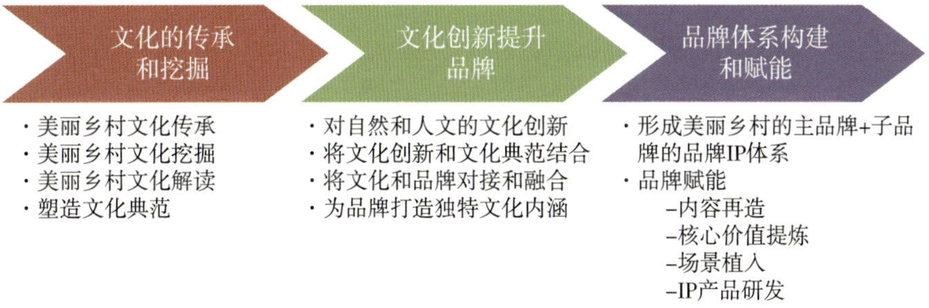

图 3-1　华侨城美丽乡村品牌运营路径

（2）通过文创实现美丽乡村的品牌升级，优化提升总体品牌形象。华侨城依托丰富的文创资源，在发掘和传承文化的基础上，启动了中廖 IP 重塑，打造了哈黎艾鲁部落（哈黎，中廖所属黎族语言分支，取英文谐音 Honey，意为亲爱的；艾鲁，黎语爱你之意；哈黎艾鲁：对黎乡的热爱，对乡村的热爱）。

（3）开展品牌 IP 体系的价值构建。包括内容再造、核心价值提炼、场景植入、IP 产品研发等方面。以中廖村为例：

①内容再造：讲述哈黎艾鲁部落里的故事，赋予 IP 人物新的个性及属性，打造中廖特有的强化识别标志。

②核心价值提炼：内容取材黎族文化，以黎族人信仰的保护神为文化载体，融合黎族人生活习俗，结合美丽乡村和田园生活展开创作，以新奇可爱、"回归本土"的体验视角丰富中廖旅游内涵。

③场景植入：进行主题环境硬件覆盖，如 IP 形象的植入、角落绿植的巧思布置、小道具的运用、互动空间的刻意保留等，让游客体验趣味、独特的黎族文化。

④IP 产品研发：推进中廖 IP 品牌产业链化发展，如绘制主题绘本、讲述主题故事、开展主题表演、售卖主题商品、体验主题活动、打造主题餐饮、重塑主题住宿、开办主题"展"等产品体系的延展开发。

2. 项目运营

华侨城在美丽乡村项目的具体实践过程中，逐渐探索出以"项目赋能"为特色的项目运营模式，通过"送理念、送方案、送技术、送服务、送客户、送宣传"等为项目运营提供有力支撑，如图 3-2 所示。

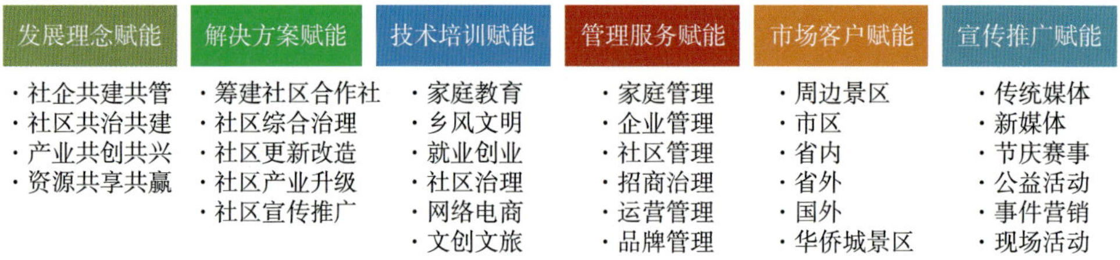

发展理念赋能	解决方案赋能	技术培训赋能	管理服务赋能	市场客户赋能	宣传推广赋能
·社企共建共管 ·社区共治共建 ·产业共创共兴 ·资源共享共赢	·筹建社区合作社 ·社区综合治理 ·社区更新改造 ·社区产业升级 ·社区宣传推广	·家庭教育 ·乡风文明 ·就业创业 ·社区治理 ·网络电商 ·文创文旅	·家庭管理 ·企业管理 ·社区管理 ·招商治理 ·运营管理 ·品牌管理	·周边景区 ·市区 ·省内 ·省外 ·国外 ·华侨城景区	·传统媒体 ·新媒体 ·节庆赛事 ·公益活动 ·事件营销 ·现场活动

图 3-2　华侨城美丽乡村项目运营赋能

（1）发展理念赋能：社企共建共管、社区共治共建、产业共创共兴、资源共享共赢（四共发展理念）。

（2）解决方案赋能：筹建社区合作社、社区综合治理、社区更新改造、社区产业升级、社区宣传推广（五项解决方案）。

（3）技术培训赋能：家庭教育、乡风文明、就业创业、社区治理、网络电商、文创文旅（六能教育培训）。

（4）管理服务赋能：家庭管理、企业管理、社区管理、招商管理、运营管理、品牌管理（六管咨询培训）。

（5）市场客户赋能：周边景区、市区、省内、省外、国外、华侨城景区（六类客户联动）。

（6）宣传推广赋能：传统媒体、新媒体、节庆赛事、公益活动、事件营销、现场活动（六种推广）。

3. 营销推广

华侨城美丽乡村项目的营销推广，是在八种主要营销推广策略（见图 3-3）的基础上，结合项目实际，灵活组合实现的。

图 3-3　华侨城美丽乡村主要营销推广策略

八种主要的营销推广策略包括：

（1）政企联动合作共赢。

（2）社群营销精准定位。

（3）节庆赛事活动引领。

（4）多渠道宣传推介。

（5）联合营销互动。

（6）在线旅游渠道推广。

（7）线上线下销售平台打造。

（8）特色主题营销促进。

其中，"政企联动合作共赢"是重要前提，"社群营销精准定位"以市场为导向，"节庆赛事活动引领"是快速获得知名度和建立品牌的有效路径，"多渠道宣传推介"能有效实现市场渗透，"联合营销互动"能充分整合渠道和合作伙伴资源，"在线旅游渠道推广"能借助 OTA 资源实现品牌形象快速推介，"线上线下销售平台打造"能促进销售数量提升，"特色主题营销促进"是结合社会热点创新营销内容。

第三节　华侨城美丽乡村规划管理

2013 年，原农业部正式下发了《"美丽乡村"创建目标体系》，要求按照生产、生活、生态"三生"和谐发展的要求，坚持"科学规划、目标引导、试点先行、注重实效"的原则，以政策、人才、科技、组织为支撑，以发展农业生产、改善人居环境、传承生态文化、培育文明新风为途径，构建与资源环境相协调的农村生产生活方式，打造"生态宜居、生产高效、生活美好、人文和谐"的示范典型，形成各具特色的"美丽乡村"发展模式，进一步丰富和提升新农村建设内涵，全面推进现代农业发展、生态文明建设和农村社会管理。从那以后，全国的"美丽乡村"建设如火如荼地在各地展开。华侨城以全域旅游发展观为统领，结合国家乡村振兴战略，全面整合城乡资源，打造城乡融合发展圈，统筹规划，精耕细作，联动发展，探索美丽乡村建设的新模式，做好"大文化、大旅游、大城镇"这篇大文章。

规划先行，谋定而后动。美丽乡村建设应坚持尊重乡村发展规律，注重规划

的科学性、前瞻性和可行性，明确乡村发展方向后再量力而行、逐步实施、精打细算地进行。为此，华侨城将"多规合一"作为美丽乡村的管理手段，即以项目所在市县的国民经济和社会发展规划为依据，深入挖掘乡村优势和特色，强化将民生规划、生态规划、产业规划、建设规划和土地利用规划等多个规划充分衔接，并融合到同一个美丽乡村建设项目中，实现一个项目一本规划、一张蓝图（如图3-4所示），从而实现对美丽乡村空间布局的优化、土地资源的有效配置、乡村的可持续发展，百姓生活水平和生活质量的提高等目标。

图 3-4　华侨城美丽乡村项目规划体系

一、华侨城美丽乡村规划管理概述

华侨城美丽乡村的规划管理，是指通过对美丽乡村建设项目的内外部环境进行分析与预判，对规划进行编制、实施、跟踪评价、动态调整和控制等一系列管理工作。如图3-5所示为华侨城美丽乡村项目规划管理的组织实施示意图。

1. 规划管理原则

美丽乡村项目规划是项目建设的龙头，事关全局，是美丽乡村建设的基本依据。而对项目规划进行管理则是确保项目建设顺利进行的重要保障，规划管理应遵循以下基本原则：

（1）法制性原则

对于项目规划区内的土地利用和各项建设活动，包括民生、生态、产业、建设等，都要严格依照《城乡规划法》等的有关规定，以经过批准的城乡规划和有关的城乡规划管理法则为依据，按照华侨城集团的规划管理制度进行规划管理。充分运用法制管理手段，是切实搞好项目规划管理工作的根本保证。

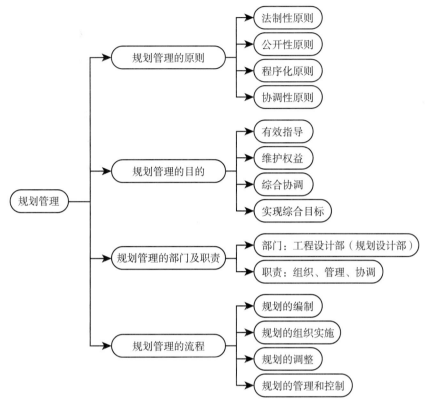

图 3-5　华侨城美丽乡村规划管理示意

（2）公开性原则

经过批准的项目总体规划要公布实施，一经公布，任何单位和个人都无权擅自改变。一切与项目建设规划有关的土地利用和建设活动都必须按照《城乡规划法》的规定进行。相应还需要将项目总体规划管理审批程序、具体办法、工作制度、有关政策、审批结果以及审批工作过程置于项目利益相关者的监督之下，促使项目规划管理部门提高工作效率，同时也可以使项目规划管理工作的行政监督检查与社会监督相结合，运用社会管理手段，更加有效地制约和避免各种违反项目总体规划实施的情况发生。

（3）程序化原则

要使项目规划实施管理遵循城乡发展与规划建设的客观规律，就必须按照科学的审批管理程序来进行。也就是要求项目规划区内的土地使用和各种建设活动，都必须依照《城乡规划法》的规定，经过申请、审查、征询有关部门意见、报批、核发有关法律性凭证和批后管理等必要的环节来进行，否则就是违法。这样就可以有效防止审批工作中的随意性，切实制止各种不按科学程序进行审批的越权和滥用职权的行为发生。

（4）协调性原则

这包括三个方面的内容：一是要依据《城乡规划法》，做好与其他相关法律、法规及制度的协调，理顺与有关行政主管部门的业务关系，分清职责范围，各司其职，避免产生矛盾，避免出现多头管理的不正常现象；二是项目规划管理在集团内部要注意管理部门与项目具体实施部门之间的协调，分清各自的职责，各负其责，协调配合，提高管理效率；三是要明确规定项目规划各级管理部门的职能，责权明晰，分工合作，防止越级和滥用职权审批的现象发生。

2. 规划管理目的

对美丽乡村建设项目进行规划管理的目的是：

（1）有效指导项目建设，保证各类建设工程按照规划的要求有序进行；

（2）维护城乡公共安全、公共卫生、交通等公共利益和有关单位、个人的合法权益；

（3）综合协调对相关部门建设工程的管理要求，促进美丽乡村建设项目的顺利进行；

（4）实现改善乡村民生、维护生态环境、优化产业布局、有效配置土地资源、确保项目可持续发展等综合目标。

3. 规划管理的部门及职责

华侨城各战区均有专门的规划管理部门，有的战区称之为工程规划部，有的则称之为规划设计部。规划部门主要负责提出规划要求，组织实施，管理、控制和总结，协调项目相关各方的关系，确保项目有序推进等工作。

4. 规划管理的流程

（1）规划的编制

①规划编制的一般原则

■ 科学性原则。发展的指导思想和基本思路是规划的灵魂和核心。在规划中，要对美丽乡村建设项目有清晰的总体定位和明确的发展思路。同时，规划编制的方法和过程应当具有科学性。规划中所涉及的数字均应运用科学的计算方法得出，且依据充分，数据确实。

■ 前瞻性原则。众所周知，规划是在项目建设开始前进行编制的，且规划要对全部项目建设的内容和过程起到引领作用。因此，在规划编制时必须要有前瞻性，即有足够的预见能力，能准确预判即将到来的形势或即将发生的事件，并进行相关的设计和策划。

■ 可行性原则。编制规划的目的是为了实施，如果规划不能实施且见之于行动，就是没有价值的非科学的规划。美丽乡村的项目规划应当具有可操作性，即从人力、物力、财力、技术能力诸方面来说，规划都是可以执行的。

②规划编制流程

■ 进行规划立项。确立美丽乡村的建设项目后，进行其具体的规划立项，开始着手规划编制的前期准备工作。

■ 组织编制团队。规划编制工作一般是委托专业的规划设计院（公司）进行，请规划设计院（公司）按照集团编制规划的相关要求进行编制，同时规划部派员参与并全程跟踪规划的编制进展。

■ 搜集相关资料。具体包括项目外部资料和项目内部资料。外部资料如国家及省级政府的政策及相关法律文件，项目所在城市或区域的总体规划，华侨城集团的发展战略，国际、国内宏观经济环境，项目所在省市的经济发展趋势等。内部资料如项目所在村庄的地理位置、历史沿革、经济发展现状、风俗文化、人口概况（包括人口数、文化程度、年龄结构、收入状况、住房情况等）、土地房屋利用现状等，其中部分资料需要深入村庄调研取得。

■ 编制规划初稿。遵照国家及省级政府的政策及法律文件，在项目所在城市或区域的总体规划及华侨城集团的发展战略指引下，深入挖掘村庄的特色和优势，确定村庄的主导产业，以生态和谐与可持续发展为原则，编制美丽乡村建设的近期（一般为3～5年）与远期（一般为15～20年）总体规划初稿。

■ 论证修改后定稿。经过反复、多轮的论证，不断对规划初稿进行修改完善，形成最终的规划。

③规划内容

■ 项目的环境分析。包括项目外部环境（经济发展趋势、国家发展战略、省市的发展规划、特殊区域政策等），项目内部环境（项目所在村庄的地理位置、历史沿革、经济发展现状、风俗文化、人口概况、土地房屋利用现状等）分析。

■ 规划的总体目标定位。包括战略定位、总体目标、分项目标等。

■ 建设重点与实施计划。包括民生、生态、产业、建设与土地利用方面的建设重点与实施计划。

■ 保障措施。包括财务、人力、体制机制、风险、安全、党建等方面的保障条件与具体措施。

（2）规划的组织实施

规划部负责组织相关部门按照规划的内容从民生、生态、产业、建设和土地利用等多个方面实施建设，并协调各部门间的关系，解决实施过程中碰到的各类问题，维护村庄建设过程中部门和个人的合法权益。

（3）规划的调整

在规划实施的过程中，当发生了某些不可预见的情形，致使无法继续按照规划要求完成建设时，需要适时对规划进行相应调整。由规划部门提出规划的调整方向，拟定具体的调整方案，并上报集团，经集团会议后做出具体决策。调整后的规划应当及时向相关的部门及利益相关者公开。

（4）规划的管理和控制

规划的管理应针对美丽乡村建设过程中的民生、生态、产业、建设、土地利用等方面进行，并协同建设部对规划的实施进度进行过程管理，对与规划内容存在明显偏差的，应及时加以调整和控制，确保规划得以最大限度的落实。

二、民生规划

民生问题是人民群众最关心、最直接、最现实的利益问题。解决民生问题是构建和谐社会的切入点，是建设美丽乡村、实现社会公平公正的客观需要。因此，在对美丽乡村规划管理过程中，要以保障和提高乡村民生水平为根本目标，做好民生规划，这是美丽乡村建设的基础和重要前提。

1. 民生与民生规划

（1）民生的概念

民生的概念有广义和狭义之分。广义上的民生是指同民生有关的所有事项，包括直接相关和间接相关的，都属于民生范围内的事情。广义的民生概念几乎可以延伸到经济、社会、政治、文化等任一领域，无所不包，甚至还可以包括历史观方面的问题。

但在具体政策和实际生活领域，人们一般从社会层面着眼考虑狭义上的民生概念。从这个角度看，民生主要是指民众的基本生存和生活状态、民众的基本发展机会、基本发展能力和基本权益保护的状况等。

（2）民生的内容

从狭义的民生概念出发，民生问题的具体内容呈现出由低到高的三个层面。第一个层面是指民众基本生计的底线，它主要侧重民众基本的"生存状态"，即社会要保证每一个社会成员"能够像人那样有尊严地生存下去"，具体包括社会救济、最低生活保障、基础性的社会保障、义务教育、基础性的公共卫生、基础性的住房保障等。第二个层面是指民众基本的发展机会和发展能力。人不仅要有尊严地生存下去，还要有能力生存下去。这一层面主要侧重民众基本的"生计来源"问题，考虑每一个社会成员"要有能力和机会活下去"，即一个社会在满足了社会成员基本生存问题之后，就应考虑社会成员基本的发展能力和发展机会问题，以期为民众提供起码的发展平台和发展前景。其具体内容包括：促进充分就业、进行基本的职业培训、消除歧视、提供公平合理的社会流动渠道，以及与之相关的基本权益保护（如劳动权、财产权、社会事务参与权）等。第三个层面是指民众基本生存线以上的社会福利状况。这一层面主要侧重民众基本的"生活质量"问题，即当一个社会解决了民众基本生存和基本发展机会、基本发展能力之后，随着经济发展水平和公共财力的大幅度提升，随着现代制度的全面确立，进一步需要考虑的问题，应当是为全体社会成员提供使生活质量得以全面提升的福利。

（3）民生规划的概念

民生规划则是指对美丽乡村建设项目涉及的民生事项进行规划，具体表现为坚持以人为本，贯彻落实科学发展观，切实改善民生，提高收入水平，提升百姓的幸福感，增进民众福祉，让村民共同分享美丽乡村建设带来的成果，重点关心弱势群体。

2. 民生规划的基本原则

（1）以发展生产力为基础和后盾

民生规划应以发展社会生产力为基础和后盾，首先，生产力的发展可以满足民众的物质生活需求，保障民众的基本需要；其次，生产力的发展可以满足民众的精神文化需求，创造其所需的身体、时间、物质条件等。因此，没有生产力的发展就没有民众需求的满足，也就没有民生建设的发展。

（2）以建立健全社会保障制度为支撑

建立健全社会保障制度的重要性在于保障每个人的机会平等。一是发展机会的平等，尤其是弱势群体。马克思曾提到，国家应当设立社会保障基金，以救济那些丧失劳动能力的人，缩小贫富差距，使不平等尽量相对公平。二是共享机会的平等。由于地区发展与自身发展能力差异的客观存在，导致民众所享受到的民生建设成果不同，这就需要通过社会保障制度为每个人提供平等的享有机会，促进每个人的自由全面发展。

（3）以生态环境保护与可持续发展为前提

"生态兴则文明兴，生态衰则文明衰"。恩格斯在《自然辩证法》中指出，我们不要过分陶醉于我们人类对自然界的胜利。对于每一次这样的胜利，自然界都对我们进行报复。可以说，生态环境的保护与可持续发展是华侨城美丽乡村建设的基础和前提。

（4）以消除贫困与缩小发展差距为目标

华侨城美丽乡村的建设离不开民生的改善。民生需要中最基本的是生存需要，而我们的民生建设尤其要以消除贫困与缩小发展差距为目标。习近平总书记强调，消除贫困、改善民生、实现共同富裕，是社会主义的本质要求。

3. 民生规划的内容

华侨城美丽乡村建设需要从人民出发，关注民生，不断提升广大人民群众的幸福感、满意度。要充分利用各村独特的自然资源，探索乡村振兴的新模式，坚持加强基础设施建设以育民、完善公共文化服务体系以亲民、推动全民共建以富民的基本方针，创新农村民生服务供给，提高村民收入，进行精准扶贫和社会救济，以实现美丽乡村民生建设的目标。

（1）加快基础设施建设

美丽乡村建设要注重提高农村的基础设施建设发展水平，重视提高农民收入，保障农民的经济利益，同时尊重农民的财产权益和民主权利。要采取措施加强基础设施建设，提高人民生活水平。加大基础设施建设扶持力度，着力推进农村生产基础设施、生活基础设施以及文体基础设施建设，建设和维护农田水利设施，加强生活安全用水设施建设、网络设施建设以及中小学文体设施建设等。

（2）健全公共服务体系

健全乡村公共服务体系，积极推进公共资源均衡配置。通过在教育方面，全面落实九年义务教育，大力发展高中及中等职业教育，开展农业职业教育；在医疗卫生方面，提高新型农村合作医疗人均财政补助和个人缴费标准，进一步提高实际报销水平，保障农民"有病可医"等建立健全乡村社会服务保障体系，继续加强乡村基础设施建设，保障民生。

（3）推进全民共建活动

美丽乡村民生建设与当地百姓的利益息息相关，应充分发挥当地群众的积极性，让人民群众做美丽乡村建设的主力军，为他们自己赖以生存的生态环境和生活环境改善贡献力量。不断提高人民的生活水平离不开他们自己的努力，政府要创造条件让当地人主动参与到民生建设中来。因此，推进全民共建的动员和鼓励活动不可或缺。

4. 华侨城民生规划实践

（1）中廖村

华侨城于 2017 年 4 月进驻中廖村，通过"政府扶持 + 华侨城主导 + 村民参与 + 合作方共创"的模式，开展中廖村美丽乡村建设，目标是把中廖村建设成为一个黎族文化生态村，并成为中国美丽乡村的标杆典范。经过三年多的建设，现已取得阶段性成果，中廖村先后被国家相关部门评为"全国乡村旅游重点村""全国乡村治理示范村""国家森林乡村"。

中廖村里建有图书阅览室、文化活动中心、排球场等公共文体设施，还专门设立了孔子学堂，聘请专业国学老师给村民讲解文明礼仪、儿童教育等知识。村民还可以自由选择参加全域旅游、黎族织锦等相关的技能培训班。积极组织农村广场健身队伍开展健康的健身活动，不断满足群众精神文化需求。各村"妇女之家""儿童之家"也围绕中心工作，开展各类农村妇女、儿童喜闻乐见的活动，搭建精神文明建设新平台。

华侨城进驻中廖后通过租用村民闲置房屋、土地，聘用村民职工（专业内导、特色演艺表演、种植特色蔬果），扶持村民创业，提供农副产品售卖平台等多种方式，带动农民增收，为村民提供劳动就业保障。截至 2019 年年底，直接受益村民达 400 余人，带动村民创收累计约 1735 万元，人均收入从 2017 年的 6800 元提升至 2019 年的 16800 元，村民生活质量明显提高。此外，还加强村内环境卫生管理，推广"户分类、村收集、企转运"的垃圾收集转运方式，统一收集垃圾，每日清运，保证村容村貌长期保持干净卫生。

（2）乌龙古渔村

华侨城采用"古建保护＋生态治理＋文化传承＋企业运营"模式，依据传统村落适应性保护要求和整体保护控制原则，对昆明呈贡乌龙古渔村进行了规划保护，进而提升传统村落人居环境和生态质量，在传承文化、重视经济发展的同时，又致力于文化惠民。

乌龙古渔村保护与生态治理项目属于文旅项目，对于以昆明为核心的滇中城市群微度假客群，以渝昆、成昆、南昆高铁沿线城市群为核心的中国西南文旅客群及东南亚度假客群，以及以航空、铁路为核心构建的全国文旅、生态康养客群有较强吸引力。该项目的推进也为企业发展、为美丽乡村建设注入了新动力，项目结合自身特点，邀请村民讲述当地历史故事、挖掘历史文化，共同建设原汁原味的历史村落，为当地居民解决了就业岗位问题。

（3）何家村

2010年至今，世博集团加大了对轿子雪山景区的投资力度，与华侨城旅游投资管理有限公司、云南文旅基金合作，利用得天独厚的自然和人文旅游资源，以及面向南亚东南亚的区位优势，按照"山上观光旅游，山下休闲度假"的发展思路，将轿子雪山打造成为昆明北部的旅游龙头和国际知名的5A级旅游景区。

基于轿子山旅游的快速发展，政府、轿子山公司因势利导，积极引导何家村转变经营模式，从传统的农牧业转向旅游服务业，实现该村的可持续发展。2015年，政府出资规划了旅游示范村项目；2017年，旅游示范村建设完成，全村41户居民搬进了三楼一底的特色民居，旅游旺季开展农家乐，淡季到景区施工现场务工，随着旅游基础设施的不断改善，景区游客人数和旅游收入也呈现持续稳步增长的趋势，轿子雪山景区旅游的发展，直接带动了何家村旅游服务业的发展，实现了当地老百姓增收；2018年何家村在全乡率先实现整村脱贫。

（4）光明小镇

光明小镇主要通过"完善基础设施，保障农业生产""农业文旅融合，深挖潜在价值""结合乡村振兴，共谋区域发展"等具体举措来加强美丽乡村民生建设。在完善基础设施上，为保障园区正常农业生产经营，欢乐田园累计投入资金近1亿元，完成土地整理、水利、电力、田间道路等基础设施建设；在促进文旅融合方面，欢乐田园创新耕地和基本农田保护利用模式，在保障园区土地农业功能的基础上，积极开发土地的生态环保、研学科普、亲子教育等多种功能，达到乡村与城市、土地与市民、农业与文旅的融合发展，实现产业兴旺；在推动乡村振兴方面，通过与迳口社区股份公司合作成立合资公司，共同开发打造迳口温泉综合体项目，这对满足市民高品质生活需要，改善社区居住环境，提高当地居民收入具有重要意义。

三、生态规划

在党的十九大报告中提出建设生态文明是中华民族永续发展的千年大计。美丽中国，始于乡村。以生态文明理念为指导，以实现绿色发展、低碳发展、循环发展和可持续发展为目标，来建设山清、水秀、天蓝、地绿的美好家园。

1. 生态规划的概念

生态规划广义上指按照生态学原理和人与自然协调发展的理念，建立与社会、经济、自然环境相协调的新型社会关系，有效利用能源、物质和信息资源，促进整体可持续发展。狭义上是指按照生态学原理对乡村进行科学规划，建立一个兼顾空间布局、功能、自然环境、社会保障环境的人类生活环境。

2. 生态规划的原则

（1）可持续发展原则

华侨城美丽乡村生态规划要从长远角度出发，以促进美丽乡村长远发展为目标，在保持原有人文特色的同时，促进美丽乡村现代化的整体性和生态平衡，充分利用循环再生规律，节约乡村土地资源，并合理配置水资源，积极促进美丽乡村可持续发展。

（2）生态性原则

华侨城美丽乡村生态规划的核心是展现生态性，要坚持生态优先，在充分发挥地方自然特征的基础上，把环境建设放在首位，建立健全生态安全建设体系，合理利用各种自然能源和条件，扩大美丽乡村绿化面积，重点保护乡村生态平衡和自然环境。

（3）整体性原则

关注乡村与生态环境的均衡发展，不仅要了解华侨城美丽乡村生态系统的结构，完善总体规划设计，还要优化美丽乡村的生态环境和结构，在注重经济与环境平衡基础上，合理进行分区和功能配置。

（4）服务性与安全性原则

华侨城美丽乡村生态规划设计，要充分注重和考虑乡村发展的服务和安全性功能需求，统筹兼顾，然后实施相应的生态规划设计。

3. 生态规划的内容

（1）尊重自然，因地制宜

在建设美丽乡村时，乡村的生态规划必须要尊重乡村原有的风水和地貌，生态型的乡村不应是一个繁荣的小城市，而应呈现出和城市相反的聚集形态。乡村是历史的自然形态根源，其有着自身存在的成长体现以及自然肌理。在对乡村生态进行规划时，需要突破固化思维，要尊重乡村本身的自然肌理，以此让乡村的生态可以和人自然融合。乡村生态的规划建设还需要因地制宜，与自身的先天资源、独有特色以及实际情况相契合，要依据改造型、保护型以及城郊型等各种不同的种类进行规划建设。

（2）科学农田管理，加强环境保护

目前，一些地方农民为了增加农业产量，盲目滥用化肥和农药，造成了一系列的环境问题，导致水体和土壤污染。针对农田环境管理的不科学性，要加强科学农田管理，以提高农田环境的保护。要提高对农业土地的合理规划和管理，通过提高土壤肥力等方式提高单位面积的产值。土地资源是农业发展不可或缺的生产资料，如果管理不恰当，土壤肥力自然会衰减，经济价值也会随之降低。

（3）注重绿色产值，实现农田可持续利用

我们要投入更多的精力关注农业本身提供的"绿色产值"，以提高绿色产值为目标，结合对人们生存环境的研究，为乡村农业发展提供方向。强化乡村环境治理，保持农业生产与土壤水文环境协调发展。在农业生产主要地区，水土污染、物种破坏、生态环境破坏的现象时有发生，维护农田生态平衡至关重要。减少化肥、农药、杀虫剂等的使用，提倡农民种植原生物种，增加多样性种植，对于实现农作物健康成长以及营造有利于人民生存发展的舒适的生活环境至关重要。加强乡村环境管理，实现美化农田环境、丰富乡村自然景观与美丽乡村资源化建设的双丰收。

4. 华侨城生态规划实践

（1）中廖村

华侨城在中廖村美丽乡村建设中，始终遵循"不砍树、不拆房、不占田、不贪大、不求洋"的原则，立足于三大特色资源（种植业、黎族文化、田园风光），因地制宜慢发展，着力将中廖村打造为"望得见山、看得见水、记得住乡愁"的海绵化美丽乡村建设示范村。中廖村的美丽乡村建设主要在环境改善上下功夫，实施农村公厕改造，实现村内道路顺应现有村庄格局亮化全覆盖，通信网络全覆盖，公共服务便捷化，从人居环境到生活环境都得到显著提升。尊重美丽乡村历史与环境，提升人居品质，搭建绿色发展、共享发展平台。经过近三年的建设，现已建成椰和梅、哈黎果蔬园、垂钓区等项目提升工程，并投入试运营。

中廖村新建建筑周边设有水池或人工湿地等一系列生态水系，能有效降低密集活动区域内的温度，创造出丰富、有活力的舒适场所。此外，还按照生态水系建设的理念，在村道、骑行道、步行道等道路两侧增设海绵化排水边沟以收集地表径流，用于基础灌溉、景观补水、洗地、冲厕等用途，有效实现了雨水的回收利用。

（2）南山村

南山村南靠南山岭，北接南山洞中山省级森林公园，生态用地以乔木林地为主。规划生态用地总面积54.95公顷，其中包括重点生态功能区10.31公顷（主要是Ⅱ类陆域生态保护红线和Ⅱ级林地保护）和一般生态功能区44.64公顷（包括生态林地、水域及自然保留地）。区内主要发展具有田园特色的传统种植业、苗木种植业等。通过保留和整治现有的沟渠、水系，依托基本农田、园地、道旁绿化用地、绿廊等组成生态通道和生态走廊，向村落居民点内部空间穿插以改善现有村庄生态环境。南山村积极加大环境卫生整治，保持村容村貌整洁干净，并加强环境监控体系建设，严格限制污染物的排放。经过建设，南山村已经形成了点、线、面、带、环、网相结合的村庄绿化网络。

（3）南岸美村

位于安仁古镇以南的南岸美村，着力推动一、三产业联动发展，借助农业和康旅结合的模式，打通花卉上下游产业，构筑了美园、美营、美院、美宿、美食、美田"六美"产品体系，打造了乡村美学场景，构建了美学生态圈，用美学唤醒了乡村。

（4）光明小镇

光明小镇项目首先通过在园区安装了节水喷灌及滴灌设施，提高了灌溉效率，节约了灌溉用水，实现了节约型农业。同时也为防止农药、化肥等通过地表径流流入水库、河流污染水源做出了贡献，保护了生态环境。其次，通过合理使用农药，坚决杜绝使用高毒、剧毒农药，推广使用生物农药、物理防治技术、科学种植技术，有效避免了滥用化学制剂造成环境污染现象的发生。

光明小镇项目通过实施一系列改善生态环境的措施，大大节约了灌溉用水，极大改善了园区的生态环境，使园区气候凉爽、空气清新、景色优美，最终全面形成节约、绿色与循环型农业发展模式。

四、产业规划

1.产业规划的概念

所谓产业规划，是指综合运用各种理论分析工具，从当地实际情况出发，充分考虑国际国内及区域经济发展态势，对当地产业发展的定位、产业体系、产业结构、产业链、空间布局、经济社会环境影响、实施方案等做出一年以上的科学计划。

2.产业规划的基本原则

在进行产业规划时，应遵循以下基本原则：

（1）科学规划原则

坚持规划先行，把美丽乡村建设规划与经济社会发展规划、农业和旅游业发展规划、文化创意产业规划相衔接，循序渐进，做到开发与保护结合，坚持可持续发展，将科学规划思想落实到各个规划部分之中。结合所在乡村的具体情况，整合气候资源、山水资源、人文资源，因势利导，构筑一村一品、一村一景、一村一韵等乡村特色景观与特色产业，促进乡村产业振兴。

（2）以人为本原则

始终把人民群众的利益放在首位，广泛发动群众参与，整合社会力量，尊重人民群众的意愿，在结合当地实际的前提下，架构起符合当地发展情况的美丽乡村建设模式，并积极引导当地居民大力发展生态经济、自觉保护生态环境、加快建设生态家园。

（3）统筹规划原则

认真分析，统筹规划。以高新技术改造传统产业，依据实际情况，培育和加强当地支柱产业，加快培育和发展新产业。合理确定建设目标，分步实施，以点带面，构建美丽乡村产业体系。

3.产业规划的核心要素

在产业规划中，要把握两大核心要素。

（1）把握重点产业，结合相关产业，引导产业链互动发展。

要顺应时代趋势，结合产业进行相关规划，将企业发展与美丽乡村的建设发展紧密结合，联动推进。

（2）在产业融合的发展模式下，呈波纹式向外延伸发展新产业。

华侨城在许多项目进行过程中，充分贯彻产业相融的思想，并且在主要产业相融的基础上，强调向外延伸拓展新的个性化产业，促进美丽乡村项目的健康迅速发展。

4.产业规划的内容

产业规划的内容是反映产业规划指论性和可操作性的内容体系，具体包括区域内产业功能定位、产业发展战略和实施策略等方面的内容。

（1）区域功能定位与布局

主要指对规划区的实际条件，以及以前所做的相关规划或者政府工作计划进行深入的分析研究，确定规划区的区域功能定位和区域功能布局，并以此作为产业规划方案制定的最直接依据。

（2）产业发展定位

主要基于区域功能分析的总体结论性意见，从产业细分门类出发，根据自身具有的综合优势和独特优势以及各行业运行特点，合理进行产业发展布局，确定规划区要发展的产业门类、产业结构、产业组织、产业布局及产业目标，描绘产业蓝图。

（3）重点产业

是对一个地区发展具有战略性影响的产业，是能带动整个区域产业发展的产业或产业群体，包括制约经济发展的瓶颈产业、推动区域产业升级的主导产业和支撑区域经济增长的支柱产业。

（4）产业发展战略设计

指依据产业门类选择的结果，对规划区内产业发展的策略进行重新调整、规划，主要包括对规划区主要产业发展策略的设计以及政策保障体系的设计，为各职能部门提供最直接的工作方向和思路。

5. 华侨城产业规划实践

（1）中廖村：产旅 + 农旅的融合模式

几年来，中廖村经过不断探索研究美丽乡村建设实践模型，逐渐形成了产业闭环：第一产业，一方面主导中廖村村民参与养鹅，深入研究鹅产业链，初步探索"育种、养殖、屠宰、深加工 + 旅游"的产旅融合模式；另一方面让村民参与种植南非叶、忧遁草、牛大力等黎药，初步探索"种植、加工、体验、销售 + 旅游"于一体的农旅融合模式。第二产业，通过华侨城品牌力量，打造建立平台，吸纳社会上有资质企业单位，联动乡村合作社、专业深加工单位等企业，生产并推出果酒、山兰酒、"椰和梅"特色饮料等具有"美丽乡村内核基因"的系列农业加工产品。第三产业，在传统景区经营模式的基础上，打破传统景区经营物理空间的限制，融合线上、线下渠道，将现有的"中廖黎物"系列产品在线上线下联动营销。后续将进一步实现三产融合，并将其引入闭环产业链，具体要完成南非叶微型产业链打造，集南非叶种植、采摘、包装、展示、销售、服务为一体，为游客提供健康、自然的饮茶与服务体验。同时将当地特色和黎族文化充分结合，完成对包括山兰酒、果酒、红心火龙果、海南青柠等在内的"中廖黎物"新产品的开发。引入樊登读书会，并逐步提升品质，升级为村上书屋，已于 2020 年 9 月 1 日全面开放运营。

（2）文门村：文化旅游 + 休闲农业、"一体两翼"的产业发展体系

其主导产业是水稻种植、民俗文化旅游和生态休闲旅游。以大健康产业作为核心载体，融合文化旅游和休闲农业，构建"一体两翼"的产业发展体系，实现产业扶贫。一方面打造"文门贡果"及"文门驿站"两大品牌，另一方面推广班兰叶及彩色水稻种植，推动农业升级，同时引进欢乐农场，提升当地服务产业水平。

（3）天涯小镇：文化艺术 + 在地特色深度交融

天涯小镇以天涯创客孵化基地实现"引智、引流、引人、引资"，推动项目赋能、资源整合、平台搭建、价值塑造；通过打造"吃住行游购娱康养学演"十大幸福产业集群，遵循"文化同创、运营同创、资本同创"的思路推动社区产业升级；通过将三亚天涯小镇书店升级为研学乡创文化中心、将游客服务中心升级为资产中心、将社区闲置民居升级为家庭客栈、将社区老房子升级改造更新盘活、将滨海精品民宿升级为主题客栈、将社区街区升级为主题街等多种方式引进盘活产业，重点发展沙画艺术和在地文化特色文创产业。同时通过推出浪漫游、浪漫居等旅游产品

强化旅游产业，带动当地经济发展、村民经济水平提升。

（4）乌龙古渔村：文旅产品 + 文化复兴模式

乌龙古渔村以文化为魂、生态为韵、建筑为体、产业为本践行古迹保护、文化传承及活化，进而构建全国文旅、康养生态村落。以历史文化、儒家文化、景观文化、建筑文化、民俗文化、农耕文化为载体，搭建乌龙古渔村文化旅游产品体系，助力文旅产业发展，最终构建起以文化复兴促产业发展的发展体系。

五、建设规划

1.建设项目

建设项目，是指在一个总体设计或初步设计范围内，由一个或几个单项工程所组成，经济上实行统一核算，行政上实行统一管理的建设单位。一般以一个企业（或联合企业）、事业单位或独立工程作为一个建设项目。

2.建设规划的指导思想

美丽乡村建设要牢牢把握新型城镇化的建设要求，遵循可持续发展的原则，利用先进的科学技术进行分析规划，从总体策划到具体的设计工作、从专业设备到建筑材料的采购，以及从施工、安装到技术培训，需要将乡村生态景观与人文生活巧妙相融，以每个乡村独特的自有资源来蕴养文旅、农旅、康养、文创等产业。建设规划首先要结合当地村民的主要生活需求，运用自然生态的设计理念，对乡村的空间格局进行规划，使其在充分发挥当地自然特色的同时又能够融入现代的文化创意因素，以此兼顾当下美丽乡村建设的需求。

3.建设规划的基本原则

（1）统筹全局，科学发展原则

针对各个具体项目，在建设规划过程中，要统筹考虑自然资源、乡村文化等，以科学的规划方法，探索建设独具当地特色的文化旅游景观，科学合理地推进建设步伐。建立多层次点线面结合的服务系统，最大化满足当地居民的生活和生产需求，充分利用生态环境，为城市居民提供观光、体验、度假的生态园地。

（2）综合考量，因地制宜原则

在规划美丽乡村建设方式时，应充分考虑当地的自然和人文生态资源优势，因地制宜，优先发展特色鲜明产业。

（3）整合力量，整体推进原则

美丽乡村建设与幸福村居工程、发展乡村旅游、农民住房改造、生态村庄建设等有机结合，通过项目带动，整合资源，合力推进。

4. 建设规划的核心要素

（1）以鲜明的主题，融合建筑、产业和美丽乡村内涵

在乡村整体环境设计、局部环境设计等方面始终坚持设计结合自然，强调人工环境与自然环境的相互配合，通过鲜明的主题人文型建筑、景观设施以及在整体建设中加入主题文化元素，使人文特色成为美丽乡村独特的风格和精神内涵。配合富有创意的主题建筑与宜人的环境构成独特的建筑景观。

（2）以完善的配套设施，提升美丽乡村服务能力

注重文化和艺术的配套，注重公共休闲空间的关系，注重服务商品与品牌商品的比重，要站在更高的层面来强化服务功能。通过基础设施及配套设施的完善，推动构建完整的美丽乡村产业循环，提高美丽乡村的服务能力和水平，架构更加完善的村居工程。

（3）以资源集合形成共享的村居工程，推动相关产业的发展

以开放性的设计和规划，整合共享不同阶段和不同乡镇的资源，为实现生活多样化和服务共享提供便利，并通过资源的集合扩展，推动相关产业的发展。

5. 建设规划的内容

（1）基础设施建设

在项目规划的过程中，基础设施建设规划的重要性不容忽视。首先是要将村庄的公路及水电煤气等基础设施的完善纳入建设规划之中，再向外延伸到教育、科技、医疗卫生、体育、文化等社会性基础设施。同时，不仅要统筹考虑项目本身的基础设施建设，也要将外部联结性基础设施纳入规划之中。

（2）人居环境建设

按当地风格统一规划兴建新房，修葺旧房，打造沿途院落及庭院经济。由此，深入挖掘当地传统文化，并改善居民人居环境。

（3）公共服务建设

根据文旅、农旅、康养、文创等产业的发展要求，结合当地实际情况，在建设规划当中纳入更多的文化创意产业，以更好地服务其公共服务的布局。

（4）产业发展建设

推动发展乡村的支柱产业、跟随产业和支撑产业。在美丽乡村建设规划中，将发展壮大乡村现有产业纳入建设规划。

6. 华侨城建设规划实践

（1）南山村

南山村的规划定位为以生态休闲、康养度假、民俗文化、旅游服务功能为主导，融入新产业、新模式，推进区域村庄多元价值资源与资产的统筹利用，融入新经济、新场景，打造景村联动、三生融合、具有民族特色的大美新村。自美丽乡村建设项目实施以来，南山村的公共服务设施、基础设施、人居环境改善、村庄形象提升等方面均已取得良好成果，现已建成南山村篮球场、文化活动室、南山小学等设施，村组道路状况得到改善，污水处理设施正在完善，村庄形象得到整体提升。

（2）文门村

文门村的建设定位为改善村容村貌，推进新农村建设，将文门村打造为热带田园生态休闲旅游区、高端文化体验和康年养生度假区。由于各个村较为分散，急需统一规划，提升村落的整体形象。前期，在三亚市天涯区政府的支持下建设了文门村的机耕道、农家乐、儿童乐园等配套设施。之后将启动道路体系的功能性提升与改造，打造酒店产品，同时开发部分轻资产产品，重点吸引观光型客群，提升景区知名度。并将按客群游览线路发散进行开发及打造学习型、体验型及参与型旅游产品，吸引优质深度旅游游客。

（3）天涯小镇

在三亚天涯小镇规划建设过程中，强调利用资源引导业态，围绕业态设计项目体系，根据项目制定规划措施，相继规划了民宿客栈、餐饮休闲、商业零售、景区经典、手艺作坊、文化课堂、创作空间、文化消费、体育运动、摄影基地等多种产业及服务业态。在天涯小镇的建设过程中，充分利用现有民居与传统民居，通过立面改造、局部整治、功能植入、设施配套、提档升级等措施，调动当地居民参与民宿客栈、餐饮休闲和商业零售等产业的建设。

（4）元阳哈尼梯田

元阳哈尼梯田是华侨城集团、世博集团充分考察当地实际情况，结合地理环境等多方面因素，因地制宜开发建设美丽乡村的实践。按照"整体布局，分步实施；

相应组团，单村成景；互相呼应，串线成珠"的整体格局进行美丽乡村的建设。遵循"天人合一"的文化内涵，根据当地特有的"森林、村寨、梯田、水系"的"四素同构"循环生态系统，构造高原农耕技术及生产、生活、宗教、文化相融共生的活态文化系统；依托当地乡村田园资源的独特性与世界文化遗产的内在吸引力，在充分保持其原真性的基础上，通过景观深度打造和开发，建设了主客共享的高标准美丽乡村社区。

六、土地利用规划

1. 土地利用规划的概念

土地利用规划是在一定区域内，根据国家社会经济可持续发展的要求和当地自然、经济、社会条件对土地开发、利用、治理、保护在空间上、时间上所做的总体的战略性布局和统筹安排，是从全局和长远利益出发，以区域内全部土地为对象，合理调整土地利用结构和布局；以利用为中心，对土地开发、利用、整治、保护等方面做统筹安排和长远规划。目的在于加强土地利用的宏观控制和计划管理，合理利用土地资源，促进经济协调发展。土地利用规划是实行土地用途管制的依据。

2. 土地利用规划的基本原则

（1）严格保护基本农田

土地利用规划的重点是严格控制村庄建设用地规模，严格控制对耕地，特别是基本农田的占用。认真确定耕地保有量、基本农田保护面积、建设用地总规模、新增建设占用耕地规模等重要用地指标，并通过土地利用分区，落实在土地利用规划图上，确保耕地占补平衡和基本农田不减少。

（2）确保土地可持续利用

在加强环境保护的前提下，合理安排土地的整体规模与布局，对生态环境脆弱区、自然保护区、重要湿地等要切实加以保护，确保土地可持续利用。

（3）统筹安排，合理配置

在进行土地利用规划编制时，要在项目所在省市的发展规划以及国家产业政策的指导下，认真分析乡村各类用地的潜力，对土地开发、利用、整治、保护等方面统筹安排，合理配置土地资源，促使土地集约利用。

3.土地利用规划的内容

（1）土地利用结构和布局调整。包括土地利用结构和布局调整的原则、各类用地调整的方向和数量、土地利用的总体布局等。

（2）各类土地的开发、利用及保护。

①耕地和基本农田保护。包括控制耕地减少和加大补充耕地力度的措施，基本农田数量保护、质量建设和管护的措施。

②建设用地调控。包括建设用地空间管制分区及管制措施，基础设施等重点建设项目用地规模、布局及时序安排等。

③土地生态建设与环境保护。包括各类基础性生态用地的规模和布局、生态屏障建设用地安排、保护和改善土地生态环境的其他措施。

（3）规划实施保障措施。包括实施规划的行政、经济、技术手段，及资金、技术、管理等保障措施的情况。

4.华侨城土地利用规划实践

（1）南山村

如表3-7所示，南山村土地规划的重点是统筹"三生"空间，即严守生态保护红线、保障安全宜居的生活空间、构建集约高效的生产空间，推进生态、生活、生产的"三生"融合。确立南山一、二村主要提供美丽乡村建设用地，二村配套旅游建设用地，村庄外围依次为各级林地的土地利用规划方案，为美丽乡村＋生态旅游开发提供用地基础。同时，在南山景区入口村庄区域划设有连片旅游建设用地，符合景村一体开发需求。

表3-7 南山村土地规划一览

序号	指标	现状	规划目标	变化量	属性
1	村庄建设用地总规模（公顷）	46.73	47.89	1.16	约束性
2	农村人均居住用地规模（m²/人）	205	146	−59	预期性
3	生态保护红线规模（公顷）	7.29	7.29	0	约束性
4	永久基本农田保护面积（公顷）	不涉及	不涉及	不涉及	约束性
5	耕地保有量（公顷）	32.78	35.76	2.98	约束性
6	林地保有量（公顷）	59.66	53.86	−5.8	预期性
7	公共管理与公共服务设施用地（公顷）	2.32	2.33	0.01	预期性

（2）中廖村

华侨城入驻中廖村后，强调尊重土地伦理法则、遵循乡村自然生长规律、尊重地域文化脉络传承，坚持与村民共生、共享、共赢、共荣，实现美丽乡村的可持续发展。在乡村建设中尽量不破坏原有的地形，既保持村庄应有的风貌，对河流、古树、古建筑予以保留，又在道路系统的修建上遵循当地的地形地势。结合中廖村自身得天独厚的自然风光，形成独具特色的"五带五区"产业空间布局。将传统农业资源与乡村旅游发展有机结合，对村内各类资源进行了科学的统一规划，全面整体布局，形成新的产业融合发展模式。租赁村民闲置土地，对村内原生态种植业进行改造，打造特色蔬果"花园"——黎夫彩园，聘用当地农民种植特色蔬果。租赁村民闲置旧房屋，融入当地民族文化元素后设计改造为特色民宿。

（3）乌龙古渔村

2020年7月31日，《呈贡乌龙古渔村保护与生态治理项目移交书》签署，明确乌龙古渔村项目用地移交范围为426.33亩及地上建（构）筑物。其中建筑基底面积约60亩，景观面积约370亩。项目用地处在滇池二级保护区内，受《滇池保护条例》制约，对项目内绿化、排污、经营业态有严格要求和限制。在进行土地利用规划时，华侨城将结合乌龙古渔村的历史传承、区域文化、时代要求，依托乌龙古渔村众多特色资源（如史前遗迹、抗战建筑、屯堡遗迹、抗战遗迹、自然类遗产等），传承古渔村的区域文化，讲好乌龙古渔村故事。

第四节　华侨城美丽乡村资产包管理模型

《企业会计准则》将资产定义为"资产是企业拥有或者控制的能以货币计量的经济资源，包括各种财产、债权和其他权利等"。通常，根据企业资产能否移动，且移动是否会损害其价值为标准，将资产分为动产和不动产两类。动产是指能够移动且不损害其价值和用途的资产，又可以分为有形动产和无形动产两类。前者如原材料、产成品、存货、航空器、设备等，后者如合同、特许权证、债券、应收账款、保险单等。不动产是指不能移动，或者移动就会损害其价值和用途的资产，如土地及固定在土地上的房产等建筑物、桥梁、地下设施等。不动产物权的设立、变更、转让和消灭，经依法登记后，才发生效力；未经登记，不发生效力，但法律另有规定的除外。

所谓企业资产管理，是指企业对其资产所有权的行使，具体包括管理权限的划分，资产的保值增值，以及对收益的享有、处分等进行的监督。资产管理作为企业经营发展中的重要环节，其管理水平如何是衡量一家企业综合实力的关键指标。

根据资产的类别不同，相应将企业资产管理分为动产管理与不动产管理。在华侨城，对动产实行分级分类的管理模式。总经理办公室是资产管理中心，负责审核资产的采购，进行资产的日常维护。集团及下属企业设固定资产及无形资产管理中心，负责起草资产管理制度和办法，制定中心采购预算并报批。固定资产采购结算及账务处理由财务金融中心负责。行政人事部负责有形动产的全面管理，财务成本部负责价值全面管理，各有形动产的具体使用部门、分公司负责其直接管理与维护，存货由各分公司直接管理。

一、资产包类型

华侨城资产管理中的一大亮点就是形成了较为成熟的资产包管理模式。所谓资产包，是指根据资产的一定特性对资产进行打包运作而形成的不同资产组合。华侨城的资产包管理由各子公司负责，依据战略规划要求对资产包作如下分类（如图3-6所示）。

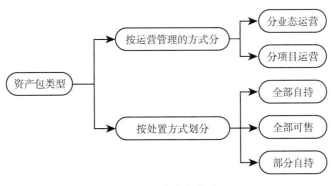

图 3-6　资产包类型

1. 按资产包运营管理的方式分

按照资产包的运营管理方式不同划分，可以分为分业态运营的资产包和分项目运营的资产包，不同的类型其定价方式也不相同。

（1）分业态运营的资产包

依据美丽乡村资产经营业态主体不同，将其分业态划分为若干个资产包，通过合作经营或委托经营模式由专业团队对资产包进行专业运营管理。资产包的运营收益形式多样，如收取纯租金、保底分成、委托方支付经营管理费用等。对于收取纯租金与保底分成的形式，一般按照"资产包成本（含公共配套设施的成本）+资产包增值收益+华侨城品牌服务费"的方式定价；对于委托方支付经营管理费用的形式，则通过预测未来市场情况按预期资产包收益的相应比例提取经营管理费。

（2）分项目运营的资产包

将美丽乡村的每个具体项目作为一个资产包，由各分公司自行组织或集团内部采取"战区+兵种"的合作方式，在公开或非公开市场运营，一般按照"项目投资总额+结合市场状况评估的增值收益"的方式进行定价。

2. 按资产包处置方式不同划分

根据资产包未来的处置方式不同，可以相应分为全部自持、部分自持和全部可售三种类型。

（1）全部自持

全部自持的资产包，即资产包中的所有资产均为企业自有资产，企业可以自行拥有或控制，并相应取得资产收益。全部自持的资产收益主要来自资产包运营所取得的增值收益。

（2）全部可售

资产出售指的是资产所有人以资产所有权换取现金、股票或其他有价证券的一种交易行为。全部可售资产的投资收益采用"销售价款 – 初始成本"后的差额来确认。

（3）部分自持

部分自持是指资产包中的部分资产为企业自有资产，还有一部分是企业将在合适的时机出售的资产。对于部分自持资产包的收益，则分别按照自有资产和可售资产的收益加总来进行计量。

二、合作机制

如前所述，华侨城美丽乡村资产包管理现已逐步建立起合作经营管理的机制。依据合作的对象不同，可以为内部合作和外部合作两种类型，如图 3-7 所示。

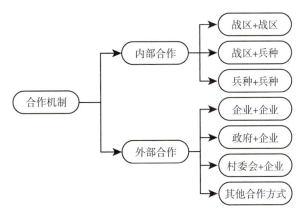

图 3-7　华侨城美丽乡村项目合作机制

1. 内部合作

华侨城致力于成为中国最具竞争力的文旅集团。自 2016 年以来，华侨城先后成立文化集团、资本集团、旅投集团、云南投资集团、海南投资集团、西部集团、华东集团、北方集团、中部集团、深圳东部集团、深圳西部集团、深圳光明投资集团等二十余家子集团，构建了集团"1+N"的扁平化模式。其中，华侨城文化集团、资本集团、文旅科技集团等为特殊的"兵种"企业，华侨城北方集团、中部集团、华东集团等属"战区"子集团。"战区"是指在城镇化战略指导下成立的"服务＋管控"型区域公司，负责搭建平台、获取资源；"兵种"负责产品落地和市场开拓，简称"战区主战，兵种主建"。"战区"包括两种类型，一种属于资产型子集团公司，负责开发资源；另一种属于轻资产运营型，主要从事如欢乐谷、世界之窗等品牌运营。集团运用"1+N"扁平化管理模式既对区域集团充分授权，又创新了集团化管理的模式。二级集团公司成立后，最大限度上有了自主经营的权限，也更容易放开手脚。"我们成立战区的核心目的就是要做强做大'战区'，让听得见炮声的指挥员决定何时开炮。"在集团管理层看来，改革是这个时代的最强音，而全面放权正是改革的关键路径。

华侨城内部合作指的是集团内部二级集团间的协同合作，具体表现为"战区＋战区""战区＋兵种""兵种＋兵种"的协同合作模式，保证集团"一盘棋"和利益最大化，实现业务互联、互惠互利。其中，华侨城更多是以"战区＋兵种"的协作模式，全力推进"文化＋旅游＋城镇化"战略的实施，即"战区"搭建平台、开发项目，然后交由"兵种"负责具体运营。"战区＋兵种"的合作模式最为典型的就属云南大会战了。2018年7月，具有华侨城特色的"云南大会战"吹响了号角。华侨城集全集团之力，携18个子集团进入云南，其中有12个子集团作为实体进入，签约项目60个，签约金额超过1000亿元，落地一大批全域旅游项目，助力云南旅游资源全方位整体提升。"云南大会战"一周年成果持续巩固优化，新增签约项目37个，签约金额约490亿元，迄今为止投资落地总金额高达2000亿元。

2. 外部合作

外部合作是指由华侨城和华侨城以外的单位或组织共同合作来进行资产包管理。根据具体的合作对象性质不同又可以分为"企业＋企业""政府＋企业""村委会＋企业"以及其他的合作模式。

（1）"企业＋企业"的合作

指华侨城与其他企业合作进行资产包管理。这种合作方式下，合作双方风险共担，并按各自的出资比例对投资收益进行利润共享；可以是其他企业以向华侨城支付租金的方式对资产包进行经营性租赁；再或是由华侨城委托其他企业代为管理。天涯小镇建设项目中婚尚产业和婚拍旅拍基地就是由华侨城委托三亚天涯屿情文化有限公司进行管理的。

（2）"政府＋企业"的合作

在这种合作模式下，一般由政府将资产包的经营权交由华侨城（企业）的专业资产管理团队来管理，委托方享有资产的经营收益，并按资产收益的一定比例向受托企业支付经营管理费。马岭社区居委会便是采取经营权托管的方式与华侨城展开合作。

（3）"村委会＋企业"的合作

在这种合作模式下，由村委会与华侨城（企业）共同进行资产包管理，风险共担，利润共享，双方按比例分享投资收益。

（4）其他合作方式

这是指除前三种合作模式之外的其他合作模式，如"政府＋村委会＋企业""个体户＋企业"的合作模式等。南非茶叶坊就是华侨城以招商租赁方式与个体户合作的成果。

如表3-8所示，从目前华侨城美丽乡村资产包管理主要的外部合作项目来看，20个外部合作案例中，"企业＋企业"的合作有17个，占85%，合作的企业以私营企业为主。从合作的方式看，合作经营的有12个，占到六成；其余的合作方式如招商租赁、经营权托管等都占比不大。从成果进展来看，有九成项目都取得了一定的成果。

表3-8　华侨城美丽乡村资产包管理外部合作主要项目

序号	合作对象	对象性质	合作方式	成果进展
1	海南华夏康城颐养酒店运营管理有限责任公司	私营企业	合作经营	委托经营民宿
2	海南观斛园农业科技有限公司	私营企业	合作经营	南山有鱼菜馆、石斛酒
3	樊登读书会	小微企业	合作经营	村上书屋
4	南非茶叶坊	个体户	招商租赁	南非茶叶坊
5	木工坊	个体户	合作经营	木艺坊
6	先有鸡根据地	小微企业	招商租赁	先有鸡根据地餐厅
7	亘古商业	民营企业	合作经营	
8	樊登读书会	民营企业	合作经营	天涯一卷书海洋书店
9	马岭社区居委会	政府	经营权托管	
10	海南果事农业科技发展有限公司	私营企业	销售合作	产品上架文门驿站
11	海南翔荣贸易有限公司	私营企业	销售合作	产品上架文门驿站
12	海南新国旅国际旅行社有限公司	民营企业	销售合作	达成合作意向
13	海南景咖科技有限公司	民营企业	合作经营	产品上架文门驿站
14	海南艾纳香生物科技发展股份有限公司	民营企业	合作经营	产品上架文门驿站
15	三亚天涯屿情文化有限公司	私营企业	委托管理	婚尚产业，婚拍旅拍基地
16	昆山溪地轻舍酒店管理公司	私营企业	合作经营	溪地阿兰若名宿
17	重庆无序与集酒店管理有限公司	私营企业	合作经营	咏归川民宿
18	上海野舍酒店管理有限公司	私营企业	合作经营	向野而生民宿
19	成都菁蓉荟智慧科技有限公司	私营企业	合作经营	小隐食养馆
20	昆山溪地轻舍酒店管理公司	私营企业	物业招商	乡村客厅

三、管理制度

纵观华侨城投资的大多数文化旅游项目不难发现，对资产的有效管理不仅能够使得项目井然有序的开展，还能降低经营成本从而达到提升经济效益的目的，因此加强资产的管理非常重要。为了提高资产的使用效率，借鉴了财政部颁布的《行政事业单位国有资产管理办法》，来合理做好资产的分类与计价，以及有关资产增减变动的日常管理，下文将着重从资产管理流程和资产管理信息化两个方面进行阐述。

1. 资产管理流程

（1）资产管理职责分工

科学合理的职责分工不仅有助于明确各岗位的责任，还能较大程度提高资产的使用效率。在实物资产的管理过程中，涉及众多直接或间接参与的部门，主要包括行政人事部门、资产使用部门、仓储管理部门、财务部等（见图3-8），其具体的职责分工如下：

■ 行政人事部门：主要负责制定企业固定资产管理的规章制度和具体实施细则，并且根据资产管理的执行情况对相应的管理制度进行修订和不断完善。

■ 仓储管理部门：安排若干项目仓库管理员负责华侨城美丽乡村项目中固定资产的验收、入库、仓储、出库以及报废处理。另外，管理员需要对资产使用部门领用的实物资产进行登记和盘点。

■ 资产使用部门：主要职责是配合仓库管理员完成资产出入库、物资领用等环节所必备的手续，除此之外，资产使用部门须按照实际使用数量如实填写并且做好日常盘点和监督工作。

■ 财务部：负责固定资产的采购、转移和处置等账务处理工作，与此同时，还涉及编辑项目固定资产的财务预算情况。

（2）验收及入库管理

项目所需购进的各类实物资产需要由仓库管

图3-8 资产管理流程示意

理员和资产使用部门共同负责入库，按照行政人事部门制定的资产管理制度进行严格的审核。通过管理员审核的资产予以验收，不符合标准的物资一律拒绝验收，例如，有关餐饮原料类的实物资产，仓库管理员在审核时应该特别关注该产品生产保质期、供应商资格合格认证等，在各项指标符合规定后方能入库；相关资产使用人员针对一些经营商品查验其外观、合格证及出厂检验报告，确认没有差错后仓库管理员办理验收手续等。

（3）仓储管理

首先，仓库管理员对于在库资产应进行合理的摆放，摆放的位置及顺序应按照资产使用频率高低来确定。其次，管理员需要对入库的实物资产进行"挂卡管理"，每一实物资产对应一张记录其物资名称、收发日期、数量等信息的卡片，提高资产管理与监督效率。最后，在日常管理过程中，仓库管理员应该做到定期对实物资产进行盘点。

（4）资产出库及使用管理

固定资产在出库过程中依然要进行严格的审查。就在库实物资产而言，仓库管理员应根据资产使用部门负责人签字确认的领料单来开具相应的出库单。按照行政人事部的制度规定，唯有管理员和资产使用负责人同时签字确认审核，并且财务部对给定的出库单进行财务复核后方能办理出库。

出库后，在固定资产的使用与保管过程中需要完善个人与集体的责任制。如果资产归个人使用与保管，则应该在台账上登记资产使用情况的同时明确个人的责任大小；如果属于集体共用的资产，须从集体中至少选出两名资产管理员，相互监督，并各自在台账上签字来明确责任范围。

（5）资产处置管理

最后，对于固定资产的处置应经过相应的报废审批才能进行清理。起初，项目组根据实际情况成立报废资产处置小组；接着，行政人事部规定相应的标准来确认正常报废所需满足的基本条件；然后，资产处置小组严格按照这些标准判断待处置的资产是否属于正常报废的范畴内。如若报废资产满足正常报废的条件，处置小组通过决议完成报废审批；如果实物资产属于非正常报废，资产处置小组分析具体导致非正常报废的原因，并且由行政人事部、资产使用部门和财务部的共同审批进行特殊报废处理。

2. 资产管理信息化

随着科学技术的不断进步，信息化已成为经济持续发展的趋势，信息化和资产管理的有机融合自然应当纳入到华侨城美丽乡村建设中去。资产管理信息化要求相关负责人利用部门资产管理信息系统建立起全部资产的数据库，据此来实现资产的数字化和网络化管理。当华侨城美丽乡村建设引入了资产管理信息化，村落庭院、文化娱乐活动中心和医疗教育设施等资产管理会更加简便和更加系统化。通过信息化管理能够迅速实时了解所管理的固定资产的使用状况、闲置数量和分布场所等情况。

为了更好地响应国家政策、减少资产浪费，华侨城在进行美丽乡村建设时有必要将提高闲置资产的利用率作为关键举措，而利用信息化资产管理可以有效地实现这一目标。美丽乡村建设更应好好借助信息化技术，达到资产最优配置的成效。例如，一些设备资产在文化旅游市场具有一定的通用型，美丽乡村建设闲置的固定资产，有可能在华侨城其他文化旅游项目中被很好地利用，所以可以通过华侨城集团内部的资产管理信息共享平台使得不同项目之间互相交流，最大限度地用好闲置资产。

四、变现工具组合

近些年来，华侨城集团规模不断扩大，并逐渐发展为国内文化旅游企业的龙头。众所周知，一个企业规模的扩大离不开资金流的支持，资金流的稳定与否又离不开企业投融资能力的大小。融资即是一个企业的资金筹集的行为与过程，即公司根据自身的生产经营状况、资金拥有的状况，以及公司未来经营发展的需要，通过科学的预测和决策，采用一定的方式，从一定的渠道向公司的投资者和债权人筹集资金，组织资金的供应，以保证公司正常生产需要、经营管理活动需要的理财行为。华侨城的变现工具组合，如图 3-9 所示。

1. 上市融资

上市融资即将经营公司的全部资本等额划分，表现为股票形式，经批准后上市流通，公开发行。由投资者直接购买上市公司的股票，则公司即可在短时间内筹集到巨额资金。

图 3-9　华侨城变现工具组合

企业上市融资的优点包括：（1）所筹资金具有永久性，无到期日，没有还本压力；（2）一次筹资金额大；（3）用款限制相对较松；（4）提高企业的知名度，为企业带来良好声誉；（5）有利于帮助企业建立规范的现代企业制度；（6）有利于利用资本市场进行后续融资。特别对于潜力巨大，但风险也很大的科技型企业，通过在创业板等发行股票融资，是加快企业发展的一条有效途径。

当然，企业上市也存在着风险，主要体现在：（1）企业上市花费巨大，包括企业重组费用、中介费用、券商承销费用、路演费用等。（2）信息透明化。企业上市后，许多不愿意公开的信息都必须对外公开，企业基本上将没有隐私。（3）削弱控制权。企业上市就是将自己的部分股份转让给别人，肯定会削弱一定的控制权。（4）增加监管成本。在中国上市的公司都有企业内部控制指引，这要求企业为每年的财务报告的审计支付费用。（5）股价波动。企业上市后，公司股价会经常波动，这要求企业老板的心理素质高，抗压能力强。

在发展前期，华侨城集团通过"整体上市融资"的方式促进了大型综合开发项目的开发建设，实现了集团综合实力的迅速提升。为实现能在短时间内实现快速整体上市的目标，华侨城集团实施了方向并购的模式，即以仅有的一家上市公司——华侨城 A 为起点，通过募集资金和自筹资金的方式来收购华侨城集团所持有的深圳世界之窗、欢乐谷公司和锦绣中华公司等全部资产。华侨城整体上市后，集团的业务板块更加鲜明和趋于专业化，同时也为集团带来了超额收益。

2. 股权融资

股权融资是指企业的股东愿意让出股份公司的股权，通过企业增资的方式引进新的股东，同时使得企业的总股本增加的融资方式。这种融资方式往往在企业上市后增资扩股时比较常见。股权融资所获得的资金，企业无须还本付息，但新股东将与老股东同样分享企业的赢利与增长。

股权融资具有以下三个特点：（1）长期性。股权融资筹措的资金具有永久性，无到期日，不需归还。（2）不可逆性。企业采用股权融资无须还本，投资人欲收回本金，需借助于流通市场。（3）无负担性。股权融资没有固定的股利负担，股利的支付与否和支付多少视公司的经营需要而定。股权融资的特点决定了其用途的广泛性，既可以充实企业的营运资金，也可以用于企业的投资活动。

股权融资按融资的渠道来划分，主要有两大类：

第一，公开市场发售。所谓公开市场发售就是通过股票市场向公众投资者发行企业的股票来募集资金，包括我们常说的企业的上市、上市企业的增发和配股都是利用公开市场进行股权融资的具体形式。

第二，私募发售。所谓私募发售，是指企业自行寻找特定的投资人，吸引其增资入股企业的融资方式。因为绝大多数股票市场对于申请发行股票的企业都有一定的条件要求，因此对大多数中小企业来说，较难达到上市发行股票的门槛，私募成为民营中小企业进行股权融资的主要方式。

股权融资在企业投资与经营方面具有以下优势：

（1）股权融资需要建立较为完善的公司法人治理结构。公司的法人治理结构一般由股东大会、董事会、监事会、高级经理组成，相互之间形成多重风险约束和权力制衡机制，从而降低了企业的经营风险。

（2）证券市场在信息公开性和资金价格的竞争性两方面来讲优于贷款市场。在现代金融理论中，证券市场又称公开市场，它是在比较广泛的制度化的交易场所，对标准化的金融产品进行买卖活动，是在一定的市场准入、信息披露、公平竞价交易、市场监督制度下规范进行的。而贷款者与借入者的融资活动在贷款市场（又称协议市场）上通过直接协议进行。在金融交易中，人们更重视的是信息的公开性与可得性，因此，证券市场的信息公开性与资金交割的竞争性更优。

（3）如果借款者在企业股权结构中占有较大份额，那么他运用企业借款从事高风险投资和产生道德风险的可能性就将大为减小。因为如果这样做，借款者自己也会蒙受巨大损失，所以借款者的资产净值越大，借款者按照贷款者的希望和意愿行事的动力就越大，银行债务拖欠和损失的可能性就越小。

华侨城集团应充分发挥证券市场力量，多渠道引入权益资本来降低集团较高的资产负债率，比如通过设立产业发展基金、推进混合所有制改革、发行永续债、债转股等多途径开展股权融资，夯实集团的权益资本。在面对不确定的形势导致集团负债率偏高、营运能力下降时，股权融资不失为一种很好的融资方式。

3. 债权融资

债权融资是指企业通过举债的方式进行融资。债权融资所获得的资金，企业首先要承担资金的利息，并在借款到期后要向债权人偿还资金的本金。债权融资的特点决定了其用途主要是解决企业营运资金短缺的问题，而不是用于资本项下的开支。

债权融资具有以下三个特点：（1）债权融资获得的只是资金的使用权而不是所有权，负债资金的使用是有成本的，企业必须支付利息，并且债务到期时须归还本金。（2）债权融资能够提高企业所有权资金的资金回报率，具有财务杠杆作用。（3）与股权融资相比，债权融资除在一些特定的情况下可能带来债权人对企业的控制和干预问题外，一般不会产生对企业的控制问题。

债权融资的主要类别有信用融资和项目融资。信用融资中包含个人信用、企业间的商业信用、金融机构贷款等。其中，金融机构贷款是主要形式，但对占民营企业绝大部分的中小民营企业来说，获得金融机构的贷款是一件很难的事情。项目融资是需要大规模资金的项目而采取的金融活动，借款人原则上将项目本身拥有的资金记取收益作为还款资金的来源，而且将其项目资产作为抵押条件来处理，该项目事业主体的一般信用能力通常不被作为重要因素来考虑。项目融资的方式包括无追索权的项目融资和有限追索权的项目融资。

具体而言，债权融资方式主要分为六类：（1）民营企业老板的私人信用，相当于民间的私人借款。这是民营企业债权融资的独特方式，是最不规范的企业融资方式，也是民营企业内最普遍的融资方式。融资金额一般较小，稳定性难以确定。（2）企业间的商业信用。这是以应付购货款和应付票据的方式从供货厂家进行资金筹集的一种方法，即通过企业间的商业信用，利用延期付款的方式购入企业所需的产品，或利用预收货款、延期交付产品的方式，从而获得一笔短期的资金来源。

（3）租赁。现代租赁是一种商品信贷和资金信贷相结合的融资方式，对需方企业来讲，它具有利用租赁业务"借鸡生蛋、以蛋还钱"的特点，以解决企业的资金不足，减少资金占用，发展生产，提高效益。目前租赁的形式很多，有经营租赁、代理租赁和融资租赁等。（4）银行或其他金融机构贷款。这种方法能够比较容易而迅速地达到融资的目的，其具体方式有票据贴现、短期借款、中期借款和长期借款。但是要大量及时取得银行等金融机构的贷款却是一件十分困难的事情，因为贷款人特别重视资金的安全性，并为此对企业提出了系统的财务指标控制如资产负债率、增长率、利润率等，尤其在企业暂时陷入困境时，很难满足银行的一系列要求。（5）从资本市场融资。企业可以通过在金融市场发行债券的方式融资，这主要用于筹集长期资金的需要。目前，我国债券市场规模偏小，品种单一，有待于进一步完善。（6）利用外资。其形式主要有卖方信贷、买方信贷、补偿贸易、外国政府贷款、国际金融机构贷款等。以上列举了六种类型的企业债权融资方式，对企业来说，其负债的种类是多种多样的，是多种负债形式的组合，企业应根据自己的经营状况、资金状况及所具备的条件，决定本企业的举债结构，并随时间及企业经营状况的变化随时调整这一举债结构。

华侨城集团曾多次公开发行公司债券来进行债权融资，借新还旧来缓解现金流紧张的问题。其最新的一次举债是 2020 年 11 月 6 日，华侨城成功发行了 20 亿元的 2020 年度第六期中期票据，票面利率 4.24%，发行期限 3+N 年，筹集资金拟用于偿还同年 11 月 10 日到期的中期票据。

4. 资产证券化

资产证券化是指以具有一定流动性而且有稳定的未来现金流的基础资产为偿付支持，根据实际情况进行信用增级，在此基础之上发行以资产为抵押的可交易证券过程。与其他融资模式相比，资产证券化更加关注基础资产的预期现金流价值。同时，资产证券化的融资资金的使用用途比较自由，企业可以不受严格限制地使用筹集资金，把基础资产产生的现金流转变为可以自由交易的融资资金，全面提升了企业对于资金的使用效率。

广义的资产证券化包括以下四类：（1）实体资产证券化：即实体资产向证券资产的转换，是以实物资产和无形资产为基础发行证券并上市的过程。（2）信贷资产证券化：就是将一组流动性较差信贷资产，如银行的贷款、企业的应收账款，经过重组形成资产池，使这组资产所产生的现金流收益比较稳定并且预计今后仍将稳定，再配以相应的信用担保，在此基础上把这组资产所产生的未来现金流的收益权转变为可以在金融市场上流动、信用等级较高的债券型证券进行发行的过程。（3）证券资产证券化：即证券资产的再证券化过程，就是将证券或证券组合作为基础资产，再以其产生的现金流或与现金流相关的变量为基础发行证券。（4）现金资产证券化：是指现金的持有者通过投资将现金转化成证券的过程。

狭义的资产证券化是指信贷资产证券化。具体而言，它是指将缺乏流动性但能够产生可预见的稳定现金流的资产，通过一定的结构安排，对资产中风险与收益要素进行分离与重组，进而转换成为在金融市场上可以出售的流通的证券的过程。简而言之，就是将能够产生稳定现金流的资产出售给一个独立的专门从事资产证券化业务的特殊目的公司（Special Purpose Vehicle，SPV），SPV 以资产为支撑发行证券，并用发行证券所募集的资金来支付购买资产的费用。

资产证券化具有以下几个特点：（1）利用金融资产证券化可提高金融机构资本充足率。（2）增加资产流动性，改善银行资产与负债结构失衡。（3）利用金融资产证券化来降低银行固定利率资产的利率风险。（4）银行可利用金融资产证券化来降低筹资成本。（5）银行利用金融资产证券化可使贷款人资金成本下降。（6）金融资产证券化的产品收益良好且稳定。

2012 年，华侨城实行了欢乐谷旅游主题公园入园凭证专项资产管理计划，这成了我国境内第一个旅游资产证券化的实例。华侨城欢乐谷旅游主题公园项目的成功得益于资产证券化的三大特征。第一，优质的基础资产。华侨城欢乐谷的规模庞大，在全国多个大城市都有分布，从而形成了巨大的旅游需求，基础资产有了稳定的现金收益保障。第二，强大的责任担保。华侨城集团作为华侨城 A 主题乐园项目的母公司，为该项目做了担保。有了华侨城补足现金流差额的承诺，该项目进展十分顺利，也提升了外界投资者对于该项目融资的期望值。第三，多重保障的信用增级制度。项目对发行的基础资产进行信用分级，分为优先级和次级收益凭证。优先级和次级分别供投资者和华侨城 A 购买，并且要确保优先级受益凭证完成本息偿付后才可以转让。这样由华侨城购买的次级受益凭证，在为投资者提供一定程度上的收益偿付保障的同时，还能为华侨城带来一定的收益。因此，华侨城美丽乡村建设也可以借鉴主题公园项目的资产证券化，用对用好资产证券化的三大优势，实现华侨城项目的又一次飞跃。

5. REITs（房地产投资信托基金）

REITs（房地产投资信托基金）是房地产证券化的重要手段，是一种以发行收益凭证来汇聚多数中小投资者的资金，由专门的投资机构进行房地产投资经营管理，并将投资收益按一定的比例分发给投资者的一种信托基金。REITs 较其他融资方式而言对于投资者有着较大的吸引力，凭借其自身的特点，不受募集金额限制地筹集大量资金，为中小投资者提供了投资利润丰厚的房地产行业的机会。同时，REITs 也有着专业的投资结构来进行房地产经营管理，在一定程度上分散了房地产投资风险，提高了投资者整体的平均收益率。

2006 年，华侨城开始将融资途径转向了 REITs 以期缓解当时的资金周转问题。然而，由于政策的束缚，当时的华侨城没有像最初富豪集团那样以 REITs 公募的形式筹集资金，而是另辟蹊径，转公募为私募，但以自身优势明显的基础资产为信托，同样汇集了大量资金，创建了独具特色的"准 REITs"融资模式。华侨城美丽乡村建设中同样可以采取"准 REITs"模式来进行融资。首先，以美丽乡村基础资产的未来现金流（例如旅游景点门票收入、店面租金收入、酒店收入等）为收益凭证，将他们私募发行给投资者以此来筹资；其次，借助专业的投资机构将筹集到的资金进行房地产投资经营管理，投资建成建设华侨城美丽乡村所需的设施设备；最后，利用这些完善的设施设备和一定的文化旅游宣传吸引游客，赚取的收益按一定的比例分发给投资者，如此往复，形成华侨城美丽乡村投融资的良性循环。

6. 财务投资

一般而言，股权投资分为财务投资和战略投资。财务投资是指企业以获取一定的收益、扩大企业规模和完成可持续发展为目标，主要通过溢价退出的形式实现企业资本增值的投资行为。财务投资包括单一股权投资和混合型投资。其中，混合型投资系指交易结构中除股权类投资外，还包含债券类业务的交易类型。

财务投资多为平时常见的 PE、VC 投资，多是在自己熟悉的行业里从纯财务回报角度来筛选项目，也就是低买高卖的"炒股"。PE 投资是私募股权基金的简称，是指投资于非上市股权，或者上市公司非公开交易股权的一种投资方式。VC（Venture Capital）投资，即风险投资，指向新企业提供资金以取得该公司股份的融资方式。VC 投资的主要投资者有：个人投资者、高技术投资基金、风险投资公司、投资银行、中小企业投资公司、大企业附属的分公司和风险投资公司等。VC 投资的投资对象一般是新创事业或是未上市企业。

华侨城集团花了很大精力在财务投资上，并且也取得了一定的成效。以华侨城集团与康佳集团共同重点打造的创投平台——康佳之星为例，依托于华侨城和康佳集团的产业资源生态优势，康佳之星通过创新基地、创投基金、科技电商等孵化服务，培育了众多备受资本青睐的产业独角兽。

7. 战略投资

战略投资（Strategic Investment）指的是特定经济主体为了在未来可预见的时期内获得收益或是资金增值，在一定时期内向一定领域的标的物投放足够数额的资金或实物的货币等价物的经济行为。投资可分为实物投资、资本投资和证券投资。前者是以货币投入企业，通过生产经营活动取得一定利润。后者是以货币购买企业发行的股票和公司债券，间接参与企业的利润分配。与单纯的财务投资不同的是，战略投资在筛选项目时尽管也会考虑财务回报，但出发点更多关注的是被投资的公司能否和自己公司的业务有所结合，能否协同放大优势。战略投资的特点是金额较大、持股时间较长、积极参与公司治理，投资者和公司之间在战略层面有一些合作。因此，战略投资的工作方向是分析本行业的市场环境进而寻找能够帮助企业长期发展并能带来一定财务回报的投资机会。

华侨城准确地洞察市场环境，对外也实现了多次意义深远的战略投资。例如，2018 年 6 月 5 日，华侨城集团与同程旅游集团达成战略合作，战略投资了同程旅游集团，总投资额度超过 20 亿元。华侨城集团战略投资同程旅游后，双方围绕旅游信息化、目的地资源整合、用户消费升级等展开全面合作，最大程度上发挥着双方的优势，为同程旅游丰富产业链打下了坚实的基础，同时也给华侨城带来了可观的投资回报。因此，华侨城美丽乡村建设应该认准战略合作伙伴，有远见地进行战略投资，促进其绿色且可持续的发展。

第四章

华侨城美丽乡村标准体系

第一节　资源管理服务标准

一、基本范畴

本标准规定了华侨城集团在美丽乡村开发运营过程中涉及的资源管理服务相关术语和定义。

本标准适用于华侨城集团在美丽乡村开发运营过程中涉及的资源管理服务，主要涵盖了主题特色资源、自然资源、人文资源和休闲游憩资源等的管理服务标准。

二、规范性引用文件

《乡村振兴战略规划》（2018—2022 年）

《美丽乡村建设指南》（GB/T 32000—2015）

《旅游景区质量等级的划分与评定》（GB/T 17775—2003）

《旅游景区服务指南》（GB/T 26355—2010）

《标志用公共信息图形符号　第 2 部分：旅游休闲符号》（GB/T 10001.2—2006）

《村庄整治技术标准》（GB/T 50445—2019）

《国家生态旅游示范区建设与运营规范》（GB/T 26362—2010）

《民族民俗文化旅游示范区认定》（GB/T 26363—2010）

《海南省美丽乡村建设考核办法（试行）》

《海南省美丽乡村规划建设技术导则（试行）》

《海南省美丽乡村建设标准》（DBJ 46—40—2016）

《景区村庄服务与管理指南》（DB33/T 589—2017）

《乡村旅游区等级划分与评定》（DB32/T 1666—2016）

《旅游温泉标识使用规范》（DB53/T 256—2008）

《温泉旅游服务规范》（DB53/T 257—2008）

《温泉旅游服务场所等级划分与评定》（DB53/T 258—2008）

《SPA 经营场所等级划分与评定》（DB53/T 259—2008）

三、术语和定义

下列术语和定义适用于本文件。

1. 美丽乡村

美丽乡村是指经济、政治、文化、社会和生态文明协调发展，规划科学、生产发展、生活宽裕、乡风文明、村容整洁、管理民主、宜居宜业的可持续发展乡村（包括建制村和自然村）。

2. 自然资源

自然资源是指天然存在的自然物（不包括人类加工制造的原材料）并有利用价值的自然物，如土地、矿藏、水利、生物、气候、海洋等资源，是生产的原料来源和布局场所。联合国环境规划署将其定义为在一定时间和技术条件下，能够产生经济价值，提高人类当前和未来福利的自然环境因素的总称。

3. 人文资源

人文资源是指人类创造的、反映各时代、各民族政治、经济、文化和社会风俗等，具有旅游功能的各种事物和因素。主要涵盖三大类，即古迹与建筑类、消闲求知健身类（包括科教文化设施、疗养和福利设施、娱乐场所、节庆活动、文艺团体等）和购物类（包括乡村购物场所等）。

4. 休闲游憩资源

休闲游憩资源是指可用于人们进行的既能使人放松身体，同时又使人精神得以提升的或生态，或文化，或康体，或游乐等一系列活动的资源，按其功能可分为生态游憩资源、文化游憩资源、康体游憩资源和游乐游憩资源。

5. 休闲游憩设施

休闲游憩设施是与各类休闲行为相适应的物质内容和物质承担者，是生活环境的必要组成部分。多样化的设施有助于形成丰富多彩的休闲行为；在一定程度上提高村民和游客休闲行为的舒适度和心理体验的满意度。

四、总体要求

1. 美丽乡村的总体特征要求

拟列入美丽乡村开发建设的村庄，须同时具备特色鲜明、市场共生、亮点突出的基本特征。比如在区域内具有历史底蕴、名人效应、风土人情、民俗文化、技艺传承等；能承接景区、度假区或区域内其他村庄的流量和服务功能，重点发展住宿、餐饮、购物、配套服务等；能突出打造休闲旅居、演艺娱乐、品牌餐饮、特色建筑、技艺再现、农事体验、田园观光、滨海亲海、水乡山林、农业科普、亲子研学、地域民俗等核心亮点。

2. 主题定位的整体内涵要求

主题定位高度依赖自身历史文化积淀、自然资源特征和地域风情民俗等并与之存在强烈的交互影响关系，与周边城市存在密切的经济、文化联系。比如应具备地貌、水文、气候、生物、人文景物、文化传统、民情风俗、体育娱乐等某一类或几类自然人文资源，涵盖海滩、温泉、森林、江河、湖泊、火山、高山、峡谷、草甸、饮食、购物、古建筑、民族风情、文化艺术、体育娱乐、野生动植物、历史文化古迹等的一种或多种，须有本地市场，尤其是特定城市目标市场的强力支撑。

五、特色资源管理服务标准

1. 美丽乡村主题特色

（1）主题定位明确，体现村庄的文化特色，打造具有当地乡风民俗的特色产品和活动。

（2）村庄整体布局应体现地域特色，结合地形、植被、水体等自然特色，形成地域性的自然乡村风貌，充分尊重当地的生活习俗及传统布局模式。

（3）挖掘当地具有一定特色的自然或人文资源，打造特色突出、吸引力强、观赏价值高的核心吸引。

2. 建筑风貌与环境

（1）村庄新建建筑保持与村庄的景观环境相协调，体现当地建筑风格及文化特色。

（2）充分挖掘建筑文化特色元素，构建村庄建筑风貌管控体系。

（3）村庄内的绿化、园林小品、入口标识等景观要素精心设计，与村庄整体的景观环境相协调。

（4）按照《村庄整治技术标准》（GB/T 50445—2019）的要求，保护好美丽乡村内的传统民居、祖屋、宗祠、土地庙、古井、古树等历史文化遗产与乡土特色元素。

六、自然资源管理服务标准

1. 科学利用自然景观资源

（1）科学合理地利用自然地形地貌、树林草地、河流湖塘等自然资源，将周围可利用景观融入村庄整体环境。

（2）村庄内主干道两侧可利用村庄现有树木花草，经精心设计、合理布局，形成村庄内主要的自然景观。

（3）河湖池塘周边环境美化宜尽量采用自然驳岸处理，结合植物营造良好的自然景观环境。

（4）鼓励利用现有农地田园作为村庄美化背景，如利用水稻田、果园林苗打造乡村田园景观等。

2. 自然资源维护管理

（1）对村庄整体自然景观资源的利用实行长效持久的管理维护机制，设立专项维护工作经费。

（2）对美丽乡村现有的林木、水体、植被等自然资源应进行生态保育，并保持原生态自然景观环境。

（3）有效联动和引导村民自觉维护好村庄整体自然景观环境，如建立丛林保护员机制，招聘当地村民以丛林保护员的身份参与到自然资源的保护维护中。

七、人文资源管理服务标准

1. 挖掘利用村庄传统特色文化

（1）充分挖掘村庄内现有的传统建筑、特色民俗，形成村庄特色的人文景观，打造体验性的文化活动，提升文化感染力。

（2）尊重村庄现有的节庆节事，以文化述说、故事演绎等方式呈现节庆节事的价值意义，提升文化体验感。

（3）结合村庄的特色文化元素，打造符合整体文化景观环境的景观小品、特色摆件、雕饰雕塑等，提升人文景观氛围。

（4）制作风格统一和符合村庄特色的村牌、门牌、牌匾。

（5）村庄内的民宅及新改建的建筑加入适量的特色文化要素，如采用粉刷墙绘的形式将建筑物打造成新的文化景观。

2. 完善文化基础设施

（1）加强完善村庄内现有的文化基础设施，如文化书屋、文创小站、艺术家基地、摄影基地、演艺场所等。

（2）构建文化创作服务平台，鼓励村民及社会文化工作者通过服务平台实现文化创作，以文化展览的形式将文化成果在村庄内展现。

（3）借助现代手机客户端如微信公众号创新推出村庄文化宣传平台，将体现村庄文化特色的文化成果实时公布展现到网上，同时村民和客户可借助平台分享各类信息及知识。

3. 弘扬社会主义核心价值观

（1）推行社会主义核心价值观教育宣传，如建立善行义举榜，定期更新弘扬村民自己的善行义举。

（2）推行中华优秀传统文化和诚信教育，通过墙绘、展览的形式呈现，营造良好的文化氛围。

4. 人文资源维护管理

（1）设置专项公共经费，用于文物、古建筑以及村庄文化设施的保护维护。

（2）实行人文资源维护保护制度，由专人负责监督管理村庄内的文物、古建筑以及村庄文化设施，对破坏、损坏的行为应给予一定处罚警戒。

八、乡村休闲游憩资源管理服务标准

1. 休闲游憩设施

（1）具有齐备、完好的户外游憩与室内休闲活动设施，布局合理，使用方便，能满足村庄日常游客接待需要，如设置适量可用于休息的座椅、景观凉亭、观景平台。

（2）游客休闲游憩设施和观景设施的造型与村庄的景观环境相协调，设施制作精美，有艺术感，材质生态环保且方便耐用。

（3）休闲游憩设施体现村庄文化特色，如设置具有乡村特色的吊床吊椅、秋千等。

（4）在河湖周边设置相应的环形步道，并符合周边整体的景观环境。

（5）村庄内可视条件设置烧烤平台，提供相应的烧烤设备租赁服务。

（6）村庄内可视条件建设房车露营基地，提供房车露营服务。

（7）定期对游客休闲游憩设施和观景设施进行维护，确保可以正常使用。

2. 乡村体验活动

（1）开展丰富的乡村特色文化体验活动，如民俗节庆体验活动、民间手工艺品制作体验、乡土食品制作体验、乡村特色文艺节目表演、乡村摄影、绘画、乡村写作研学等活动，活动参与性、体验性强，具有吸引力。

（2）开展类型多样的乡村旅游休闲游憩活动，如乡村观光、垂钓、采摘、乡间绿道、骑行、露营、徒步等活动，活动参与性、体验性强，具有吸引力。

（3）培育具有特色的多种类型的乡村旅游产业资源，如具有当地特色的种植业、养殖业、林产业、渔业、园艺花卉业、农产品加工业、特色文化产业、传统或具有特殊工艺的涉农和民俗产品加工业等，并进行旅游开发及旅游接待。

第二节　交通管理服务标准

一、基本范畴

本标准规定了华侨城集团在美丽乡村运营方面涉及的交通管理服务相关术语和定义。

本标准适用于华侨城集团在美丽乡村运营方面涉及的外部交通、内部游览交通、交通引导标识和停车设施等交通管理服务。

二、规范性引用文件

《乡村振兴战略规划》（2018—2022年）

《交通运输部　国家旅游局　国家铁路局　中国民用航空局　中国铁路总公司　国

家开发银行　关于促进交通运输与旅游融合发展的若干意见》（交规划发〔2017〕24号）

《交通运输标准化管理办法》（交通运输部令2019年第12号）

《国家低空飞行服务保障体系建设总体方案》

《无障碍环境建设条例》（中华人民共和国国务院令第622号）

《海南经济特区道路旅游客运管理若干规定》（海南省人大常委会公告第52号）

《美丽乡村建设指南》（GB/T 32000—2015）

《旅游景区质量等级的划分与评定》（GB/T 17775—2003）

《旅游景区服务指南》（GB/T 26355—2010）

《标志用公共信息图形符号　第2部分：旅游休闲符号》（GB/T 10001.2—2006）

《公路交通标志和标线设置规范》（JTG D82—2009）

《旅游规划通则》（GB/T 18971—2003）

《道路交通标志和标线　第2部分：道路交通标志》（GB 5768.2—2009）

《旅游客车设施与服务规范》（GB/T 26359—2010）

《公共信息导向系统设置原则与要求　第4部分：公共交通车站》（GB/T 15566.4—2007）

《旅游汽车服务质量》（LB/T 002—1995）

《内河旅游船星级的划分与评定》（GB/T 15731—2015）

《游览船服务质量要求》（GB/T 26365—2010）

《旅游信息咨询中心设置与服务规范》（GB/T 26354—2010）

《公共信息图形符号　第1部分：通用符号》（GB/T 10001.1—2012）

《旅游汽车服务质量等级划分与评定》（DB53/T 342—2011）

《无障碍设计规范》（GB 50763—2012）

《海南省无障碍环境建设管理条例（2020年版）》

《海南省美丽乡村规划建设技术导则（试行）》

《海南省美丽乡村建设考核办法（试行）》

《海南省美丽乡村建设标准》（DBJ 46—40—2016）

三、术语和定义

下列术语和定义适用于本文件。

1. 公共停车场

公共停车场是指利用公共空间的土地设置的向不特定的公共开放的机动车停放场地。

2. 生态停车场

生态停车场是指利用公共空间的土地设置的具有高绿化和高承载的停车场。

3. 旅游可进入性

旅游可进入性是指旅游者进入旅游地的难易程度和时效标准，其包括旅游者抵达旅游地的便捷程度和旅游中的舒适、方便程度。

4. 内部游览

内部游览是指在村庄或景区内部进行参观、欣赏名胜风景等。

5. 交通标识

交通标识是指用文字或符号传递引导、限制、警告或指示信息的道路设施。又称道路标识、道路交通标识。

6. 低空飞行

低空飞行是指包括乘坐通航飞机在低空进行海上观光或旅游景区观光，也包括从中心城市到村庄景点、景点到景点之间的低空旅游飞行。简单来说，前者是从乘坐飞机从某个站点出发再回到原地，后者是从一地到另一地的飞行旅行。

四、总体要求

1. 抵达美丽乡村的便捷程度

（1）直达机场距美丽乡村距离应在 30 千米以内。

（2）高速公路、国道、县道，进、出口与美丽乡村的距离应在 20 千米以内。

（3）客运火车站与美丽乡村的距离应在 20 千米以内。

（4）客用航运码头与美丽乡村距离应在 20 千米以内。

2. 依托城市（镇）抵达美丽乡村的便捷程度

（1）依托城市（镇）与美丽乡村距离应在 20 千米以内。

（2）设有城市（镇）内抵达美丽乡村的公共交通线。

（3）设有直达美丽乡村的旅游专线。

（4）设有候车亭，并设立相应的引导标识。

（5）设有可通达美丽乡村的连接城市（镇）主干道的公路路网体系，路面有硬化，路线畅通无阻。

3. 交通标识

（1）在城市（镇）内主干道设有通达美丽乡村的外部交通引导标识牌，并符合《公路交通标志和标线设置规范》（JTG D82—2009）的要求。

（2）标明美丽乡村外部道路位置。

五、内部游览交通

1. 游览线路

（1）进出口设置合理，分设不同的进出口，且易于查找。

（2）内部的游道或游览线路设置合理，应形成环线，不走回头路，具有一定观赏性，便于游客游览。

（3）内部游览线路与村庄内餐饮、住宿、娱乐休闲、主要景点等内容的联结度高，游览方便。

（4）美丽乡村内部游览道路铺装率应达到100%，便于游客行走。

2. 游步道

（1）在景观性较好的游览区域设置相应的游步道、汀步、栈道等设施，游步道等设计特色突出，有文化性效果，并制定游步道管理制度及服务规范。

（2）根据村庄内不同区域的地形地貌、使用功能，针对性设计与之适应的游步道，如平坦的区域设置柔和曲线状游步道，林地区域设置卵石步道等。

（3）游步道应符合村庄周边的自然景观和人文景观环境，与整体景观环境协调。

（4）游步道应采用便于行走且生态性的材料，如尽量使用卵石、石板、木头、木板等，少用或不用水泥、沥青等人工材料。

3. 电瓶车

（1）视条件可增设观光电瓶车，制定电瓶车管理制度及服务规范。

（2）在餐饮、住宿、游客服务中心等主要服务设施及主要景点设立电瓶车停靠点。

（3）电瓶车驾驶员须持证上岗，熟悉电瓶车使用说明，严格按照规定正常运营使用电瓶车。

（4）定期对电瓶车进行检查维护，组织对驾驶员进行安全行驶培训。

4.水上交通

（1）根据村庄的地理环境需要，设置水上通勤、体验项目设施，如游艇、摩托艇、汽艇、乌篷船、竹筏等，制定水上交通管理制度及服务规范。

（2）定期对水上交通载具、工具等进行检查维护，要求水上交通工具驾驶员持证上岗，并定期进行安全培训。

（3）设置水上交通工具停泊区，码头设置专人管理。

5.低空交通

（1）根据村庄的规模和旅游需求，可设置低空通勤、飞行体验项目等，制定专项管理制度及服务规范。

（2）定期对飞行设备、机具、伞具等按照国家和省级有关规定进行检修维护。

（3）飞行员、驾驶员及辅助工作人员等应按国家规定参与资格考试并持证上岗。

（4）对飞行员、驾驶员及辅助工作人员等进行定期安全培训。

六、交通引导标识

（1）设有在城市（镇）内主干道通达美丽乡村的外部交通引导标识牌，并符合《公路交通标志和标线设置规范》（JTG D82—2009）的要求。

（2）在城市主干道、高速路口等主要位置标明美丽乡村的引导标识，标识应明确村庄名字、距离等内容，并符合《公路交通标志和标线设置规范》（JTG D82—2009）的要求。

（3）村庄内的主要道路设有完善的道路交通标识，并符合《道路交通标志和标线 第2部分：道路交通标志》（GB 5768.2）的要求。

七、停车场

（1）设立相应的停车设施，以满足接待要求的生态停车场为宜，并制定停车场管理制度及服务规范。

（2）停车场设置相应的停车线、停车分区、出入口，设有方向引导指示标识，导向标志清晰，标识牌设计应符合《公共信息图形符号 第1部分：通用符号》（GB/T 10001.1—2012）的要求。

（3）制定停车场管理制度，设有专人值管。

（4）停车场应设计美观，有地方特色或有文化性，与村庄的景观环境相协调。

第三节 游览管理服务标准

一、基本范畴

本标准规定了华侨城集团在美丽乡村运营方面涉及的游览管理服务相关术语和定义。

本标准适用于华侨城集团在美丽乡村运营方面涉及的游客服务中心、游览管理、导游管理等游览管理服务。

二、规范性引用文件

《乡村振兴战略规划》（2018—2022年）

《美丽乡村建设指南》（GB/T 32000—2015）

《旅游景区质量等级的划分与评定》（GB/T 17775—2003）

《旅游景区服务指南》（GB/T 26355—2010）

《公共信息图形符号 第1部分：通用符号》（GB/T 10001.1—2012）

《标志用公共信息图形符号 第2部分：旅游休闲符号》（GB/T 10001.2—2006）

《旅游信息咨询中心设置与服务规范》（GB/T 26354—2010）

《旅游景区服务指南》（GB/T 26355—2010）

《旅游景区游客中心设置与服务规范》（LB/T 011—2011）

《导游服务规范》（GB/T 15971—2010）

《旅游景区公共信息导向系统设置规范》（LB/T 013—2011）

《旅游景区讲解服务规范》（LB/T 014—2011）

《绿色旅游景区》（LB/T 015—2011）

《景区标识标牌系统建设规范》（DB3301/T 0243—2018）

《导游服务质量等级划分与评定》（DB53/T 324-2016）

《无障碍设计规范》（GB 50763—2012）

《旅游厕所质量等级的划分与评定》（GB/T 18973—2016）

《海南省美丽乡村规划建设技术导则（试行）》

《海南省美丽乡村建设考核办法（试行）》

《海南省美丽乡村建设标准》（DBJ 46—40—2016）

《景区村庄服务与管理指南》（DB33/T 589—2017）

《乡村旅游区等级划分与评定》（DB 32/T 1666—2016）

三、术语和定义

下列术语和定义适用于本文件。

1. 游客服务中心

指为游客游览过程提供问询、资讯、销售、订阅、休息等综合性服务的公共服务设施。

2. 旅游厕所

位于美丽乡村、乡村旅游点等旅游活动场所中主要为旅游者服务的公共厕所。

3. 电子导游

电子导游是一种旅游讲解专用设备，以语音讲解的形式呈现美丽乡村的主要特色内容，以及主要游览景点介绍等，可设置录入多种语言版本的讲解介绍词。

四、总体要求

（1）构建完善的游览管理体系是推动美丽乡村旅游标准化发展的关键，包括诸如村庄游览管理机制、游客服务中心管理机制、导游管理机制、公共游览标识体系、旅游宣传推广体系等核心内容。

（2）提供高质量的公共服务是提升游览服务水准的重要举措，包括诸如公共基础服务设施、旅游服务中心服务要求、导游服务细则、电子导游服务等内容。

五、游客服务中心管理服务标准

1. 基本要求

（1）构建游客服务中心管理机制。

（2）游客服务中心设在主入口附近方便醒目的地点，如设在村委会的位置附近，或与村委会同属办公楼。

（3）游客服务中心标识牌的设计应符合村庄的建筑文化风格，与村庄整体景观环境协调，标识设计醒目，设立标识牌在显眼处以便于查找。

（4）新建及改建的游客服务中心的造型设计应景观化，色彩、外观与周边景观及村庄的文化特色相适应，能够烘托村庄的景观环境。

（5）游客服务中心的规模应满足基本的游客接待需求。

2. 设施与服务

（1）游客服务中心视条件可设置电脑触摸屏，内容丰富且基本能满足游客游览需求。

（2）游客服务中心提供适量的游客休息设施，包括休息座椅、茶几等。

（3）游客服务中心提供本村庄免费的游览、宣传资料及内部游程线路图。

（4）设置适量的工作人员为游客提供咨询服务，佩戴工牌，职责明确，服务良好。

（5）设立宣传栏，明示村庄内部相关游览活动、民俗节庆、赛事活动等活动预告及村庄介绍、特色文化相关内容。

（6）提供导游讲解服务，包括导游人员讲解及电子导游讲解设备服务等，并公布所在乡村导游人员的基本信息，包括照片、姓名、编号等，设立导游人员工作服务指南，明确导游人员的讲解职责和服务要求。

（7）游客服务中心视条件允许可提供饮料、纪念品及邮戳售卖等服务。

（8）游客服务中心内可设置公共厕所。

六、游览管理服务标准

1. 全景游览图

（1）村庄全景游览图设置于村庄主入口，标明现在位置及内部景点和服务设施的图示。

（2）村庄全景游览图要正确标明主要景点及旅游服务设施的位置，包括主要景点、游客服务中心、厕所、出入口、医务室、公用电话、停车场等，并明示咨询、投诉、救援电话。

2. 游览标识牌

（1）村庄内应设置引导方向或方位的指引标志，并符合《公共信息图形符号第1部分：通用符号》（GB/T 10001.1—2012）的要求。

（2）村庄的主要景点、古代建筑、古树名木或其他展示内容设置相应的介绍说明牌。

（3）村庄的标识牌体系布局合理、数量适当。

（4）村庄标识牌的设计制作精致耐用、简洁明了，具有艺术感，与村庄文化特色和景观环境相协调，符合《景区标识标牌系统建设规范》（DB3301/T 0243—2018）的要求。

（5）定期维护村庄内的标识牌，及时对已破损、损坏的标识牌进行修复或重新制作，以达到正常游览要求。

（6）标识牌应设置至少中英文两种语言对照，可视情况需要相应设置其他语言。

3. 公共信息图形符号设置

（1）村庄内的公共信息图形标识的内容、位置与范围，应符合《公共信息图形符号 第1部分：通用符号》（GB/T 10001.1—2012）的要求，如果现有的国家标准没有提供图形符号，可采用国际惯例或景区自行设计。

（2）在停车场、出入口、购物点、医疗点、公共厕所、餐饮设施等位置，合理设置公共信息图形符号。

（3）公共信息图形符号应规范设计，与村庄的景观环境相协调，具有村庄文化特色，有一定的视觉效果。

4. 宣教材料

（1）提供售卖风格统一、设计精美的宣教材料，包括村庄的游览图、明信片、宣传画册、旅游指南等，符合村庄的建设运营实际、村庄文化特色，适时更新。

（2）村庄游览图可设计成折叠形式的，利用卡通、水墨、彩绘等多种风格形式展现村庄内部游览的主要服务设施及主要景点，体现村庄文化特色。

（3）明信片可利用村庄主要景点、特色文化元素设计与之适应的形象图案，可通过卡通、水墨、彩绘等多种风格形式展现。

（4）宣传画册主要利用高清摄影大图呈现村庄的自然和人文景观资源，体现村庄的文化特色相关内容，生动形象地为游客展现村庄的特色内涵。

（5）旅游指南主要提供村庄的内部和周边区域的游览线路、餐饮及住宿等服务指引，还可包括天气查询、游览查询等内容。

七、导游管理服务标准

（1）可通过对当地居民进行系统专业的培训使之成为合格的导游讲解员，村庄导游讲解人员应热情周到、讲解耐心，数量与村庄的游客接待规模相适应。导游讲解服务至少提供普通话、英语或当地方言等语言服务，可视情况增加其他语言服务。

（2）村庄可提供电子导游讲解器，具备便携式可选择播放的功能，录入美丽乡村的简介及主要景点介绍等内容，可选择中文、英文、俄语、韩语、日语等多语言服务，主要针对境外游客游览需求。

（3）村庄游览导游词应科学、准确、有文采，讲解服务具有一定效果（清晰、生动、吸引人）。

（4）根据游客需要进行有针对性的导游讲解服务，能满足特殊人群的特殊需求。

第四节　餐饮管理服务标准

一、基本范畴

本标准规定了华侨城集团在美丽乡村运营方面涉及的餐饮管理服务相关术语和定义。

本标准适用于华侨城集团在美丽乡村运营方面涉及的餐饮场所、餐饮服务人员等餐饮管理服务。

二、规范性引用文件

《乡村振兴战略规划》（2018—2022 年）

《美丽乡村建设指南》（GB/T 32000—2015）

《旅游景区质量等级的划分与评定》（GB/T 17775—2003）

《旅游景区服务指南》（GB/T 26355—2010）

《旅游饭店星级的划分与评定》（GB/T 14308—2010）

《餐饮业和集体用餐配送单位卫生规范》（国卫办发〔2018〕15 号）

《公共场所卫生设计规范 第 1 部分：总则》（GB 37489.1—2019）

《公共场所卫生指标及限值要求》（GB 37488—2019）

《公共场所卫生管理规范》（GB 37487—2019）

《生活饮用水卫生标准》（GB 5749—2006）

《旅游餐馆设施与服务等级划分》（GB/T 26361—2010）

《标志用公共信息图形符号 第 1 部分：通用符号》（GB/T 10001.1—2006）

《公共信息导向系统设置原则与要求 第 1 部分：总则》（GB/T 15566.1—2007）

《标志用公共信息图形符号 第 2 部分：旅游休闲符号》（GB/T 10001.2—2006）

《公共信息导向系统设置原则与要求 第 8 部分：宾馆与饭店》（GB/T 15566.8—2007）

《旅游景区公共信息导向系统设置规范》（LB/T 013—2011）

《绿色旅游景区》（LB/T 015—2011）

《海南省美丽乡村规划建设技术导则（试行）》

《海南省美丽乡村建设考核办法（试行）》

《海南省美丽乡村建设标准》（DBJ 46—40—2016）

《景区村庄服务与管理指南》（DB33/T 589—2017）

《乡村旅游区等级划分与评定》（DB 32/T 1666—2016）

《农家乐经营服务规范》（SB/T 10421—2007）

三、术语和定义

下列术语和定义适用于本文件。

餐饮服务场所。利用村庄的空闲房屋资源或农户自家住宅及农家庭院为载体，经过精心打理、改造设计，营造良好的用餐服务环境，为消费者提供具有乡村情趣和农家生活特色的餐饮服务场所。

四、总体要求

（1）拟打造特色餐饮服务场所的美丽乡村，在满足食材、服务本土化的同时还应符合国家对餐饮服务质量的相关法律法规规定，完善必要性经营证照，如卫生许可证、食品经营许可证、排污许可证、营业执照和税务登记证等，以达到正式营业前的准入门槛。

（2）在经营管理期间，对餐饮设施和餐饮服务的质量监管是保证餐饮服务场所正常稳定运营的关键，构建完善的餐饮服务场所管理机制，明确诸如食品安全、卫生安全、消防安全等相关设施服务内容，及餐饮服务人员基本服务要求，是提高餐饮服务质量的重要保障。

五、餐饮场所管理服务标准

1.餐饮场所管理要求

（1）经营要求

①村庄的餐饮经营管理和服务项目应符合有关法律规定。

②按规定办理卫生许可证、经营许可证、排污证等，取得营业执照和税务登记证。

③明示服务项目，明码标价，禁止哄抬物价、欺客诈客。

（2）环保要求

①餐饮服务环境整洁，无散放垃圾、无污水或其他污染物。

②家禽、宠物实施疾病预防处理，出示相关证明。

③有环保宣传，如节约用水、减少使用一次性餐具的标识等，不使用不符合环

境保护要求的材料与原料。

（3）消防要求

①经营管理人员及其工作人员熟练掌握消防安全知识。

②室内装修、装饰应采用不燃、难燃材料。

③按照国家有关规定配置消防设施和器材，设置消防安全标识，并定期对消防设施和器材进行检查维护保养，确保消防设施和器材完好、有效。

④易燃易爆物品的储存和管理应符合消防安全规定。

（4）卫生要求

①饮用水应符合《生活饮用水卫生标准》（GB 5749—2006）的要求。

②餐饮服务人员应具有卫生常识，进行健康检查，取得至少乡镇医院出具的健康证明。

③餐饮场所卫生应符合《餐饮业和集体用餐配送单位卫生规范》（国卫办发〔2018〕15号）和《公共场所卫生设计规范　第1部分：总则》（GB 37489.1—2019）、《公共场所卫生指标及限值要求》（GB 37488—2019）、《公共场所卫生管理规范》（GB 37487—2019）等标准的相关要求。

④食（饮）品的加工制作应生熟分开。

⑤禁止加工经营病死、毒死或死因不明的禽、畜、水产动物及制品，未经检验或检验不合格的肉类及其制品，以及禁止经营和食用的野生动物。

⑥禁止使用使用了法规和标准规定的严禁使用的高度农药或使用农药未超过安全期的蔬菜、水果及其他可食农产品。

⑦应配备基本生活药品，经营管理者发现食物中毒或疑似食物中毒事故时，应及时向当地卫生部门报告，并积极救助。

2. 餐饮服务设施

（1）建筑与环境

①村庄内的农家乐、小餐馆等餐饮服务设施布局合理，方便游客寻找。

②村庄的餐饮经营点的建筑外观风格保持完好，装饰特色与村庄整体环境相一致，体现村庄特色历史文化。

③提供餐饮服务的建筑物独立设置，安全、稳固。

④在室外搭建的遮阳棚等装置安全、牢固。

（2）餐饮接待设施

①餐具使用、食品制作、储存等应符合《餐饮业和集体用餐配送单位卫生规范》的相关要求，使用餐饮设施消毒设备。

②餐具、饮具、台布、餐巾、面巾等每日清洗、消毒，符合《公共场所卫生设计规范 第1部分：总则》（GB 37489.1—2019）、《公共场所卫生指标及限值要求》（GB 37488—2019）、《公共场所卫生管理规范》（GB 37487—2019）等标准的相关要求。

③厨房灶台、加工案台、器皿洁净、无油渍，排烟机通风口无油垢。

④提供餐饮服务的建筑物独立设置，安全、稳固。

⑤菜肴具有突出的农家特色，并与村庄的文化、历史相吻合，有一定种类和数量的独家自创的特色菜肴。

⑥食品原料应保持新鲜，有农家特色。

⑦就餐区域干净、整洁、照明、通风良好，装饰装修特色突出。

⑧有与餐厅配套的公共卫生间，卫生间通风、照明良好，有抽水恭桶、洗手池等卫生设备。

六、餐饮服务人员管理服务标准

1. 餐饮服务人员的思想素质

（1）良好的思想素质是做好餐饮服务工作的基础。

（2）餐饮服务人员要树立牢固的专业思想意识。

（3）餐饮服务人员应满足基本职业道德要求：遵纪守法、诚信、公平、敬业，热情友好，不卑不亢。

2. 餐饮服务人员的业务素质

（1）良好的业务素质是做好服务工作的关键。

（2）餐饮服务人员应熟练掌握专业操作技能，讲究各种服务礼节问候礼、称呼礼、迎送礼、操作礼、仪表礼等。

3. 餐饮服务人员的文化素质

（1）餐饮服务人员要掌握的知识有：烹饪知识、食品营养卫生知识、地方特色文化知识、民俗和法律知识等。

（2）餐饮服务人员要讲好普通话，会使用敬语、礼貌用语。

（3）餐饮服务人员在与客人的交往中必须坚持"客人至上""得理也要让三分"的原则，要求机智灵活，应变能力强。

第五节　住宿管理服务标准

一、基本范畴

本标准规定了华侨城集团在美丽乡村运营方面涉及的住宿管理服务相关术语和定义。

本标准适用于华侨城集团在美丽乡村运营方面涉及的民宿运营、客房卫生、住宿餐饮等游览管理服务。

二、规范性引用文件

《乡村振兴战略规划》（2018—2022年）

《美丽乡村建设指南》（GB/T 32000—2015）

《旅游景区质量等级的划分与评定》（GB/T 17775—2003）

《旅游景区服务指南》（GB/T 26355—2010）

《旅游饭店星级的划分与评定》（GB/T 14308—2010）

《公共场所卫生设计规范　第1部分：总则》（GB 37489.1—2019）

《公共场所卫生指标及限值要求》（GB 37488—2019）

《公共场所卫生管理规范》（GB 37487—2019）

《旅游餐馆设施与服务等级划分》（GB/T 26361—2010）

《标志用公共信息图形符号　第1部分：通用符号》（GB/T 10001.1—2006）

《公共信息导向系统设置原则与要求　第1部分：总则》（GB/T 15566.1—2007）

《标志用公共信息图形符号　第2部分：旅游休闲符号》（GB/T 10001.2—2006）

《公共信息导向系统设置原则与要求　第8部分：宾馆与饭店》（GB/T 15566.8—2007）

《乡村旅游区等级划分与评定》（DB 32/T 1666—2016）

《乡村民宿服务质量规范》（GB/T 39000—2020）

《绿色旅游景区》（LB/T 015—2011）

《海南省美丽乡村规划建设技术导则（试行）》

《海南省美丽乡村建设考核办法（试行）》

《海南省美丽乡村建设标准》（DBJ 46—40—2016）

《景区村庄服务与管理指南》（DB33/T 589—2017）

《旅游景区公共信息导向系统设置规范》（LB/T 013—2011）

三、术语和定义

下列术语和定义适用于本文件。

乡村民宿。位于乡村内，利用村（居）民自有住宅、村集体房舍或其他设施，民宿主人参与接待，方便宾客体验当地优美环境、特色文化与生产生活方式的小型住宿场所。可以是满足基本住宿需求的普通民宿，也可以是在建筑设计、空间布局、装修装饰、景观营造，服务内容和方式等方面，体现本地域、历史、民族或乡土特色主题的民宿。

四、总体要求

乡村民宿经营场地应符合当地的国土空间总体规划、生态环境保护规划和民宿发展相关规划，无自然灾害（如塌方、洪水，泥石流等）和其他影响公共安全的隐患。发展乡村民宿要坚持生态环保、科学规划、凸显特色、共享发展的原则，实现经济效益、社会效益和生态效益相统一。乡村民宿经营活动，应当建立各项安全管理制度，具备必要的治安、消防、食品安全等方面的安全条件，符合卫生要求和有关服务规范要求。

五、民宿运营管理服务标准

1. 运营要求

（1）应依法取得相关经营证照，持证经营。建立民宿运营鼓励机制或运行机制。

（2）主题民宿的服务功能和设施要围绕主题，充分结合当地人文特色及生产活动，设计应体现在室内家具、景观盆栽、品牌符号、装饰艺术等细节上，视情况可增设游泳池和小花园等设施，方便客人消费活动。普通民宿应满足基本的居住需求，包括提供基本的床上用品、洗漱用品、生活用品等日常生活设施，设计上以简朴实用为主。

（3）乡村民宿经营场所名称和广告招牌统一规范使用"×××乡村民宿"特定名称，可结合民宿的主题风格对民宿名称进行专业性设计，如靠近林地果园可使用"喜林苑"，依山型民宿可使用"乡野山居"，民宿名称不得使用旅馆、旅店、旅社、宾馆、酒店、招待所等明显带有旅馆业性质的字眼及使用这些名称进行户外广告、网络营销。

（4）乡村民宿运营应做好主题定位、市场定位、服务定位等内容分析，充分结合当地村庄的资源特色和资源条件，有针对性地开展民宿运营管理工作，结合市场行情条件可适时提供特色化的服务，如根据季节提供应季果蔬，制定不同的游玩体验方案等。

（5）乡村民宿的主、客区相对独立，功能完善，布局合理。采光、通风、照明、隔音、遮光条件良好。应有不同类型的特色客房。

2. 管理要求

（1）诚信经营，产品和服务应合理收费、明码标价，无虚假宣传，不得纠缠客人或强行向客人销售商品、提供服务。

（2）民宿从业人员应当持有有效身份证件及健康合格证明，并经卫生和食品安全知识培训合格。

（3）经常维护场所环境清洁及卫生，避免蚊、蝇、蟑螂、老鼠及其他妨害卫生的病媒及孳生源；民宿公共场所卫生符合国家和省级有关公共卫生及旅店卫生管理等法规、规范。

（4）对残障人士、老年人、儿童、孕妇等需要帮助的特殊客人，应提供必要的设施设备，优先服务。

（5）民宿中喂养的猫、狗，做到定期洗澡打预防针。

（6）民宿经营者应当强化安全应急管理，建立健全安全应急预案，确定防汛、防台风安全联系人。发生突发安全事故时，乡村民宿经营者应当立即启动紧急预案，按照有关规定如实报告所在地人民政府，必要时协助有关部门做好消费者的转移工作。

（7）应建立客人人身财产安全保障制度，并与就近派出所或警务站（室）建立联系机制。

（8）消费者住宿安全须知置于民宿营业场所的醒目位置。

（9）广告牌、空调机等室外设施设备及线路应安装规范、牢固，不影响通行及人身安全，视觉效果好。

（10）每25米应至少配备一具2千克以上水基型灭火器或ABC干粉灭火器，并放置在各层的公共部。

（11）配备必要的防盗设施和视频监控设备，确保视频监控设备正常运行，频监控资料保存期限不得少于90日。

（12）每间客房应在明显部位张贴疏散示意图，并按照住宿人数每人配备手电筒、逃生用口罩或消防自救呼吸器等器材；疏散通道和安全出口应保持畅通，3层及3层以上楼层应每层配置逃生绳等逃生设施。

（13）民宿经营者对消费者活动中可能出现危险的情况负有提醒告知义务，在存在安全隐患的区域应当设置警示标识，并采取必要的防护措施。

（14）遇客人在店遗失物品情形，应迅速联系，妥善处理。

（15）应备有客人常用、应急且在保质期内的外用非处方药品和医疗用品（如创可贴等），并与周边医疗点建立联系机制。

3. 服务要求

（1）民宿业主应热爱生活，具备特色技能，主动与客人分享，亲自迎送客人，提供自然、温馨的接待服务。

（2）服务人员应文明礼貌、态度热情，具备为客人规划导游线路的能力，并能够为客人介绍当地村庄的风土人情。

（3）设有接待处，提供咨询、接待、入住登记、结账、留言等服务，服务响应及时。

（4）接待处应提供公用电话、物品寄存、雨具和充电设备出借等服务。

（5）接待住宿应当登记，登记时应当查验入住者身份证件，登记的信息应当通过乡村民宿治安管理信息系统前台设备或APP实时传输报送公安机关。

（6）提供现场、电话、网络等多种预订方式，预订手续便捷。

（7）接受国内信用卡结算及常用的移动支付方式。符合接待境外游客要求的，应能提供境外游客安全、便捷的支付方式。提供开具正规发票。

（8）免费提供覆盖民宿的安全、高速的无线上网服务。

（9）民宿内应设有多种规格的电源插座，应有2个及以上供客人使用的插位，开关与插座位置合理。

六、客房卫生管理服务标准

（1）客房及卫生间通风、采光良好。

（2）客房宜单设卫生间，通风、照明条件良好，并配置必要的辅助设施及盥洗用品，干湿分离，应有除臭和防滑措施。给排水设备完好。应24小时供应冷、热水，水流充足。

（3）床上用品做到一客一换，客人退房要更换被套、枕套、床单等，常住房的布草至少三天一换，随脏随换。

（4）客房枕芯、被芯、床垫定期检查，影响正常使用时进行更换。

（5）茶具、饮具在客房的每天撤换，在公共区域的每客一换，撤换出来的茶具、饮具要每天清洁消毒。

（6）客房卫生干净无死角（包括床头、床底、台面、洗脸池、开关、门把手等），用"白手套"验证检查。

（7）毛巾、浴巾一客一换、随脏随换。

（8）洗浴拖鞋、马桶一客一消毒。

（9）根据经营规模和项目设置清洗、消毒、保洁、盥洗等设施设备和公共卫生间，建立健全卫生管理档案，配备卫生相关的清洗消毒保洁设施设备。如因场所面积受限未能设置布草间的，可设布草柜；如因场所面积受限未能设置消毒间的，鼓励使用一次性公共用品用具，用于食品经营的工具、用具、容器设施等符合食品安全规定。

（10）员工宿舍保持卫生干净。

（11）木质结构住宿，工作人员应着"鞋套"进出客房做卫生，降低二次污染；夜间巡视避免打扰客人休息。

（12）客房应定时通风除异味。

（13）规范收集处理生活垃圾，开展生活垃圾简单分类，就地减量化、资源化处理。

七、住宿餐饮管理服务标准

（1）功能完善，布局合理，面积大小应与最大接待能力相匹配。采光、通风条件良好。

（2）餐具、酒具、厨具材质、样式的选择和摆放宜体现当地乡村特色、文化特色。

（3）餐具、酒具等各种器具配套无破损，配备相应的餐饮器具消毒设施，并有卫生的存放空间。

（4）提供早、中、晚餐，如不能供餐应提供替代方案。

（5）食用农产品宜遵循地产地销原则，使用当地特色食材。

（6）提供当地风味小吃、农家菜或特色药膳。菜肴烹调制作应体现农家风味、地方特色。

（7）主动介绍特色菜式，引导客人合理点餐，提倡健康饮食。餐饮解说体现文化内涵。

（8）提供当地自酿酒、饮料等特色饮品或特色面类食品。

（9）必须认真检查代加工食品及食品原料，发现有腐败变质或其他感官性异常的，不得加工或使用。

（10）提供可供客人亲身体验农家菜，制作农家小吃的共享农家厨房。

（11）配有与接待能力相匹配的冷藏、冷冻等设施设备，生、熟食品及半成品应分柜置放。

（12）厨房有专门放置临时垃圾的设施并保持其封闭，排污设施（地槽、抽油烟机和排风口等）保持畅通清洁，地面需防滑处理。

（13）提供给消费者使用的生活饮用水符合国家生活饮用水卫生标准要求。

（14）提供给消费者的食品符合食品安全法律、法规和标准要求。

（15）采取有效的消杀蚊蝇、蟑螂等虫害措施。

第六节　购物管理服务标准

一、基本范畴

本标准规定了华侨城集团在美丽乡村运营方面涉及的购物管理服务相关术语和定义。

本标准适用于华侨城集团在美丽乡村运营方面涉及的农村购物场所、农村电商管理等购物管理服务。

二、规范性引用文件

《乡村振兴战略规划》（2018—2022 年）

《美丽乡村建设指南》（GB/T 32000—2015）

《旅游景区质量等级的划分与评定》（GB/T 17775—2003）

《旅游景区服务指南》（GB/T 26355—2010）

《旅游电子商务网站建设技术规范》（GB/T 26360—2010）

《旅游购物场所服务质量要求》（GB/T 26356—2010）

《标志用公共信息图形符号　第 1 部分：通用符号》（GB/T 10001.1—2006）

《公共信息导向系统设置原则与要求　第 1 部分：总则》（GB/T 15566.1—2007）

《标志用公共信息图形符号　第 2 部分：旅游休闲符号》（GB/T 10001.2—2006）

《公共信息导向系统设置原则与要求　第 5 部分：购物场所》（GB/T 15566.5—2007）

《乡村旅游区等级划分与评定》（DB 32/T 1666—2016）

《绿色旅游景区》（LB/T 015—2011）

《海南省美丽乡村规划建设技术导则（试行）》

《海南省美丽乡村建设考核办法（试行）》

《海南省美丽乡村建设标准》（DBJ 46—40—2016）

《景区村庄服务与管理指南》（DB33/T 589—2017）

《购物场所旅游服务规范》（DB33/T 527—2016）

《旅游购物场所等级划分与评定》（DB53/T 309—2010）

三、术语和定义

下列术语和定义适用于本文件。

电子商务服务（点）。利用电子商务平台，为当地村民提供商品代购、产品代销及其他便民服务的站点。

四、总体要求

乡村购物场所经营应具有合法的营业资格和有效证照。购物场所销售的商品应符合国家对产品质量安全要求的相关规定，并具有一定量的地方特色产品。购物场所的建筑、附属设施、服务项目和运行管理应符合安全、消防、卫生、环境保护等国家有关法规和标准。

五、农村购物场所管理服务标准

1. 管理要求

（1）村庄内应增设管理部门对所有农村购物场所进行有效的日常管理，并制定相应的管理制度、运行机制、员工服务手册等，设专人负责日常监管村庄内购物场所运营情况，做好每日监管记录工作，确保经营管理工作稳步开展。

（2）购物场所应持有经当地工商部门办理的经营许可证及其他相关合法经营证件方可正常开展经营。购物场所应保持整洁干净，建筑、内部装修具有地方特色，柜台、货架工整、规范。

（3）在经营期间，购物场所的经营者有义务维持好门店经营的正常秩序，配合做好治安、消防、绿化、环卫等工作，如遇紧急情况或突发问题应及时向村庄内的主要管理部门汇报，切实需要报警的应在村庄内的管理部门引导下拨打报警热线。

（4）销售产品应明码标价，禁止哄抬物价、欺客诈客等。

（5）鼓励当地农户销售自家生产的特色农产品，鼓励文创经营者销售具有当地文化特色的手工艺品、纪念品、装饰品、画作等文创产品，鼓励提供具有当地特色的文化服饰租赁或购买服务等。

（6）禁止向村民或游客销售变质、过期食品，假冒伪劣产品，不合法不合规的商品。违规销售者由村庄内的主要管理部门予以一定处罚。

2. 服务要求

（1）服务人员应按相关服务要求做好日常经营服务工作。要注意自己的着装和仪容仪表，统一佩戴胸牌，亮照经营，无尾随兜售或强买强卖现象。

（2）服务人员熟悉和掌握所推销商品的性能、产地、特点，主动热情为游客介绍商品，服务过程中应有问有答，百问不厌，百拿不烦，尽量满足游客要求。

（3）禁止说地方俚语、脏话，不文明口头禅等不文明语言，影响顾客购买意愿。

（4）禁止对顾客有攻击性行为。

六、农村电商管理服务标准

1. 宣传购物

（1）主动在村里或者人多的地方宣传和讲解，让村民对网购及农村电商有初步了解。

（2）利用广播、电视、新媒体进行声音和视频宣传。

（3）定期在朋友圈转发公司微信公众号关于农村电商的资讯。

（4）构建村民与游客间的信任，利用物美价廉、种类繁多的优质水果，形成口碑相传，培养村民平台销售意识，养成游客网络回购的习惯。

2. 销售商运营要求

（1）华侨城商管部门要建立服务保障机制，为客户提供便捷快速的服务。

（2）华侨城商管部门应当及时有效处理客户投诉、交易纠纷等，处理流程应公开，处理过程应有记录保存。

3. 售后管理

（1）退货或换货技术服务要求

退货或换货技术服务要求包括但不限于：

● 销售商或者平台服务商与消费者沟通后，对符合退换货要求的商品，由消费者自行或者由销售商和平台服务商指定的配送商进行退换货商品的取件服务。

● 配送商根据销售商提供的退货或换货指令，提前联系消费者确定货物交接时间和地点。

- 提前确定消费者返回的商品和货款退回形式。
- 按销售商的退货或换货规定检查商品。
- 记录商品外部状况情况和附件情况，双方需在登记记录上签字，取回商品。
- 对符合规定的消费者按承诺时间方式退还货款。

（2）配送商和销售商关于退换货服务交接的要求包括：

- 按照合同约定的时间和地点与配送服务商进行退货或换货交接。
- 收到的退货或换货商品，应与配送服务商进行订单内容和商品内容的核对和检验。
- 对查验的商品认定无误后，在退货或换货商品交接记录上进行确认。平台服务商应提供退、换货管理规范及沟通方式。

（3）消费者定期回访制度

建立消费者定期回访制度，回访的方式可为电子邮件、电话、传真、短信等；回访期限根据配送的距离和发货的方式确定；回访由专人负责并记录登记。

第七节 文娱管理服务标准

一、基本范畴

本标准规定了华侨城集团在美丽乡村运营方面涉及的文娱管理服务相关术语和定义。

本标准适用于华侨城集团在美丽乡村运营方面涉及的乡村文化产业、乡村民俗演艺、乡村公益电影等文娱管理服务。

二、规范性引用文件

《乡村振兴战略规划》（2018—2022 年）

《美丽乡村建设指南》（GB/T 32000—2015）

《旅游景区质量等级的划分与评定》（GB/T 17775—2003）

《旅游景区服务指南》（GB/T 26355—2010）

《旅游娱乐场所基础设施管理及服务规范》（GB/T 26353—2010）

《标志用公共信息图形符号　第 1 部分：通用符号》（GB/T 10001.1—2006）

《标志用公共信息图形符号　第 2 部分：旅游休闲符号》（GB/T 10001.2—2006）

《公共信息导向系统设置原则与要求　第 1 部分：总则》（GB/T 15566.1—2007）

《绿色旅游景区》（LB/T 015—2011）

《海南省美丽乡村规划建设技术导则（试行）》

《海南省美丽乡村建设考核办法（试行）》

《海南省美丽乡村建设标准》（DBJ 46—40—2016）

《乡村旅游区等级划分与评定》（DB 32/T 1666—2016）

《景区村庄服务与管理指南》（DB33/T 589—2017）

《购物场所旅游服务规范》（DB33/T 527—2016）

《旅游购物场所等级划分与评定》（DB53/T 309—2010）

《文化部关于加强演出市场有关问题管理的通知》（文市发〔2011〕56 号）

《关于加快构建现代公共文化服务体系的意见》（中办发〔2015〕2 号）

三、术语和定义

下列术语和定义适用于本文件。

1. 文化创意产业

以创作、创造、创新为根本手段，以文化内容和创意成果为核心价值，以知识产权实现或消费为交易特征，为社会公众提供文化体验的具有内在联系的行业集群。

2. 营业性演出

是指以营利为目的，通过售票或者接受赞助、支付演出单位或者个人报酬、以演出为媒介进行广告宣传或者产品促销，以及以其他盈利方式组织的为公众举办的现场文艺表演活动。

四、乡村文创产业管理服务标准

（1）美丽乡村文创产业包括乡村文化、乡村艺术、乡村手工艺、乡村学堂、乡村画廊、乡村书屋等。

（2）构建专门性的乡村文创发展空间，为乡村文创配套相应的服务平台，创造良好的文创产业发展环境。

（3）突破传统乡村旅游模式，以农业产业为基础，以文化创意为中心，融合艺术创作、文化教育、科技与创意产业等功能，结合美丽乡村特色文化及乡风民俗，充分调动创作者和村民参与的积极性，实现推动文创产业发展。

（4）乡村文创工作人员应秉持热爱艺术、向往乡村的生活态度，对待消费者热情周到、主动耐心，积极为消费者提供高质量的服务。

（5）乡村文创工作人员应充分挖掘美丽乡村的文化特色，以服务消费者为宗旨，应时开发与村庄特色相结合且迎合市场需求的文创产品。

五、乡村民俗演艺管理服务标准

（1）有效宣传引导美丽乡村内的红白喜事、庆祝庆典等活动，倡导移风易俗、勤俭节约，若需要聘请演出团体表演的，需向当地文体部门申请演出许可。

（2）演出表演的节目必须积极健康，不得含有危害国家安全、破坏民族团结、宣传反动言论、渲染色情暴力等内容。

（3）严禁"三俗"现象，严禁将严肃题材娱乐化，严禁恶搞经典传统、恶搞红色文化、恶搞脱贫攻坚、戏谑崇高正能量、迎合少数群体的低级趣味等。

（4）发现乡村演出表演的节目存在相关违法现象，应第一时间予以制止；若在制止过程中发生不予配合、阻挠抵抗等行为，应及时通知当地派出所和文化市场监管部门，依法追究当事人责任。

（5）美丽乡村可定期组织开展与乡村主题文化特色相适应的节庆演出，并有效组织当地村民参与到演出活动中，丰富村庄整体文娱活动。

（6）外请的乡村演艺人员应训练有素，具有一定的表演专业素养，演出时应保持精神饱满的状态，面带微笑，禁止携带个人负面情绪参与演出。

（7）组织培养当地具备一定表演技能及专业素养的村民，定期打造符合当地美丽乡村特色文化的演艺节目。

六、乡村公益电影管理服务标准

（1）放映服务器必须符合国家相关技术标准，具有国家影视系统设备质量入网认定证书；放映服务器必须统一注册至国家广播电影电视总局电影数字节目管理中心。

（2）国家电影数字节目管理中心是农村公益电影放映节目的唯一来源，院线公司、管理服务站、放映队必须从节目管理中心选购影片。

（3）乡村公益电影放映影片的选购应广泛征求广大群众意见，选购宣传国家有关政策和法律法规、传承优秀传统文化、弘扬社会主义核心价值观以及农民群众生产生活所需和喜闻乐见的故事片、科教片和其他影片，让电影文化贴近广大群众生活。

（4）室外放映点的选择，应根据居民分布，在不影响交通运输和确保安全的情况下，选在开阔地带，放映点群众区和银幕应保持不小于3米的距离，场地宽度不小于16米，纵深不小于20米，避免在强光下放映，严禁在不公开和无人场所放映。

（5）公益电影放映前，可播放广告，公益电影的映前广告由华侨城统一经营，时间不超过10分钟，广告经营严格按照《广告法》规定执行。

（6）放映场地选择应远离交通要道、高压线、变压器、危房（墙）、易燃易爆物品、仓库、堆垛、水井、池塘等危险源，放映过程中要做好儿童、老人的引导，使其远离银幕、扬声器、电源线、危险源等。

（7）放映人员应为专职人员，具备年龄适宜（男60周岁以下，女50周岁以下）身体健康、政治合格、品质优秀等条件，可聘用当地村民作为放映人员。

（8）放映过程中放映人员必须精力集中，不得擅离职守，不准会客聊天、吸烟、饮酒或做其他与放映无关的事情。

（9）放映中如遇寻衅滋事、火灾等突发事件，放映人员应及时拨打报警电话，引导群众安全疏散，保护现场观众人身安全。

第八节　营销管理服务标准

一、基本范畴

本标准规定了华侨城集团在美丽乡村运营方面涉及的营销管理服务相关术语和定义。

本标准适用于华侨城集团在美丽乡村运营方面涉及的品牌招商、项目招商等营销管理服务。

二、规范性引用文件

《乡村振兴战略规划》（2018—2022 年）

《美丽乡村建设指南》（GB/T 32000—2015）

《旅游景区质量等级的划分与评定》（GB/T 17775—2003）

《旅游景区服务指南》（GB/T 26355—2010）

《乡村民宿服务质量规范》（GB/T 39000—2020）

《绿色旅游景区》（LB/T 015—2011）

《海南省美丽乡村规划建设技术导则（试行）》

《海南省美丽乡村建设考核办法（试行）》

《海南省美丽乡村建设标准》（DBJ 46—40—2016）

《乡村旅游区等级划分与评定》（DB 32/T 1666—2016）

《景区村庄服务与管理指南》（DB33/T 589—2017）

三、术语和定义

下列术语和定义适用于本文件。

1. 招商

招商，简单可以诠释成，人与人之间的关系，它是一项选择，也是一项替选。根据我国商法，招商，即招揽商户，它是指发包方将自己的服务、产品面向一定范围进行发布，以招募商户共同发展。

2. 品牌

品牌是销售者向购买者长期提供的一组特定的特点、利益和服务。

3. 品牌打造

品牌打造指通过一整套科学的方法，从品牌的基础入手，对品牌的成长飞跃、管理、扩张、保护程序等进行流程化、系统化、科学化的运作

4. 品牌推广

品牌推广是指企业塑造自身、产品及服务的形象，使广大消费者广泛认同的系

列活动过程。主要目的是提升品牌知名度。

5. 品牌影响

品牌影响力是指品牌开拓市场、占领市场，并获得利润的能力，品牌影响是核心影响力和外延影响力的综合反映，是影响力在更高层次上的提升和最集中体现，评价指标来源于消费者对品牌的直接评价和认可。

四、总体要求

美丽乡村营销，主要依托于乡村的自然资源特征和文化、物产资源。从营销内容上讲，主要包括乡旅招商、品牌打造、品牌推广；从营销形式进行分类，主要包含新媒体营销和传统营销。以上营销应全部紧紧围绕所在乡村的特色农产品、自然资源、文化资源，营销应成为美丽乡村建设推广的关键支撑，提升村庄作为旅游目的地的重要手段。

五、品牌招商管理服务标准

1. 品牌打造

（1）围绕"一村一品、一村一韵"的要求，深入挖掘村庄的特色资源，包括农业、手工业、服务业等，打造地方特色农产品、手工艺品、餐饮住宿等多种品牌。

（2）深入了解村庄的农业特色、资源条件，培育当地特色农产品或引入可在当地资源条件下生长生产的特色农产品，通过塑造品牌形象、设计品牌包装、营造品牌故事，全方位全系列打造符合当地村庄特色的农产品品牌。如利用扶贫助农产品，打造地方特色农产品。

（3）深入挖掘村庄传统特色的手工艺，打造特色手工艺学堂，依托专业院校培养传统技艺、市场管理等中高端人才，加强与特色文化的龙头企业合作办班，进一步将传统手艺传承下去。建立"华侨城公司＋营销公司＋农户"的产销组织模式，以创新为核心，从原材料、工艺技术、设计、色彩、包装等方面深入契合产品本身，讲好品牌故事，从生产管理营销全方位推动打造手工艺品牌。

（4）"美食，是乡村旅游的一大动力"。以围绕发展地道美食为核心，深入挖掘地方特有的食品原材料，采用地方特有的传统烹饪工艺，利用特色器皿装盛，打造具有当地文化风格的用餐环境，从选材到制作及用餐环境充分体现地方的原真性，塑造特色乡村美食品牌。

（5）积极学习国外乡村民宿品牌打造经验，围绕发展定位，村庄文化习俗，讲好文化故事，提供人性化服务，用情怀去打造符合地方文化特色的乡村民宿品牌。

（6）识别和确立所在村的农产品、手工产品、文化 IP 等产品定位和价值，明确客户群体，进行品牌包装。

（7）做好所在村的农产品、手工产品、文化 IP 等产品的品牌打造，围绕品牌的定位长期打造和丰满品牌的形象，如果品牌定位是时尚的，就要不断通过产品的开发、品牌营销的长期输出，不断强化消费者对品牌标签的认知。

（8）品牌是长期转化的，市场是瞬息转化的，通过品牌的持续输出，迅速进行市场变现，提升村庄的经济活力。

（9）电商品牌打造，对乡村特色农产品、手工艺品或其他特色产品进行包装，做好电商品牌打造，扩大品牌影响力，可参考李子柒螺蛳粉、三只松鼠、百草味等成功案例。

（10）电商品牌打造可通过网红带货、明星代言、广告植入等方式扩大品牌影响力。

2. 品牌推广

（1）新媒体营销推广

①利用新媒体进行营销，采用微博、微视频、抖音短视频、VLOG 等形式，通过多种 APP 平台进行创新性目的地营销，塑造清晰的目的地品牌形象，做好文创营销推广，以达到吸引客流量的目的。

②营销内容应契合所在乡村的地脉文化、一方风土；让乡旅内容宣传更接地气，切实为所在村庄带来变现和实质意义。

③营销过程通过核心吸引物增加客户兴趣，增强客户的参与意愿，形成客户自发的口碑宣传，如自行录小视频、拍照片、写文案并通过多种 APP 平台传播。

（2）传统营销推广

①根据具体情况在国家级或省级媒体平台上进行品牌推广。

②运用大型节事活动积极进行旅游针对性品牌推广，扩大目的地市场范围和认知程度，提升旅游目的地知名度。

六、项目招商管理服务标准

1. 乡村实体店铺运营分类

（1）按照合作模式分类

①华侨城集团按照固定租金同村民签订合作协议。

②华侨城集团根据利润分成情况同村民签订合作协议。

（2）按照经营模式分类

乡村实体店铺如民宿、小档口、小娱乐场所，分为华侨城集团自营和招商两种模式。

2. 乡村实体店铺经营性项目招商

（1）华侨城集团与有意向投资运营的客户进行初步意向洽谈，了解具体投资事宜。

（2）已确定有初步投资意向的客户，填写客户意向申请表，提交相关申请材料；同时招商工作人员结合实际，带客户现场参观讲解，了解村庄的整体建设运营情况。

（3）待运营项目经双方商谈切实可行，应签订美丽乡村项目投资运营确认书，并提交保证金。

（4）项目最终应签订合同，依据合同规定履行后续项目实施运营的各项要求。

3. 乡村电商招商

（1）华侨城集团向村民进行电商销售推广宣传，并制定合理的利润分成方案。

（2）华侨城集团根据所在村庄实际情况同有意向的合作村民商定具体的利润分成方案并签订合同。

（3）通过电商平台帮村民做好合作产品的线上渠道分销，线上渠道包含淘宝、京东、抖音等电商平台和旅行社的线上打包合作。

4. 商户员工管理

（1）仪容仪表

①保持统一着装，衣服保持整洁，衬衫纽扣要扣牢，无掉扣脱线，无污渍，禁止卷袖口及长裤裤脚。

②保持身体、头部、口腔干净无异味，头发清爽整齐、无头屑。

③指甲整洁，不留长指甲，建议选择透明颜色指甲油。

④不得佩戴夸张饰品，不使用味道浓烈的香水。

（2）接待礼仪

①目视顾客，面带微笑，充分体现出友善与尊敬。

②不可抖动两脚，不可跷二郎腿，不可瘫坐于凳子上。

（3）商户员工个人行为规范

①员工不允许于公共区域及租赁范围内喝酒、打牌、下棋、衣冠不整等有损美丽乡村和商户品牌形象的行为。

②员工不得违反服务规范，应积极配合管理部门处理售后服务，不得出现刁难、打骂、讽刺、挖苦顾客等损害消费者人格尊严的行为。

③员工在村庄内不得出现挑拨离间、聚众闹事、大声争吵、打架斗殴的行为，如出现上述情形，立即严肃处理，违反治安管理或刑事犯罪的，交公安机关处理。

④每位员工有义务维护美丽乡村的形象，保守商业机密。

⑤拾到他人财物须及时上交至现场营运人员。

5. 商品与物料进出

（1）在营业时间运送特殊物品（超高、超长、超重）需通知现场管理人员，并由管理人员现场监督。

（2）餐饮类商户在运送原材料、液体、泔水或有异味的物品时，必须密闭运输，不得溅洒在公共区域。

6. 经营数据采集

各商户需配合将每日经营数据进行上报，由华侨城统一运用专业系统对销售数据进行分析，便于对各商户提供有针对性的经营指导及帮扶。

7. 经营环境维护

（1）营业前须完成店铺内清洁、垃圾倾倒、陈列等一切营业准备。若清洁过程中水溅洒至地面，须及时清理，以防行人滑倒。

（2）营业期间须保证商户铺内的整洁，同时要维护公共区域的卫生环境。

（3）店铺生活垃圾须于非营业时间丢弃在指定垃圾堆放点，橱窗装饰、纸箱、木箱等大型垃圾，应运送至指定区域堆放。

（4）餐饮店铺（含咖啡、饮料等休闲餐饮）的经营性垃圾、泔水等，须按指定路线进行清运。且运送过程中须密封存放，不得滴漏污染公共区域环境。

（5）店内收银台、垃圾桶等陈设不得杂乱，清洁工具、包装箱等杂物不得暴露在经营区。

（6）店铺内地板、通道玻璃、陈列道具等，都必须保持整洁，橱窗玻璃须干净明亮，及时清除残留广告胶纸、手印、灰尘等。不得擅自在橱窗外侧增加装饰、广告等。

（7）在美丽乡村内任何地方均不允许随地吐痰、乱扔垃圾。

（8）未经许可不得擅自在店铺红线外摆放一切物品。

（9）不得蓄意破坏公共财产及设施。

（10）禁止携带法律规定的违禁品进入美丽乡村。

（11）店铺应配合美丽乡村的日常工作，如各项排查、消防检查、加班留守等事宜。

（12）其他影响美丽乡村形象的行为，经管理人员提出后须及时改正。

8. 合法经营

（1）备齐营业执照及餐饮经营相关证照并亮证经营。

（2）遵照相关消防规定，于店内配置足够的消防灭火器材。

9. 经营品类

（1）店铺内经营品类须符合按双方合同约定的经营范围要求。

（2）新增经营项目需向管理部门提交申请，审核通过后方可。

（3）不得违反食品安全监管相关法律法规。

10. 外摆规范

（1）商户外摆不得超过各铺外摆画线区域。

（2）外摆费用统一按外摆收费标准收费。

（3）未经允许不得私自占用公共区域。

（4）严禁对外出租外摆空间或档位。

11. 广告画、店招、雨棚、雨伞标准

（1）商铺店招、侧招需安放在规定地点，未经允许不得随意增加或修改店招、侧招。

（2）设置商铺雨棚需按装修管理制度进行申请，经批准后增加。外摆雨伞需按相关管理规定设置摆放。

（3）商户若要在店铺门前区域安放广告画、POP，需提前向运营人员报备，并

提供效果图，审核通过后方可安装，广告画设计标准参考相关管理标准。

第九节 环境管理服务标准

一、基本范畴

本标准规定了华侨城集团在美丽乡村运营方面涉及的环境管理服务相关术语和定义。

本标准适用于华侨城集团在美丽乡村运营方面涉及的乡村卫生环境、乡村生态环境等环境管理服务。

二、规范性引用文件

《乡村振兴战略规划》（2018—2022 年）

《美丽乡村建设指南》（GB/T 32000—2015）

《旅游景区质量等级的划分与评定》（GB/T 17775—2003）

《旅游景区服务指南》（GB/T 26355—2010）

《旅游娱乐场所基础设施管理及服务规范》（GB/T 26353—2010）

《生活垃圾分类标志》（GB/T 19095—2008）

《公共场所卫生设计规范 第 1 部分：总则》（GB 37489.1—2019）

《公共场所卫生指标及限值要求》（GB 37488—2019）

《公共场所卫生管理规范》（GB 37487—2019）

《环境空气质量标准》（GB 3095—2012）

《声环境质量标准》（GB 3096—2008）

《地表水环境质量标准》（GB 3838—2002）

《旅游厕所质量等级的划分与评定》（GB/T 18973—2003）

《无障碍设计规范》（GB 50763—2012）

《水土保持综合治理》（GB/T 16453.1—2008）

《村庄整治技术标准》（GB/T 50445—2019）

《标志用公共信息图形符号　第1部分：通用符号》（GB/T 10001.1—2006）

《标志用公共信息图形符号　第2部分：旅游休闲符号》（GB/T 10001.2—2006）

《公共信息导向系统设置原则与要求　第1部分：总则》（GB/T 15566.1—2007）

《绿色旅游景区》（LB/T 015—2011）

《海南省美丽乡村规划建设技术导则（试行）》

《海南省美丽乡村建设考核办法（试行）》

《海南省美丽乡村建设标准》（DBJ 46—40—2016）

《乡村旅游区等级划分与评定》（DB 32/T 1666—2016）

《景区村庄服务与管理指南》（DB33/T 589—2017）

《建设用地土壤修复技术导则》（HJ 25.4—2019）

三、术语和定义

下列术语和定义适用于本文件。

1. 乡村卫生环境

指乡村范围内的环境卫生，主要包括村道、公共场所、水域等人流活动较为集中的区域环境整洁，以及村庄内的生活垃圾、农林牧废弃物、粪便等收集、清除、运输、中转、处理、处置、综合利用等。

2. 乡村生态环境保护

指乡村范围内，主要管理部门通过一定行政、经济、科技、宣教等手段保护村庄的自然生态要素、系统和区域。

3. 乡村人文环境

指乡村范围内由于人类活动不断演变的社会环境，是人为因素造成的、社会性的，而非自然形成的，包括乡风民俗、历史文化、建筑风貌、遗址遗迹等。

四、总体要求

建设美丽乡村，发展乡村旅游经济，改善乡村人居环境，激发潜在的农业经济活力，传承生态文化，培育和谐可持续发展的绿色乡村，共建美好乡村环境是美丽乡村环境建设的重要内涵。美丽乡村建设要做好村庄环境卫生的保障工作，乡村环境卫生范围，主要包括村道、公共场所、水域等村民和游客密集的区域；乡村生态的维护，要包括乡村绿地覆盖、生态修复等。

五、乡村卫生环境管理服务标准

1. 环境卫生

（1）构建村庄环境卫生管理机制，建立责任到人工作机制。

（2）针对村庄自然环境的特殊性，定期做好防蚊虫及蛇的消杀工作，也可种植种有驱蛇、避蛇作用的植物，如驱蛇草、望江南等。

（3）村庄内无乱堆、乱放、乱建现象，施工场地维护完好、美观。

（4）主要游览公共区域无污水、污物。

（5）主要建筑及各种设施设备无污垢、无剥落，正在建设使用的建筑及设备除外。

（6）村庄主要道路、建筑沿街等公共区域清新，无异味。

（7）各类场所包括餐饮场所、游泳场所、小型娱乐场所等要满足《公共场所卫生设计规范　第1部分：总则》（GB 37489.1—2019）、《公共场所卫生指标及限值要求》（GB 37488—2019）、《公共场所卫生管理规范》（GB 37487—2019）的要求。

2. 废弃物管理

（1）污水排放

①村庄内的公共区域及公共服务场所无明显的污水，污水应经过处理后正常排放，不污染地面、河流、湖泊、海滨等。

②村庄内应设有集中的污水处理点，公共服务场所应设置简易并符合政府管理要求的污水处理设施。

（2）垃圾管理

①村庄应设置垃圾集中收集点，统一收集村庄内的生活垃圾、废弃物品等。

②垃圾应实行分类收集、封闭运输、无害化处理和资源化利用，应合理设置垃圾收集点，配置垃圾箱、垃圾清运工具。

③主要街道及公共服务场所应设置适量的垃圾桶，公共区域的垃圾箱（桶）设计应美观、简洁、大方，并符合村庄的文化特色，与整体村庄景观环境相协调。

④垃圾桶（箱）应具备垃圾分类功能，按照《生活垃圾分类标志》（GB/T

19095—2008）进行标识。

⑤有专人负责村庄内的主要街道及其他公共区域的垃圾清扫和环卫清洁等，当日垃圾应当日收集处理完毕，不留陈垃圾。

（3）垃圾处置

①村庄内可视情况需要设置简易垃圾处理场，垃圾处理场选址应远离人流集中的区域。

②垃圾不乱堆放，严禁就地露天焚烧或掩埋垃圾和农作物废弃物。

（4）吸烟区管理

村庄内应划分有吸烟区与非吸烟区，标志清楚且管理到位，或村庄内全部为非吸烟区，且管理到位，对非吸烟区吸烟行为，管理措施明确，管理行为到位。

（5）公共厕所

①村庄内应布置合理的公共厕所，并符合《旅游厕所质量等级的划分与评定》（GB/T 18973—2003）的要求。

②公共厕所的位置相对隐蔽，但易于寻找，方便到达，并适于通风、排污。

③步行30分钟范围内应设置有公共厕所。

④游客高峰期可视情况增设流动厕所。

⑤公共厕所应采用水冲或使用生态厕所。

⑥公共厕所应设置第三卫生间或残疾人厕位，并符合《无障碍设计规范》（GB 50763—2012）的要求。

⑦公共厕所应设置隔板和门，具备盥洗设施（水龙头）、挂衣钩、卫生纸、皂液、面镜、干手设备、烟缸等实用有效的使用设施。

⑧根据村庄的文化特色和整体景观环境特点对公共厕所进行装饰与布置，厕所外观、色彩、造型与村庄整体景观环境协调。

⑨公共厕所应设有专人负责日常清洁，并实行厕所日常管理制度。

⑩公共厕所应清洁到位，地面无异味、无秽物、无积水。

六、乡村生态环境保护管理标准

1. 环境质量

（1）空气质量达到国标一级标准，参照《环境空气质量标准》（GB 3095—

2012）。

（2）噪声指标达到国标一类标准，参照《声环境质量标准》（GB 3096—2008）。

（3）地表水质量达到国标 II 类要求，参照《地表水环境质量标准》（GB 3838—2002）。

2. 环境保护

（1）明确相关人员对村庄建设的保护责任，形成人人关心生态、爱护生态、参与生态保护的良好氛围。

（2）对村庄的山体、森林、湿地、水体、植被等自然资源进行生态保育，保持原生态自然环境。

（3）开展水土流失综合治理，综合治理技术按《水土保持综合治理》（GB/T 16453.1—2008）的要求执行，防止人为破坏造成新的水土流失。

（4）水岸边宜种植相应的适生植物，绿化配置合理、养护到位。

3. 生态修复

（1）按《村庄整治技术标准》（GB/T 50445—2019）的要求对村庄内坑塘河道进行整治，保持水质清洁和水流通畅，保护原生植被。

（2）改善土壤环境，提高农田质量，对污染土壤按《建设用地土壤修复技术导则》（HJ 25.4—2019）的要求进行修复。

（3）实施增殖放流和水产养殖生态环境修复。

（4）外来物种引种应符合相关规定，防止外来生物入侵。

第十节　安全管理服务标准

一、基本范畴

本标准规定了华侨城集团在美丽乡村运营方面涉及的安全管理服务相关术语和定义。本标准适用于华侨城集团在美丽乡村运营方面涉及的消防、治安、医疗卫生、交通、食品、网络、意识形态、应急等安全管理服务。

二、规范性引用文件

《中华人民共和国食品安全法》

《中华人民共和国民用航空法》

《计算机信息网络国际互联网安全保护管理办法》（公安部令第 33 号）

《乡村振兴战略规划》（2018—2022 年）

《美丽乡村建设指南》（GB/T 32000—2015）

《旅游景区质量等级的划分与评定》（GB/T 17775—2003）

《旅游景区服务指南》（GB/T 26355—2010）

《乡村民宿服务质量规范》（GB/T 39000—2020）

《建筑物防雷设计规范》（GB 50057—2016）

《建筑材料及制品燃烧性能分级》（GB 8624—2012）

《安全标志及其使用导则》（GB 2894—2008）

《标志用公共信息图形符号　第 1 部分：通用符号》（GB/T 10001.1—2006）

《公共信息导向系统设置原则与要求　第 1 部分：总则》（GB/T 15566.1-2020）

《绿色旅游景区》（LB/T 015—2011）

《海南省美丽乡村规划建设技术导则（试行）》

《海南省美丽乡村建设考核办法（试行）》

《海南省美丽乡村建设标准》（DBJ 46—40—2016）

《乡村旅游区等级划分与评定》（DB 32/T 1666—2016）

《景区村庄服务与管理指南》（DB33/T 589—2017）

《燃气室内规程设计施工验收技术规范》（DB11/T 301—2017）

《农村家庭用户天然气管道工程技术规范》（DB11/T 1632—2019）

《餐饮服务单位使用瓶装液化石油气安全条件》（DB11/T 450—2016）

《农村家庭用户天然气管道工程技术规范》（DB11/T 1632—2019）

三、术语和定义

下列术语和定义适用于本文件。

1. 安全管理

安全管理，是指安全部门的基本职能，通过运用行政、法律、经济、教育和科学技术手段等，协调经济发展与安全生产的关系，处理好集体、个人有关安全问题的相互关系，使集体内部经济发展的同时能满足集体及个人的安全要求，保证生产运营活动顺利进行。

2. 网络安全

网络安全，是指网络系统的硬件、软件及其系统中的数据受到保护，不因偶然的或者恶意的原因而遭到破坏、更改、泄露，系统连续可靠正常地运行，网络服务不中断。

3. 意识形态安全

意识形态安全包括道德安全、政治信仰安全和宗教信仰安全。坚持马克思主义在意识形态领域的指导地位，是意识形态安全的核心任务。

四、总体要求

高质量推进美丽乡村建设，必须坚持生命至上、安全第一，长效稳定、依法治理，系统建设、过程管控，统筹推动、综合施策的基本原则，建立以安全生产为基础的综合性、全方位、系统化的乡村安全发展体系，乡村安全主要包涵乡村消防安全、治安管理、食品安全等。安全管理的基本内涵就是要求将安全发展作为一种方式，把安全作为一种状态，使村民和游客的安全感更加充实，安全更有保障、更可持续。

五、消防安全

（1）设有乡村民宿、农家乐、乡村酒店等经营性场所的村庄，其消防安全布局、消防车通道、消防水源、消防电源、消防通信、消防装备、消防组织等应符合当地乡镇总体规划、村庄规划的要求。

（2）装修材料的燃烧性能等级应符合国标《建筑材料及制品燃烧性能分级》（GB 8624—2012）的要求。

（3）室内燃气工程的设计、施工及验收应符合《燃气室内规程设计施工验收技术规范》（DB11/T 301—2017）以及《农村家庭用户天然气管道工程技术规范》

（DB11/T 1632—2019）的要求；使用瓶装液化石油气的乡村民宿、农家乐、乡村酒店等营业性场所，应满足《餐饮服务单位使用瓶装液化石油气安全条件》（DB11/T 450—2016）的要求。

（4）电气产品、线缆应采用符合现行国家标准的合格产品。

（5）位于可能发生对地闪击地区的乡村民宿，其防雷设计应符合《建筑物防雷设计规范》（GB 50057—2016）的规定。

（6）根据具体需求，村庄内可设置微型消防站，主要的餐饮、服务设施应设置消防设施设备，并组织定时检查维护。

（7）定期组织对经营性场所的从业员工及村民进行全员消防培训。

（8）从业员工及村民应具备火灾的预防措施、初期火灾扑救常识、疏散逃生知识及如何正确操作使用灭火器、水带等基本能力。

六、治安管理

（1）旅游安全资讯可通过广播、新媒体、手机短信等多种渠道预警发布。

（2）建立旅游安全管理制度、突发事件应急预案，进行旅游安全培训。

（3）配备充足的，且完好有效的消防、救护等设施设备。

（4）山地、水域等危险地段有明显警示标志，并按《安全标志及其使用导则》（GB 2894—2008）的要求设置，特殊危险地段应有专人看守。

（5）在停车场、主要游览区域和危险地段，设置24小时监控（监控留存时间不得低于30天）。

（6）配备合理数量的秩序维护人员，并配备适量对讲机，发现危险情况及时沟通解决，必要情况按照规定程序及时同警务部门联系。

七、医疗保障

（1）设置专为游客的医务室，同时兼为内部员工服务。

（2）设有专职医护人员，配备日常药品、急救箱、急救担架，以及乡村水上旅游区、山地旅游区的救护设备。

（3）建立紧急救援体系，内部救援电话，并向游客公布且畅通有效。

（4）华侨城应与相关单位签订专门救护运送协议，及时发现，安全运送。

（5）建立健全基本公共卫生服务体系。建有符合国家相关规定、建筑面积≥60平方米的村级卫生室。

（6）建立统一、规范的村民健康档案，提供计划免疫、传染病防治及儿童、孕产妇、老年人保健等基本公共卫生服务。

（7）根据所在乡村具体情况，医务室可常备蛇、犬类、蚊虫等咬伤的急救药物。

（8）村庄内医务工作人员务必熟知动物咬伤的急救常识，做好初步急救工作。

八、交通游览安全

（1）村主干道建设应进出畅通，路面硬化率达100%。

（2）村内道路应以现有道路为基础，顺应现有村庄格局，保留原始形态走向，就地取材。

（3）旅游旺季，秩序维护部门负责人应组织做好村庄内部车辆分流，避免交通堵塞。

（4）乡村道路应按照交通法规的要求进行限行、限速，保障村民和游客的安全。

（5）制定乡村内电瓶车安全管理制度，村内聘任的电瓶车司机应持驾驶证上岗。

（6）定期对电瓶车司机、水上交通驾驶员、飞机驾驶员和秩序维护员进行技能培训和安全教育，要求其掌握基础救生知识；水上交通驾驶员除驾驶证外，应持有救生员证。

（7）水上交通工具应配备救生衣、救生圈，游客乘坐水上交通工具时必须着救生衣。

（8）低空飞行应遵守《中华人民共和国民用航空法》《通用航空飞行管制条例》等法规要求，并做好安全保障措施。

（9）有关涉水和低空飞行的交通工具，游客服务中心应安排为乘客购买保险。

九、食品安全

1. 采购

（1）采购原材料应按该种原材料质量卫生标准或卫生要求进行。

（2）购入的原料，应具有一定的新鲜度，具有该品种应有的色、香、味和组织形态特征，不含有毒有害物，也不应受其污染。

（3）某些农、副产品原料在采收后，为便于加工、运输和贮存而采取的简易加工应符合卫生要求，不应造成对食品的污染和潜在危害，否则不得购入。

（4）采购人员应具有简易鉴别原材料质量、卫生的知识和技能。

（5）盛装原材料的包装物或容器，其材质应无毒无害，不受污染，符合卫生要求。

（6）重复使用的包装物或容器，其结构应便于清洗、消毒。要加强检验，有污染者不得使用。

2. 贮存

（1）应设置与生产能力相适应的食材原材料存放点。

（2）新鲜果、蔬原料应贮存于遮阳、通风良好的场地，地面平整，有一定坡度，便于清洗、排水，及时剔除腐败、霉烂原料，将其集中到指定地点，按规定方法处理，防止污染食品和其他原料。

（3）各类冷藏间、冰箱，应根据不同要求，按规定的温、湿度贮存使用。

（4）其他原材料场地和仓库，应地面平整，便于通风换气，有防鼠、防虫设施。

（5）原材料场地和仓库应设专人管理，建立管理制度，定期检查质量和卫生情况，按时清扫、消毒、通风换气。

（6）原材料应离地、离墙并与屋顶保持一定距离。

（7）坚持先进先出原则，及时剔除不符合质量和卫生标准的原料，防止污染。

3. 食品留样管理

（1）各类大型会议、展会宴席等集体用餐及配餐，超过30人的情况，应对食品进行留样。

（2）留样的采集和保管必须有专人负责，配备经消毒的专用取样工具和存放样品的专用冷藏冰箱。

（3）留样的食品样品应采集在操作过程中或加工终止时的样品，不得特殊制作。对于餐饮单位，不同食品品种分别用不同容器盛装留样，防止样品之间污染；留样容器应专用并经消毒确保清洁，样品应密闭保存在留样容器里。对于配餐企业，可以直接在配送好的集体用餐盘（份）中采集，以保证样品的代表性，每个品种留样量不少于100克，最好达到250克。

（4）留样样品，采集完成后应及时存放在5℃左右的冷藏条件下，保存48小时以上，不得冷冻保存。

（5）原则上留样食品应包括所有加工制作的食品成品，并做好留样记录和样品标记，每份样品必须标注品名、加工时间、加工人员、留样时间（××月××日××时），其他情况则可根据需要由卫生监督机构或餐饮单位自行决定留样品种。

（6）一旦发生食物中毒或疑似食物中毒事故，应及时提供留样样品，配合卫生监督机构进行调查处理工作，不得有留样样品而不提供或提供不真实的留样样品，影响或干扰事故的调查处理工作。

（7）食品留样操作规范应符合《食品卫生法》。

（8）食品留样责任人：专人负责，专人操作；留样人经过专门的培训并通过考核；餐厅经理对留样工作承担管理职责。

十、网络安全

（1）组织工作人员认真学习《计算机信息网络国际互联网安全保护管理办法》（公安部令第33号），提高工作人员维护网络安全的警惕性和自觉性。

（2）负责对本网络用户进行安全教育和培训，使用户自觉遵守和维护《计算机信息网络国际互联网安全保护管理办法》（公安部令第33号），使他们具备基本的网络安全知识。

（3）加强对BBS公告系统等信息发布的审核管理工作，杜绝违反《计算机信息网络国际互联网安全保护管理办法》（公安部令第33号）的内容出现。

（4）一旦发现违反宪法和法律、行政法规的内容一律不予以发布，并保留有关原始记录，在24小时内向当地公安机关报告。

（5）加强信息安全管理，增强在基础设施安全上的资金投入。

十一、意识形态安全

（1）学深悟透习近平总书记关于意识形态工作的重要思想，科学审视意识形态领域存在的风险和挑战，准确把握意识形态工作的指标体系和规定动作。

（2）要高质量、高水平做好意识形态工作，注重管控并举，把阵地防线筑得更牢。

（3）要聚合力、齐攻坚做好做实意识形态工作，坚持和加强党的全面领导，充分发挥基层党组织党建引领的重要作用，把旗帜鲜明讲政治的要求融入意识形态引导和管理全过程，为推动意识形态工作强起来提供坚实保证。

（4）定期展开意识形态安全教育培训。

十二、防台风应急预案

1. 物资保障

（1）做好防汛物资的储备工作，办公室应备好矿泉水、应急灯、沙袋、干粮等。

（2）防台风期间，根据所处位置和风险不定期储备一定数量的备用防台风防汛物资，检查电缆、操作开关、发电机连接完好齐全，随时备用。密切关注台风天气动态，随时做出防范措施，确保安全度过。

2. 工作要求

（1）各相关部门要高度重视，立足部署在先，防御在前。要把各项防御措施落实到每一个细节。全面落实安全生产责任制，做到责任到人。

（2）要认真督促村民、乡村住宿场所、娱乐场所、餐饮档口结合各自监管职责范围，做好事故隐患的排查、整改工作，切实将防御措施落实到位。

（3）严格领导带班值班制度，确保信息上传下达，及时做好台风期间安全生产工作重大情况和事故灾害损失情况的报送。

附录

附录一：华侨城美丽乡村项目可行性研判指标权重测算调查问卷

为了响应国家"乡村振兴战略"，高质量高标准制定华侨城美丽乡村项目投资可行性研判方法体系。请您根据专业知识，填写以下问卷。问卷中的所有问题仅用于本项目研究，为此希望您全面、真实、客观地填写，感谢您的配合！

填表说明：

得分	含义
1	表示两个因素相比具有同样的重要性
3	表示两个因素相比一个因素比另一个因素稍微重要
5	表示两个因素相比一个因素比另一个因素明显重要
7	表示两个因素相比一个因素比另一个因素强烈重要
9	表示两个因素相比一个因素比另一个因素极端重要
2、4、6、8	表示上述相邻判断的中值
倒数	若因素 i 与因素 j 的重要性之比为 λ_{ij} 则因素 j 和因素 i 重要性之比为 $\lambda_{ji}=1/\lambda_{ij}$

填表例子：

目标	指标 B
指标 A	?

上表中，以表格左上角"目标"为导向，如果指标 A 相比指标 B 具有同样的重要性，则填 1；如指标 A 相比指标 B 稍微重要，则填 3；如认为指标 A 相比指标 B 在"稍微重要"和"明显重要"之间，则可填 3 与 5 之间的中间值 4；重要度可参考填表说明填写。

上面的例子中，如认为指标 B 相比指标 A 稍微重要，则填 1/3（即 3 的倒数）；

如认为指标 B 相比指标 A 明显重要，则填 1/5；如认为指标 B 相比指标 A 在"稍微重要"和"明显重要"之间，则可填 1/3 与 1/5 之间的中间值 1/4；其他参考填说明进行填写。

一、经济效益主导型美丽乡村项目（<mark>黄色</mark> 格子内写评价分数）

$S \rightarrow A$：一级指标权重调查（见表1）

表1　一级指标权重调查

目标：可研评价	经济效益指标	社会效益指标	环境效益指标
经济效益指标	1	—	—
社会效益指标		1	—
环境效益指标			1

$A_1 \rightarrow B$：经济效益指标权重调查（见表2）

表2　经济效益权重调查

目标：经济效益	村民人均纯收入	农村集体经济总收入	建设用地指标	品牌知名度美誉度提升	财务指标
村民人均纯收入	1	—	—	—	—
农村集体经济总收入		1	—	—	—
建设用地指标			1	—	—
品牌美誉度提升				1	—
财务指标					1

$A_2 \rightarrow B$：社会效益指标权重调查（见表3）

表3　社会效益权重调查

目标：社会效益	文化传承和保护	旅游业促进商贸经济	提供就业岗位数	基础设施改善
文化传承和保护	1	—	—	—
旅游业促进商贸经济		1	—	—
提供就业岗位数			1	—
基础设施改善				1

$A_3 \rightarrow B$：环境效益指标权重调查（见表 4）

表 4 环境效益重要程度调查

目标：环境效益	生态环境改善	植被保护	绿化覆盖率	资源合理利用	居民环境意识提高
生态环境改善	1	—	—	—	—
植被保护		1	—	—	—
绿化覆盖率			1	—	—
资源合理利用				1	—
居民环境意识提高					1

二、社会效益主导型美丽乡村项目（绿色格子内写评价分数）

$S \rightarrow A$：一级指标权重调查（见表 5）

表 5 一级指标权重调查

目标：可研评价	经济效益指标	社会效益指标	环境效益指标
经济效益指标	1	—	—
社会效益指标		1	—
环境效益指标			1

$A_1 \rightarrow B$：经济效益指标权重调查（见表 6）

表 6 经济效益权重调查

目标：经济效益	村民人均纯收入	农村集体经济总收入	建设用地指标	品牌知名度美誉度提升	财务指标
村民人均纯收入	1	—	—	—	—
农村集体经济总收入		1	—	—	—
建设用地指标			1	—	—
品牌美誉度提升				1	—
财务指标					1

225

$A_2 \rightarrow B$：社会效益指标权重调查（见表 7）

表 7 社会效益权重调查

目标：社会效益	文化传承和保护	旅游业促进商贸经济	提供就业岗位数	基础设施改善
文化传承和保护	1	—	—	—
旅游业促进商贸经济		1	—	—
提供就业岗位数			1	—
基础设施改善				1

$A_3 \rightarrow B$：环境效益指标权重调查（见表 8）

表 8 环境效益重要程度调查

目标：环境效益	生态环境改善	植被保护	绿化覆盖率	资源合理利用	居民环境意识提高
生态环境改善	1	—	—	—	—
植被保护		1	—	—	—
绿化覆盖率			1	—	—
资源合理利用				1	—
居民环境意识提高					1

三、政策主导型美丽乡村项目（蓝色格子内写评价分数）

$S \rightarrow A$：一级指标权重调查（见表 9）

表 9 一级指标权重调查

目标：可研评价	经济效益指标	社会效益指标	环境效益指标
经济效益指标	1	—	—
社会效益指标		1	—
环境效益指标			1

$A_1 \rightarrow B$：经济效益指标权重调查（见表 10）

表 10　经济效益权重调查

目标：经济效益	村民人均纯收入	农村集体经济总收入	建设用地指标	品牌知名度美誉度提升	财务指标
村民人均纯收入	1	—	—	—	—
农村集体经济总收入		1	—	—	—
建设用地指标			1	—	—
品牌美誉度提升				1	—
财务指标					1

$A_2 \rightarrow B$：社会效益指标权重调查（见表 11）

表 11　社会效益权重调查

目标：社会效益	文化传承和保护	旅游业促进商贸经济	提供就业岗位数	基础设施改善
文化传承和保护	1	—	—	—
旅游业促进商贸经济		1	—	—
提供就业岗位数			1	—
基础设施改善				1

$A_3 \rightarrow B$：环境效益指标权重调查（见表 12）

表 12　环境效益重要程度调查

目标：环境效益	生态环境改善	植被保护	绿化覆盖率	资源合理利用	居民环境意识提高
生态环境改善	1	—	—	—	—
植被保护		1	—	—	—
绿化覆盖率			1	—	—
资源合理利用				1	—
居民环境意识提高					1

附录二：三种项目类型 AHP 方法
计算权重中间结果

一、经济主导型

1. 一级指标权重

判断矩阵、权重、最大特征值如下：

表 13　一级指标判断矩阵

S	A_1	A_2	A_3
A_1	1.00	0.40	0.63
A_2	2.53	1.00	0.64
A_3	1.58	1.56	1.00

$\lambda_{\max}^{S}=3.0943$，$W_S=(\begin{array}{ccc} 0.1998 & 0.3722 & 0.4280 \end{array})^{\mathrm{T}}$

2. 经济效益指标权重

判断矩阵、权重、最大特征值如下：

表 14　经济效益指标判断矩阵

A_1	B_1	B_2	B_3	B_4	B_5
B_1	1.00	0.38	0.21	0.14	0.14
B_2	2.67	1.00	0.50	0.43	0.25
B_3	4.67	2.00	1.00	0.60	0.50
B_4	7.33	2.33	1.67	1.00	0.43
B_5	7.00	4.00	2.00	2.33	1.00

$\lambda_{\max}^{A_1}=5.0706$，$W_S=(\begin{array}{ccccc} 0.0422 & 0.1030 & 0.1873 & 0.2554 & 0.4121 \end{array})^{\mathrm{T}}$

3.社会效益指标权重

判断矩阵、权重、最大特征值如下：

表 15　社会效益指标判断矩阵

A_2	B_6	B_7	B_8	B_9
B_6	1.00	0.20	0.20	0.38
B_7	5.00	1.00	0.27	0.30
B_8	5.00	3.67	1.00	1.00
B_9	2.67	3.33	1.00	1.00

$\lambda_{\max}^{A_2} = 4.3632$，$W_S = (\begin{array}{cccc} 0.0738 & 0.1733 & 0.4029 & 0.3500 \end{array})^{\mathrm{T}}$

4.环境效益指标权重

判断矩阵、权重、最大特征值如下：

表 16　环境效益指标判断矩阵

A_3	B_{10}	B_{11}	B_{12}	B_{13}	B_{14}
B_{10}	1.00	0.38	0.21	0.14	0.14
B_{11}	2.67	1.00	0.50	0.43	0.25
B_{12}	4.67	2.00	1.00	0.60	0.50
B_{13}	7.33	2.33	1.67	1.00	0.43
B_{14}	7.00	4.00	2.00	2.33	1.00

$\lambda_{\max}^{A_3} = 5.1082$，$W_S = (\begin{array}{ccccc} 0.0925 & 0.1045 & 0.1351 & 0.2747 & 0.3933 \end{array})^{\mathrm{T}}$

二、社会效益主导型

1.一级指标权重

判断矩阵、权重、最大特征值如下：

表17　一级指标判断矩阵

S	A_1	A_2	A_3
A_1	1.00	0.43	0.41
A_2	2.33	1.00	0.51
A_3	2.42	1.94	1.00

$\lambda_{max}^{S}=3.0380$，$W_S=(\ 0.1701\quad 0.3217\quad 0.5082\ )^{T}$

2. 经济效益指标权重

判断矩阵、权重、最大特征值如下：

表18　经济效益指标判断矩阵

A_1	B_1	B_2	B_3	B_4	B_5
B_1	1.00	0.49	0.48	0.30	0.61
B_2	2.04	1.00	0.49	0.42	0.46
B_3	2.07	2.03	1.00	0.57	0.56
B_4	3.36	2.36	1.75	1.00	1.00
B_5	1.63	2.16	1.78	1.00	1.00

$\lambda_{max}^{A_1}=5.1258$，$W_S=(\ 0.1001\quad 0.1334\quad 0.1943\quad 0.3050\quad 0.2672\ )^{T}$

3. 社会效益指标权重

判断矩阵、权重、最大特征值如下：

表19　社会效益指标判断矩阵

A_2	B_6	B_7	B_8	B_9
B_6	1.00	0.64	0.41	0.45
B_7	1.57	1.00	0.35	0.44
B_8	2.43	2.83	1.00	0.42
B_9	2.21	2.29	2.39	1.00

$\lambda_{max}^{A_2}=4.1717$，$W_S=(\ 0.1291\quad 0.1549\quad 0.2932\quad 0.4228\ )^{T}$

4. 环境效益指标权重

判断矩阵、权重、最大特征值如下：

表 20　环境效益指标判断矩阵

A_3	B_{10}	B_{11}	B_{12}	B_{13}	B_{14}
B_{10}	1.00	0.57	0.55	0.69	0.47
B_{11}	1.75	1.00	0.50	0.49	0.49
B_{12}	1.83	2.00	1.00	0.65	0.65
B_{13}	1.44	2.03	1.53	1.00	0.63
B_{14}	2.11	2.03	1.53	1.58	1.00

$\lambda_{\max}^{A_3} = 5.1055$，$W_S = (0.1207 \quad 0.1402 \quad 0.2064 \quad 0.2343 \quad 0.2984)^{\mathrm{T}}$

三、政策主导型

1. 一级指标权重

判断矩阵、权重、最大特征值如下：

表 21　一级指标判断矩阵

S	A_1	A_2	A_3
A_1	1.00	0.44	0.48
A_2	2.25	1.00	0.62
A_3	2.08	1.61	1.00

$\lambda_{\max}^{S} = 3.0304$，$W_S = (0.1857 \quad 0.3481 \quad 0.4662)^{\mathrm{T}}$

2. 经济效益指标权重

判断矩阵、权重、最大特征值如下：

表22 经济效益指标判断矩阵

A_1	B_1	B_2	B_3	B_4	B_5
B_1	1.00	0.71	0.55	0.47	0.54
B_2	1.42	1.00	0.55	0.50	0.50
B_3	1.83	1.83	1.00	0.60	0.63
B_4	2.11	2.00	1.67	1.00	0.80
B_5	1.86	2.00	1.58	1.25	1.00

$\lambda_{max}^{A_1}=5.0541$，$W_S=(\ 0.1190\quad 0.1360\quad 0.1981\quad 0.2660\quad 0.2809\ )^T$

3. 社会效益指标权重

判断矩阵、权重、最大特征值如下：

表23 社会效益指标判断矩阵

A_2	B_6	B_7	B_8	B_9
B_6	1.00	0.65	0.64	0.68
B_7	1.54	1.00	0.50	0.67
B_8	1.56	2.00	1.00	1.00
B_9	1.46	1.50	1.00	1.00

$\lambda_{max}^{A_2}=4.0467$，$W_S=(\ 0.1773\quad 0.2070\quad 0.3228\quad 0.2928\ )^T$

4. 环境效益指标权重

判断矩阵、权重、最大特征值如下：

表24 环境效益指标判断矩阵

A_3	B_{10}	B_{11}	B_{12}	B_{13}	B_{14}
B_{10}	1.00	0.60	0.57	0.63	0.55
B_{11}	1.67	1.00	0.60	0.72	0.59
B_{12}	1.75	1.67	1.00	0.67	0.56
B_{13}	1.58	1.39	1.48	1.00	0.63
B_{14}	1.81	1.69	1.78	1.58	1.00

$\lambda_{max}^{A_3}=5.0753$，$W_S=(\ 0.1253\quad 0.1621\quad 0.1970\quad 0.2210\quad 0.2946\ )^T$

参考文献

［1］昌平．建设美丽乡村重在提高村民素质［N］．昌吉日报（汉），2020-12-02（001）．

［2］钱晓萍．雕琢美丽乡村新"丰"景［N］．张掖日报，2020-12-01（001）．

［3］罗莉．凝聚民心民智民力　创建"同心美丽乡村"［N］．邵阳日报，2020-11-30（005）．

［4］朱继彪．美丽乡村行［J］．诗选刊，2020（12）：116．

［5］朱文栋．推动乡村振兴，绘出碧玉清溪美丽画卷［N］．玉溪日报，2020-11-26（003）．

［6］赵智谋．让美丽乡村产生"美丽"效益［N］．来宾日报，2020-11-25（003）．

［7］黄进．绘就美丽乡村新画卷［N］．襄阳日报，2020-11-24（004）．

［8］陈凡，邢鹏．三个维度绘好乡村振兴美丽画卷［N］．科技日报，2020-11-24（005）．

［9］董柏云．特色乡村游让村庄更美丽［N］．绍兴日报，2020-11-23（002）．

［10］赵泽轩．让闲置农房变成富民的"黄金屋"［N］．农村金融时报，2020-11-23（B07）．

［11］朱洪斌．农业文化遗产深度挖掘与转化研究——基于对浙江省湖州市农业文化遗产的调查［J］．社会科学动态，2020（11）：43-47．

［12］吴平．美丽乡村建设中传统村落保护与营建——以贵州省黔东南州为例［J］．中南民族大学学报（人文社会科学版），2020，40（06）：27-33．

［13］袁芳，刘渊博．水库移民美丽家园建设实践经验总结［J］．陕西水利，2020（11）：191-192+198．

［14］张辉，等．走进攻坚一线　感受绿色脉动［N］．中国环境报，2020-11-

18（005）.

［15］黄秀农耕文化园：一个富有特色的“家”［J］. 农产品市场，2020（22）：39-40.

［16］美丽乡村入眼来［J］. 共产党员，2020（22）：30.

［17］讲好美丽中国故事　传播美丽中国形象——景区开发与管理专业国家教学资源库课程的地位与作用（一）［J］. 教育与职业，2020（22）：2.

［18］韩琳琳，李倩，吴明君. 乡土文化在当代美丽乡村建设中的作用与传承［J］. 农业经济，2020（11）：41-43.

［19］汪振城，邱梦园. 浙江特色小镇生态环境设计的意义［J］. 建筑与文化，2020（11）：216-217.

［20］周莲洁. 文旅产业助力乡村振兴的浙江经验与推广建议［J］. 商讯，2020（32）：22-23.

［21］宋廷楷. 临泽县水系连通及农村水系综合整治面临的形势及对策［J］. 农业科技与信息，2020（21）：69-70+74.

［22］李艾洁. 美丽乡村建设理念下的乡村生态规划设计［J］. 山西农经，2020（21）：75-76.

［23］王崭. 见证千年运河兴衰　共建宜居美丽乡村［N］. 安阳日报，2020-11-14（003）.

［24］高莉花. 陇东窑洞民居文化与“美丽乡村”建设［N］. 陇东报，2020-11-13（003）.

［25］林晨. 实施乡村建设行动　助力新时代乡村美好生活［N］. 嘉兴日报，2020-11-13（004）.

［26］邹刚. “户改厕”推动美丽乡村建设的实践与思考［J］. 农村 . 农业 . 农民（B版），2020（11）：52-53.

［27］张思源，夏龙. 美丽乡村建设背景下北京市怀柔区人居环境整治探析［J］. 现代农业科技，2020（22）：264-266.

［28］径山镇　牢记嘱托　砥砺前行　奋勇争当新时代乡村振兴排头兵和示范地［J］. 浙江人大，2020（11）：46-47.

［29］钟玉良. 余杭实施乡村振兴战略的路径思考［J］. 新农村，2020（11）：

7-9.

［30］桐乡美丽乡村变身美丽经济的路径探索［J］. 新农村，2020（11）：12-14.

［31］李丰. 努力打造最具获得感的新时代美丽乡村［J］. 新农村，2020（11）：15-16.

［32］徐刚，李春艳，许雪亚. 优化农村要素配置的浙江答卷［J］. 农村经营管理，2020（11）：9-15.

［33］樊卓思. 生态文化建设助推乡村振兴的实践与反思——以湖北省桃源村为例［J］. 环境保护，2020，48（21）：56-59.

［34］郭卫东. 垃圾治理助推美丽乡村建设［J］. 北京人大，2020（11）：49.

［35］李玉姣. 裘村镇：绘就美丽乡村新画卷［J］. 宁波经济（财经视点），2020（11）：52-53.

［36］范子军. 红火乡村游呈现美丽中国幸福图景［N］. 青海日报，2020-11-09（009）.

［37］熊建宏，李红波. 以"四好农村路"为抓手　铺就乡村振兴幸福路［J］. 交通企业管理，2020，35（06）：36-38.

［38］张蓓. 乡村振兴要唤回更多"村里的人"［N］. 新疆日报（汉），2020-11-07（002）.

［39］韩保顺，韩月，陈现臣. 加强农村生态资源保护　建设美丽乡村［J］. 安阳工学院学报，2020，19（06）：25-27.

［40］高倩. 美丽乡村离不开醉人书香［N］. 安阳日报，2020-11-05（004）.

［41］让家乡处处是"希望的田野"［J］. 老友，2020（11）：27.

［42］吕美晔. 深化新时代美丽乡村建设［J］. 群众，2020（21）：68-69.

［43］杨燕. 乡村振兴篇　托起乡村振兴的梦想［J］. 中国公路，2020（21）：27-29.

［44］赵鹏，黄晓慧，朱荣鹏. 让美丽乡村更有精气神——海南省琼海市以党建引领乡村治理、推动干部人才培养［J］. 党课参考，2020（21）：77-82.

［45］建设项目工程总承包管理规范（GB/T 50358—2017）［S］.

［46］邓毛颖，湛冬梅，林莉，黄耿志. 美丽乡村建设的项目库统筹模式——以广州瓜岭村为例［J］. 城市发展研究，2020，27（10）：34-40.

［47］吴颖韬，张云帆，张翔宇，王洪涛．美丽乡村建设背景下的乡村总体规划研究——以泰安市泰山景区曹家庄为例［J］．城乡建设，2020（20）：26-27．

［48］李静，刘燕威．秦岭厚镇山地旅游资源开发可行性研究［J］．现代农业研究，2020，26（10）：6-9．

［49］崔诚亮．青岛名人故居文化旅游开发的可行性分析［J］．城市学刊，2020，41（04）：78-82．

［50］杨卓，程梓彧．互联网思维在海永镇"美丽乡村"创建规划模式探索［J］．城乡建设，2020（13）：50-51．

［51］朱利利，申绍杰．美丽乡村建设背景下苏州发展共享农庄可行性研究［J］．城市建筑，2019，16（32）：7-9．

［52］任艳艳．深圳大鹏半岛风景旅游资源评价与建设可行性分析［J］．绿色科技，2019（19）：255-257．

［53］刘培漳．三亚市中廖村乡村旅游开发研究［D］．海南热带海洋学院，2019．

［54］耿静，任丙南．生态系统生产总值核算理论在海南省乡村生态文明评价中的应用——以三亚市文门村为例［J］．生态学报，2020，40（10）：11．

［55］魏秋一．产业融合视角下美丽乡村建设发展探究——以下南山村为例［J］．农村经济与科技，2019（17）：271-273．

［56］水木．天涯小鱼温泉特色产业小镇成为海南唯一签约小镇［N］．海南日报，2017-01-17（A03）．

［57］施文鑫，赵萌．华侨城光明小镇建设的实践与思考［J］．中外企业家，2017（35）：4-6．

［58］林宇楠．基于乡村振兴战略的规划实践探索和思考——以成都安仁镇南岸美村为例［J］．城市建筑，2020，17（03）：26-27．

［59］张晶晶，邵传鹏．新时代美丽乡村规划建设研究［J］．安徽农业科学，2020，48（09）：260-262．

［60］陈正涛．旅游主题公园资产证券化融资研究［D］．广西大学，2019．

［61］本刊编辑部．华侨城："准REITs"的融资之路［J］．城市开发，2007（07）：82．

责任编辑：李志忠
责任印制：孙颖慧
封面设计：中文天地

图书在版编目（CIP）数据

华侨城美丽乡村实践 . 1，探索篇 / 华侨城集团有限
公司编著 . -- 北京：中国旅游出版社，2021.1
　ISBN 978-7-5032-6640-9

　Ⅰ.①华…　Ⅱ.①华…　Ⅲ.①农村－社会主义建设－
研究－深圳　Ⅳ.① F327.653

中国版本图书馆 CIP 数据核字（2020）第 255231 号

书　　名：华侨城美丽乡村实践　探索篇

作　　者：华侨城集团有限公司编著
出版发行：中国旅游出版社
　　　　　（北京静安东里 6 号　邮编：100028）
　　　　　http://www.cttp.net.cn　E-mail: cttp@mct.gov.cn
　　　　　营销中心电话：010-57377108，010-57377109
　　　　　读者服务部电话：010-57377151
排　　版：北京中文天地文化艺术有限公司
印　　刷：北京工商事务印刷有限公司
版　　次：2021 年 1 月第 1 版　　2021 年 1 月第 1 次印刷
开　　本：787 毫米 ×1092 毫米　1/16
印　　张：15.75
字　　数：278 千
定　　价：108.00 元（全 2 册）
Ｉ Ｓ Ｂ Ｎ　978-7-5032-6640-9

华侨城
美丽乡村实践 案例篇

华侨城集团有限公司 编著

中国旅游出版社

乡建征途　玉汝于成

当今世界正面临百年未有之大变局，新冠肺炎疫情给全球经济带来了前所未有的冲击，逆全球化思潮涌动愈演愈烈，国际国内形势正发生深刻复杂变化。疫后时代如何运用国家战略新思维把握历史新机遇，结合企业使命共创发展新图景成为当下业界共同面临的新课题。在习近平新时代中国特色社会主义思想的指引下，华侨城积极响应国家乡村振兴战略，率先提出在全国建设"100个美丽乡村计划"，坚定不移扛起乡村振兴大旗，在乡建征途上躬行践履、奋楫争先、创新求索，充分展现了央企担当和创想实践精神。2020年是"十三五"规划收官之年，在决胜全面建成小康社会、决战脱贫攻坚的关键时刻，华侨城作为文旅领航央企，积极探索美丽乡村标准化建设及开发运营模式，具有深远的国家实践意义和创新发展价值。

在"文旅融合＋美丽乡村""产业扶贫＋乡村振兴"的创新实践中，华侨城积极发挥文化和旅游产业优势，打造美丽乡村建设的华侨城样板，打造了云南元阳哈尼梯田、四川成都安仁南岸美村、海南三亚中廖村等一批央企精准帮扶的华侨城美丽乡村特色品牌。通过坚持人才扶贫、基金扶贫、旅游扶贫、产业扶贫、短板扶贫、文化扶贫六大路径，华侨城定点帮扶贵州天柱、三穗两县，截至2019年年底，累计投入资金超过7000万元，援建帮扶项目119项，提供公益扶贫岗位1482个，资助贫困生逾6000人次，培训人才逾1000人次，助力三穗、天柱两县先后于2019年、2020年实现"脱贫摘帽"。立足新起点，华侨城仍将严格按照"摘帽不摘责任、不摘政策、不摘帮扶、不摘监管"的工作要求，以"六个迈向"探索"后扶贫时代"乡村振兴的华侨城模式，助推精准帮扶开启新阶段、再上新台阶、迈向新征程。

认真贯彻落实党的十九大精神，着力推进美丽乡村建设，在注重"产业兴旺、生态宜居、治理有效、生活富裕"的同时，重点打造乡风文明建设，建立健全乡村精神文明发展体制机制和政策体系。海南三亚天涯小镇、深圳光明小镇迳口村等美丽乡村通过建立健全社区民约村规、树立典型模范、文明户创评、乡创学院建立、社区改造提升竞赛等多措并举方式在乡风文明建设上迈出了坚实步伐。

根据《华侨城集团旅游标准化技术委员会管理办法（试行）》《关于组建集团旅游标准化专业技术委员会的通知》（侨城集字〔2020〕188号），委任海南集团为美丽乡村标准化技术委员会主任委员单位，委任光明集团、世博集团、西部集团为美丽乡村标准化技术委员会副主任委员单位。在华侨城集团旅标委的统一指导下，海南集团作为美丽乡村标准化工作的牵头单位，组织美丽乡村标准化技术委员会各副主任委员单位以及其他战区兄弟单位，以全域发展观为统领，深度结合华侨城美丽乡村和特色小镇的开发建设实践，率先总结提炼出《华侨城美丽乡村实践（案例篇）》，并经过了业界权威专家的联合评审，以匠心铸就了这部具有权威性、高识性和指导性的美丽乡村建设实践示范力作。

《华侨城美丽乡村实践（案例篇）》涵盖了华侨城15个美丽乡村和特色小镇的开发建设案例，汇集了华侨城多个战区的乡建经验成果和模式样板，包括：

（1）三亚天涯小镇（"智慧撬动＋智慧输出＋平台化运营"模式）；

（2）三亚中廖村（"品牌塑造＋文农旅融合赋能"模式）；

（3）三亚南山村（"土地制度改革驱动＋乡村文创与众创激活＋文农旅复合"模式）；

（4）三亚文门村（"互联网农旅品牌塑造＋原乡田园生活示范"模式）；

（5）昆明乌龙古渔村（"古建筑保护＋生态治理＋文化遗产企业化运营"模式）；

（6）宜良九乡麦田村（"百年老村＋乡忆民宿＋嬉水娱乐＋同心小岛的麦田空间布局"模式）；

（7）红河元阳哈尼梯田（"以世界遗产为核＋单村成景＋串珠成链"模式）；

（8）昆明轿子雪山何家村（"政府＋社区＋企业的'景带村'"模式）；

（9）深圳迳口村（"田园综合体服务配套打造＋文化创意产品体验"模式）；

（10）深圳欢乐田园（"城市化地区永久基本农田保护利用＋景观化农业生产与体验"模式）；

（11）成都安仁南岸美村（"以艺术和美学引领的一、三产业联动＋文旅产品多元＋田园场景丰富＋多方共建共营＋乡村振兴样板的花园美村"模式）；

（12）陆河螺溪谷（"客家文化传承＋高品质度假区构建＋精准扶贫助推"模式）；

（13）衡阳五一村（"文化挖掘＋生态修复＋民生建设"模式）；

（14）青岛即墨莲花山（"文化＋旅游＋农业＋科技＋体育＋健康＋全息产业融合，助力全域产业振兴"模式）；

（15）常熟沙家浜时光小镇（"古镇文旅赋能＋社区商务会展"模式）。

这些示范案例凝结了华侨城美丽乡村建设的主要内容和智慧精华，涵盖党建共建、社企共建、文化复兴、乡风文明、城乡融合、农村土地制度改革、村落提升、致富路径、产业升级、生态宜居等多个领域，与党的十九大报告提出实施乡村振兴战略的总要求一脉相承，其经验成果直击乡建痛点，指导性强，可资借鉴。

乡建征程，玉汝于成。《华侨城美丽乡村实践（案例篇）》致力于为全国美丽乡村建设提供华侨城鲜活案例和示范性经验借鉴，更好助力乡村振兴战略实施，同时亦为未来向华侨城其他战区乃至全国范围进行智慧输出赋能奠定基石。

昂首前瞻，矢志不渝。华侨城将牢记重托，奋力打造"望得见山、看得见水、记得住乡愁、留得住文脉、城乡居民共同富裕"的美丽乡村图景，不断激发全国乡村振兴发展新活力。

砥砺前行，久久为功。我们坚信，在漫漫乡建征途上，华侨城人将勠力同心、只争朝夕，聚焦乡村振兴展现华侨城新担当，倾力书写中华民族伟大复兴的"三农"新篇章！

编委会

2020 年 12 月

壹

三亚天涯小镇:
"智慧撬动 + 智慧输出 + 平台化运营"模式

貳

三亚中廖村：
"品牌塑造＋文农旅融合赋能"模式

三亚南山村:
"土地制度改革驱动＋乡村文创与众创激活＋文农旅复合"模式

肆

三亚文门村：
"互联网农旅品牌塑造＋原乡田园生活示范"模式

伍

昆明乌龙古渔村:
"古建筑保护 + 生态治理 + 文化遗产企业化运营"模式

陆

宜良九乡麦田村:
"百年老村 + 乡忆民宿 + 嬉水娱乐 + 同心小岛的麦田空间布局"模式

柒

红河元阳哈尼梯田：
"以世界遗产为核 + 单村成景 + 串珠成链" 模式

捌

昆明轿子雪山何家村：
"政府＋社区＋企业的'景带村'"模式

玖

深圳迳口村：
"田园综合体服务配套打造＋文化创意产品体验"模式

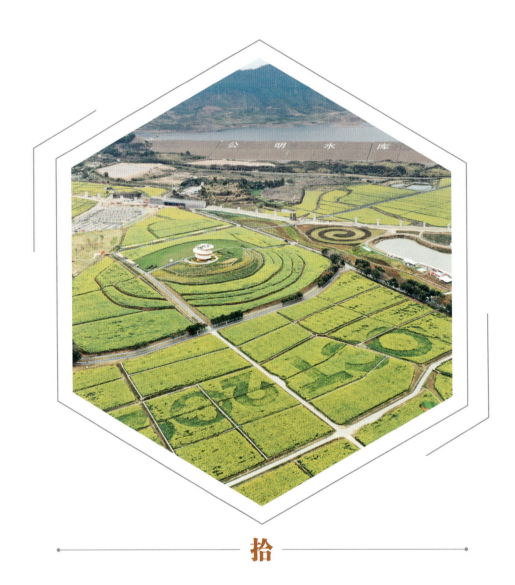

拾

深圳欢乐田园：
"城市化地区永久基本农田保护利用＋景观化农业生产与体验"模式

拾壹

成都安仁南岸美村：
"以艺术和美学引领的一、三产业联动＋文旅产品多元＋田园场景丰富＋
多方共建共营＋乡村振兴样板的花园美村"模式

拾贰

陆河螺溪谷：
"客家文化传承＋高品质度假区构建＋精准扶贫助推"模式

拾叁

衡阳五一村：
"文化挖掘＋生态修复＋民生建设"模式

拾肆

青岛即墨莲花山:
"文化＋旅游＋农业＋科技＋体育＋健康＋全息产业融合,
助力全域产业振兴"模式

拾伍

常熟沙家浜时光小镇：
"古镇文旅赋能＋社区商务会展"模式

目录
CONTENTS

第一章

华侨城美丽乡村建设愿景及战略

美丽乡村建设推进中，华侨城从生态宜居、乡风文明、村落提升、治理有效、产业兴旺、基础配套等多方面促进景村一体化发展，强调乡村居民体验价值与企业绩效价值同等重要，为美丽乡村文农旅新业态项目开发运营提供有利环境。

愿景战略一　城乡整合与生态宜居

一、城乡融合

谈起乡村振兴，必然会涉及城乡融合。华侨城关注各具特色、富有活力的休闲旅游、商贸物流、现代制造、教育科技、传统文化、美丽宜居等特色小镇，引领带动全国小城镇建设。

以景区的理念规划县区，以景点的要求建设镇村，同时加快县域与都市的融合发展，全面提升小城市、中心镇和特色乡镇的培育质量，扎实推进美丽乡村建设全覆盖。例如，桐庐极力打造"城乡之美"，成为各地借鉴的典型。桐庐县城跨江发展战略、乡镇区划调整，以及行政村由 405 个调整到 183 个，极大地加快了城乡发展，对沿海其他省市起到了示范效应（方劲松，2015）[①]。

发挥政府作用，推动城乡要素自由流动、平等交换，推动新型工业化、信息化、城镇化、农业渔业现代化同步发展，加快形成工农互促、城乡互补、全面融合、共同繁荣的新型工农城乡关系。由地产公司推进土地问题，以土地入股、共同分成或土地溢价的方式租赁村民土地，实现村民就地城镇化，天涯小镇就是以社区就地城镇化打造的"中国城乡融合发展新示范"。

二、生态宜居

乡村振兴，生态宜居是关键。美丽乡村建设不能仅仅是乡村本身，还要充分考虑与乡村、村落文化相关的生态因素，保护文化空间，让村民在乡村生态建设中获益并实现宜居宜业。生态宜居包括村庄建设、村容整洁、公共服务等方面的提升。建设生态宜居的美丽乡村，有利于推进农村生活垃圾、污水、厕所粪污的治理，有

---

① 方劲松. 美丽中国　桐庐先行［M］. 上海：上海交通大学出版社，2015.

利于解决农村环境污染问题，是农村生态保护的现实需要。在美丽乡村建设中，中廖村始终坚持不砍树、不拆房、不填塘、不贪大、不求洋，立足于三大特色资源（种植业、黎族文化、田园风光），因地制宜慢发展。经过近三年的建设，中廖村从人居环境到生活环境都得到质的提升，顺应现有村庄格局实现村内道路亮化全覆盖、通信网络全覆盖、公共服务便捷化。文门村积极发展农家乐、庭院经济、稻田咖啡产业，创建文明生态村。南山村加大环境卫生整治，保持村容村貌整洁干净，硬化村内水泥路，实现道路两边绿化，完善太阳能路灯等基层设施。

正如下图所示，华侨城推进的美丽乡村360"雪亮工程"正是从治安环境、商业环境、绿色环境、卫生环境、人文环境和教育环境六个方面进行提升。打造生态宜居型美丽乡村。强调美丽乡村建设的重点在于实现村庄生产、生活与生态的和谐发展。华侨城在启动美丽乡村建设期间，改善居住环境、提升村民生活品质、带动休闲农业和乡村游，实现了以观光游为基础、休闲度假为主导、特色文化游为补充的旅游多元化。

华侨城美丽乡村360"雪亮工程"

愿景战略二　乡风文明与村落提升

一、乡风文明

乡情乡风是乡村文化的精神与灵魂，乡村文化振兴是乡村建设工作的重中之重，在美丽乡村建设过程中，不仅村民对文化生活需求日益增加，游客也逐渐从传统观光游向文化体验游深度转变。在保障基础设施和公共服务的前提下，一个重要的问题就是如何延长游客的游玩停留时间。答案就是文化复兴。深挖在地文化吸引游客，发挥文化在乡村旅游和美丽乡村建设中的作用。

（一）乡风民俗特色化，实现文化活态传承

华侨城在实践中探索出一条"文化旅游＋美丽乡村""产业扶贫＋乡村振兴"的特色发展之路。在海南三亚中廖村，深度挖掘黎族歌舞演艺、特色阿爸茶、黎家美食等充满民族特色且备受村民游客青睐的特色文化。在云南乌龙古渔村，注重古迹保护、文化传承及活化，提升传统村落人居环境和人文氛围。在海南三亚天涯小镇，挖掘龙文化及龙舟在地文化特色，使之发展为具有沿海特色的民俗文化小镇。一方面，以打造美食特色小吃一条街青龙街为引领，挖掘传承渔业文化和五龙（黄龙、黑龙、白龙、青龙、红龙）文化传承，构建每条街成为各有特色的风情街，满足游客吃、住、购、玩的需求。另一方面，在美丽乡村旅游开发过程中以龙为主题形象打造创意IP，结合南海渔风的传承、地中海风情的升级、年轻化的主要客群三大特色，设计出代表未来和新时代的龙蛋IP形象，并打造网红场景IP"老屋"，配合不同街区，打造不同业态，对应不同目标受众。

（二）非物质文化遗产的传承与传统产品生产

非物质文化遗产的传承是美丽乡村建设的重要环节。海南三亚南山村结合当地特有的黄道婆文化，打造"衣被天下"文创馆，为游客提供一个可设计图案、自选棉线、体验织布过程的创意场所，同时表达对棉纺织业先驱者的感激和怀念。而中廖村则利用自身特长，充分挖掘当地资源，以"村民原汁原味的表演"为最大亮点，走出一条主打"文化牌"的乡村旅游发展之路。当地村民"变身"为专业表演者，传统灼叭、椰胡等乐器有了新的观众，古老的黎家乐谱也有了传承人，村民的收入得到了显著提高。古村落文门村深度挖掘黎族古老的神话、奇石传说，通过黎族情歌对唱、展出精美黎锦、跳起明快欢乐的"竹竿舞"对当地文化进行深度演绎。黎族深厚的传统文化，在文门村得以完好地保护、传承、光大。文门村全面振兴过程中，结合村内具有历史特色的圣林、贡果林、惊天石、官帽石、钦差读书石等天然景观打造了民俗文化村泼水节、稻香谷农家乐餐饮、稻花香里民宿、石头公园、石头彩绘及其他特色文旅业态等在内的一系列美丽乡村产品，延长了游客在文

5

门村的停留时间，丰富了游客的旅游体验感。

（三）让文化成为打入市场的资本和优质符号

南山村是长寿文化特色的康养休憩地；文门村是一个具有悠久历史的黎族聚居村；中廖村是海南唯一入选"中国美丽休闲乡村"的黎族新风尚美丽乡村；天涯小镇是海南极文艺的滨海休闲小镇，这些美丽乡村都体现了民族特色文化，展现了淳朴、友善、开放、包容、互助的民风民俗，以及乡村天然的休闲、悠然、浪漫生活气息。

总之，依托文化旅游资源优势，华侨城美丽乡村建设需要不断加大文化 IP、影视服务、动漫游戏、数字科技、创意产业园区等领域的战略投资，加快文化产业布局，促进文化产业发展，提升公共文化水平，增强文化自信。

二、村落提升

美丽乡村建设的重点之一在于实现村庄生活的和谐发展。通过群众喜闻乐见的方式，全方位、多角度、深层次地宣传社会主义核心价值观，弘扬社会正能量，唱响中国"好声音"；建立健全乡规民约、村规民约，推动移风易俗、破除陈规陋习，整治"黄赌毒"等不良社会风气；完善村民自治制度，发挥村民理事会、议事会作用，继承和发扬中华优秀传统文化；积极发展多元文化，开展道德模范、深化文明乡镇、文明村（社区）、文明户创评活动。

村落提升的关键在于**景村融合**。乡村旅游与美丽乡村建设融合发展是构建宜居宜业的可持续发展乡村的有效途径之一。在美丽乡村背景下，景村融合就是一种乡村生活方式，即村与景一体化——乡村整体建设、景观文化、生活设施、生产生活与生态互为一体、不可分割。景村融合通过空间互应、资源共享、要素互补、利益互显的模式构建美丽乡村和旅游景区的共同体。即以旅游景区的标准建设美丽乡村，并以旅游景区建设带动乡村发展，实现乡村景区化与景点化，从而达到乡村与景区融合协调发展的目的（樊亚明、刘慧，2016）[①]。

景村融合理念将美丽乡村建设与发展乡村旅游有机融合，有利于促进农村生态发展。景村融合理念下乡村与自然景点是一个整体，需要对乡村与景点内的资源进

[①] 樊亚明，刘慧. "景村融合"理念下的美丽乡村规划设计路径［J］. 规划师，2016, 32（04）：97-100.

行优化配置，实现资源共享、优势互补、利益共分。在开发乡村旅游资源时，相关人员不仅要开发自然旅游资源，还要重视文化资源的开发与建设，使它们成为游客与村民共享的资源。景村融合理念下的美丽乡村规划设计，既要满足游客的旅游需求，也要满足居民的诉求，推进乡村协调发展。景村融合理念下的美丽乡村规划设计需要从乡村发展实际情况入手，优化区域内资源配置，加强乡村空间布局，加强基础设施建设，引导产业转型升级，为村民营造良好、生态的居住环境，为游客提供高质量的服务，提高乡村整体形象与游客体验，以乡村旅游带动乡村发展，从而实现美丽乡村建设。如下图所示为华侨城景村融合美丽乡村发展示意图。

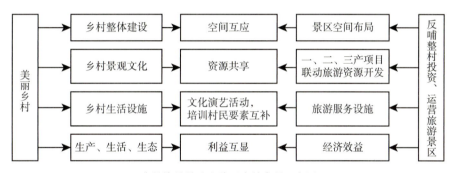

华侨城景村融合美丽乡村发展示意图

愿景战略三　多方共建与治理有效

一、党建共建

近年，地方政府大多采取"项目动员"方式开展乡村治理工作，在这种"被裹挟"的态势下，村庄固然获得了诸多项目资源，然而资源增多并不必然带来村庄整体能力的提升，实际上村庄亦在具体项目运作过程中受到来自政府部门的规则约束和资源束缚（许汉泽、李小云，2016）[1]，同时也由于部分村庄缺乏有效运作项目的

---

① 许汉泽，李小云. 精准扶贫视角下扶贫项目的运作困境及其解释——以华北 W 县的竞争性项目为例 [J]. 中国农业大学学报（社会科学版），2016，33（04）：49-56.

能力，使得外来资源输入悖论性引发村庄建设产生连锁性问题（李耀锋，2016）[1]。在此背景下，党建共建日益成为当前理论界和实务界共同关注的治理机制。通过党建共建来推进乡村"社区化"，从而发挥党组织凝聚社会、整合社会、动员社会的功能，进而建构有效的美丽乡村建设体系。美丽乡村，首先离不开党的队伍建设与管理民主和谐化。巨大的项目投入大部分都产生了良好的经济和社会效益，乡村经济的总体水平得到提升，群众实现增产增收。然而问题也是显著的，有些乡村的村干部对美丽乡村建设认识有偏差，把乡村千篇一律城镇化，照搬城市模式，认为做好农房建造就是建设美丽乡村，而对农业产业发展、农民增收、乡思乡愁没有高度重视，部分村民思想认识不够明确，建设缺少主动性，把美丽乡村建设看作是政府行为，"等、靠、要"依赖思想较为严重，导致村委会干部及村民不能主动参与乡村旅游开发、美丽乡村建设等乡村振兴活动。对此，华侨城在美丽乡村建设中坚持以党建共建为引领，激励更多家庭和个人参与其中，真正为建设美丽乡村出一分力。

（一）坚持党建为引领的社区治理模式

华侨城始终坚持以党建为引领、安全为保障、环境为基础、自治为重点、服务为主题的社区治理模式，从党群建设、组织建设、思想建设、作风建设方面发挥良好的引导作用，带领村集体走向致富之路。如海南三亚中廖村党支部切实增强"四个意识"，坚定"四个自信"，做到"两个维护"，准确把握疫情防控和经济社会发展形势，紧紧抓住主要矛盾和矛盾的主要方面，坚定战胜疫情的决心和信心；贯彻落实新发展理念，创新文旅融合发展，提升新型城镇化发展质量，全力推动乡村振兴；破解"互联网+"新技术，不断提高治理能力和水平，推进党建与生产经营深度融合，努力为实现美丽乡村建设、决胜脱贫攻坚做出新的更大贡献。

（二）组建专业人才队伍与发挥农民群众主体性相结合

建设美丽乡村，人是核心。一方面，统筹组建一支专业队伍，包括美丽乡村规划设计师、蹲点包干干部、责任人等。另一方面，要大力宣传美丽乡村建设顶层设计理念、治污理念和上级有关政策文件精神，多措并举，努力使村民从"要我美丽"向"我要美丽"转变；引导广大农村居民积极、主动、全面参与美丽乡村的建

---

[1] 李耀锋. 农村治理中"项目进村"的村庄回应：理论意涵与现实问题［J］. 农业经济问题，2016，37（12）：48-54，111.

设和管理维护，自觉维护美丽乡村建设成果。

（三）推行"360"工作法

"360"工作法：华侨城围绕"亲民、利民、为民"目标，推行以"党组织组团式、服务窗口一站式、分类设岗全面式、便民服务亲情式、志愿服务奉献式、信息反馈台账式"为内容的六大服务模式，解决服务居民群众"最后一步路"问题，实现党群服务零距离，共同打造文明祥和、服务完善、健康有序的和谐社区。

海南三亚天涯小镇在驻社区单位和居民的支持和帮助下，社区居委会服务意识不断增强，管理水平不断提高，工作业绩不断显现，先后获得"创建文明安全社区先进单位""先进基层党组织"等荣誉。

二、社企共建

社区或村集体与企业开展社区共建或村企共建，为各村村民的住房建设、生活类基础设施建设、生态绿化建设等提供初始资金及后续运维资金。企业的建设资金主要来源于农业和旅游业的发展，村集体成员一般也都是企业员工。企业出资为村庄发展进行宏观规划，利用村集体土地建设员工宿舍、生活服务设施等。企业与村集体互惠互利、合作共赢。以村企合作共建开创"中国未来共享新社区"，切实发挥村民在美丽乡村建设中的主体作用。例如，"华侨城＋天涯小镇马岭社区"的社企共建合作模式，协同组建了"居委会＋村民"产业公司，再通过"央企＋产业公司"合作模式，与村民共享共建，通过旅游项目的开发及打造，实实在在增加村民收入，构建"文明乡风，良好家风，淳朴民风"文明社区。

华侨城海南集团美丽乡村项目雇用的员工，70％左右来自当地的村民，员工入职时由企业为其提供文化培训及岗位技能培训，村民由原来在家务农变为企业员工，提高了家庭平均收入水平。同时随着美丽乡村建设的深入，企业可提供更多的创业空间和福利政策，鼓励村民返乡。海南三亚文门村即引进多方资源，联动企业、商家、村民发展餐饮、商贸、食品加工与养殖业，并大力开拓第二产业平台，逐步实现了"文化旅游＋特色产业＋村民农庄"的创新发展模式，达到共生、共享、共赢、共荣的目标。华侨城坚持"党建引领、共建共治、睦邻友好、幸福共享"的合作及服务理念，在天涯区政府的领导下，与马岭社区合作社"共建、共治、共享"，让社区居民主动参与社区自治，实现居民的自我教育、自我服务、自我管理、自我监督，努力打造了"人文内涵丰富、社区风貌秀美、产城融合发展、社会和谐稳定、百姓幸福安康"的"新马岭社区"。

愿景战略四　产业振兴与生活富裕

一、致富路径

中央企业作为国民经济的重要支柱，对做好脱贫攻坚工作有着义不容辞的责任。华侨城集团高度重视精准扶贫工作的常态化，以习近平总书记关于扶贫工作的重要论述为指引，狠抓党中央决策部署的落地实施。立足自身战略转型和产业特色，结合贫困区域特征，华侨城集团董事长、党委书记段先念提出具有华侨城特质的"六大路径"帮扶思路，即人才扶贫、基金扶贫、旅游扶贫、产业扶贫、短板扶贫、文化扶贫，在实践中探索"文化旅游 + 美丽乡村""产业扶贫 + 乡村振兴"的特色之路，号召集团上下积极参与"同心同行"帮扶活动，凝心聚力助力脱贫攻坚，不断为美丽乡村建设赋能。

（一）基金扶贫，带动当地居民脱贫致富

例如，在政府的统筹下，华侨城进行了南山美丽乡村核心业态及示范区的投资建设，带动当地居民就业、创业，提供旅游发展路径和平台，增加了当地居民收入，实现了共同富裕。华侨城集团充分利用国家开发银行文化旅游产业扶贫资金授信，以"长期低息贷款 + 股权合作"模式激活贫困地区自我"造血"功能，建立总对总、整体授信、分笔审批的"产业 + 金融"长效合作机制，着力解决扶贫资金核心难题。截至 2018 年年底，华侨城集团已获得国家开发银行 400 亿元长期低息授信贷款，用于公司具有扶贫减贫带动效应的文化旅游项目，带动当地建档立卡人口脱贫致富。

（二）人才激励，增强乡村造血功能

华侨城集团坚持"四个一批"精准赋能"造血"脱贫。首先，精准摸清需求，解决就业一批，华侨城集团深入了解各村镇就业核心缺口和需求，统筹各家企业多次举办专场招聘会，促进当地贫困户就业；其次，精准立项，勤劳脱贫一批，华侨

城集团向三亚各区投入帮扶资金设立扶贫专岗，帮扶建档立卡户人员就业增收，推动可持续、有质量脱贫；再次，精准赋能，培训带动一批，针对村里旅游发展诉求和短板，华侨城集团聘请旅游策划专家对当地核心岗位的基层干部、技术人员和创业带头人开展多次旅游专题培训；最后，精准扶智，挂职培养一批，采取"走出去""引进来"相结合，华侨城集团选派专业干部赴海南开发建设美丽乡村项目，同时，集团还接收基层干部到华侨城集团开展学习锻炼。

（三）旅游扶贫，发挥乡村资源优势

华侨城充分发挥核心资源优势，挖掘海南全域旅游的潜力，推动三亚市三村一镇旅游示范点和旅游景区规划策划，完善景区的运营管理和基础设施，让当地居民实实在在受益。

（四）产业振兴，确保脱贫再致富

华侨城集团积极探索"摘帽—脱贫—致富"可持续帮扶模式，选择地域支柱产业打造"一县一品"龙头产品，确保脱帽后不再返贫，脱贫后继续致富。在三亚文门村开发驱蚊膏、香芒等产业扶贫项目，针对贫困户以"龙头企业 + 合作社 + 养殖户"模式进行资金扶持，使其通过土地流转、入股企业或合作社等方式获得收入及分红，同时直接参与务工获得增收。此外，针对当地龙头企业洽谈股权投资形式，以推动企业做大做强，提升品牌价值。

（五）短板公关，找准致富痛点

对标精准脱贫标准，华侨城集团按照"缺什么补什么"的要求全力服务好脱贫攻坚各项工作。例如，结合各村实际需求，集团开展定点帮扶乡村系列活动；针对基层农村活动场所短缺问题，集团投入帮扶资金资助村镇新建村级党建活动室；集团房地产公司党委工作部党支部与村党支部开展结对共建，积极开展党建拓展活动，等等。

（六）文化聚焦，深入挖掘乡村文化特色

将当地民族特色和华侨城集团文旅优势进行结合，深入挖掘三亚黎族，黔东南州侗族、苗族等特色民族文化资源，组织策划三穗县台烈镇寨头村美丽乡村"6+1"、天柱县四十八寨歌节、斗牛节、特色文化旅游等项目。定期向黔东南州及16个县市文旅主管部门寄送集团自办刊物，深度挖掘各地非遗文化，打造城市画册及宣传片。在"文旅融合 + 美丽乡村""产业扶贫 + 乡村振兴"的创新实践中，华侨城积极发挥文化和旅游产业优势，打造美丽乡村建设的华侨城样板，打造了云南

元阳哈尼梯田、四川成都安仁南岸美村、海南三亚中廖村等一批精准帮扶的华侨城美丽乡村特色品牌。通过坚持人才扶贫、基金扶贫、旅游扶贫、产业扶贫、短板扶贫、文化扶贫六大路径，华侨城定点帮扶了贵州省天柱和三穗两县。截至2019年年底，累计投入资金超过7000万元，援建帮扶项目119项，提供公益扶贫岗位1482个，资助贫困生逾6000人次，培训人才逾1000人次，助力三穗、天柱两县先后于2019年、2020年实现"脱贫摘帽"。立足新起点，华侨城仍将严格按照"摘帽不摘责任、不摘政策、不摘帮扶、不摘监管"的工作要求，以"六个迈向"探索"后扶贫时代"乡村振兴的华侨城模式，助推精准帮扶开启新阶段、再上新台阶、迈向新征程。

二、产业兴旺

产业是美丽乡村建设发展的引擎。除了文化和旅游产业，华侨城将家庭客栈、精品民宿住宿业、特色美食、休闲娱乐产业进行升级，创新了旅居、文创产业，升级了食、住、行、游、购、娱、学、康、体、演等社区产品。华侨城通过激活社区资源，激发村民能源，协同社会资源，进行"产业赋能、升级转型"（见下图），如文化+旅游+城镇化和旅游+互联网+金融。

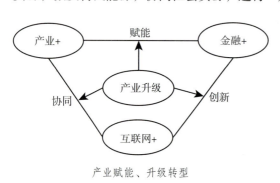

产业赋能、升级转型

南山村位于三亚崖州区崖城镇南山脚下，是典型的黎族村庄。中华人民共和国成立以来，南山村经历了从贫穷落后到改革发展的阶段，生产结构由单一到多元化，产业经营收入主要有杏子、透明包菜、葱、黄豆芽、平菇、梨、洋蓟等农产品。华侨城建设南山村至今，帮助村民依托旅游资源和地理优势进行发展转型，打造了三亚长寿文化主题美丽乡村，利用旅游产业的溢出效应，提升游客对农产品的购买需求，促进产业结构调整，极大提升了村民生活品质，实现村民增收。

华侨城将三亚天涯小镇书店升级为研学乡创文化中心，将游客服务中心升级为资产中心，将社区闲置民居升级为家庭客栈，将社区老房子升级改造更新盘活，将滨海民宿升级为主题客栈，将社区街区升级为主题街等，以此引进盘活了当地产业，带动了村民经济收入的提升，达到了真正意义上的产业兴旺。

第二章
华侨城海南集团美丽乡村实践案例

华侨城海南集团紧跟着国家的新型城镇化战略，在"创新、协调、绿色、开放、共享"五大发展理念的指导下，践行华侨城集团"文化＋旅游＋城镇化"和"旅游＋互联网＋金融"的创新发展模式，发挥集团产业优势，积极响应文旅融合、新型城镇化、乡村振兴等国家战略，引领中国文化旅游产业走向美好未来。

党的十八大以来，作为七大发展战略之一的"新型城镇化"得到全面推进，在随后的十九大报告中，新增的"乡村振兴"也成了新时代脱贫攻坚的总抓手。而全域旅游，正是实现新型城镇化与乡村振兴战略的一种模式，依托生态文化资源打造全域旅游，培

植文旅产业，能实现向产业经济的发展转变，培育区域"造血"功能，最终实现脱贫。华侨城海南集团，更以落地"文化＋"为目标，在海南锐意进取、全面布局，成为华侨城集团新型战略的有力执行者。

华侨城海南集团积极响应海南省"美丽海南百镇千村建设"号召，以美丽乡村与特色小镇建设为抓手，在精准扶贫上持续发力，着力打造三亚中廖村、文门村、南山村、天涯小镇等一批美丽乡村小镇，形成了美丽乡村的华侨城模式，促进了当地农民增收、乡村振兴。

案例一　三亚天涯小镇："智慧撬动＋智慧输出＋平台化运营"模式

天涯小镇项目依托东方特色五龙社区滨海村落和地中海风情蓝白小镇旅游特色资源，以"党建共建为引领、社区治理为抓手、产业振兴为根本"为发展理念，以最具东方特色的地中海风情旅居目的地、中国美好生活示范小镇为定位，以"社区治理、

天涯小镇

产业升级、资源获取、产业导入、资产运营、综合发展"六大步骤为发展路径，实现具有"社区治理有效，乡风文明友善，产业转型升级"特点的"新时代、新乡村、新社民"生活实践地的建设，达成中国特色小镇示范标杆项目的发展愿景。

一、基本概况

（一）区域界定

马岭社区为政府行政单位。原为三亚市天涯镇马岭村，就地城镇化后改为马岭社区。下辖7个居民小组（黄龙街、黑龙街、青龙街、白龙街、红龙街、东三街、马岭街），划分为4个网格管理。马岭大社区全称为天涯区马岭大社区综合服务中心，系三亚市首个大社区综合服务中心，负责承担三亚市、天涯区两级下沉到大社

区综合服务中心的公共服务及管理功能，主要解决基层治理的痛点和堵点。服务覆盖黑土、红塘、布甫、塔岭、马岭、西岛6个村（居）。天涯小镇，即海南集团为开发马岭特色小镇项目设立的项目案名，立项区域为陆地约616.25亩的马岭五龙街区、23亩的游客服务中心和海上约2890亩的海域。

（二）区位交通

天涯小镇位于中外闻名的天涯海角旅游景区西北方，是原三亚市天涯镇政府的政治、经济和文化中心，总面积约2平方千米，交通便捷，地理位置优越，距离三亚市市区约22千米。东邻天涯海角风景区；西接红塘湾开发区、南山寺旅游景区；南至沙滩大海，坐拥1千米长的海岸线，旅游资源丰富；北靠马岭母山，有西环铁路、三亚绕城公路及西线高速公路贯穿其中，距离三亚凤凰国际机场仅10分钟车程。

（三）现状基础

天涯小镇是天涯区的一个沿海村庄，居民祖辈以打鱼为主业。随着三亚旅游业的快速发展，小镇依托靠近天涯海角和南山景区的优势，大力发展旅游业和其他第三产业，着力打造滨海风情示范小镇，村民和村集体收入大幅提升。华侨城在"遵循土地伦理法则""乡村生存的自然法则""地域发展的文化脉络"三大美丽乡村建设法则的指引下，以"党建共建为引领、社区治理为抓手、产业振兴为根本"为发展理念，始终坚持与村民"共生、共创、共荣、共享"，实现产业小镇的可持续发展。

天涯小镇黄龙街

天涯小镇南区地中海风格建筑立面改造项目已完成，五龙街区圣托里尼风情小镇的旅游形象粗具规模。华侨城拟打造青龙美食街、黄龙百年工艺街、红龙渔家故事喜宴街、白龙渔风艺术街和黑龙夜色欢乐听海街，以及黄龙街滨海网红文化广场。

（四）资源条件

（1）景区资源：天涯小镇交通便利，高速公路发达，距离主要交通枢纽36分钟车程，周边旅游资源丰富，海南6个5A级旅游景区中的4个分布在其50千米范围内。

（2）自然资源：天涯小镇毗邻大海，四季温暖，常年气温在24℃左右，湿度适中，是亚洲稀有的地中海气候的典型代表。

（3）文化资源：五龙文化，天涯小镇是中国唯一以"黄、黑、青、白、红"五龙为主题的街区，社区留存传统舞龙、赛龙舟文化，是为纪念屈原的爱国精神而逐步形成的传统文化活动，是对传统文化精神的一种传承。渔村文化，"渔村"里建有一幢幢渔家小楼，度假者在楼中可推窗见海、卧床听涛，也可以随船出海打鱼，或观看各种渔家传统民间文化活动。

（4）产业资源：主要为休闲渔业。天涯小镇可根据地方特色，打造以居民住宅为载体，充分利用自然环境、渔村设备、渔村空间、渔业生产场所，提供丰富的滨海观光、休闲渔业、娱乐体验等项目。

二、发展历程

（一）海南集团的角色和作用

在天涯小镇，海南集团立足于"创想美好生活引领者"企业角色定位，以"智慧输出"和"智慧撬动"为手段，在实践中采用与社区全方位、全产业链、全生命周期的共存机制，通过项目赋能、整合社会资源、搭建各类平台实现价值塑造，承接政府社区服务职能、协助政府优化营商环境，引入"人才、资本、智力、流量"，持续推动社区"宜业、宜居、宜乐、宜游"功能落地，助推马岭社区实现老渔村的"新活力"。

（二）规划引领

天涯小镇的规划主要从理念原则、战略定位、发展目标和运营模式等方面入手，通过镇海联动，打造"引客＋驻留＋服务"闭合产品体系。

1. 理念原则

面对"脱贫攻坚决战决胜、社会主义新型城镇化建设和乡村振兴"的历史重任，海南集团"不忘初心，牢记使命"，在马岭社区联合三亚市生态环境局机关党支部、天涯区马岭社区党总支建立基层党建战斗堡垒阵地，坚持产业振兴为根本的工作理念，以社区集体经济振兴、企业高质量发展为目标，以"党群党建、社区服务、环境提升、乡风文明、产业升级"为实践方向落地海南集团在马岭社区的"天涯模式"。

2. 战略定位

天涯小镇定位为多业态生活体验式文化旅游综合体，并以"产业为依托、社群为纽带、体验为特色、人文为亮点"。其中，产业方面以天涯创客孵化基地实现"引智、引流、引人、引资"，打造"吃、住、行、游、购、娱、康、养、学、演"十大幸福产业集群；建立桨板、瑜伽、冲浪、摄影俱乐部等，以社群为纽带，于三亚市天涯区"千万级游客"景区群中实现快速精准引流和结构化导流；坚定民族文化自信，以五龙、渔家和天涯文化增强赋能的旅游体验为特色，形成滨海特色小镇的核心竞争力；以人文为亮点，导入"艺术与生活方式研究院"，举办"艺术生活方式展"和"生活论坛"，建设"艺术之家"，打造具有"一带一路"国际化影响力的中国美好生活示范小镇。

3. 发展目标

党建方面以政村企合作共建开创"中国未来共享新社区示范"；社区治理方面以承接政府服务职能、引导乡风文明提升打造"中国城乡融合发展新示范"；产业发展方面以1个天涯创客孵化基地来推动10个幸福产业集群蓬勃发展，创办100个社群俱乐部来带动1000个社区共创项目落地；运营方面以"原生态人文＋文旅＋网红商业"运营模式开创"中国滨海风情小镇新示范"。以打造具有"社区治理有效、乡风文明友善、产业转型升级"特点的特色小镇全国示范标杆项目为阶段性目标，最终呈现一个中国"新时代、新乡村、新社民"生活实践地。

4. 运营模式

（1）全域旅游产业延伸模式

全域旅游产业已成为三亚市政府战略性产业，符合中国自贸港未来发展趋势，可通过导入全域旅游总部基地，引导示范性产业创新旅游产品（民宿、酒吧、餐饮、非遗体验等）和商品（五龙舟、电商海产品等），以旅游导流带动消费促进产业规模发展，推动天涯小镇实现产业转型升级、产业链延伸。

（2）文化旅游创新模式

拟建立天涯区第一个真正的海上主题乐园，并通过打造陆上马岭社区消费驻留地将紧邻的四大特色景区（天涯海角、南山寺、西岛、椰梦长廊）等"千万级"旅游目的地链接起来，设计"旅游体验卡产品"整合各类旅游线路，由总部基地进行全面支持，带动天涯区文化旅游产业快速发展，促进三亚全域旅游产业升级。

天涯小镇自然风光

（3）投资商和开发商的同创发展合作模式

以建立的天涯小镇游客、生活和资产服务中心为平台，以党建共建整合政府资源、旅游协会整合当地商户资源、社区整合居民资源，导入策划、文创、演艺和培训等资源推动文化同创，导入机构投资、个人投资和众筹等资本渠道开展资本同创，导入产业招商、运营和孵化等专业机构开展产业同创，导入品牌运营、宣传推广和社区治理等社会资源开展运营同创。

（4）农旅结合创新模式

以《海南省人民政府办公厅关于加快推动休闲渔业试点促进休闲渔业健康发展的指导意见》（琼府办〔2020〕31号）为工作纲领，协助社区整合渔村资源（渔村设备、渔村空间、渔业生产的场地、渔法渔具、渔业产品、渔业经营活动、自然生物、渔业自然环境及渔村人文资源），导入专业机构运营赋能，三方共同创建全国精品休闲渔业示范基地，创办"五龙舟"类桨板精品赛事和节庆活动，发挥渔业与渔村休闲旅游功能，增进国人对渔村与渔业的体验，优化第一产业和第三产业的配置，提升旅游品质，塑造滨海特色小镇的未来经济新增长极。

5.规划要点

镇海联动——打造"引客＋驻留＋服务"闭合产品体系。天涯小镇、海上欢乐谷、游客综合服务中心，形成"镇—滩—海"空间结构；通过"吸引产品—特色驻留产品—配套服务产品"的3级产品体系，实现游客多方位、多层次消费，促进天涯小镇的发展。

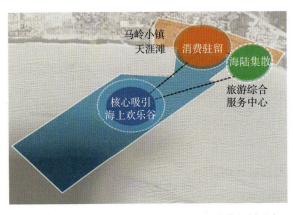

空间区域	项目名称	区域功能
陆地空间	天涯小镇	文艺休闲消费驻留
	天涯滩	
	旅游综合服务中心	水路集散综合服务
海域空间	海上欢乐谷	海上游乐核心吸引

天涯小镇规划要点

（三）产业为本

1. 原则策略

原则方面，一是本土化特色原则。天涯小镇发展的核心在于独具特色的民俗文化和自然环境资源，在开发过程中侧重突出滨海渔村的地域特点，因地制宜地发挥本土特色，提升市场竞争力，保持与外来文化的差异化。二是文化原则。与中国艺术人类学学会深度合作做好在地文化的全面系统梳理，充分凝练、提升当地文化的内涵和意境。三是可持续发展原则。充分发挥生态引领作用，避免自然资源的过度开发。四是开发与保护并存原则。民俗文化的发展不过分强调经济效益，结合社区治理工作的开展兼顾社会、环境和教育效益。

策略方面，一是要多层次、多角度挖掘民俗文化内涵，拓广旅游产品，增强游客文化认同感，提高市场吸引力，改变单一的表现形式。二是合理规划设计，将中国传统龙舟与现代桨板进行结合打造"五龙舟"，增加民俗文化旅游的可参与性。三是注重文化的保护与传承，将社区内和周边的民歌、打银、黎陶充分挖掘出来，通过创办体验馆扶持非遗传承人转型为商业人。四是合理利用新媒体资源，加大文化旅游宣传力度，设计符合本地"五龙"文化的IP，推动、拓展和延伸在地文化旅游形象的树立及相关产业发展。

2. 发展模式

华侨城采取龙头企业带动、集体企业组织、专业机构参与及公共平台支撑发展的混合模式。以中国旅游20强、文化30强央企华侨城集团为龙头，设立海南全域旅游总部基地，协助村镇集体成立休闲渔业经济合作社、产业发展股份公司，通过创办 1 个天涯创客孵化基地推动 10 个幸福产业集群蓬勃发展，创办 100 个社群俱乐部带动 1000 个社区共创项目落地，实现天涯小镇游客服务、演艺传播、休闲渔业等相关行业的发展。具体产业发展体系可见图。

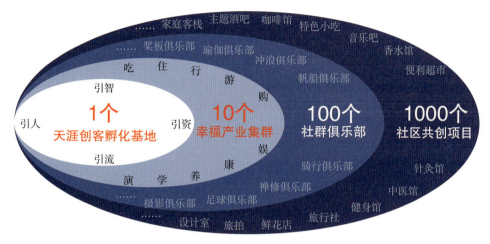

天涯小镇"从 1 到 1000"的产业发展规划

3. 产业扶贫

打造乡镇现代生态产业链，实现产业扶贫。以社区治理为抓手，在天涯区团委的指导下创办天涯区"志愿者服务站"和"青年之家"，吸纳海南热带海洋学院人文社会科学学院和马岭大社区青年志愿者，并与三亚市生态环境局合作创建"无废社区"，对社区街道、沙滩大力开展生态保护、环境优化和旅游化建设，实施沙滩净化、街道整治、乡镇美化绿化艺术化、精神文明提升等生态保护、环境优化及乡风文明工程，使得小镇具有景区面貌、居民有服务风貌。打造集休闲渔业、观光游览、渔事体验、"五龙舟"赛事为一体的滨海特色旅游产业群，形成独具特色、具有高附加值的现代生态产业链，形成以"文化 + 旅游 + 城镇化"为基本模式的产业扶贫和乡村振兴路径。

（四）环境提升

1. 社企共建

开展社区治理是天涯小镇产业振兴的基础，是实现乡风文明的重要抓手。绿水青山就是金山银山，社区治理让乡风更文明、环境更美丽、精神更丰盈、社区更和谐。

2017 年 10 月 21 日，天涯小镇建设立面改造动员大会成功召开。华侨城提供方案、天涯区政府出资 2.2 亿元的马岭社区立面改造工程启动施工。目前，该工程基本完成。

2020 年 5 月 19 日，"无废三亚　我是行动者"禁塑主题宣传活动在天涯小镇开展。

2020 年 5 月 25 日，全域旅游公司与马岭社区居委会签订马岭社区产业运营同创合作协议，获取马岭社区 20 年托管管理权，为实现"智慧撬动、智慧输出、平台化运营"模式落地，打造国家级滨海风情小镇，带领马岭社区居民共同富裕，探索打造可复制的乡村产业振兴新模式奠定基础。

2020 年 7 月 1 日，"共建马岭党员突击队"联合"天涯区青年志愿者服务站"开展马岭社区"无废社区"入户宣传和环保净滩活动。

2020 年 8 月 26 日，天涯小镇马岭社区社企共建产业同创周工作例会首次召开，建立天涯小镇社区治理责任机构及议事决策机制。

2. 文化复兴

文化自信与乡土文化方面，以在地的"五龙"文化为精髓，扶持成立"五龙"文化协会，重现端午龙舟赛、五龙牌坊点睛等传统民俗活动，结合时尚元素包装、提升、打造新的"五龙舟"桨板项目，设计符合本地"五龙"文化的 IP 并运用新媒体广泛推广，使其文化精髓在新时代焕发出强大的生命力和经济价值。

文化铸魂与物质塑形方面，以伦理文化为重要资源切入社区治理。天涯小镇开展"孝尚家风、和美天涯"乡风文明评选活动，将"居民公约"作为附件嵌入居民产业同创合同，进而培育文明乡风、良好家风、淳朴民风，完善乡镇自治水平。以生态文化为乡镇建设的价值引领，2020 年将青龙街区和街区沙滩周边"丁"字区域划为共建责任区，大力加强生态文明建设，积极倡导绿色生产和生活方式；以文化创意为乡镇振兴的重要动能，与中国艺术人类学学会所属的生活样式设计专业委员会深度合作，深入挖掘在地的生态道德、生活习俗等文化资源打造"烙印"文化馆，加快乡镇生态振兴；以文化供给为乡镇

天涯小镇"五龙"文化

人才赋能，深入开展轮值"镇长"事件营销活动（已办 28 期），创办"新时代讲习所"，加强小镇的引人、引智工作，为产业兴旺奠定人力基础。

华侨城以马克思主义为指导，以习近平新时代中国特色社会主义思想为引领，充分尊重渔村文化传统，立足乡镇现实，结合自贸港建设和休闲渔业发展契机，推动渔村文化创造性转化、创新性发展，促进优秀乡土文化在新时代焕发蓬勃生机。

（五）成果进展

（1）华侨城投资近 400 万元，配合天涯区政府完成天涯区天涯小镇及马岭社区的整体策划、规划及天涯休闲浪漫小镇的整体运营改造方案，目前已改造好黄龙街、黑龙街、青龙街、白龙街、红龙街。

（2）投资近 800 万元，在天涯区天涯镇马岭社区建设运营海南省首个"天涯一卷书海洋主题书店"，2019 年 9 月 20 日正式开业运营，目前已成为天涯区马岭社区文化名片及主题聚落客厅。

（3）投资近 200 万元，完成天涯小镇 198 公顷海上欢乐谷的策划论证及并进行了海域使用权申请。2019 年 6 月 19 日三亚市资规局通过华侨城海域使用权预申请，目前正在深化海域策划方案及正式海域申请技术论证阶段。

（4）投资近 100 万元，拟购置 6 条龙舟，协同马岭社区共同复兴天涯马岭五龙文化及赛龙舟产业运营，在未来的重要节庆举办传统马岭龙舟赛。

（5）投资近 200 万元，以海南华侨城全域旅游发展有限公司名义发起，协同文门村项目共同成立天涯区旅游协会及天涯小镇游客服务中心，2019 年 12 月 10 日完成协会注册及证照办理，2019 年 12 月 28 日正式营业。

（6）和马岭社区共建文化社区，共同举办近 20 场以爱国主义教育、党建团建、海洋环保、家庭亲子教育、安全教育等为主题的社区文化共建活动。

天涯小镇未来将以基层党组织战斗堡垒为实体阵地，以获取的马岭社区 20 年整体规划和统筹运营权等为支点，以导入的社会机构为组织载体，以央企提供赋能等多维支持为保障，以"文化同创、运营同创、产业同创、资本同创"模式完善"一院、两心、三基地"合作平台，统筹推进马岭社区新时代"五位一体"总体布局，为振兴马岭进行"文化、运营、产业、资本"赋能，引导社区乡风文明提振、集体经济发展、产业转型升级、居民增收致富。

三、创新突破

（一）党建共建

"天涯模式"是海南集团在党建与生产经营深度融合发展中的探索成果，是践行"党建是看得见的生产力"，把党建工作成效转化为公司的发展活力和竞争实力的有力举措。

1.党建共建助推资源高效整合

当前国际国内经济形势严峻，马岭社区又面临渔业的深度整顿，渔民们有迫切的转型需求，党建共建有利于华侨城快速响应国家重要决策部署，明确"六稳""六保"政治责任，也有利马岭社区积极转产转业，为顺利地实现当地资源的高效整合、促成社区、村民与企业的紧密合作，实现打造"人文内涵丰富、社区风貌秀美、产城融合发展、社会和谐稳定、百姓幸福安康"的"新马岭社区"的目标奠定了政治和组织基础。

2.党建共建推动地方高质量发展

党组织存在于地方政府、企业、行业协会、合作社之中，通过党建共建的模式推动地方发展，可有效地形成党组织为核心的社会凝聚力，有利于党组织正确地处理和协调各种机构与个体的关系。充分发挥党组织的引导服务作用，把党的组织优势与社区的群众优势、企业的资本市场优势及专业机构的智力优势有机结合起来，从而实现党建加强企业壮大与富村富民的相融互动，有力推动地方高质量快速发展。

3.党建共建探索公共服务转型中央企角色的新定位

以党建共建战斗堡垒为阵地，承接地方政府属地治理的部分公共服务职能，立足于"创想美好生活引领者"的新定位，以"智慧输出"

天涯小镇海边风情

和"智慧撬动"为主要方式探索弱化投资商和开发商思维,在实践中形成与社区全方位、全产业链、全生命周期的共存机制,通过搭建各类平台,整合社会资源,协助政府优化营商环境,引入"人才、资本、智力、流量",持续推进社区"宜业、宜居、宜乐、宜游"功能落地,助推马岭社区呈现老渔村的"新活力",进而在改革发展中彰显央企担当,做出央企贡献。

(二)运营创新

在产业运营方面,一是以"央企+社区+专业投资运营机构"的模式,将青龙街打造成美食街、红龙街做成婚尚美丽产业。二是通过天涯一卷书店与樊登书店合作,将天涯一卷书海洋主题书店升级为爱情旅行书店和社交共创中心。三是将天涯小镇游客服务中心升级为天涯小镇资产服务中心。四是引入国内知名桨板品牌运营商,打造桨板社群俱乐部。

天涯小镇黑龙街

1. 品牌塑造

天涯小镇是目前中国唯一以"黄、黑、青、白、红"五龙为主题的社区,具有中国传统的民风淳朴、邻里友善的社区气质,五龙是在地文化的主体,社区从民国初期至今就留存传统舞龙、海上赛龙舟的民俗。华侨城践行央企使命担当,帮助马岭复兴当地的五龙文化,牵头专业文创机构,打造天涯小镇特有的五龙文化IP,

天涯小镇街区

使之成为符合旅游度假市场年轻客群需求和当地居民认可的五龙 IP 文创产业及品牌。

2.流量导入

华侨城凭借多年丰富专业的文旅行业运营经验及全国众多的主题公园、景区及特色小镇资源，在天涯小镇以"智慧撬动＋智力输出＋平台化运营"的运作模式，采用"产业同创、运营同创、文化同创、资本同创"的方式，积极为天涯小镇"引人、引智、引资"，导入天涯小镇急需的智慧资源及创客资源，包括引入桨板俱乐部、天涯骑迹骑行俱乐部和组建天涯乐队等。

3.营销推广

天涯小镇轮值"镇长"事件营销活动以精准"引人、引智、引资"的目标，寻找热爱天涯小镇的社会名人、行业精英，通过名人代言及他们的丰富资源，打造天涯小镇特有的公益品牌 IP，解决天涯小镇长期宣传、热度持续的问题，发动社会力量与华侨城一起为小镇的发展带来巨大的社会关注度和经济效益。同时运用海南集团内外部平台资源，签约抖音、小红书等新媒体服务商，为天涯小镇的推广搭建媒体传播矩阵。

四、模式总结

天涯小镇由马岭社区居民委员会与海南集团共同努力开发，被中国农村社区发展促进工程组评为"中国特色经济村"。该项目采用"党建引领＋智慧撬动＋智慧输出＋平台化运作"模式，通过科学明确的顶层设计、责任分工，充分发挥多方优势，根据小镇的特点注重在产业导入、模式创新、资源整合、文化赋能等方面下功夫，坚定项目赋能、资源整合、平台搭建、价值塑造发展定位，致力于在实现居民生活水平提升的同时以"原生态人文＋文旅＋网红商业"运营模式开创"中国滨海风情小镇新示范"，以社区就地城镇化打造"中国城乡融合发展新示

天涯小镇海边风景

范"，以政村企合作共建开创"中国未来共享新社区示范"。"天涯模式"是海南集团在党建与生产经营深度融合发展中的探索成果，是海南集团践行"党建是看得见的生产力"，把党建工作成效转化为公司的发展活力和竞争实力的有力举措。

该模式力求将天涯小镇打造成为具有浪漫风情的国家级滨海度假小镇，让时间和生活在这里变慢，使天涯小镇变成遇见友情、遇见爱情、遇见事业的理想生活的地方。

案例二　三亚中廖村："品牌塑造＋文农旅融合赋能"模式

海南集团进驻中廖村后，以政府为主导、村民为主体，采用"品牌塑造＋文农旅赋能"的开发建设模式，取得阶段性建设成果。政府进行基础设施建设，包括"五网"等基础设施，园林绿化、环境卫生事业等市政公用工程设施和公共生活服

中廖村村口

务设施建设；村民通过闲置房屋、土地等资源入股，实现资源变资产、村民变股东；企业进行建设运营，利用村民入股闲置资源合理规划打造多元化经营业态并进行持续提升。在中廖村建设中，华侨城海南集团打造了黎乡田园、研学活动、中廖黎物、餐饮、民宿、文化演艺等多元化业态，探索践行了"总体开放＋点状封闭"的运营模式，推进产业融合发展，中廖村实现了从0到1的转变，取得了良好的社会效益和经济效益，先后获得近二十项省级以上殊荣，并取得2018—2019年华侨城集团"优秀创想奖"。中廖村建设的新模式、新实践，为华侨城美丽乡村建设提供了鲜活范例。

一、基本概况

（一）区位交通

中廖村位处三亚东部旅游区域的地理中心位置，西接224国道，南临三亚绕城高速和东线高速，距离三亚市区半小时车程，距东环铁路（亚龙湾站）3.8千米，仅9分钟车程，距三亚凤凰国际机场28千米，交通通达性优越；20千米范围内，向南辐射亚龙湾、海棠湾、大东海等核心度假景区，向北近槟榔谷和呀诺达等旅游目的地，旅游区位极佳。

（二）现状基础

中廖村环境优美，是一个具有百年历史的黎族村庄，全村现有人口3420人，

中廖村山水黎歌表演

共有812户，管辖8个自然村。核心区集中在中和村、朝南村、芭蕉村、新田村，占地6800亩，目前参与美丽乡村建设的只有前三个村小组。早期的中廖村以农业种植为主，主要种植杧果、槟榔等。用地现状以田园林地为主，4个原乡聚落建设用地相对

集中，其他少量建设用地零散分布，田园林地间散布建设用地，生态环境优越。中廖村拥有丰富多元的自然资源和文化资源，丰富的水景资源、百年古榕、特色农作物种等，其原有田园风光极具热带感，民族气息浓厚。

中廖村自然环境

2017年4月，华侨城正式进驻中廖村，以国家乡村振兴战略为指导，在保留村中好水好景的基础上，遵循乡村生存的自然法则，尊重地域和地区发展的文化脉络，挨家挨户走访、洽谈，传递华侨城理念，对中廖村进行了原址提升规划改造，重现了农村原有的生活场景，还原了一个有乡村感、有历史、有家味儿的故园，在城乡规划、精准扶贫、基础设施建设、产业布局、公共服务和社会管理等方面，持续加大资金投入，引入城市公共服务设施，让乡村的优美生态与城市的生活配套设施充分结合，把中廖村建设成了如今这个与城市共融共存、功能与特色互补的美好家园。

（三）资源条件

中廖村充满热带山水田园风光、黎族乡俗风情，水资源丰富，西侧南侧有河流穿过，且有蓄水湖、池塘数个；热带植物资源广阔，原乡聚落内嵌于众多榕树、椰子树之间，周边有众多杧果林、龙眼林、槟榔林等；农业有一定基础，成规模的主要有杧果、槟榔、龙眼、百香果种植等；村民多有散养鸡、鸭、鹅等家禽。中廖村为三亚具有百年历史的黎族村庄，黎族风情浓郁。

1. 自然资源

自然资源包括山形地势、水文、石头、植被、特产等。在乡村建设中做到尽量不破坏原有的地形，保持村庄原有的风貌，对河流、古树、古建筑予以保留，同时在道路系统的修建上遵循当地的地形地势。结合中廖村自身得天独厚的自然风光，形成独具特色的"五带五区"产业空间布局。

中廖村墙绘

2. 人文资源

人文资源包括村庄的色调、符号、民俗、手工、节事、传说、典故等。中廖村的景观设计结合当地黎族文化传统，对田园风光等产业型景观资源进行梳理，从村庄的色调、符号、肌理中提取设计元素，应用于建筑形态；活化村庄的民俗、手工、节事、传说、典故，将其要素运用于景观设计。如在村内的各式屋面墙壁上绘制颇有个性的文化故事绘画，简单、色彩明亮、生动有趣的故事图案能给游览过程增添无限遐想。陶罐、指路牌上等随处可见的黎族图腾，以及农具和雕塑也能让人记住浓浓的乡土文化。

3. 建筑、构筑物

乡村建筑风格应符合本地建筑的特性，才能将新农村建成村民熟悉的家园，使村庄内的建筑形成本地建筑的风格，又在传统表达的基础上有所创新，形成"一个地区一种风格"。

（1）建筑风格

海南岛的历史变迁，使得海南的建筑风格兼具闽南、岭南风格及少量中原、欧洲风格，整体建筑以雅淡清爽、玲珑通透的面貌呈现。中廖村项目立足当地文化，广泛采用茅草、竹子、红白藤等材料，门楼与亭子的主体、细部均由竹子搭建，灯笼则由当地人采椰子果壳编织而成，构筑物的整体风格都充分体现海南黎族的风俗文化。

（2）建筑体量与尺度

乡村生活环境与旅游体验环境多体现在点状的公共和半公共空间，建设规模、建筑体量、广场尺度需适中。在大尺度村田、湖泊景观背景下，休憩空间并不作为视觉焦点存在。该空间服务对象为在此区域劳作的村民和少数游客。在中廖村的设计规划中，田园休憩空间、临水空间中的建筑、构筑物的设计尺度以满足 2～6 人可遮蔽风雨为准，保证整个空间尺度的协调性，在色调上与周边环境要素应相近，形成和谐呼应。

4. 植物设计

美丽的中廖村，没有私搭乱建，没有外来企业，只有优良的生态环境与人和谐共生。规划中，坚持不砍树、不拆房、不征地、不填塘、不贪大、不求洋的原则，维持乡村原有的质朴与灵气，让世代中廖人始终能看得见山，望得见水。

中廖村星空帐篷

（1）保护古树

乡村中的古树见证了乡村的历史发展和人文变迁，是乡村记忆的一个重要代表。榕树广场是中廖村村民们集中休闲、娱乐的重要场地，华侨城在改造过程中，

中廖村大榕树广场

坚持保留原生榕树形成的树冠荫蔽核心活动空间，控制周边建筑物高度，为大榕树留出充足的生长空间，配置低矮花灌木，使视线通透，并弱化大面积的硬质场地。

（2）不砍树，保护原生植被

除了有历史代表意义的古树，乡村植被的原生态野性也是自然的面貌，或山野茂林，或沃野阡陌，都是乡村建设的特色代表。中廖村槟榔步道项目并没有将阻挡在道路中间的槟榔和长势良好的原生灌木砍掉，而是在步道踏面留出适合植物生长的孔径，形成富有乡野特色的原生态栈道，别具一番特色。

5. 生态水系

（1）调节型生态水系

中廖村新建建筑周边设有水池或人工湿地等一系列生态水系，有效降低了密集活动区域内的温度，创造出丰富、有活力的舒适场所。

（2）雨水回收利用

在中廖村美丽乡村打造过程中，加入了生态水系建设的理念，在村道、骑行道、步行道等道路两侧增设海绵化排水边沟以收集地表径流，用于基础灌溉等用途。

（四）公共服务

中廖村里建有图书阅览室、文化活动中心、排球场等公共文体设施，还专门设立了孔子学堂，聘请专业国学老师给村民讲解文明礼仪、儿童教育等知识。村民平时除了打排球、跳舞，还可以自由选择参加全域旅游、黎族织锦等相关的技能培训班。积极组织农村广场健身队伍开展健康的健身活动，不断满足群众精神文化需求。各村"妇女之家"、儿童之家也围绕中心工作，开展各类农村妇女、儿童喜闻乐见的活动，搭建精神文明建设新平台。

二、发展历程

（一）利益相关者的角色和作用

华侨城采用"政府主导＋村民参与＋企业运营"的共治方案，为中廖发展助力。

首先，政府提供宏观政策支持，包括乡村振兴、土地政策等，助力美丽乡村建设及农旅融合落地实施。同时负责"五网"等基础设施、园林绿化和环境卫生事业等市政公用工程设施，以及公共生活服务设施的完善。

其次，村集体通过存量集体建设土地、集体用房、其他经营性资产入股，村民通过闲置房屋、土地等资源入股，实现资源变资产、村民变股东。

最后，企业进行建设运营，利用村民入股闲置资源合理规划打造多元化经营业态并进行持续提升，在城乡规划布局、要素配置、产业发展、基础设施、公共

中廖村村上书屋

服务、生态保护等方向，持续加大对中廖村的资金投入，引入城市公共服务设施，让乡村的优美生态与城市的生活配套设施充分结合。

（二）规划引领

中廖村项目通过明确理念原则、做好战略定位、制订发展目标、创新运营模式、制定规划要点五方面统筹推进总体规划实施。

1. 理念原则

中廖美丽乡村建设始终遵循"土地伦理法则""乡村生存的自然法则"，坚持"地域发展的文化脉络"，"不大拆大建、不求新求洋"，与村民共生、共享、共赢、共荣，实现美丽乡村的可持续发展。

2. 战略定位

黎族文化生态村、中国向世界展示美丽乡村的标杆典范。

3. 发展目标

融通优化村企共建，获得政府、村民信赖，孵化"轻资产＋智力输出＋平台化"运营能力，围绕"黎族文化精耕细作、深度升级"全力打造中廖"黎族文化生态村"先行样板。

4. 运营模式

中廖村以最有效地利用现有资源、最大限度地满足市场需要和最有利于竞争为原则确定旅游产品组合策略。目前中廖村旅游产品组有以下几种类型：全面全线型组合，即针对全部旅游市场的各种旅游需要的美丽乡村旅游产品组合，包括各种类型的旅游线；市场专业型组合，打造研学基地，满足研学团队需求；产品专业型组合，即只经营一种类型的旅游产品来满足多个目标市场的同一类需求；特殊产品专业型组合，即针对不同目标市场的需求提供不同的旅游产品，如为家庭定制的周末亲子游线路。

5. 规划要点

结合村庄在区域资源、交通、生态环境、产业发展等方面的优劣势，在科学分析论证的基础上，对村庄内的生态产业、村庄的居住环境、村庄的配套设施进行空间总体布局。

（三）产业为本

1. 原则策略

政府扶持＋华侨城主导＋村民参与＋合作方共创。依托华侨城品牌及中廖村

中廖村黎家小院

中廖村三不坊

美丽乡村基地，结合海南华侨城美丽乡村建设实践，形成集现代办公、休闲旅游、乡创产业、研学培训、文化展示为一体的华侨城特色美丽乡村示范基地。

2.发展模式

2017年，华侨城与吉阳区中廖村村委会签订《美丽乡村产业发展合作框架协议》。通过对中廖村进行深度文化挖掘与提升，现已推出了包括中廖书屋、黎族演艺、特色民宿等项目在内的一系列美丽乡村产品。此外，积极引进多方资源，联动企业、商家、村民发展餐饮、商贸、食品加工与养殖业，并大力开拓第二产业平台，逐步实现文化旅游＋特色产业的创新发展模式，达到共生、共享、共赢、共荣的目标。

3.产业布局

租赁村民闲置土地，对村内原生态种植业进行改造，打造特色蔬果"花园"——黎夫彩园，聘用当地农夫种植特色蔬菜；对村民的原生态表演进行包装升级，使来中廖村参观的游客可以在村内和湖上免费欣赏到充满黎族风情的山水歌舞表演；开设"三不坊"，传承和发扬黎族传统酿酒技艺，感受黎族文化；引进自行车及电瓶车骑行项目，建设家庭亲子攀爬乐园、儿童乐园等游玩场所，提升游客旅游体验，增加二次消费内容；引入活字印刷、手工筷制作，打造黎乡非遗专属研学课程。

4. 产业扶贫

美丽乡村建设需要让乡村的优美生态与城市的生活配套设施得以充分融合。从城乡规划布局、要素配置、产业发展，到基础设施、公共服务、生态保护，华侨城先后投入资金 5000 多万元来进行支持建设。通过村企合作、土地租赁、房屋租赁、租赁贫困户土地、扶持贫困户工作、扶持村民创业、发展村民用工、提供农副产品售卖平台等多途径带动村民脱贫增收。

华侨城海南集团通过聘用村民的方式组建黎族演艺团队，在提高村民收入的同时向社会展示原汁原味的黎族风情。邀请指导老师，从最简单的发声、最单一的舞蹈动作向村民教学，为村民定制合身的舞蹈服装，通过几个月的反复排练，最终组建起中廖村专属演艺队伍。

（四）多方共建

中廖村一直高度重视党的建设工作，通过学习和教育，不断增强基层党组织的创造力、凝聚力和战斗力。建立健全学习制度，积极开展学习"两学一做"活动，要求项目部内部党员定期提交学习心得并在实际工作中起到模范带头作用，调动项目成员工作的积极性和主动性，增强项目部的凝聚力、战斗力和感召力。中廖项目部在制定创建工作标准时，也充分发挥基层党团组织的先锋堡垒作用，突出了群众组织联系和服务群众的创建标准，重点解决服务态度和服务质量问题，保证员工的创造能量充分释放，确保项目部运营工作的高效开展。

（1）以党建为引领，连续 3 年开展"情系贫困户，关爱老党员"节日扶贫慰问

华侨城秉持"以人为本""村企和谐"的发展理念，坚持以党建为引领，组织党员突击队开展节日扶贫慰问活动，2019 年累计慰问困难群众、老党员 315 人次，共计 112973 元，为美丽乡村建设夯实了群众基础。

（2）各党支部在中廖村开展"不忘初心、牢记使命"等主题党日活动

活动中，海南集团党员和入党积极分子开展美丽乡村净扫活动，为党旗增辉。集团党支部党员们以身作则，率先垂范，引导村民以主人翁的精神参与到美丽乡村建设中来。同时，村党支部以建设"五好班子"为目标，切实加强自身建设，提高农村基层工作的能力，在打违控违、环境保护、社会治安整治、计划生育等工作中，充分发挥支部战斗堡垒作用和党员模范带头作用，将党建与村建结合，以党建促发展，积极打造"四无"（无刑事案件、无群众上访事件、无吸毒人员、无房屋

违建）村庄，为创建文明村和党建示范点奠定了良好的基础。

（五）文化复兴

中廖村美丽乡村文化演艺注重挖掘整合村内现有的黎族特色文化资源，将黎族同胞舂米、织黎锦等各种生活场景融入舞蹈表演，同时增加了非遗人偶剧、传统黎族乐器伴奏等艺术表演形式，在艺术和文化传承方面，聘请黎族知名老艺人在村内传授传统乐器制作、演奏等技艺，在传承经典文化、创新艺术形式上下功夫。通过导入"文化+"相关产业，再现黎族文化的古韵古风，铸村庄之灵魂，树文化之标识，引领中廖村旅游资源整合升级，打造特色文旅品牌。

（1）开展乡村讲习课，对村民进行党建思想教育、传统文化道德思想教育。

（2）举办非遗文化节，通过非遗文化节日，加强村企文化融合，充分挖掘中廖村独具特色的少数民族文化，将中廖村的非遗文化展示给更多的中外友人及媒体嘉宾。

（3）举办农民丰收节，以农产品展销会、黎族歌舞、趣味运动会等形式打造黎族文化主题丰收节，展示广大农民的劳动成果，为农民群众提供更多公共文化服务。

（4）整合黎族文化元素形成体系成果，以演艺呈现。"山水黎歌"以中廖村山水为舞台背景，采用贴近生活的艺术表现形式，依托中和湖栈道、水面、竹排等进行的黎族歌舞表演，将山水人融为一体，以山水实景表演呈现身临其境的观赏效果。

（5）将废弃老房改建为中廖特色"村上书屋"，内有藏书千余册，各类20世纪70、80年代绝版经典怀旧书籍吸引着游客的关注。在书屋的改造过程中，既尊重了老屋的历史，又赋予其新功能，使其与乡村生活方式更协调更融合。

非遗学堂

（六）生态宜居

在带动村民致富的基础上，华侨城更着力保护村庄自然生态。在开展乡村振兴工作中保持着对美丽乡村历史与环境的尊重，越来越多的村民自发贡献资源，自觉保护环境，自愿参与服务，并投身旅游事业的建设中，这是华侨城在乡村振兴工作中取得的最丰硕的成果。

第一，坚持"打基础、保生态、强管理"的主导思路，建管结合，持续优化乡村环境。先后完成了道路硬化美化 1.88 千米，实现村庄主干道路全亮灯，水网电网基本满足群众生产生活需要，"一站六室三栏两牌"建设齐全，成为全区乃至全市美丽乡村建设的标杆。

第二，从建设生态文明着手，深入推进农村改路、改水、改厕等工作，推动农村生活节能减排。加快卫生厕所改建，中廖全村建有无害化卫生厕所的家庭占比达95%；加强污水处理，建设海绵化边沟 1.23 千米，已初步解决主干道路雨污水排放收集；清洁田园污染，实现农药、化肥包装物及农用塑料薄膜等生产废物清除率 100%。

第三，积极发动村民做好房前屋后卫生管理，定期开展大扫除活动，结合"星级文明户""巾帼文明卫生户""美丽庭院"等活动，加强村内的环境卫生管理，从而保持环境不变差。推广"户分类、村收集、企转运"的垃圾收集转运方式，统一收集，每日清运，保证了村容村貌长期保持干净卫生。

（七）成果进展

在中廖村的规划建设、运营过程中，华侨城充分体现了中央企业的政治责任、社会责任、经济责任。

1. 践行国家乡村振兴战略，助力三亚"美丽乡村"品牌提升

中廖美丽乡村项目获评文化和旅游部"全国乡村旅游重点村"、中国文旅产业金峰奖"最佳人气乡村旅游目的地"等，中廖民宿先后获得"海南省十佳民宿创建示范点""海南省十佳民宿""海南省级民宿·银宿"等荣誉。

2. 响应中央统战工作，助力中国侨联"留根工程"落地

响应国家战略工程，搭建海外青少年了解中华民族传统文化的桥梁纽带，为海外研学市场拓展奠定基础。组织马来西亚、新西兰"中国寻根之旅"冬令营美丽乡村寻根体验之旅，共接待华裔青少年百余人次。

3. 串珠成链，整合异业联盟，打造"全域旅游＋"产品线

创新旅游新线路盈利模式，融通政府、医疗机构优势资源，探索发展中医康养、研学教育、亲子旅游等产业，通过联合三亚市中医院的中医和国医资源，融通海南省政府、涉侨教育部门资源，开辟马来西亚、新西兰等海外青少年冬令营研学

市场，植入中医康养及研学教育业态，填补全域旅游产业业态空白。

4. 探索践行"总体开放＋点状封闭"运营模式

该运营模式下，总体开放，入园免费，黎夫彩园、体验工坊、一户一味等核心项目则封闭管理收取门票或其他费用。在环境容量方面，既给予游客最大活动空间，又便于控制核心资源所能承载的游客容量；在游客接待方面，既保障接待场所的多样性发展，又保障接待场所的设施和服务质量；在旅游监管方面，既可监管经营场所的质量，又可通过封闭景点的门票来进行旅游统计与分析。

5. 研究美丽乡村建设实践模型，探索美丽乡村产业闭环

中廖村不断提升研究美丽乡村建设实践模型，探索美丽乡村产业闭环：第一产业，主导中廖村民参与种植南非叶、忧遁草、牛大力等黎药，初步探索"种植、加工、体验、销售＋旅游"于一体的农旅融合模式。第二产业，通过华侨城品牌力量打造建立平台，吸纳社会上有资质企业单位，联动乡村合作社、专业深加工单位等企业，生产并推出果酒、山兰酒、"椰和梅"特色饮料等具有"美丽乡村内核基因"的系列农业加工产品。第三产业，在传统景区经营模式的基础上，打破传统景区经营物理空间的限制，融合线上、线下渠道，将现有的"中廖黎物"系列产品在线上线下联动销售。

6. 效益评价

（1）为村民提供就业，带动村民增收：通过租用民房、土地、解决就业、扶持贫困户、提供农副产品售卖平台等多种方式，实实在在地带动了村民实现了增收。截至2019年年底，中廖村项目普通用工37人，人均年收益7.5万元。临时用工6人，人均工资4500元/月。劳务派遣2人，人均工资2900元/月。直接受益村民达400余人，带动村民创收累计约1735万元，人均收入从2017年的6800元提升至2019年的18005元，村民生活质量明显提高。

（2）在村企融合发展方面发挥了示范作用：中廖村的发展实现了企业与村庄共生、共享、共赢、共荣的目标。

（3）在产业兴旺的路径上做出了跨越式探索：公司积极引进多方资源，联动企业、商家、村民发展餐饮、商贸、食品加工与种植、养殖业，并大力开拓第二、三产业平台，孵化"轻资产＋智力输出＋平台化"运营能力，目前中廖村以"中廖黎物"为品牌推出的一系列农副产品，得到了广大市民游客的普遍欢迎。

（4）在生态宜居与乡风文明建设工作上取得了丰硕成果：在带动村民致富的基础上，华侨城更着力于保护村庄自然生态与提高村民素质修养，在开展乡村振兴工作中保持着对美丽乡村历史与环境的尊重，使得中廖村村民的文化自信及自我认同感日益增强。越来越多的村民自发贡献资源、自觉保护环境、自愿参与服务，并投身旅游事业的建设，使得乡村生态文明建设得到极大提升。

三、创新突破

中廖村走质量兴农之路，探索"乡村旅游＋农业发展"的农旅一体化的产业融合模式。

在尊重土地伦理法则、遵循乡村自然生长规律、尊重地域文化脉络传承的基础上，将传统农业资源与乡村旅游发展有机结合并不断创新：通过对中廖村进行深度的文化挖掘与提升，推出了包括中廖书屋、黎族演艺、特色民宿等项目在内的一系列美丽乡村产品，自主研发了黎夫彩园、可食地景、休闲垂钓等体验型项目，并进行提升改造，在农村嫁接优质旅游资源的模式上不断创新出丰硕成果。

（一）IP 塑造

1.品牌升级

（1）中廖村深入挖掘和继承黎族文化，设计了一批极具黎族特色的形象IP，如大力神（黎族人民开天辟地的祖先）、椰壳怪（会捣蛋的小精灵）、槟榔族（世代繁衍生息的黎族人）、哈噻和黎纹（身着黎族服饰的人物形象）、云朵以及乎噜（葫芦）。

（2）进行品牌升级，启动中廖IP重塑，如哈黎艾鲁部落（哈黎，中廖所属黎族语言分支，取英文谐音 Honey，意为亲爱的；艾鲁，黎语爱你之意；哈黎艾鲁：对黎乡的热爱，对乡村的热爱）。

（3）IP内容体系价值构建

①内容再造：讲述哈黎艾鲁部落里的故事，赋予IP人物新的个性及属性，打造中廖特有的强化识别标志。

②核心价值提炼：内容取材黎族文化，以黎族人信仰的保护神为文化载体，融合黎族人生活习俗，结合美丽乡村和田园生活展开创作，以搞怪、"回归本土"的精

中廖村非遗学堂

神，丰富中廖旅游内涵。

③场景植入：IP 形象的植入、绿植角落的巧思布置、小道具的运用、互动空间的刻意保留等主题环境的覆盖，让游客在此处可体验趣味、独特的黎族文化。

④IP 产品研发：通过绘制主题绘本、讲述主题故事等活动，开展主题表演、售卖主题商品、体验主题活动、打造主题餐饮、重塑主题住宿、开办主题"展"等项目等延展开发中廖 IP 产业链。

2. 流量导入

（1）与旅行社等外部单位合作引流。结合不同客群定制不同产品线路，如研学团队的观看演出＋木艺坊＋手工制茶＋活字印刷＋木筷子体验的手工体验之旅；家庭型亲子游的民宿＋家庭垂钓＋采摘＋部分手工制作的休闲之旅等。游客可根据自身需求进行针对性选择。

（2）充分利用美丽乡村特色及优势，组织冬令营、夏令营、趣味运动会等活动。

（3）举办非遗文化节、民谣音乐节等各营销类活动进行引流。

（4）总结中廖美丽乡村特色亮点，加大宣传推广增加品牌影响力。

3. 营销推广

（1）通过举办非遗文化节、农民丰收节、非遗手工培训等各种活动进行对外宣传推广。

（2）拓展宣传渠道，进行天涯之声等媒体宣传。

（3）开通"亲民式"中廖官方抖音、快手、微信视频号，传播中廖项目村企共建举措、品牌活动、产品内容。

（4）签以"海南小芳"新媒体合作公司，以中廖村场地免费实现对中廖美丽乡村的宣传。待达到一定粉丝量以后，进行直播带货，向外推销中廖黎物等产品，实现双方互利共赢。

（5）开展个性化服务，通过携程购票等 OTA 平台销售中廖村旅游产品，持续通过智慧化进行营销推广。

（6）节假日期间携手合作单位，联动鹿回头景区、马岭社区设置扶贫助农产品销售摊位，将优质助农产品与流量优势强强联合，探索中廖黎物"走出去"新模式。

（二）打造黎乡风情

2017 年 4 月，华侨城正式进驻中廖村，开启中廖美丽乡村多元产业融合的景区化发展之路，迈出三亚"十镇百村"新农村建设的新步伐。公司进驻后三年时间，已累计投入 5000 多万元，发展高质量全域旅游，在做好吃、住、行、游、购、娱六大基本要素的基础上，向商、养、学、闲、情、奇等新旅游六要素推进拓展，发展新型旅游，打造中廖黎族文化生态村（见下表）。

中廖村全城旅游建设向创新载体的拓展

六大基本要素	内容	创新载体	内容
吃	先有鸡根据地： 先有鸡根据地是中廖村特色餐厅的代表，各式菜品均取材于村里田间，主打菜"先有鸡先有蛋"。目前先有鸡根据地已经成为八方游客来到中廖尝鲜和拍照的"网红打卡地"。	商	南非茶叶坊 + 三不坊： 南非茶叶坊集南非叶的种植、采摘、包装、销售、服务为一体，是中廖村"轻产业"试点之一，打造微型产业链闭环，为游客提供健康、自然的饮茶服务体验。 三不坊以黎族"biang"酒（亦称山兰酒）为特色，向游客展示黎族人民特有酿酒古法。
住	特色精品民宿： 中廖村建设有风格迥异的精品民宿、星空帐篷、拼装酒店等多形态的住宿产品。目前已投入 2000 余万元，拥有民宿 51 间，可同时满足 100 余人的住宿需求，其中特色民宿 41 间、精品民宿 1 套（4 间）、星空帐篷 4 间、拼装酒店 2 间。	养	黎药种植 + 中医理疗： 种植牛大力、优遁草，作为黎药代表，益心补肝，清肺解毒，从传统中焕发新彩，重新定义养生之道。 为使游客"住"在中廖的同时，"养"在中廖，中廖村未来将引入中医理疗，打造黎乡养生民宿新体验。
行	游客中心、大力神观光车 + 骑行车道： 游客中心提供接待、投诉、咨询、导游等相关服务。10 辆大力神观光车是中廖村一道亮丽的风景线。 中廖村"骑行车道"，全长 14 千米，沿途可欣赏中廖村美丽风景、体验黎家风土民情，用绿色方式轻松享受旅游之美。	学	黎乡非遗： 为充分挖掘中廖村独具特色的少数民族文化，中廖通过非遗文化节等形式向世界展示其文化之美，包括儋州调声、崖州民歌、穿杖表演、黎家美食等。

六大基本要素	内容	创新载体	内容
游	中和湖山水黎歌＋黎院新歌＋村上书屋： （1）中和湖"山水黎歌"是以中廖村山水为舞台，依托中和湖栈道、水面、竹排，呈现身临其境观赏效果的山水实景表演。 （2）黎家小院的"黎院新歌"演出是根据黎族民俗与生产生活情景进行编排的黎族特色演出，使特色黎家表演融入其中，得到了当地村民的高度认可和游客的一致好评。 （3）村上书屋是由老建筑改造而成的小型综合书屋，是最贴近村民的基层图书馆和乡村文化建设的窗口。	闲	黎乡田园经营项目： 黎乡田园经营项目黎夫彩园一期已于2017年10月投入运营，现进一步有效利用现有土地资源，打造黎乡田园经营提升项目（"休闲垂钓区""可食地景""椰和梅轻餐厅"），可与家人、朋友进行休闲垂钓、采摘，体验天然农产带来的自然馈赠。
购	中廖黎物： 目前，华侨城积极与村民开展合作，挖掘和保护黎族文化，培育具有时代特征的产业平台。已陆续推出中廖鸡蛋、中廖山兰酒、中廖百香果等系列黎物产品。未来，华侨城将搭建电商产业、共享产业平台，与中廖村民真正实现共融、共赢。	情	网红打卡地： 村上书屋、椰林树影、太阳花小径、湖光山舍……一步一景，打造美丽乡村中廖村成为知名的"网红打卡地"。
娱	木艺体验＋活字印刷＋木筷制作： 打造了可进行木艺体验的木工坊，可跟着师傅，挑料、制作、打磨、体验手工雕刻艺术品，获得世间独一无二的专属臻品。	奇	中廖文创： 在中廖可为游客定制活字印章、钥匙扣、金属书签等探索性专属文创产品。

1. 黎乡非遗

2020年7月25—27日，海南集团与吉阳区旅游和文化广电体育局联合举办吉阳区首届非遗文化节，以沉浸体验的形式展现非遗技艺背后的历史钩沉、审美理念和文化寓意。

2. 黎乡田园

（1）经营项目风貌内容提升：含椰和梅、哈黎果蔬园、垂钓区在内的项目提升工程已竣工，当前投入试运营。

（2）"中廖黎物"产品扩充：完成含山兰酒、

中廖黎物

果酒、红心火龙果、海南青柠等在内的产品扩充，不断丰富了当地的特色产业。

　　3. 中廖 IP 构建 + 新媒体推广运营

　　持续推进 IP 构建及"亲民式"新媒体推广营销，传播中廖项目村企共建举措、品牌活动和产品内容。目前，IP 构建及新媒体运营单位均已入场，华侨城将持续提高宣传力度，将中廖村打造为高知名度的"爆款"网红村。

四、模式总结

中廖村"品牌塑造 + 文农旅融合赋能"模式，以国家乡村振兴战略为指导，对原址进行了规划改造提升，重现了农村原有的生活场景，还原了一个有乡村感、有历史感、有家味儿的故园。通过引入城市公共服务设施，让乡村的优

中廖拼装酒店

美生态与城市的生活配套设施充分结合，把中廖村建设成为如今与城市共融共存、功能与特色互补的美好家园。中廖村是海南集团开发建设的首个美丽乡村，在设计开发建设过程中取得了优异的成绩。

　　华侨城按照全域旅游扶贫思路，结合全域旅游模式建设中廖美丽乡村，重点从人才扶贫、产业扶贫、旅游扶贫三个方面实施精准扶贫。通过培养人才，旅游产业等业态打造，把过去单纯的农耕村落，逐步转变为休闲游憩、旅游观光和体验式旅游消费的目的地。通过美丽乡村建设推动乡村旅游业发展，用带动村民参与共建共享的方式，帮助村民脱贫致富。

案例三 三亚南山村："土地制度改革驱动＋乡村文创与众创激活＋文农旅复合"模式

南山村主动将"美丽乡村"融入"全域旅游"发展大局，利用新的土地空间资源大力发展村庄特色产业，如大健康、文创等农旅多元化产业，实现了促进传统农业空间升级为农旅复合空间、促进区域旅游产业从观光旅游升级为休闲度假旅游两个升级目标。华侨城海南集团通过搭建"村域经济一体化管理平台""乡村众创平台"两个平台，打造了泛南山景区"旅游配套主街"，"食味南山"特色餐饮区、"南山印象"系列主题民宿三个旅游板块，实现了投资收益和各方共享、共赢；通过打造农旅融合的文创特色美丽乡村，延长游客居停时间，提高消费频次和消费水平，力促区域旅游向休闲度假旅游转型升级。与周边景区差异化定位、有效联动，助力南山全域旅游提质升级。

南山旅游风景区

南山村——长寿村

一、基本概况

（一）区位交通

项目位于南山风景区北侧，225 国道南侧，项目规划范围为南山一、二村，规划面积约 176.98 公顷（约 2655 亩）。项目北侧为三亚崖州湾科技城，东侧紧邻南山文化旅游景区，西侧毗邻大小洞天旅游景区。地处南山岭北麓，山峦谷底中，环境优美，为典型南北高、中间低的盆地地形地貌。

（二）村庄建设现状

1. 土地、房屋资源情况

南山一村、二村现有村民人口 1258 人，248 户，共 341 栋房屋。现居住用地面积 25.75 公顷，占总建设用地比例 54.5%，人均居住用地面积达 205 平方米（见下表）。

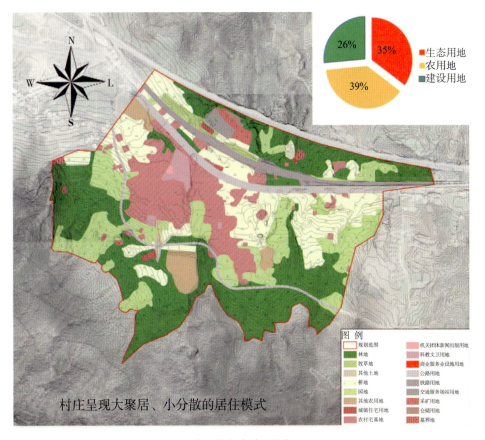

南山村土地利用现状

南山村人口居住用地情况现状表

村庄	户数（户）	人口（人）	房数（栋）	容积率
南山一村	124	592	155	0.28
南山二村	124	666	186	0.45

2. 房屋权属情况

南山一村规划范围内的房屋权属情况为：一户一房 72 户，一户多房 32 户，一房多户 9 户，没有房屋的 11 户，对应比例分别为 58%、26%、7% 和 9%，见下图。另外，非南山集体经济组织成员拥有的房屋有 4 栋。

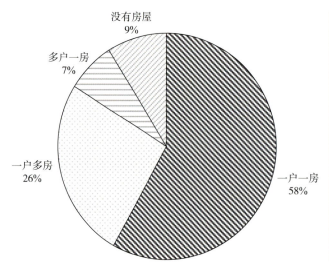

户房关系	户数
一户一房	72
一户两房	26
一户三房	5
一户四房	1
多户一房	9
没有房屋（国道拆迁）	11
合计	124

南山一村规划范围内房屋权属情况

南山二村规划范围内的房屋权属情况为：一户一房 58 户，一户多房 42 户，一房多户 14 户，没有房屋的 10 户，对应比例分别为 47%、34%、11% 和 8%，见下页图。另外，非南山集体经济组织成员拥有的房屋有 8 栋。

3.《美丽乡村建设规划》顺利实施

《美丽乡村建设规划》的审批实施，对于村庄的发展起到了很好的指引作用，公共服务设施、基础设施建设、人居环境改善，村庄形象提升等方面已取得良好成果，已建成南山村篮球场、文化活动室、南山小学等设施和场所，村组道路状况得到改善，污水处理设施正在完善，村庄形象得到整体提升。

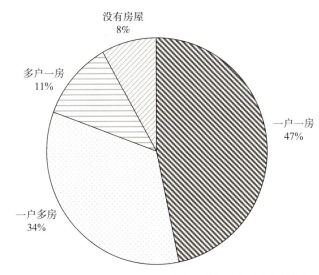

户房关系	户数
一户一房	58
一户两房	30
一户三房	7
一户四房	4
一户五房	1
多户一房	14
没有房屋（国道拆迁）	10
合计	124

南山二村规划范围内房屋权属情况

经美丽乡村初步建设，南山村整体人居环境得到改善，能满足当地居民基本生产生活需求。

（三）资源条件

1.在地文化与历史传承

黎族文化：南山村居民90%以上是黎族，村内仍保留有黎织、传统乐器、传统节日等民族文化。

长寿文化：村里80岁以上老人达34人，被当地人授予南山寿村。山顶上生长着数万株"小花龙血树"，树龄最长达6000多年，被称

南山村村民房屋

南山有鱼养生菜馆

"长寿树""不老松"。

宗教文化：依托南山文化旅游区、大小洞天旅游区，是佛教道教文化体验的旅游胜地。

崖州古城世称"诗礼之乡，文化重镇"，被称为千年人文圣地。崖州重要的历史人物有"传灯大法师"鉴真、"棉纺织技术革新家"黄道婆、"第一巾帼英雄"冼夫人、"岭海巨儒"钟芳，其中具有世界性影响力的人物是唐代高僧鉴真及宋末元初女纺织革新家黄道婆。

2. 区域旅游资源

"南山文化旅游区、大小洞天景区"以奇特秀丽的海景、山景、石景、佛教和道教人文资源为特征，是泛南海地区宗教文化交流的圣地。

南山村是泛南山旅游景区的重要组成，是山、海、景、村和谐统一的大美乡村。南山旅游景区每年接待游客量达 600 万人次以上，奠定了整个南山旅游目的地良好的市场消费客流基础和消费市场环境。

二、发展历程

（一）利益相关者的角色和作用

海南集团利用累积多年的文旅产业运营先进管理经验及产业优势资源，以三亚市崖州区旅游协会为平台，整合崖州区现有旅游资源，逐步健全崖州区"吃、住、行、游、购、娱"旅游六要素，不断完善崖州区旅游基础设施和配套服务设施的建设，加速崖州区旅游产业"从粗到细、从小到大"向"从有到优、从优到精"转变。

2017 年，海南集团与三亚市崖州区政府、南山村村委会三方共同签订《南山村旅游开发合作意向书》，紧紧围绕改善优化农村人居环境，发展生态休闲、黎族文化、健康长寿等乡村旅游产业，力求把该区域打造为具有在地文化特色的美丽乡村。

2019 年 12 月，海南集团主导编制的《南山美丽乡村项目整体策划方案》《南山美丽乡村项目一期概念性规划方案》，已通过三亚市土地制度改革小组审核并纳入整体规划；2020 年 1 月底，在海南集团的推动下，南山村率先完成村庄规划（海南省第一例村庄规划），2 月底《三亚市崖州区南山村（南山一村、二村）村庄规划（2019—2035）》通过三亚市城乡规划委员会审批，6 月底，《三亚市崖州区南山村

（南山一村、二村）村庄规划（2019—2035）》完成公示，随后南山村第一批8亩集体经营性建设用地入市交易，开启了南山村规划建设实质性阶段。

2019年12月6日，由海南华侨城全域旅游发展有限公司作为发起

南山村街区

单位，协同三亚市崖州区30余家集住宿、餐饮、旅行社等涉旅单位组建的"三亚市崖州区旅游协会"，经业务主管单位三亚市崖州区旅游和文化广电体育局审批同意，三亚市崖州区民政局审核通过，正式成立。

（二）规划引领

南山村项目通过明确理念原则、做好战略定位、制订发展目标、创新运营模式、制定规划要点五方面统筹推进了总体规划的实施。

1. 理念原则

根据《三亚市崖州区南山村（南山一村、二村）村庄规划（2019—2035）》，南山村定位为：以生态休闲、康养度假、民俗文化、旅游服务功能为主导，融入新产业、新模式，推进区域村庄多元价值资源与资产功能复合的统筹利用，融入新经济、新场景，打造景村联动、三生融合、具有民族特色的大美新村。

（1）《三亚市城市总体规划（2011—2020年）》

根据《三亚市城市总体规划（2011—2020年）》，将围绕建设世界著名、亚洲一流的国际性热带海滨风景旅游城市、中国生态文明建设的示范基地和宜居城市、海南省改革创新和城乡统筹试验示范区的目标。努力把三亚市建设成为旅游度假胜地、天涯文化源地、创新创意高地，构建"一城三湾、三脊五镇、带状组团式"空间发展布局。而本项目属于"崖州湾"的"南山旅游组团"。

（2）《三亚市全域旅游发展规划（2016—2020）》

《三亚市全域旅游发展规划（2016—2020）》提出"多点开花，无缝对接"的全

域发展思路，通过集中打造一批三亚特色的旅游景区景点、城市休闲旅游点、特色乡村体验点、主题小镇产业点、社会资源访问点以及其他新业态承载点等，均衡全市旅游产品分布，让三亚全域每个角落都可以找到旅游的兴奋点。发展定位："国家全域旅游示范市""国际知名热带滨海旅游精品城市""亚太西海岸度假中心城市"。发展战略："城旅一体、景镇联动、产旅互融、主客共享"战略。总体布局："一城、两带、三轴、三区、五大目的地"的全域发展格局。

（3）《三亚热带海滨风景名胜区总体规划》

该规划将项目地纳入了风景名胜区规划范围，其中南山村成为美丽乡村旅游功能区。南山—大小洞天景区包括19个景观单元，其中一级景观单元2个，二级景观单元6个，三级景观单元11个。该景区以奇特秀丽的海景、山景、石景、历史悠久的名人古迹和佛教道教文化为特征，是以宗教文化体验为主的国际文化旅游胜地。规划丰富宗教文化旅游产品，建设南海佛学院、洛迦小镇、佛教文化展览馆国际佛教体验中心等重要项目；完善景区旅游服务和基础设施，提升景区环境和品质，建设国际化宗教文化旅游胜地。要求保护山石奇观、南山寺、海上观音和周边山体、水系等自然资源。

（4）《三亚南山多规合一规划》

根据规划南山一、二村以美丽乡村建设用地为主，二村配套旅游建设用地，村庄外围依次为四级林地、三级林地和一二级林地，为美丽乡村＋生态旅游开发提供建设用地。同时南山景区入口村庄区域划设连片旅游建设用地，满足景村一体开发需求。

（5）《三亚崖州区南山村美丽乡村规划》

规划思路：围绕"顶级景区、长寿特质、黎峒文化"分别打造"景区式美丽乡村示范、南山健康旅游第三极、黎峒文化活态体验区"。近期以南山一村、二村为依托，打造黎族特色的休闲长寿村。

规划定位：福寿南山麓，安乐黎人村。

规划布局：一条南山盛景观览带、一片文化活态体验区、六个美丽乡村示范点、十八个特色观光景点。

2. 战略定位

创想未来村——国风·文创田园旅游综合体。乡村与景区联动，文创与旅游结合，乡村资源资产化振兴示范。

以泛南山景区的旅游产业链升级、文创旅游、农旅休闲、健康生活为主导，融入新产业、新模式，以资源资本化发展壮大乡村集体经济，改善农民生活。且融入新经济、新场景，打造景村联动、三生融合、具有本地特色的大美新村。

3.发展目标

南山美丽乡村——创想未来村。以农村土地制度改革试点为契机，大胆创新突破，践行后城镇化思维、互联网思维，打造美丽乡村 + 文创产业 + 文化娱乐 + 田园休闲的区域特色文化旅游聚落，基于自由贸易港的发展，实现美丽乡村的可持续发展，完成华侨城美丽乡村 2.0 版本的实施与落地。

4.运营模式

整村运营，以建设用地的商业销售收益为主投资整村文旅、农旅项目；打造文创产业聚集地，打造文旅、农旅核心项目进行示范与带动，进行整村孵化激活。用收益，平衡 2655 亩的美丽乡村投资，让乡村自我循环发展；用示范，带动 2655 亩的美丽乡村产业，让乡村形成产业聚集。见下图。

600亩文创产业用地
投资民宿、餐饮、文娱项目，进行美丽乡村产业示范，投资文化演艺活动，培训村民要素互补

58.73亩集体经营性建设用地
进行文创产业聚集，打造国风主题商业街区，实现商业物业销售收益，反哺整村投资、运营旅游景区

2655亩农旅发展空间
发展研学基地、科普文创、农业旅游、田园度假、精品农业，完善项目产品线，实现项目一、二、三产联动旅游资源开发

南山村商业运营模式

5.规划要点

形成"一心、一路、两带、两区"的发展规划格局。

（1）"一心"：文创休闲聚落（文化创意聚落、主题商业、艺术酒店）。

（2）"一路"：最美乡村田园路。

（3）"两带"：城乡融合发展带、景村融合发展带。

（4）"两区"：乡村旅游综合体（生活休闲、文化娱乐、特色餐饮住宿产品）、田园研学度假综合体（研学基地、科普文创、农业旅游、田园度假）。

（三）产业为本

1. 原则策略

促进传统农业空间转变为农旅产复合空间，通过华侨城的运营，打造餐饮、民宿主题街区，与南山文化景区、大小洞天景区、崖州湾科技城，形成文创产业+城乡生活+旅游度假闭环。

借势而为，与政府共同制定美丽乡村可推广、可发展的开发新模式。利用国家新一轮土地制度改革释放的空间资源，实现农村居民与服务消费人群的空间共享。大力发展文旅产业，承接上位规划与政策导向，形成区域特色产业。

2. 发展模式

政府统筹资源整合，华侨城进行南山美丽乡村核心业态及示范区投资建设，带动当地居民就业、创业，提供旅游发展路径和平台，增加当地居民收入，实现共同富裕。华侨城实施"政府统筹+华侨城投资建设+村民参与+社会资源协同"四位一体的合作模式：

（1）政府统筹：集体经营性建设用地的调控、产业政策扶持、配套设施建设。

（2）华侨城投资建设：进行美丽乡村整体开发，进行产业聚合导入，建设用地示范与反哺。

（3）村民参与：以产业发展对农民进行再组织，以合作化对利益进行再分配。

（4）社会资源协同：引入"众创"，扩展文旅产业链、餐饮民宿产业链，增强双产业核心。

3. 产业布局

（1）乡村旅游综合体

建立合作共赢机制，设计运营"造血"路径，开展能力培养与社区激活。将村民居住院落变为乡村旅游的经营场所，打造乡村旅游十七项示

南山有鱼养生菜馆

范业态。通过文创赋能＋示范效应，提升美丽乡村游客流量；授之以鱼做示范，授之以渔同创发展。华侨城进行产业指导和管理服务，鼓励村民共同参与，形成规模化经营势态。

（2）文创休闲聚落

依托华侨城成熟的商业、文创、娱乐、酒店等系列产品，引导美丽乡村艺术和文化创意产业集群落地。打造以驻村艺术家聚落、国潮风主题商街、东方艺栈主题民宿为核心的国风文化沉浸式体验业态。

（3）田园研学度假综合体

文化与田园生活结合、文创与农业生产结合，实现项目一、二、三产联动。在科技城背景下，以文创为抓手，推广科普研学。对接崖州科技城三个博物馆，发展研学游，进行微型高效农业示范与生态展示；农业生产与田野生活体验相结合，打造景观结构丰富的植物和艺术融为一体的田园度假区。

（四）成果进展

（1）做好精准扶贫工作。为贯彻落实国家精准扶贫政策的相关指示精神，进一步做好困难党员和老党员的关爱工作，切实履行好企业社会责任，华侨城联合崖州区南山村委会定期组织 10 余次南山村节日走访慰问活动。

（2）主导筹建了三亚市崖州区旅游协会，项目充分利用协会平台，协助崖州区旅游和文化广电体育局规范崖州区旅游市场，积极推进崖州区的全域旅游发展。

（3）南山有鱼养生菜馆正式运营，以乡土美食文化为主题，将餐饮的色、香、味与乡土有机食材相结合，并通过订制、共享模式，让游客全程体验美食制作的乐趣，享受乡土美味以及乡村休闲生活方式。

（4）引入"莲出淤泥而不染"设计理念，打造南山村民宿"莲花精舍"。

（5）借助土地制度改革试点，推动南山项目未来的整体规划。

项目的整体策划方案、建筑概念性方案现已完成，未来将聚焦文、养、游三大产业，打造集生动莲花东方文化沉浸体验、国学艺术街区、国医康养度假、美丽乡村体验为一体的东方雅致生活典范和南山生命共同体画卷，构建集群化的国医康养产业、乡村旅游产业和高端文创体验融合链，打造乡村发展业态群、文旅康养度假业态群、田园农创业态群。

三、创新突破

（一）土地制度改革示范

（1）村庄规划。2020年1月底华侨城海南集团协助政府率先完成南山村村庄规划（海南省首例村庄规划），2月底《三亚市崖州区南山村（南山一村、二村）村庄规划（2019—2035）》通过三亚市城乡规划委员会审批，并于6月底完成公示。

村庄规划是农村生产方式与生活环境的根本性重构，标志着海南城乡一体化建设、美丽乡村建设进入一个全新的阶段。

（2）集体经营性建设用地。通过编制村庄规划，南山一、二村合计整合可以入市的集体经营性建设用地58.73亩，其中，南山一村42.46亩，南山二村16.26亩。全部地块容积率均为0.4，计容建筑面积15660平方米。

（二）乡村众创

（1）制定完善的美丽乡村管理架构。与村集体成立南山美丽乡村运营平台，以激活的形式开展"乡村众创"，组织乡创活动，发展美丽乡村旅游，进行美丽乡村的管理与运营。

（2）经营空间与经营主体的转变。以整齐、村容村貌良好的南山二村和华侨城已完成投资的办公楼、南山有鱼养生菜馆、拟建设的"乡创咖啡"为依托，以"乡创"引导、鼓励村民和"新农人"，大力兴办以农家饭菜、农家宾馆、农家体验、农家服务为特色的乡村旅游。

华侨城进行管理输出、文创输出，完善区域旅游产业链，与周边景区、崖州湾科技城形成资源互补，打造"食味南山"特色餐饮区、"南山印象"系列主题民宿。

（3）宣传推广。全年开展多场具有引爆性的旅游、众创活动，带动B、C端资源进入，打造特色、聚焦人气，为美丽乡村输送游客，撬动社会投资及政府的资金支持。

（三）产村人文深度融合发展

南山村模式以特色文化产业资源为主线，推进产村人文深度融合发展，涵盖了文化、旅游、经济土地改革、村民就业、旅游产业升级和税收的提高（见下页图）。

（1）南山美丽乡村的开发将极大推动南山村及南山湾区域的文化、旅游及经济发展。南山美丽乡村将凭借优异的地理位置、市场资源和华侨城的整体建设与运营，在未来成为海南省旅游业态、设施配套、文化内涵、村庄环境最佳的美丽乡村项目。

（2）成为农村土地制度改革试点。项目借农村土地制度改革契机，在自由贸易港政策下，将通过市场化开发的方式，成为海南省首个实现投资收益自平衡的美丽乡村项目。

（3）项目预计可解决超过 200 名村民就业，并带动村民共同创业，实现共同富裕。

（4）项目将助推南山湾区域旅游产业从观光游向休闲度假游的升级，并形成全域旅游示范；将为崖州湾科技城、周边景区、崖州区提供完善的生活、旅游配套及相关文化娱乐设施。

（5）项目预计将产生 5400 万元赋税。

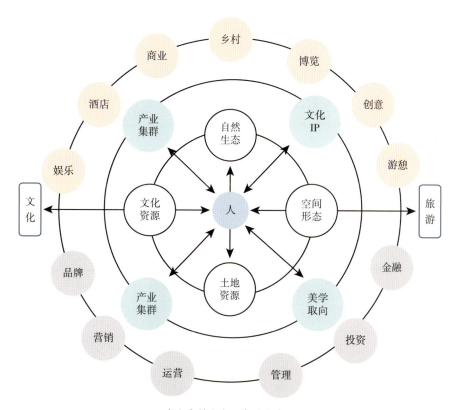

南山产村人文深度融合发展

南山村文创产品

四、模式总结

"土地制度改革驱动 + 乡村文创与众创激活 + 文农旅复合"模式的特点是在旅游资源丰富、生态环境优美、环境污染较少的地区，在完善住宿、餐饮、休闲娱乐设施的同时，将生态环境的优势和传统乡村特色相结合，发展生态旅游。南山村模式的核心是基于国家"三块地"试点改革（农村土地征收、集体经营性建设用地入市、宅基地管理制度改革），探索美丽乡村资源资产化路径，实现美丽乡村自身经营平衡、可持续发展，并随着农村土地制度改革的推进，进行南山村模式的复制推广。

（一）以土地制度改革释放资源活力

借势而为，承接上位规划与政策导向，全面整合"乡村振兴"政策利好，主动将"美丽乡村"融入"全域旅游"发展大局。南山村基于国家土地制度改革释放出的乡村土地资源，实现农村居民与服务消费人群的空间共享与土地开发收益，反哺美丽乡村基础与文化建设。利用新的土地空间资源大力发展村庄特色产业，文创、农旅等多元化产业。

南山村自然风貌

（二）以市场需求导向推动产业升级

一方面促进传统农业空间升级为农旅复合

空间。搭建"村域经济一体化管理平台""乡村众创平台"两个平台，打造泛南山景区"旅游配套主街"、"食味南山"特色餐饮区、"南山印象"系列主题民宿三个旅游板块，依托华侨城平台引资、引智，带动 B、C 端资源进入，为美丽乡村输送客流，撬动社会投资、政府资金和政策支持，实现投资收益和各方共享共赢。另一方面促进区域旅游产业从观光旅游升级为休闲度假旅游。基于南山村毗邻的南山景区、大小洞天两个 5A 级景区每年逾 600 万人次游客的配套需求、三亚崖州湾科技城超过 25 万高净值新居民的需求，以及三亚市民的休闲生活需求，打造农旅融合的文创特色美丽乡村，延长游客居停时间，提高消费频次和消费水平，力促区域旅游向休闲度假旅游转型升级。与周边景区差异化定位、有效联动，助力南山湾全域旅游的提质升级。

案例四　三亚文门村："互联网农旅品牌塑造＋原乡田园生活示范"模式

文门村模式以生态文门为定位，以打造"三亚原乡生活会客厅、乡村休闲新业态、乡村夜经济示范"为目标，以点辐射，通过"文艺＋舒适＋田园"点状网红产品的打造，激活都市人对原乡生活的向往；以产品为基点，连接乡村旅游及产业，形成乡村文化旅游生态平台，盘活文门村旅游动线，提升乡村知名度的同时也为乡村创造收入机会；采取"轻资产撬动、平台化经营、本地化管理"

文门村稻田风光

文门村田园风光

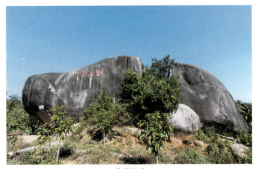

官帽石

钦差读书石

惊天石

文门村自然风光

的经营思路，以文旅的经营延展特性赋能文门村，打造"华侨城美丽乡村实践"的"文门样板"，最终实现政府、村委会、当地村民、外来游客和华侨城多方共赢。

一、基本概况

（一）区位交通

文门村位于三亚市天涯区天涯小镇以北 5 千米处的龙海盆地，直线距三亚市区约 20 千米，距凤凰国际机场 9 千米，交通便捷，环岛西线从村中经过，地理位置优越，周围有天涯海角风景区，西接红塘湾开发区、南山寺旅游景区等热点地区，区位优势明显。

（二）人文地理

为响应党中央提出的建设"美丽乡村"奋斗目标的号召，大力支持海南自由贸易港建设，应海南省人民政府邀请，华侨城集团于 2017 年进驻海南建设"美丽乡村"，并于 2017 年 5 月与文门村委会签订合作协议，贡献自身力量共同建设文门美丽乡村。

文门村四周青山环抱，左右蟠龙向海，得水藏风，是三亚市唯一一个出山入海的村落，文门村总面积约 12 平方千米，是一个具有悠久历史的黎族聚居的村庄。这里气候宜人，四季温暖，常年气温 24℃ 左右，湿度适中，是亚洲稀有的地中海气候的典型代表，被誉为"天涯第一村"。

（三）旅游资源

文门村内不仅可以欣赏到盆地、山峰、农田、水库等壮阔优美的自然景象，而且能观看受自然环境影响而形成的奇形怪状的石头，有与女娲娘娘、玉皇大帝相关的惊天石，与北宋支持变法官员相关的官帽石，与清朝钦差大臣苗曹汤大人相关的钦差读书石。

（四）文化资源

文门村内以农耕文化、黎家文化以及天涯文化为主要文化，拥有着丰富的历史文化资源。相传，南梁大同年间

文门村民宿

文门村自然风光

（502—550 年），冼夫人安抚海南千余黎峒，曾派白虎将军来文门寨立坛，与黎族峒主歃血盟誓，因此，文门村成为琼南一方黎峒最早接受朝廷招抚，沾沐中原教化的古老村寨之一。据说，宋末元初著名的棉纺织家、技术改革家黄道婆也曾经在文门村生活了两年，跟着当地的黎族学习织布技术。此外，文门村还有一条历史久远的"文门古道"以及相传已经传承三百年的"贡果园"。

（五）基础现状

文门村整体面积约 6000 亩，总人口 5845 人，全村年经济收入 140 多万元，农民年均收入 6800 元，村集体经济年收入约 6 万元，其余情况见下页表。

文门村概况（截至 2019 年）

项目范围	文门村（力村、上那后村、中那后村、下那后村、上文门村、中文门村、下文门村、龙海村、加业村、神庭村、东风村、西风村、拉丁村）。
人口情况	22 个村民小组，1282 户人家，总人口 5845 人，大学生累计 500 多人。
项目面积	村落整体面积：6000 亩；耕地面积 2740 亩，旱地 1120 亩。目前村庄建设用地约 100 多亩，建设用地较多。
气候	常年温度 24℃，典型的地中海气候。
用地性质	村庄产业用地 + 村庄住宅用地。
规划用途	村庄产业用地：商业、产业、酒店业、旅游配套用地使用。村庄住宅用地：美丽乡村相关业态。
交通条件	通达性良好，近未来新机场，离市区 30 ~ 40 分钟车程。

二、发展历程

（一）利益相关者角色和作用

华侨城海南集团通过村委会带动村民种植热带水果和高效农作物，积极发展第二产业和第三产业，矢志将文门村打造成"田园 + 康养 + 文旅"的美丽乡村标杆，使其成为三亚市新的城市会客厅和乡村旅游目的地。

（1）经济发展方面：以帮助农民增收为目标，依托央企背景和文旅行业的品牌优势，整合农旅资源，通过引进技术平台和电商销售平台为农民赋能，在区政府的大力支持下，通过村委会调动村民的积极性，引导村民种植南国热带水果和高效农作物，有效解决文门村闲置劳动力和闲置土地的问题，实现引导和帮助文门村村民在当地就业的问题。

（2）村庄规划方面：借助三亚市文门村"三块地"改革的契机，积极推动并参与文门村村庄规划，积极协助区政府、村委会、土地制度改革专家组就村庄建设、生态环境治理、产业发展、公共服务等方面进行系统规划。

（3）村庄建设方面：携手村委会，积极与区政府相关部门沟通，就文门村道路、引水、灌溉、供电、通信等生活设施和农业生产设施的建设提出建议，完善文门村的公共服务设施配套和基础设施建设。乡村振兴成效作为一项重要的考核指标已经纳入地方政府的考核体系，实施乡村振兴战略，是党的十九大作出的重大决策部署，是决胜全面建成小康社会、全面建设社会主义现代化国家的重大历史任务，是新时代"三农"工作的总抓手。

(二)规划引领

华侨城本着"生态文门、文化立村、产业振兴"的发展理念,搭建了一个以"文门贡果"为特色产业品牌的"文门驿站"线上商城,积极打造以"咖啡"为主题的网红稻田咖啡厅。未来将引入斑兰种植、

文门村自然风光

艾纳香种植、欢乐农场等产业,开启文门特色美丽乡村发展模式。通过"以文化塑品牌、以品牌带销售、以销售带产业、以产业振兴乡村"的发展路径践行党中央提出的乡村振兴战略。

1. 理念原则

本着实事求是的原则,华侨城通过与文门村委会的合作,积极探索与村集体合作的多种实践形式及发展村集体经济的多种途径;通过与村集体组织的合作,以"互联网农旅品牌塑造+原乡田园生活示范"的模式进行文门村美丽乡村建设;通过"以文化塑品牌、以品牌带销售、以销售带产业、以产业振兴乡村"的发展路径凸显文门村模式的亮点。在项目旅游区实行"大开放,小封闭"的模式,通过开放景区与封闭景点相结合,实现引流和经济效益的最大化,引导村民走共同富裕的道路。

2. 战略定位

华侨城通过对文门村现有资源的整合,通过引入特色产业,拟将文门村整体打造成"文旅+农业+互联网+休闲田园"的美丽乡村综合体,并塑造成"三亚原乡生活会客厅""乡村休闲新业态展示村"和"乡村夜经济的示范村"。

3. 发展目标

在实现政府、当地村民、外来游客和华侨城多方共赢的基础上,最终将文门模式打造成一个可示范、可推广的海南全面深化改革开放的乡村振兴模式。为深化美丽乡村建设、践行党中央提出的乡村振兴战略贡献华侨城智慧与方案。

4. 规划要点

在遵循海南省政府提出的"一村一企"的原则下，华侨城凭借央企背景及身后的文旅行业资源，通过整合外部资源，积极引进专业机构为乡村振兴赋能。

在治理结构上，采用政府主导，村民和村集体入股参与，企业运营的开发模式充分利用"一馆、一园、一田"，并结合文门特色产业，最终形成文门美丽乡村综合体。

（1）稻田咖啡馆（"一馆"）：稻田咖啡厅＋展示中心＋文门书院。

（2）官帽石公园（"一园"）：艺术装置展览＋家庭休闲场所。

（3）种植示范田（"一田"）：彩色水稻种植＋斑兰种植＋艾纳香种植＋欢乐农场。

（三）产业为本

1. 原则策略

引入高附加特色产业，完善文门村产业业态，形成闭环产业链；最终通过"一产带动、二产压仓、三产引流"的一、二、三产联动的方式实现文门村美丽乡村振兴。

2. 发展模式

文门村的产业发展主要沿着"以文化塑品牌、以品牌带销售、以销售带产业、以产业振兴乡村"的路径进行，其发展模式包括以下几点：

（1）政府统筹：政府对项目进行整体统筹，协商调节相关利益方关系。

（2）华侨城引领：智慧撬动、强大品牌输出、村企平台搭建、产品营销推广。

（3）村民加入：通过集体土地入市的方式，成为项目股东，共同参与。

（4）新零售助推多元产业发展。

文门村项目创立"文门驿站"线上销售平台，设立"美丽乡村代言人""美丽乡村体验官"，采用分销裂变推广模式，打造线上线下结合，双引流、双变现的运作模式，推动线下实体斑兰产业、艾纳香产业、欢乐农场、民宿酒店的发展，最终带动文门村一、二、三产业的整体发展，以产业振兴乡村。

3. "文旅＋农业＋互联网＋休闲田园"的业态布局

华侨城海南集团与多方积极沟通、展开合作，拟将以下业态引进文门村：

（1）斑兰产业。

（2）艾纳香产业。

（3）欢乐农场。

（4）网红稻田咖啡馆。

（四）环境提升

1. 治理有效

在基层党组织建设方面，积极与村委会党支部、天涯区旅文局党支部、市农业农村局党支部建立沟通联系，实现党建与业务工作的深度融合，通过党建引领美丽乡村建设，以此作为基层党建创新点，并作为标杆进行积极宣传。

文门旅游配套设施

此外，华侨城海南集团与村委会党支部在征集了村民意见、建议的基础上，共同拟定了《文门村村民公约》，进一步完善了文门村的社会秩序、社会公共道德、村风民俗、精神文明建设。

2. 文化复兴

（1）发扬农耕文化

华侨城海南集团通过文化旅游导入，以农家乐为基础，参照泰国清迈的稻田咖啡厅模式，以稻田咖啡馆产品业态为纽带，串联稻田景观，打造农耕文化旅游线路，深化文化内涵，凸显"原乡生活休闲"，大力发扬农耕文化。

（2）传承黎族文化

华侨城与文门村村委会、村民进行合作，举办黎族传统文化节日，如黎族三月三、黎族稻公稻母祭日等，同时加大对黎族传统手工艺的保护与开发，传承黎族文化。

（3）盘活天涯文化

华侨城在文门村结合"天涯古道"这一天涯文化历史资源，进行平台搭建，积极引入"雨林穿越""重走天涯路"等新型节事活动，通过事件营销赋予天涯文化新的内涵与生命力，盘活天涯文化。

（4）凸显文门文化

华侨城深耕文门村文化，在其原独有的"贡果林"这一历史文化资源的基础

63

上，进一步升级，创造出"文门贡果""文门驿站"等文门村专属品牌，丰富文门村的文化内涵，进一步提升文门村的知名度，凸显文门文化。

3. 村落提升

华侨城充分考虑文门村的历史背景、文化特征，在结合当地的农耕文化、黎族文化以及天涯文化的基础上，以"打造原乡休闲生活"为建设目标对整体乡村景观进行了设计。通过打造"一馆"（稻田咖啡馆）、"一园"（官帽石公园）、"一田"（种植示范田）三大点状网红旅游产品，带动"惊天石""钦差读书石"等旅游点的景观建设，推进整体乡村景观升级，并对村民水稻种植进行规模化的引导，倡导村民在非景观农地上种植高价值作物。

（五）成果进展

在三亚市天涯区委、区政府的支持关心下，海南集团与三亚市天涯区文门村委会于2017年5月18日签署了战略合作协议《文门村全域旅游意向书》，根据意向书，初步规划以天涯古驿道为载体打造步道系统，进而以古驿道和文门文化为主体打造特色商业街区，再搭配建设康养业态和民宿、稻香谷农家乐、奇石乐园、亲子乐园和共享农庄，通过完善"吃、住、行、游、购、娱"等服务和串联三亚西线主要景区和美丽乡村，形成全域旅游格局。

2018年9月，海南华侨城全域旅游发展有限公司同文门村委会签署了《文门村美丽乡村一期项目合作协议》，并于11月签署了《文门村美丽乡村二期项目合作协议》。文门分公司正式开展产业建设工作。经过两年时间的改造，文门村逐步建成和升级了一批旅游项目或设施，包括：

村民劳作

（1）稻香谷农家乐餐饮：农家乐项目由文门村委会打造，华侨城托管经营，可对外提供文门村当地特色菜肴品尝、荷花池美景观赏、共享绿色农庄蔬菜采摘等服务，能让游客体验地道的农家乡土滋味。

（2）稻花香里民宿：已搭建完成民宿三栋，能同时接待游客 20 人，属于黎族群落式民宿，极具民俗风情。

（3）石头公园：文门村内有官帽石、惊天石、钦差读书石等石景，均是由清朝流传下来的历史古石。公园以奇石为主题，通过石刻、彩绘、科技、历史和教育等多维度展示石文化。

（4）儿童游乐园：由树屋、儿童攀岩、互动式情景等项目组成，结合自然环境设立亲子游乐项目，完善丰富农场游乐体验。

（5）石头彩绘观光园：奇异石群组合而成趣味十足的石林、石阵，让游客体验自然，加多彩的动物绘画，产生视觉上的冲击。

（6）特色休闲农业园：通过整合当地特有种植技术，发展特色农业种植，包含特色果蔬类、瓜果类农作物、艺术水稻种植等。

未来华侨城海南集团计划将文门村打造成多元化的生态旅游村，推进生态与田园、文化、旅游、教育、互联网等产业深度融合，大力发展生态体验、生态科考、生态康养、生态旅游等，倡导智慧旅游、低碳旅游。

三、创新突破

（一）网红村庄

在遵循海南省政府提出的"一村一企"的原则下，华侨城海南集团凭借央企背景及身后的文旅行业资源，通过外部资源整合，积极引进专业机构为乡村振兴赋能。在治理结构上，采用"政府主导、村民和村集体入股参与、企业运营"的开发模式。

围绕"生态文门、文化立村、产业振兴"的理念，通过复盘文门

灌溉水库

村的"焕新"过程，遵循土地伦理观、乡村生存的自然法则，尊重地域和地区发展的文化脉络，以及保留并展现乡村最原始的生态肌理和文化遗产，以企业和地方村集体合作的方式，挖掘乡村自身文化推动乡村产业发展。积极尝试"文门贡果""文门驿站"等IP的塑造。在探索"智慧撬动、平台化经营、本地化管理"方面积累了经验，把三亚市新的乡村城市会客厅（文门稻田咖啡厅）打造为一个网红点，来带动旅游环线的形成。并将其作为岭南热带水果展销体验宣传的平台，通过深挖和发扬文门村的在地文化整合现代农业资源，为文门村的传统农业赋能。通过村委会带动村民种植热带水果和高效农作物，积极发展第二产业和第三产业，实现"一产引流、二产压仓、三产变现"的产业联动，最终将文门村打造成"互联网农旅品牌＋原乡田园休闲生活"的标杆，使其成为三亚市新的城市会客厅和乡村旅游目的地。

（二）"网络"田园

目前，文门村借鉴南山村改革的经验，积极推动文门村的农村经营性建设用地流转的土地制度改革工作。文门村项目以稻香谷农家乐和270亩农田为先行启动区，同时配以儿童乐园、石头彩绘公园等旅游动线，打造小景区精品网红"稻田咖啡屋"，实现了热带农耕文化目的地的观光与体验功能，形成了网红打卡点、带货直播地、热带农业IP，最终实现一、二、三产业有机融合的闭环模式。

四、模式总结

该模式通过打造民宿酒店样板间，租赁农田用于提升景观，接管农家乐运营，为游客积极打造旅游动线，组织开展一系列丰富多彩的活动，有效提升了天涯区文门村的知名度和美誉度。2020年，文门村被评为"全国乡村旅游重点村"。本着实事求是和"生态文门、文化立村、产业振兴"的发展理念，通过"以文化塑品牌、以品牌带销售、以销售带产业、以产业振兴乡村"的发展路径凸显了美丽乡村建设的文门村模式。

经过近几年的发展，文门村的街道已经铺上了石板路，整齐干净；举行文化节等庆祝活动，彰显了文门内涵和村落特色，结合当地特点，引入斑兰种植、香茅种植、艾纳香种植、彩色水稻种植等，打造了欢乐农场等特色产业；通过"一产带动、二产压仓、三产引流"联动的方式，将文门村打造成了"文旅＋农业＋互联网＋休闲田园"的美丽乡村综合体、"三亚原乡生活会客厅"、"乡村休闲新业态展示村"

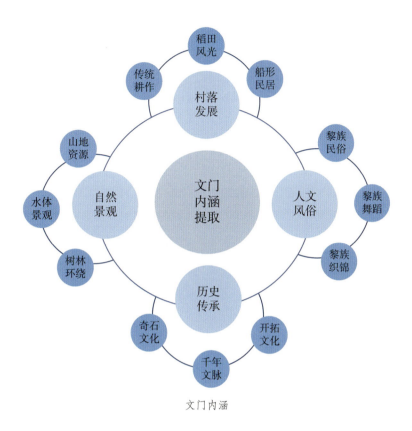

文门内涵

和"乡村夜经济的示范村",实现了政府、当地村民、外来游客和华侨城的多方共赢。最终,将文门村模式打造成一个可示范、可推广的海南全面深化改革开放的乡村振兴模式。

案例五 昆明乌龙古渔村:"古建筑保护 + 生态治理 + 文化遗产企业化运营"模式

该模式的特点是针对一些具有特殊人文景观(包括古村落、古建筑、古民居以及传统文化)和乡村文化资源比较丰富的地区,在强调文化传承、重视经济发展的同时,又致力于文化惠民。

乌龙古渔村位于滇池东岸，基础设施完备，交通发达。该项目以文化为魂，生态为韵，建筑为体，产业为本，践行古迹保护、文化传承及活化。乌龙古渔村保护与生态治理项目属于文旅产品，对于以昆明为核心的滇中城市群微度假客群，以渝昆、成昆、南昆高铁沿线城市群为核心的中国西南文旅客群、东南亚度假客群，以航空、铁路为核心构建的全国文旅和生态康养客群有较强吸引力。项目实施过程中，依据传统村落适应性保护要求和整体保护控制原则，规划了昆明呈贡乌龙古渔村村落的保护，进而提升了传统村落的人居环境和生态质量，体现了人民政府和央企的人文关怀。

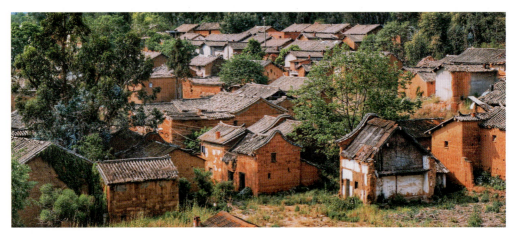

乌龙古渔村村貌

一、基本概况

（一）区位交通

项目位于滇池东岸，相比于滇池其他岸线具有得天独厚的优势。优势一：在昆明主城区南侧，在呈贡新区范围内，基础设施完备，城市资源丰富。优势二：具有交通优势。与火车站、机场均在一小时车程范围内，高铁站更是紧挨项目。优势三：可借新区之势。呈贡新区吸引了高铁站、市政府、大学城资源。

乌龙古渔村距离呈贡新码头 7.8 千米，可快速抵达，自水路可达海埂东码头、白鱼口码头、晋宁码头等；东接环湖东路，毗邻昆玉高速公路出入口，可通过彩云路去往主城区，车程约为 15 分钟；距离长水国际机场约 42 千米，车程 1 小时；北部紧邻地铁一号线与四号线，距离火车南站仅 10 千米，车程约为 20 分钟。

（二）现状基础

乌龙古渔村中保留拥有传统风貌的历史建筑 279 处，但保留建筑较为零星，不成体系。保留的建筑已不足以支撑街巷空间，街巷院落空间组团已经缺失，拆除后则剩余大量的空地。乌龙古渔村项目总用地面积为 426.33 亩，已完

村内建筑

成拆迁，其中建筑基底面积约 60 亩，景观面积约 370 亩。建筑基底面积中，76 栋挂牌保护建筑基底面积为 12.9 亩，9 处文保单位建筑基底面积为 3.6 亩，改造建筑 164 处，基底面积为 43.5 亩。景观面积中，水域及湿地面积约为 22 亩，硬质广场面积约为 49.5 亩，道路面积约为 27 亩，绿地面积约为 271.5 亩。

2020 年 7 月 31 日，昆明市呈贡区人民政府与昆明华侨城美丽乡村发展有限公司共同签署《呈贡乌龙古渔村保护与生态治理项目移交书》，明确项目用地移交范围为 426.33 亩及地上建（构）筑物；移交期限为 2020 年 8 月 1 日起至 2060 年 7 月 31 日止，委托管理运营期限 40 年。

（三）资源条件

昆明处于亚洲的地理中心和 5 小时航空圈中心，处于东盟"10+1"自由贸易区、大湄公河次区域经济合作圈、泛珠三角区域经济合作圈"三圈"交会点，是我国面向南亚、东南亚乃至中东、南欧、非洲，连接中国、东南亚、南亚三大市场近 30 亿人口的陆路大通道枢纽。

而项目地处于呈贡新区核心区，呈贡地处昆曼经济走廊、昆河经济走廊沿线，以及泛亚国际大通道中线与东线交会点，在全市乃至全省、全国对外开放大局中的区位优势和特色极为凸显。呈贡新区将会成为云南"八出省、五出境"铁路网的重要枢纽，实现与全国各地的互联互通。乌龙古渔村同时具有滨水码头聚落、田坝聚落和山地聚落的多样性。

二、发展历程

2018 年 7 月 22 日，云南集团与昆明市呈贡区人民政府共同签订项目合作协议；2019 年 1 月 24 日，呈贡区政府通过比选，确定由华侨城（云南）投资有限公司和华侨城欢乐田园发展有限公司共同出资设立的合资公司为乌龙古渔村项目实施主体。2019 年 7 月 11 日，该项目由华侨城党委会及董事会审批通过。2019 年 7 月 18 日，"昆明华侨城美丽乡村发展有限公司"注册成立，系"乌龙古渔村项目"实施主体。项目公司是国资委旗下深圳华侨城集团的三级子公司，注册资本金 1 亿元，其中云南集团占股 51%，欢乐田园公司占股 49%，系云南集团控股子公司。昆明市人民政府于 2020 年 1 月 15 日批复《呈贡区人民政府关于报请研究将乌龙古渔村列为昆明市历史村镇的请示》，将乌龙古渔村划定为昆明市历史村镇系列加以保护。

（一）利益相关者的角色和作用

呈贡区人民政府作为"乌龙古渔村保护与生态治理项目"委托管理的甲方，负责开展项目前期工作，包括组织实施征地、拆迁、安置、土地流转等工作；负责为项目提供行政审批"绿色通道"，协调解决相关审批工作和其他事项；协调解决项目滇池水保、环评、文物使用审批等报批手续的办理；提供招商引资优惠政策。

昆明华侨城美丽乡村发展有限公司作为本项目的实施主体，主要工作包括策划与规划、旅游设施投资建设及运营管理、项目配套建设用地开发等。

项目用地征收后，村集体将不再拥有土地的所有权和使用权，村民已全部完成搬迁。

（二）规划引领

乌龙古渔村项目通过明确理念原则、做好战略定位、制订发展目标、创新运营模式四方面统筹推进了总体规划的实施。

1. 理念原则

乌龙古渔村保护与生态治理项目定位为文旅产品，其具有显著特点：一是占据云南省顶级资源，发展文旅、生态度假产业具有先天优势；二是项目前景好、影响大，且度假产品特色明显，具有强势的市场竞争力和吸引力。

2. 战略定位

乌龙古渔村项目市场定位：一级市场为以昆明为核心的滇中城市群微度假客群；

二级市场为以渝昆、成昆、南昆高铁沿线城市群为核心的中国西南文旅客群及东南亚度假客群；三级市场是航空、铁路构建的全国文旅、生态康养客群。

业态主要包括文化体验、民宿度假、休闲娱乐、商业零售以及餐饮服务和配套服务。具体包括：

（1）乌龙博物馆：以博物馆＋休闲业态为核心，将博物馆进行活化利用。以76座文物保护建筑为载体，打造包括文化体验、非遗展演等产品形式，寓教于乐的文化休闲体验地。

（2）乌龙味道：美食是旅游发展的重要核心力，规划围绕"吃"，打造多种供游客品味的美食盛宴，以云南民族美食、东南亚美食、中华传统美食、高端臻品美食、大众特色美食来吸引海内外游客。

（3）乌龙工坊：在乌龙古渔村，提供近二十种各类手工体验项目，在手工老师的指导下，游客通过2～4个课时（每个课时为1天时间），完成一幅文创作品或学习一门新的技能。

（4）乌龙酒肆：乌龙古渔村小酒馆，以老建筑为载体，展示滇池边上的夜晚风情。

（5）渔浦星灯：老呈贡八景之一，再现渔船点灯和隔岸观灯的生活场景。

3. 发展目标

昆明市游客出游多以自然观光为主，偏好自然环境好、休闲度假、文化浓郁

乌龙古渔村规划风貌

的地区。项目地周围竞品类型丰富，大多以传统观光休闲为主，缺乏文旅度假型产品。乌龙古渔村项目资源与昆明市场游客需求吻合度高，将重点打造成为本地游客周末度假的好去处。

（三）党建联盟

华侨城结合2020年工程建设的特点，为当地居民解决了部分就业岗位问题。还邀请村民讲述当地历史故事、挖掘历史文化，共同建设原汁原味的历史村落。党建联盟也积极做好项目用地划界、打消群众疑虑等工作，协助项目建设顺利推进。

党建共建搭平台，联络联动是重点，通过"党建联盟"平台，华侨城与当地政府积极沟通协作，实现了"未交地先开工""封场地搞建设"等前置性工作。

第一，政策指导。通过党建联盟共同努力，为项目建设用地、用水、用电及城管等具体工作出谋划策，提供解决方案和政策指导。

"党建联盟"平台

第二，分担压力。双方党组织共同做好村民搬迁的思想疏导工作，推进解决"钉子户"问题，为项目推进出谋划策。

第三，共同推进。通过加强党建联盟的沟通联系，乌龙街道在项目开展前期，积极配合呈贡区政府做好土地移交工作，确保了项目建设顺利推进。

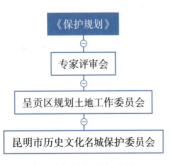

《保护规划》批复过程

（四）成果进展

1. 关键工作完成情况

（1）土地移交情况。2020年8月6日正式签署项目移交书，确定土地移交期限为2020年8月1日到2060年7月31日，期限40年。

（2）保护规划审批情况。2020年7月16日，《保护规划》通过专家评审会议；8月4日，通过区规划土地工作委员会议，同意上报市名城委会审议。

2. 工程设计完成情况

（1）设计工作总体进展如下图：

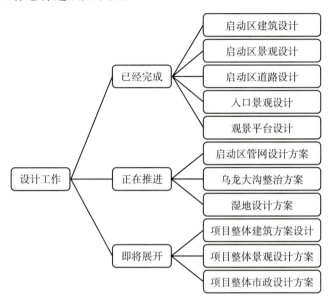

设计工作总体进度

（2）施工进展情况

田园景观田园种植区复耕种植已部分完成。

3. 工作推进情况

华侨城坚持工作推进"四同步"，确保全面建设稳中求进，经过项目全体员工的共同努力，项目建设正在稳步推进。见下图。

规划设计	2019.12 《保护规划》	2020.05 《建筑设计》	2020.06 《景观设计》	2020.06 《市政设计》	2020.08 规划通过评审，通过区规委会议
获取土地	2019.08 《委托管理协议》	2019.12 地上建筑物移交	2020.01 昆明市历史村镇	2020.04 政府拟定交地时限	2020.08 完成土地移交
施工建设	2019.11 场地清表	2019.12 施工区围挡	2020.04 临电进场	2020.05 施工队进场准备	2020.06 建筑和景观施工开始
招商运营	2019.08 项目策划	2019.11 市场摸底准备	2020.03 初拟招商方案	2020.04 商家积累	2020.06 洽谈启动区意向合作企业

项目建设推进过程

三、创新突破

（一）文化传承

乌龙古渔村每一处村寨、每一段墙垣，都见证过昆明这片土地曾经的美丽与繁华，通过梳理，村中现存六大类文化主题资源，可以说是昆明地区历史发展变迁的缩影。

1. 历史文化

乌龙古渔村这片土地从新石器晚期，就有先民就留下过刀耕火炼的痕迹，后来一直是有部落民族聚居，直到明代，大批内地军民进入呈贡地区屯垦，才最终形成了多元繁盛的局面。

（1）乌龙古渔村是环滇池区域史前人类生产生活方式的展示窗口——史前遗迹类遗产。

资源分布：史前遗迹类遗产，主要分布于乌龙古渔村象兔山、七星山山坡、滇池湿地等地附近。

（2）乌龙古渔村是自明代以来村庄发展历程和居民生活方式的集中体现——屯堡建筑类遗产。

资源分布：屯堡建筑类遗产，大多位于乌龙古渔村村内，除了传统建筑外，还可以依托建筑展示屯田制度、家族制度、传统信仰、传统商贸等。

乌龙古渔村规划风貌

（3）乌龙古渔村是抗战期间同胞齐心协力贡献与牺牲的历史见证——抗战遗迹类遗产。

资源分布：抗战遗迹类遗产，主要位于乌龙古渔村内，村内祠堂、故居早年是修建机场的工程队驻地。乌龙浦更是抗战时期呈贡的文化中心，垂恩寺、净乐庵、新寺等寺庙曾用于办学。

（4）乌龙古渔村是环滇池区域生态文明建设的实践典范——自然类遗产。

资源分布：自然类遗产，大多位于乌龙古渔村内，七星山山坡、滇池湿地等地附近，包括山林、溪水、梯田、花海、湿地、原生林、泉眼等。

2. 儒家文化

耕读传家是儒家文化的重要组成，是维系农耕

滇池风景

田园景观田园种植区复耕种植

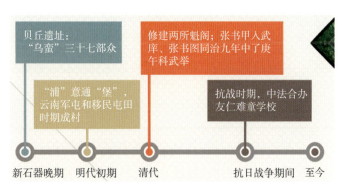

乌龙古渔村历史文化

社会稳定发展的支柱。呈贡于明代初期即设立文庙，文风渐盛。在这一环境之中，儒家文化影响到乌龙古渔村的家家户户，融合于日常生活之中。

3. 景观文化

乌龙古渔村历来以山水绚丽著称，形成了渔浦星灯的独特景观。山居宛卧

龙，海近乃曰浦，乌龙古渔村背靠七星山，背临滇池，清溪环绕，整个村落形成自然怡人的小气候，山清水秀，林青柏翠，适宜至此颐养天年。

4. 建筑文化

乌龙古渔村的传统建筑与滇中地区一样，其大量的民居以一颗印为主、多类型共存。其中，一颗印建筑占了绝大多数。村中现保留279座清代、民国建筑，公布为市级、区级和等级文物的建筑9座。

5. 民俗文化

乌龙古渔村自聚落形成之始，即为汉族聚居的村落。保留了汉民族典型的文化、手工、风俗习惯，虽然也受到时代、地域以及附近少数民族，特别是彝族文化的影响，但始终延续着汉文化的血脉。菱角编制（省级非物质文化遗产）、乌龙花灯（省级非物质文化遗产）、瓦猫、豌豆粉、滇戏等非物质文化遗产丰富而厚重。丰富的农耕劳作，沿湖的渔猎生活，镇宅驱邪、免除灾害的瓦猫手工，以及众多的民间民俗文化为文化事业的发展提供丰富的源泉。

6. 农耕文化

乌龙古渔村是农耕文明的智慧结晶，天时地利人和，农耕文化显现出多样性，包括以农作物种植为主的农业文化；以湖泊打捞为主的渔业文化，以码头运输为主的商业文化。

乌龙人世代注重教育，"耕读传家"是村中共识。乌龙古渔村中多数的宗教文化场所，曾用来当作一拨又一拨孩子的学堂，如华光庙、垂恩寺、净乐庵、杨家祠堂等。乌龙浦更成为抗战时期呈贡的文化中心，孙福熙、沈从文、张兆和等曾居住其中。

（二）古建保护

依据传统村落适应性保护要求和整体保护控制原则，对昆明呈贡乌龙古渔村的村落保护进行了规划，以提升传统村落的人居环境、生态质量，见下页图。

《昆明历史文化名城保护规划（2014—2020）》将乌龙古渔村划入了环滇池地区历史村镇体系保护规划中，并将净乐庵、杨氏宅院、杨氏民居等文物单位列入了环滇池地区文化遗产聚集区进行保护。从历史文化保护的角度来看，乌龙古渔村极具整村保护价值。

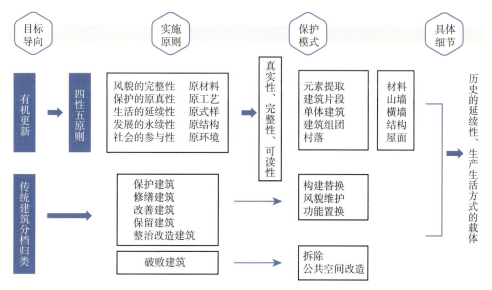

昆明呈贡乌龙古渔村村落保护规划

四、模式总结

华侨城在乌龙古渔村致力于探索出以文化古迹投资与运营为核心的长效发展模式，改变房地产反哺文旅的经营思路，实现以文化遗产运营打造呈贡华侨城核心竞争力的目标，初步探索了一条可复制、可推广的政治效应型古村可持续发展路径。该模式的"三位一体"美丽乡村建设理念，强调的是文化传承及活化，以自然人文乡村体系性重建为目标，以"投资少，见效好，能复制，可持续"为导向，以再生型的乡村可持续发展为评价标准。华侨城积极响应习近平总书记号召，留住了乌龙古渔村特有的地域环境、民俗文化、建筑风格等，保护弘扬了乌龙古渔村文化，延续了村镇历史文脉，继承了前人留下的文化遗产。未来仍需要在创新实践中不断完善：

（1）"文化为魂"强调的是乌龙古渔村美丽乡村建设中文化建设和道德自律、人心维护等方面的精神系统。美丽乡村也要建设精神文明。而乡村文明更多的是指优秀传统文化——历史文化、儒家文化、景观文化、建筑文化、民俗文化、农耕文化以及其他传统文化与伦理在乌龙古渔村的各种表现形式。之所以强调以"文化为魂"，是让村民在自身发展中深刻感觉到，仅仅富了口袋还不够，还要"富脑子"，只有富了"脑子"，真正感受到在中国做一名农民的光荣与自尊，才能真正自发、

乌龙古渔村周边自然风光

自觉地主导乡村建设，让农村产生强大的吸引力，对城市居民生活与迁徙形成自然导流的可能性。

（2）"生态为韵"强调的是美丽乡村建设中生态环境的保护。"生态为韵"，一是要保护当地的自然生态景观，避免大拆大建、想当然的"规划"。乌龙古渔村在几百年甚至上千年的发展过程中，依据自然的变化，已经完全形成了一种内在和谐的生态系统，要做的是恢复和保护，而不是依赖现代科技手段强行改造。二是完善保护人文生态的自生系统与自治体系。在传统的自然村落里，一般具有一套自我运营的价值体系，无必要去打破这种"人文生态链"，而是发现和恢复，然后保护，在实际运行中加以修复和完善。

（3）"建筑为体"强调的是以建筑为载体，打造包括文化体验、非遗展演等产品形式，寓教于乐的文化休闲体验地。乌龙片区现留存建筑约279栋，年代、历史文化元素、残损等程度不一，华侨城集团根据重要程度将其划分为：文保建筑、历史保护风貌建筑、传统风貌建筑三类，分别进行保护。在这里，历史保护风貌建筑是指乌龙古渔村建筑保存较好，建筑构造具有一定历史，能够反映一定历史时期文化等特征的建筑。乌龙传统建筑色彩色域范围明确，色彩相对单一，整体色调偏显棕黄，村庄色彩风貌突出。且建筑外墙多见贝壳夯于生土之中，反映出了乌龙的渔村渊源，各类夯土材料的运用和堆砌方式展现出了成熟的建造工艺。华侨城集团通过现场踏勘及梳理，挖掘了村落遗存的传统建筑、传统生产和生活器具、传统构件等众多文化元素。乌龙古渔村传统风貌建筑的组团格局、街巷格局肌理较好，有利于乡村文化传承及活化。

第三章

华侨城世博集团美丽乡村实践案例

　　2017年，华侨城集团宣布投资2000亿元布局云南全域旅游，参与云南旅游强省战略的实施及省级国资企业的改革和重组工作，完成与云南世博旅游集团的战略重组项目，顺利控股云南世博旅游集团，并将云南作为华侨城集团的第二总部。

　　华侨城集团与云南省政府、德宏傣族景颇族自治州及普洱市政府签订战略合作协议，推进云南高铁沿线省市旅游资源的调研与拓展工作，重点关注丽江、文山等区域，对石林—九乡—阳宗海、昆玉红、昆腾瑞、昆大丽及大香格里拉等精品旅游线的周边特色资源进行深入挖掘与开发。为实现云南美丽乡村的成功破题，华侨城集团拟在热门旅

游地——香格里拉、丽江、腾冲、普洱、元阳、建水等地选取 20 个特色小镇或村庄，通过建立美丽乡村共享平台、引入国际精品酒店集团、知名民宿联盟资源，整合文化创意产业系统，以乡村串联景点模式，推进美丽乡村的建设，实现全域旅游的全面配套建设。

20 个特色小镇或村庄中，云南世博集团就有 3 个美丽乡村建设项目——九乡旅游区"河上麦田"示范项目、元阳"哈尼梯田美丽乡村"项目和"轿子雪山何家村美丽乡村"项目，以点带面呈现了云南世博集团的美丽乡村建设实践探索。"景村融合"理念将美丽乡村建设与发展乡村旅游有机融合，有利于促进农村生态发展。

案例一　宜良九乡麦田村："百年老村＋乡忆民宿＋嬉水娱乐＋同心小岛的麦田空间布局"模式

九乡旅游区具有良好的区位优势和自然资源，麦田村通过确立"童心麦田、原忆九乡"主题定位，重新规划以"一镇两带三区"为核心的空间格局。其中，"两带"建设美丽乡村规划建设是整个旅游区的重要核心项目之一。宜良县政府确立了"政府主导、部门联动"模式；华侨城世博集团以"政企共建共享"形成方式参与该项目，旗下九乡公司与宜良县交通、林

九乡麦田鸟瞰图

业、水务等政府职能部门，合力推动还原百年老村、造景河上麦田的空间布局，推进项目规划建设，全力抓好项目示范。

一、基本概况

九乡旅游区在整体规划中确定了"一镇两带三区"的空间格局，其中，"两带"涵盖麦田河理想村休憩景观带、马蹄河田园综合体休闲景观带，涉及麦田村、小拉德村、甸尾村、胡家村、河湾村5个村庄近300户农户，约4000亩土地资源。世博集团九乡公司通过对民风民俗、建筑风貌等地方文化的梳理、提炼，分别确立了不

同的开发主题和产品体系，前期已初步完成了童心麦田、颐养拉德、青春甸尾、胡家禅舍、写意河湾的概念性规划。按照构建标杆性产品的要求，突出示范性、引领性、基础性，确立了开发初期麦田村示范项目的思路和定位。

二、发展历程

九乡旅游区"河上麦田"示范项目近年来有效利用了老村庄的闲置土地，使当地居民住房得到保障和改善。项目未开发建设之前，村民大多居住于山沟里，所处环境潮湿、阴暗，很多村庄存在土地资源浪费、无规划私拉乱建等现象。项目改建后，村民居住环境大为改观，农村土地得到了综合利用，减少了资源浪费。

美丽乡村的开发建设，需要建立健全涉及政府、市场、传媒、同行、村民、游客等的运行机制，政府主导做好政策引导、生态环境、治安环境等公共治理；构建良好的传媒关系，创造树立良好的品牌形象；构建良好的同行竞合关系，突出差异特色，合作共赢；构建良好的村民关系，获得支持理解，惠民富民，九乡公司提供老村落风貌规划，政府严格进行管控的同时，帮扶完善给排水、道路等基础设施；构建游客至上的运营管理体系，提高服务质量和水平，提升游客满意度和美誉度。

麦田村的开发建设，更好地实现了森林、河流等自然生态环境的保

九乡麦田风景

阿路龙景区

护和修复，基础设施得到夯实和完善，新的商业业态得以植入，等等。从公司层面得到了三个方面的收益：一是大景观融合，使叠虹桥景区入口片区景观配套更优化，起到了"画龙点睛"的效果；二是大人文融合，既承续了九乡彝族风情、建筑风貌，又创意了小九鸭 IP 系列；三是新业态融合，构建的美丽乡村新业态，成为九乡旅游区的重要休闲度假产品。从带动当地农村发展的角度来看，有三个方面的变化：一是乡村的农业种养产业结构对应调整，主要以满足服务于游客的餐饮、购物为主，有了市场保障；二是当地农民就业本地化，通过提供再培训，使得当地农民能够根据自身条件，在种养、餐饮、服务、手工、表演等业态就业，实际上已从传统意义上的农民变成了半工半农，或是全职工人；三是部分较为富裕、有一定经营能力的农户，利用闲置资源或资金投入，与公司合作或独立开发经营民宿等，变身为商户了。这样产生的直接结果，自然是农业真正活起来、农村美丽起来、农民富裕起来。

三、具体实践

依托麦田村优美的生态环境、良好的区位优势和丰富的自然资源，为麦田村项目找好定位，制定规划，通过政企共建共享共同努力，建立新的麦田村。

（一）找准主题定位，绘就美好蓝图

麦田村位于麦田河畔，生态环境优美宜人，属于叠虹桥景区提升改造新入口片区，该村 118 户村民，房屋老旧，已基本空心化，村内以夯土墙、青灰瓦为主要元素的"一颗印"建筑风貌保存完整，村庄肌理清晰古旧，具备良好的旅游发展条件，是游客乘坐缆车游览景区的第一门户景观。

麦田村项目采用"童心麦田、原忆九乡"的主题定位，推动还原百年老村、造景河上麦田的

九乡麦田马蹄湾

空间布局。村落改造以还原麦田村传统建筑风貌为主，植入乡忆民宿、传统餐饮等业态。在村前及河岸线，新建水景观区域，打造约300亩"河上麦田"，植入水上娱乐、童心小岛、半山酒店、麦田往事等项目业态。

（二）创新开发模式，政企共建共享

构建良好政企关系、形成合力推进项目规划建设。该项目实施"政府主导、部门联动"模式。县级政府整合交通、林业、水务等相关职能部门的项目专项扶持资金，积极争取湿地恢复、半山酒店开发等项目财政奖补政策；乡镇政府严控规划主导村庄风貌管控，积极引导村民自主、自愿将房屋、宅基地等自有资源投入到美丽乡村建设；而世博集团九乡公司则全力抓好示范项目"河上麦田"区域开发建设，从根本上提升改造村庄的景观配套，做好示范引领工作，真正做到"政府—企业—村民"三位一体，生态、经济、社会效益同步，探索实现共建共享的良性开发建设模式。

在运营过程中，华侨城坚持乡村调性，适度取舍一些城市化、酒店化、景区化的标准化管理模式，坚持对核心卖点的提炼，坚持核心品牌的打造。麦田村的主题定位是"童心"，主打客群是儿童和亲子，即餐饮、购物、娱乐、住宿等所有运营环节都要紧紧围绕"童心"主题做到极致。

（三）主题IP塑造新形象，发挥传统优势

世博集团借助专业机构的设计，围绕"小小景鸭"塑造主题形象，吸引外来游客量。第一，九乡是烤鸭之乡，相较于北京烤鸭、兰老鸭，宜良烤鸭也是云南经典的地方传统名菜。第二，借助传统的流量和优势，把小小景鸭设计成IP形象，统一称为"小鸭丫"，然后衍生出"小酒鸭"。在IP塑造过程中形成小公鸭：麦麦，小母鸭：田田。

（四）快速启动建设，达成目标

麦田村项目前期工作推进顺利，包含了水上娱乐（木舟、水上单车等）、麦田山舍（半山酒店、帐篷营位等）、童心小岛（小小牧场、开心农场等）、麦田乡忆（文创售卖、书吧、咖啡吧等）等建设内容，按照EPC（设计、采购、施工一体化）模式快速推进。

四、模式总结

该项目以"童心麦田、原忆九乡"为主题定位，强调农事体验，力图还原传

统耕作方式和百年村落风貌，续建百亩河上麦田，让到此游客充分体验九乡乡里民俗，玩转水上乡野。未来，麦田村可以借助"彝族苗族特色农耕文化"与"创意农业"的支撑，传承并举办彝族摔跤、苗族"花山节"、农民丰收节等节会品牌活动，创新打造集"农业生产、景观、休闲、度假、教育、消费"为一体的乡村旅游示范点，形成资源综合开发、产业综合发展、功能综合配置、配套综合建设、目标综合打造、效益综合体现的新型农业休闲综合体。

项目在推动生态农业的同时，积极做好村落保护工作。该模式强调加强对麦田资源与资本、科技、人才、基础设施等核心要素的整合，培育农业新型经营主体，探索多产业融合的发展路径，催生新产业、新业态，延伸产业链，打造符合当地实际、生态可持续的绿色农业发展模式。此外，该模式注重处理传统村落居民建设新房与保护老宅之间的关系，从规划、建设、土地、资金投入等方面制定完善的政策措施，妥善保护好传统村落的建筑形制、文化精神与审美情趣，确保整体性、完整性、与周边环境的协调性。该模式按照体现生态理念、文化理念和以人为本理念的核心标准，弘扬优秀传统文化，保留民族文化基因，彰显地域文化特色，统筹项目空间、绿色空间、文化展示空间，着力打造生态宜居、特色凸显的九乡麦田村。

案例二 红河元阳哈尼梯田："以世界遗产为核 + 单村成景 + 串珠成链"模式

元阳哈尼梯田项目是哈尼族、彝族等民族农耕文明的智慧结晶和农业文明文化景观的杰出范例。其特有的森林、村寨、梯田、水系"四素同构"循环生态系统，高原农耕技术及生产、生活、宗教、文化相融共生的活态文化系统，充分体现了"天人合一"的文化内涵。华侨城世博集团结合当地实际，因地制宜部署美丽乡村项目的开发建设模式，按照"整体布局，分步实施；相应组团，单村成景；互相呼应，串珠成链"的整体格局来建设美丽乡村。

一、基本概况

元阳哈尼梯田遗产区，位于云南省红河州。2018 年 12 月 12 日，被命名为第二批"绿水青山就是金山银山"实践创新基地。元阳县新街镇和攀枝花乡位于哈尼梯田遗产区，面积 158.53 平方千米，17 个村委会，80 个自然村，12946 户，60959 人。当地特有的森林、村寨、梯田、水系"四素同构"循环生态系统，高原农耕技术及生产、生活、宗教、文化相融共生的活态文化系统，充分体现了"天人合一"的文化内涵，是哈尼族、彝族等先民农耕文明的智慧结晶和农业文明文化景观的杰出范例。

元阳哈尼梯田风光

二、发展历程

元阳县作为云南省 28 个贫困县之一，是云南省脱贫攻坚的主战场之一，也是世博集团践行国企、央企社会责任，助力地方脱贫的责任田。2018 年 7 月 20 日，时任云南省委书记陈豪在元阳考察时提出"希望盯住脱贫核心任务施策，同时发挥好华侨城对元阳县景区 82 个村的扶贫作用"。华侨城集团高度重视元阳项目开发，集团党委书记、董事长段先念分别于 2018 年 5 月、

2019 年 5 月两次赴元阳哈尼梯田调研指导；多位集团领导及所属 10 多家企业领导也多次赴元阳调研。2018 年 9 月安仁会议期间，段先念董事长就华侨城集团助力元阳哈尼梯田 82 村脱贫攻坚工作主持召开了两次专题会议，研究部署帮扶工作，提出哈尼梯田旅游扶贫要坚持突出政府主导、企业帮扶，以当地居民为主，市场运作、产业支撑及保护为主，科学利用的工作思路和原则，同时安排集团下属企业负责遗产区美丽乡村建设工作。

世博集团除通过旅游产业发展提升景区所在地知名度、实现产业经济发展、助力直接与间接就业外，也通过实际行动助力 82 村脱贫攻坚。如通过帮销梯田红谷、梯田鸭、古树茶等农产品，为困难群众免费发放鱼苗等，助力爱心助学贫困学子，建档立卡贫困户等方式来助力村民规模脱贫。

在未来，世博集团将按照"资源共享、利益共享、责任共担、共同致富"的发展原则，主动承担央企社会责任，实施旅游扶贫致富工程。在已有 10 个村庄规划的基础上，结合元阳哈尼梯田景区一期项目，重点打造核桃寨美丽乡村，坚持"以政府为主导、以企业为引领、以村民为主体"，采用合作社、公司经营、扶持带动等多种方式有效整合乡村旅游资源，构建观光休闲农业、文化产品生产、旅游配套服务等多元产业融合的发展体系，使当地群众在旅游发展中真正受益。

三、具体实践

结合华侨城集团关于美丽乡村项目开发建设的安排部署，世博集团旗下元阳公司筛选了部分村庄并进行充分调研，拟写开发方案，并委托专业单位编制了多依树下寨、上主鲁老寨、核桃寨村、大鱼塘村、土锅寨、小水井、牛保普、上主鲁新寨、箐口、黄草岭等 10 个美丽乡村规划方案。

世博集团元阳公司秉持"整体布局，分步实施；相应组团，单村成景；互相呼应，串珠成链"的规划指导思想，来统筹美丽乡村建设格局，依托 10 个村寨资源，连点成线、串珠成链、一村一策、一村一景，集中打造元阳梯田美丽乡村旅游目的地。

（一）大鱼塘饮食文化村

大鱼塘村目前已有旅游业态，主要以餐饮业为主，村民旅游发展意识较强。通过对大鱼塘村进一步提升改造，布局哈尼饮食文化传承展示设施，组织经营红谷酿

哈尼梯田自然风光

哈尼梯田自然风光

酒坊、传统豆腐加工坊、传统五彩糯米染坊、哈尼粑粑加工坊、现场杀猪祭祀展演、长街宴等产品；利用公司现有地块，建设湿地观赏、垂钓、销售梯田鱼、观赏鱼区；建设捉鱼体验区；引导支持村民合作参与，集中展示哈尼族传统民间饮食文化。

（二）上主鲁老寨、上主鲁新寨文创艺术村

村庄地处元阳哈尼梯田遗产区内的核心区，目前餐饮住宿等服务接待业发展较好，村民参与旅游意愿较高

（1）上主鲁老寨。上主鲁老寨村目前尚未发展旅游，村内哈尼族蘑菇房和一些传统的特色民居和风貌保存较好，周边梯田环绕，景色宜人，适合打造艺术创作实践基地。将以美术创作为主题对上主鲁老寨进行提升改造，通过艺术创作激活村落，提升上主鲁老寨的人居环境和品质。

（2）上主鲁新寨。上主鲁新寨村位于上主鲁老寨村下方800米处，目前村内无旅游经营业态。该村落地理位置和景观优势明显，可作为上主鲁老寨的配套村落，

通过租赁村民宅基地和房屋，打造集"吃住行"为一体的综合体，辅助上主鲁老寨村做好餐饮接待、住宿接待配套工作。

（三）核桃寨茗香茶艺休闲村

核桃寨村位于胜村至多依树景区沿线上，距离多依树景区和胜村综合体较近，交通较为便利，村内有诺玛阿美茶庄园。将着重提高"哈尼古茶"品牌效应，增加茶农收入及公司经营收入。将对该村道路进行重点提升改造，使茶庄园、村寨、茶园连为一体，吸引多依树景区和胜村综合体的游客，增加游客停留时间，提升多依树景区和胜村综合体的游览价值。

（四）牛倮普稻田野奢度假村

爱春牛倮普村和阿者科、原舍接壤，旅游资源较好。阿者科距离观音山较近，可打造登山游览品牌。通过对爱春牛倮普村、阿者科村的旅游资源进行优化组合，开发阿者科实景演艺项目、观音山登山项目、染布、哈尼传统民族服饰制作工艺等，形成相对较完整的"吃住行游"为一体的综合体旅游线路产品。

（五）箐口民俗村

箐口民俗村是全国第一个哈尼族文化展示村。村边梯田环绕，具有极佳的梯田观看视野，这里也是特色红米种植示范基地。村内建有文化馆、文化广场、图腾柱、水碾等景观建筑，将通过提升村容风貌、完善稻作文化体验设施、开发农业衍生产品，通力打造哈尼特色民俗文化村。

（六）黄草岭村

黄草岭村交通便利，村内已有少量餐饮住宿产业，该村落地理位置较佳，有观看云海和日出的绝佳位置。将通过对村内林木、水体景观，村容风貌进行改造，重新规划连接哈尼小镇的林间栈道和梯田步行栈道，形成良好的步行游览线路，同时对村内餐饮住宿业和民俗文化产业进行培育、

哈尼梯田自然风光

规范，打造以"红米"为基础产业的特色美丽乡村。

（七）小水井电商物流村

小水井村现阶段主要以农贸产品生产销售为特色，将打造窗口型电商平台，全面发展电商产业，打造一条集生产、网商、创作、培训为一体的上下游电商产业链条，达到"村庄富、村庄美、村庄兴"的目标。

（八）土锅寨彝族文化村

土锅寨主要以农业生产和旅游服务业为主要经济来源，居民除了从事农业生产外，还在村内开设家庭旅馆、餐馆和商店。土锅寨旅游资源以彝族文化及生活习俗为核心，可重点建设以彝人火把节庆、生活习俗、现代彝族为主题，展现彝族传承、尼苏火把、现代彝家为特色的彝家风情民俗体验村。

（九）多依树下寨村

通过深度挖掘哈尼族民族文化内涵，使"旅游生活化、生活旅游化、文化在地化"，游客在此体验活态的文化遗产、人文风情，规划目标是将多依树下寨村打造成哈尼梯田农耕生活深度体验地、世界哈尼族活态博物馆。

四、模式总结

"绿水青山就是金山银山"是世博集团探索元阳美丽乡村建设的终极指导思想。哈尼梯田独特的"森林、村寨、梯田、水系"四要素同构，本身就是大美乡愁的最好呈现。世博集团元阳公司以哈尼梯田农耕文化为魂、以美丽田园为韵、以生态农业为基、以古朴村落为形，扎实推进哈尼梯田农耕文化与休闲农业、乡村旅游融合发展，与美丽乡村建设、生态文明弘扬、农民创业创新融为一体，让发展成果惠及更多群众，让美丽梯田变身百姓致富田，这是元阳美丽乡村的发展之路。

元阳美丽乡村建设过程中，还非常注重保护特色农耕文化。哈尼梯田的"四要素"是相互循环补充的一个完整系统。要扎实推进绿色元阳行动计划和哈尼梯田保护利用行动计划，统筹森林、村寨、梯田、水系环境风险防范和环境质量改善，加大哈尼梯田生态功能区保护管理力度，切实保护传统村寨、特色蘑菇房的历史风貌。在遵循乡村发展规律、切实保护生态环境的基本前提下，探索"一村一策、一村一景、一村一业、一村一韵"的开发模式，"连点成线、串珠成链"，依托乡村田园特色资源和世界文化遗产内在魅力，在元阳高标准打造了美丽乡村示范案例。

案例三　昆明轿子雪山何家村："政府＋社区＋企业的'景带村'"模式

何家村是云南世博集团开发建设的美丽乡村，紧邻轿子雪山景区。世博集团加大了对轿子雪山景区的投资力度，旗下轿子雪山公司陆续完善旅游基础设施，并对相关内容进行提升改造。随着轿子雪山景区旅游的不断发展，直接带动了何家村发展，实现了老百姓增收。当地各级政府、世博集团轿子雪山公司因势利导，积极引导经营模式转变，使何家村从传统的农牧业向旅游服务业转变，实现该村的可持续发展。何家村旅游示范村采用"政府＋社区＋企业"的运营模式，运营管理工作由村民自主完成，政府做好监管工作，企业结合实际开展业务培训和指导，政府和企业均不参与具体管理，是典型的"乡村与景区融合协调发展"模式。

轿子雪山何家村新貌

何家村客栈区

一、基本概况

何家村位于云南省昆明市禄劝彝族苗族自治县乌蒙乡，紧邻轿子雪山景区，有着得天独厚的自然和人文旅游资源，以及面向南亚东南亚的区位优势。全村平均海拔约 2780 米，共有 41 户 159 人。轿子雪山未旅游开发之前，村民主要种植青稞、土豆和从事畜牧业。因海拔高、气温低、土地寡薄、交通闭塞、投入高、产出低，居民生活十分贫困，该村是十里八乡闻名的"贫困村"。

二、发展历程

2010 年至今，世博集团加大了对轿子雪山景区的投资力度，与华侨城旅游投资管理有限公司、云南文旅基金合作，按照"山上观光旅游，山下休闲度假"的发展思路，借助何家村的资源和区位优势，在将轿子雪山打造成为昆明北部的旅游龙头和国际知名的 5A 级景区的同时，将何家村打造成集"吃住行娱"为一体的旅游服务基地。华侨城世博集团建设的何家村客栈区建筑风格统一规范，房间整洁，设施完善。

随着旅游基础设施的不断改善，轿子雪山景区的游客人数和旅游收入也呈现持续稳步增长。轿子雪山景区旅游业的发展，直接带动了周边乡镇旅游服务业的发展，实现了地方百姓增收。其中，受益最大、变化最为明显的是紧邻轿子雪山的何

搬迁后的旅游示范村

家村，该村鉴于轿子雪山旅游业的快速发展，在政府、轿子山旅游开发有限公司的引导下，积极转变经营模式，从传统的农牧业向旅游服务业转变，实现了该村的可持续发展。2015年，政府出资实施旅游示范村项目；2017年，旅游示范村建设完成，全村41户居民搬进了三楼一底的特色民居，旅游旺季开展农家乐，淡季到景区施工现场务工，收入逐年增长，日子越过越红火，2018年在全乡率先实现整村脱贫。

三、具体实践

何家村的美丽乡村建设实践主要集中在开发建设和运营管理两个方面。

（一）开发建设方面

何家村旅游示范村的发展模式为"政府＋社区＋企业"。政府完成旅游示范村的整体规划、土地收储平整、市政道路建设、供电给排水优化等相关工程；社区居民根据房型规划，自行集资＋贷款贴息完成房屋的建设装修工作；企业根据社区实际，对社区居民开展餐饮、住宿、景区讲解等相关标准化培训，并出资在景区规划"雪山集市"，设置36个售货亭供村民经营使用，达到上下联动的目的。

（二）运营管理方面

何家村旅游示范村运营管理由村民自主进行。政府主要做好监管工作，企业结合实际开展业务培训和指导，政府和企业均不参与具体管理。

何家村的发展成果进一步诠释了华侨城集团、世博集团作为央企的社会责任担当，也凸显了旅游扶贫的强大动力。建设期间，为进一步复制和推广"景带村"的发展模式，《云南日报》、昆明电视台、《云南旅游报》等多家媒体多次进行采访和专题报道。

四、模式总结

轿子雪山何家村通过"政府＋社区＋企业"的"景带村"发展模式，以旅游景区大项目带动何家村大发展，加上对村民进行技能培训满足景区劳工需求，带动村民共同富裕，最终实现乡村与景区融合协调发展。

（一）"景带村"发展模式

将景区周边的村落、社区纳入景区的整体规划，结合当地特色，因地制宜，引导村民朝着旅游相关服务业发展。目前，轿子山旅游开发有限公司实施的新山垭口至四方景索道项目在何家村旅游示范村旁设置中转站，未来游客通过中转站可体验何家村的特色民宿和特色餐饮，进一步带动当地乡村旅游的发展。

（二）大项目带动大发展

轿子雪山景区通过实施旅游重大项目，加快推进旅游基础设施升级，景区知名度和游客接待人数逐年攀升，当地居民通过从事农家乐、售卖土特产、参与景区项目现场务工等形式增收，旅游扶贫成效凸显。

（三）坚持用工本地化策略

轿子山旅游开发有限公司注重职工队伍本地化工作，积极按照政府相关政策解决当地富余劳动力，加强民族团结，带动当地经济发展。目前，公司在职员工约200人，轿子山周边乡镇职工占85%。公司积极开展和谐乡村的创建工作，组织业务骨干深入何家村开展业务技能培训，引导村民规范开展旅游服务业，增加村民收入来源。

综上所述，发展乡村旅游是实现村民增收的重要手段之一，有利于统筹城乡发展、解决"三农"问题，推进我国美丽乡村建设。"景村融合"理念下的美丽乡村规划设计需要从乡村发展实际情况入手，优化区域内资源配置，加强乡村空间布局和基础设施建设，引导产业转型升级，为村民营造良好、生态的居住环境，为游客提供高质量的服务，提高乡村整体形象与游客体验，以乡村旅游带动乡村发展，从而实现美丽乡村建设。

第四章

华侨城光明集团美丽乡村实践案例

光明集团是华侨城集团控股的二级子集团，现有全资及控股企业 14 家，是国家级农业产业化重点龙头企业。光明集团拥有光明小镇（含欢乐田园）、晨光乳业、光明乳鸽、农科大观园等诸多知名旅游和食品品牌。光明小镇迳口村和光明镇欢乐田园是光明集团重点打造的美丽乡村和特色小镇。

迳口村以"田园综合体服务配套打造＋文化创意产品体验"为运营模式，结合生态模式与生活模式，将当代艺术基因导入到古村落中，建构起展览与城中村生活的嵌入式关系，目前已实现较好成果。

光明小镇欢乐田园通过"城市化地区永

久基本农田保护利用＋景观化农业生产与体验"模式，将当地农地统一经营管理，实现规模化、机械化种植；完成土地整理、电力、田间道路、水利、电力等基础设施建设；利用现代化技术合理施肥用药，改善生态环境；农业文旅融合发展，开展众多文旅科教体验活动；结合乡村振兴，共谋区域发展。

案例一　深圳迳口村："田园综合体服务配套打造 + 文化创意产品体验"模式

迳口村位于光明区中部，交通便利，坐拥文化、饮食、景观三大产业资源，是深圳为数不多的百年古村。在此基础条件上，迳口村依托深圳"大美村落"建设目标，结合田园山林风光和本土文化，通过"田园综合体服务配套打造 + 文化创意产品体验"的产业开发模式，打造了综合服务、时尚生活、文化体验、文创产业、休闲游览五大产品，并规划了旅游商务综合服务区、迳口特色休闲街区、迳口记忆文化街区、迳口艺术创意街区四大功能片区，实现了迳口村的振兴发展。

一、基本概况

（一）区位交通

迳口村坐落于光明区中部的光明小镇中部，距离光侨路入口约 1.4 千米。毗邻光明中心，公路、高铁、地铁便利。具体而言，公路方面，自驾 10 分钟可达光明中心区，30 分钟可达光明全区，1 小时可达深圳中心区，1.5 小时基本可达深圳、东莞两市任意地点；高铁方面，距光明城站（高铁站）20 分钟车程，从光明城站 10 分钟可达深圳北站，20 分钟可达福田站，25 分钟可达广州南站；地铁方

迳口村风貌

面，距光明中心站 10 分钟路程，距深圳北站 50 分钟路程。在高速路网有机串联下，迳口村与北部的莲塘森林公园、中山大学以及南部的羊台山景区等形成旅游产业集群；迳口村处于产业集群的地理核心，是连接光明小镇中国家现代农业庄园和森林运动公园的重要节点。

（二）现状基础

迳口村地形平坦，生态环境良好，周边以生态项目为主，包含农田、鱼塘、荔枝林、社区公园等。截至 2019 年，迳口村占地面积 8.26 公顷，建筑面积 17.27 万平方米，总人口 3908 人，由富宝工业园、迳口新村、迳口旧村和迳口侨村构成。沿"迳口侨村—迳口旧村—迳口新村—富宝工业园"这一从东到西的轴线，迳口村的建筑景观风貌总体呈现出外立面愈发统一、建筑间距愈发合理、街道愈发宽敞、卫生条件愈发改善的特点；同时公共服务设施资源配置亦由东向西趋于完善，公共服务设施的数量、类型不断增加，服务水平不断提高。

（三）资源条件

迳口村作为深圳为数不多的百年古村，坐拥文化、饮食、景观三大产业资源。文化方面，体现客家文化、宗祠文化、归侨文化、知青文化等文化的特色风貌建筑交相辉映。饮食方面，承继特色文化特点，除公明腊肠等本地美食外，春卷、肠粉

迳口村建设现状

等越南美食，让豆腐等客家美食，融合古今中外特色的创意美食亦颇具盛名。景观方面，自然和人文景观各有千秋，人文景观古今交融，宗祠、古井、广场、小镇展示中心等建筑错落有致；自然景观舒适宜人，北部大片的油菜花田、社区内的百年古树都让人心情愉悦。迳口村的产业资源如下图所示。

迳口村产业资源

二、发展历程

（一）利益相关者的角色和作用

迳口村改造升级过程中，有政府、华侨城、村民三大相关利益主体，三者在实践中逐渐摸索出"政府主导、企业引导、居民自发、社会力量参与"的发展模式（见下图）。

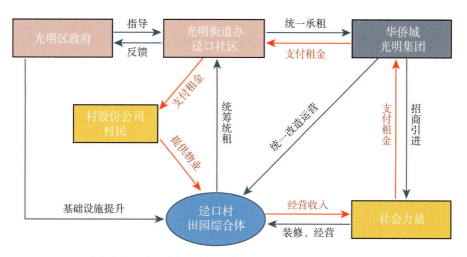

"政府主导、企业引导、居民自发、社会力量参与"的发展模式

政府方面，可分为区政府和街道两个层级，区政府负责提供财政支持（光明区政府为迳口社区拨款 7000 万元）和诸如生态线政策落实等政策支持；街道则负责诸

如大美城中村等的立项建设和综合基础设施的改造升级。

企业方面，光明集团负责统一承租物业，并承担迳口村整体规划、改造、招商和运营工作。目前，在组建专项工作小组、增加迳口村改造建设投入的同时，与迳口社区共同成立迳口项目合资公司，来统一建设及运营迳口村综合体和迳口休闲街区。此外，企业坚持智力输出引导村落发展，整合社会力量为村落注入新活力。

居民方面，在政府与企业双重支持下，居民作为主体自发投入到改造建设和特色经营活动中，商户和艺术家被吸引入驻，主动负责店铺、艺术家工作室的改造和运营等。目前，华侨城已完成涵盖特色餐厅、特色民宿等方面的共四家居民房屋的改造。

（二）成果进展

截至 2020 年 8 月，光明集团依次依托迳口产业引导培训、光明小镇迳口社区改造提升竞赛、深港城市建筑双城双年展、成立迳口项目合资公司四项举措，在迳口村的建设探索上迈出了坚实的步伐。

首先，加强产业引导培训。光明集团在成功获得迳口村民的信任，搭建了政企民三方沟通平台，构建了合作基础上，依托引进的社会力量，以专业技术指引助推村落改造提升，如将一户五层独栋房屋改造成具有江南园林景观的精品餐厅，将一户小庭院改造成农家乐特色餐厅等。

其次，开展迳口社区活化设计竞赛。广泛调动社会资源，集思广益为公共环境改善和居民居住环境优化提供设计思路和方案支撑，竞赛历时三个月，最终聚合全球规划、建筑、艺术、跨界人士之智，筛选出了一批创新灵动的方案，为打造绿色综合社区典范提供了多元思路。

再次，承接 2017 年深港城市建筑双城双年展。通过会展的举办，让文化融入城中村的日常生活中，建构起展览与城中村生活的嵌入式关系，激发迳口社区的潜在活力。例如，2017 年深港城市建筑双城双年展展馆以"保旧建新"为设计理念，保留建筑外墙斑驳旧瓦，以钢结构重建房屋框架及坡屋顶，采用简洁、现代、轻盈的建筑风格，使建筑兼备灵活性和流动性，在功能和空间上实现新旧共生，形成历史与现代跨越百年的对谈。展厅的建成，为未来在迳口开展文化活动夯实了设施基础，为迳口环境品质提升起到了示范作用，树立了城市边缘村落社区建筑改造的样板。

最后，光明集团与迳口投资发展股份公司成立合资公司。公司的成立具有重大战略意义，不仅能够减轻光明集团投资压力，降低投资风险，还能够促进光明集团与光明区政府紧密合作，为光明集团土地确权及调规调线等工作奠定基础。

三、具体实践

迳口村美丽乡村建设的具体实践措施主要有规划引领和产业兴旺两方面，规划引领明确了迳口村美丽乡村建设理念原则、战略定位、发展目标、运营模式、规划总图与规划要点，产业兴旺明确了迳口村产业体系与产业布局。

（一）规划引领

1.理念原则

（1）延续文脉。2020年年初深圳市光明区曾提出，要将迳口村作为城中村活化试点项目。要求加快迳口村整体改造步伐，对4万平方米迳口旧民居、近百户老旧住宅进行整体统一设计改造、统一经营管理，保留红沙瓦、青砖墙，完善水、电等生活配套设施，传承农耕记忆、侨民文化，推动迳口新村年内建成并对外开放。故此，本项目将文化传承作为基本指导思想，开发过程中延续迳口村多元文化基因脉络，并将之作为首要发展原则。

（2）绿色生态。位于光明小镇欢乐田园与运动森林公园之间的迳口村，不仅是为两者提供配套服务的中枢，更是打造"欢乐田园"生态农业旅游品牌的最后一块拼图。以绿色生态为理念打造的迳口村，不仅有助于在短期内为光明小镇树立绿色示范的标杆，并且对探索生态文明下的社区提升改造路径也有重要意义。

（3）利益一体。通过"顶层设计＋基层探索"共同发力，光明集团搭建了有效沟通平台，将自上而下的顶层设计与自下而上的基层探索有机结合，让政府、企业和居民三者之间的命运发展联系在一起，同舟共济，并让信息在政企村三方间畅通传导，提高了资源配置效率。

2.战略定位

光明集团拟依托深圳"大美村落"建设目标，结合田园山林风光和本土文化，制定了将迳口村打造为梦幻式田园综合体、深圳乡村复兴先行示范区的战略目标。并从"吃、住、行、游、购、娱"全方位突出特色餐饮、休闲娱乐、特色民宿、文化体验、创意生活等，其战略定位为：小镇旅游综合服务基地、光明创意生活体验基地、深圳乡村休闲旅游目的地。

3. 发展目标

（1）近期目标：沿横贯迳口村东西向的交通干道，围绕工业园与迳口新村，以沿街立面提升、内街环境提升等建筑改造或环境提升方式为主，打造旅游综合服务区及特色休闲街区，完成基础设施、环境提升及配套工程的建设。

（2）中远期目标：围绕迳口旧村与迳口侨村，重点打造记忆文化街区、艺术创意街区及荔枝公园，加大建筑改造及环境提升的投资规模，同时完成给排水、村庄综合整治等基础设施、环境提升及配套工程的建设。

4. 运营模式

（1）旅游产品组合模式。旅游产品组合主要由综合服务、时尚生活、文化体验、文创产业、休闲游览五大类构成。综合服务类产品由旅游综合服务中心及主题IP体验馆牵头，有机市集、创意商业空间等产品作为支撑，为迳口村提供完善的旅游配套服务；时尚生活类产品则主打老字号创新体验店与粤菜餐饮品牌，协同各类商街、生活馆、餐吧共筑迳口时尚新生活；文化体验类产品以雅轩茶室院落、广府慕云院子等为主力，新媒体体验、书屋等产品为有机补充，营造古今交融的文化体验氛围；文创产业产品围绕艺术家工作室、文创体验工坊展开，完善相应配套，以图建立起具有迳口特色的文化产业；休闲游览产品则依托迳口荔枝公园、小镇体验中心等景观节点，辅以文化祭、美食节等活动产品，赋予迳口村相当的趣味性。具体如下图所示。

迳口村·深圳乡村复兴先行示范区				
五大产品类型 综合服务	时尚生活	文化体验	文创产业	休闲游览
十大亮点产品 旅游综合服务中心 主题IP体验馆	老字号创新 体验店 迳口粤宫小聚	雅轩茶室院落 广府慕云院子	艺术家工作室 文创体验工坊	迳口荔枝公园 小镇体验中心
支撑产品体系 小镇有机集市 创意商业空间 城市客栈田园主题店 停车场（新建）	休闲轻食餐吧 晨光鲜生活馆 网红打卡商街 淘趣小店商街	凤凰客家食府 院里音乐餐吧 新媒体体验中心 篙苑书屋	越南咖啡店 艺术生活馆 知青文化馆 越南美食餐厅	迳口绿道 社区公园 碉楼博物馆 三棵树广场
基础设施建设 建筑立面改造	建筑结构改造	消防设施提升	交通功能完善	其他基础配套

迳口村旅游产品组合模式

（2）盈利模式。该项目盈利模式坚持社会效益导向和政治效益导向两方面，主要为物业的出租与承租。出租方面，对收购物业进行外立面改造并进行局部室内装修后出租；承租方面，则是对物业进行整体承租，进行改造后再出租。该物业管理模式不仅可便于迳口村打造节点景观、改善人居环境，还便于提供优质的特色营商空间。

5.功能布局

顺应现有分区情况，综合考量片区区位、景观、现有业态及发展潜力等因素，将迳口村划分为旅游商务综合服务区、特色休闲文化街区、记忆文化街区、艺术创意街区四大分区，修缮和新建公园、广场、商铺等节点，并依据产品空间分布设计相应特色主题交通流线。依据片区功能特色，设计契合主题片区的空间风貌。

（1）旅游商务综合服务区。在契合综合服务功能主题的基础上，主要通过释放开放空间，增加功能连廊，新增特色建筑等方式实现建筑风貌的改善；通过强化屋顶绿化，以现代化材质重构外立面等举措，形成宽敞、明亮、现代的空间风貌；根据迳口村特色文化，进行主题IP形象设计，并打造集文创体验、商业零售等功能于一体的文创体验空间。

（2）迳口特色休闲文化街区。针对建筑立面装饰、色彩过多过杂，商业界面节

迳口村商务综合服务区

迳口村建设现状

奏单一且不连续等问题，光明集团采取了将楼栋分组的方式，丰富商业界面；引入老字号粤式高级点心美食餐厅，打造集精致美食、文化体验、生活艺术展示等于一体的特色餐厅；在街区入口处，设置老字号创新体验店，打造集品牌体验、产品展示、商业零售等功能于一体的创新体验区。

（3）迳口记忆文化街区。鉴于记忆文化街区位于迳口旧村，建筑低矮，排列整齐但街巷狭窄，故在空间风貌塑造上，主要采取拆除、改扩建局部建筑的方式，形成错落有序的建筑空间；利用旧村老屋的古韵基底，引入茶体验、茶文化系列产品，打造文化气息浓厚的私享个性空间；通过旧村院落脉络梳理，秉承修旧如旧原则保持原有岭南建筑特色，改造优化院落空间，满足住宿及文化体验需求。

（4）迳口艺术创意街区。结合多元化的艺术与文化功能，契合艺术创意主题，空间塑造上着重小尺度空间的环境改造，在对建筑立面、道路景观、街道设施进行重新设计与布置的同时，增加艺术家整体涂鸦作品，展示知青文化、华侨文化，将其改造为艺术创意氛围浓厚的街区或艺术家工作室聚落；运用材质变化，形成虚幻的岭南建筑天际线，改造为更具辨识度的梦幻空间；明确夜景提升意向，后期结合欢乐田园灯光秀统一进行灯光专项设计，借此形成艺术与文化结合的生活空间；还可以与艺术家合作，打造陶艺、木雕等手工文创体验工坊。

（5）公园景观节点板块。针对现状公园布局分散、可达性不高等问题，通过拆除障碍物与围挡、规整周边建筑首层商业界面、生态装饰周边建筑、引入多元化活动等方式，营建开放、活力、多元的社区公共空间。

（二）产业兴旺

1. 五大产业体系

规划形成旅游服务、时尚商业、文化体验、文创产业、运动休闲五大产业体系（见下图）。

（1）旅游服务：打造旅游综合服务中心、主题 IP 体验馆等旅游配套服务，打造集旅游接待、特色餐饮、主题住宿、文创体验为一体的旅游服务体系。

（2）时尚商业：设置粤式高级点心餐厅、创新体验店、购物商街等街区休闲配套，打造集美食体验、潮流生活体验、时尚购物体验等于一体的时尚商业体系。

（3）文化体验：通过特色建筑、客家美食、文化活动、文创集市等多元化的方式传承文化，打造展现迳口魅力的文化体验产业。

（4）文创产业：深入挖掘越南饮食文化并与当地文化融合；提升基础设施，以低租金等策略引入艺术家资源；个性化改造现有建筑，形成艺术与文化结合的文创产业体系。

（5）运动休闲：依托绿道与社区公园、社区步道，完善配套服务设施，串联百年荔枝林、碉楼、三棵树广场等主要游览节点，打造绿色骑行路线。

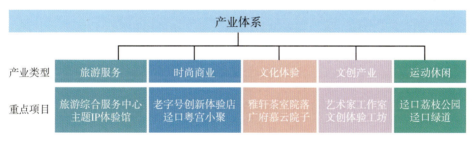

迳口村产业体系及重点项目

2. 四类产业功能布局

迳口村共规划了旅游商务综合服务区、迳口特色休闲街区、迳口记忆文化街区、迳口艺术创意街区四大功能片区，各功能片区的亮点产品可见下页图。

四、模式总结

依托深圳"大美村落"建设，结合田园山林风光和本土文化，迳口村定位为光明小镇旅游综合服务配套、光明创意生活体验基地、深圳乡村休闲旅游目的地，力

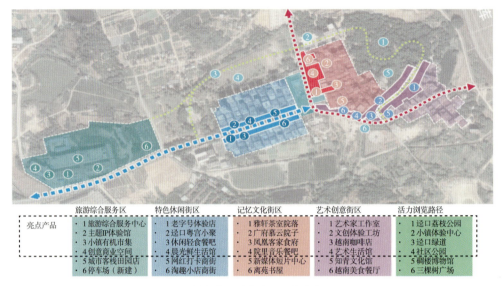

亮点产品	旅游综合服务区	特色休闲街区	记忆文化街区	艺术创意街区	活力浏览路径
	1 旅游综合服务中心	1 老字号体验店	1 雅轩茶室院落	1 艺术家工作室	1 迳口荔枝公园
	2 主题IP体验馆	2 迳口粤宫小聚	2 广府慕云院子	2 文创体验工坊	2 小镇体验中心
	3 小镇有机市集	3 休闲轻食吧	3 凤凰客家食府	3 越南咖啡店	3 迳口绿道
	4 创意商业空间	4 晨光鲜生活馆	4 院里音乐餐吧	4 艺术生活馆	4 社区公园
	5 城市客栈田园店	5 网红打卡商街	5 新媒体短片中心	5 知青文化馆	5 碉楼博物馆
	6 停车场（新建）	6 淘趣小店商街	6 离苑书屋	6 越南美食餐厅	6 三棵树广场

迳口村各产业功能片区及亮点产品

求打造成为梦幻式田园综合体、深圳乡村复兴先行示范区。

（一）"政府主导、企业引导、居民自发、社会力量参与"四位一体开发模式

依托政府完善基础设施、改造政策扶持等方面的主导作用，华侨城光明集团以智力输出为切入点，培育特色产业引导村落发展，整合社会力量为村落注入活力；引导当地居民成为市场主体，自发地投入改造建设和进行特色经营活动，共同实现社区的改造提升。

（二）创建开发、共享的生态建设之路

坚持共享绿色的发展理念，举社会之力、汇民众之智，通过举办迳口社区活化设计竞赛、承接2017深港城市建筑双城双年展分展场任务等，广泛吸收绿色建筑、绿色设计、绿色规划等思想理念，建设绿色、节能、环保建筑，营造开放、共享的绿色公共空间。

（三）业态—旅居—生活高度融合的运营模式

从"吃、住、行、游、购、娱"全方位突出特色餐饮、休闲娱乐、特色民宿、文化体验、创意生活等功能。围绕着本地标志性的节点策划活动产品体系，以开街活动体系强势引流树立品牌，以常规活动体系持续扩散品牌影响。项目运营过程中巧妙地将产业培育、业态开发与当地居民日常生活、民俗传统有机结合起来，形成融汇外部游客与本地居民的旅居综合区域。

案例二　深圳欢乐田园："城市化地区永久基本农田保护利用 + 景观化农业生产与体验"模式

作为具有全国影响力的新型城镇化典范区，光明小镇欢乐田园由深圳市光明新区管理委员会与华侨城集团有限公司共同开发。该项目采用"城市化地区永久基本农田保护利用 + 景观化农业生产与体验"模式，实施了"农地统一经营，改变乡村面貌；完善基础设施，保障农业生产；科学开展种植，改善生态环境；农业文旅融合，深挖潜在价值；结合乡村振兴，共谋区域发展"五项具体举措，已产生诸多效益，2020 年上半年在新冠肺炎疫情的影响下，仍实现 200 万元营业收入。欢乐田园项目在传统农业种植的基础上结合传统农耕文化与现代农业技术，实现了吃、住、行、游、娱、购全方位旅游服务。

欢乐田园玉米种植

木瓜采摘园

甘蔗种植园

油菜种植

一、基本概况

2016 年 11 月，深圳市光明新区管理委员会与华侨城集团有限公司签署战略合作协议，协议共同开发光明小镇项目，由华侨城集团在充分保护生态资源的前提下，建设高品质的生态文化旅游小镇，打造具有全国影响力的新型城镇化典范区和城市新名片，项目自 2018 年起至 2020 年连续三年被深圳市发展改革委列入深圳市重大项目。

光明小镇总面积 11.4 平方千米，规划以"生态为先、因地制宜"为核心，坚持"保留北部农田、保护南部山林地、集中优化中部片区"的原则，规划"一轴五片区"的总体空间结构。欢乐田园为光明小镇"一轴五片区"规划的重要组成部分，位于光明小镇北部，总面积约 5700 亩，其中基本农田约 3700 亩，定位为粤港澳大湾区现代都市生态农业体验目的地、国内现代都市生态农业示范基地。项目建设以创新高度城市化地区耕地和永久基本农田保护利用模式为目标。

园区南部与北部以水稻、玉米、油菜、油葵等粮油作物种植为主，通过搭配不同的作物品种，结合种植时节，以及采用农田艺术化塑型等方式形成天然且错落有致的大田作物景观，彰显田园风光；园区中部以荷塘景观、有机作物种植为主，辅以农业科普教育与自然研学体验，打造高科技农业示范区。

二、发展历程

光明小镇主要通过"农地统一经营，改变乡村面貌""完善基础设施，保障农业生产""科学开展种植，改善生态环境""农业文旅融合，深挖潜在价值""结合乡村振兴，共谋区域发展"五项举措建设美丽乡村示范地。

（一）农地统一经营，改变乡村面貌

2018 年 9 月至今，光明区政府陆续实现将 3000 余亩农田统一交由华侨城集团代为经营管理。仅 4 个多月时间，至 2019 年春节便为广大市民呈现了连片的油菜田园景观，共吸引约 28 万游客游览园区景色。2019 年春节后，欢乐田园通过土地规整与规模化种植、基础设施提升与景观改造等一系列规划建设，全面提升园区面貌，彻底改变过去以小农种植为主，分散、凌乱的种植面貌和经营模式，实现园区规模化、机械化种植，形成产业化的经营模式。截至目前已累计种植 2 季水稻 1246亩、2 季油菜 2700 亩、3 季油葵 2250 亩、2 季玉米 1800 亩，以及一茬荞麦 830 亩，充分实现了农业生产与大尺度农田景观呈现的完美结合。

（二）完善基础设施，保障农业生产

为保障园区正常农业生产经营，欢乐田园累计投入资金近 1 亿元，完成土地整理及水利、电力、田间道路等基础设施建设。一是对原有的农业设施、农业废弃物的清理整顿，及地块平整以满足机械化种植要求，对原有水塘进行清淤整治以恢复其灌溉蓄水池作用；二是铺设总长近 7 千米的灌溉系统，实现水通，保障园区灌溉水源，为农业生产提供坚实保障；三是通过农田改造，将 623 亩中低产农田改造为水田，保障水稻等重要粮食生产；四是修葺田间道路，对原有道路进行分级分类修整，实现路通，提升游览体验。

（三）科学开展种植，改善生态环境

（1）打造节约型农业。园区现已安装 1500 亩节水喷灌及滴管设施，提高了灌溉效率，以节约灌溉用水，实现向节约型农业的转变，同时从根本上杜绝了农药、化肥等通过地表径流流入水库、河流污染水源的现象发生。

（2）合理用药，实现科技种植。园区聘用农业领域专家，科学制订病虫害施药方案，减少病虫害的发生及农药的使用量，坚决杜绝使用高毒、剧毒农药，推广使用生物农药、物理防治技术（杀虫灯、性诱集装置）等，有效避免滥用化学制剂造成环境污染现象发生。

（3）科学施肥，提升土壤地力。一是实施测土配方施肥技术，科学制订施肥方案，提高肥料利用率；二是通过增施有机肥，减少化肥使用，提高土壤肥力，现累计施用有机肥 12000 吨；三是实施秸秆还田技术，提高土壤有机质含量，改善土壤微环境，秸秆还田技术仅实施一年，累计还田秸秆 1 万吨以上。

（四）农业文旅融合，深挖潜在价值

根据深圳先行示范区指导意见，欢乐田园创新耕地和基本农田保护利用模式，在保障园区土地农业功能的基础上，积极开发土地的生态环保、研学科普、亲子教育等多种功能，达到乡村与城市、土地与市民、农业与文旅的融合发展。

（1）建设百果园，发展四时休闲采摘。欢乐田园在保证粮油等大尺度农业种植

油葵种植

的基础上，积极发展草莓、香瓜、小番茄、菠萝等蔬果种植，形成四季采摘园区，让游人在欣赏大田景观后体验田园采摘，在保障农业生产的同时，提高园区附加收入。

（2）开展科普研学活动，拓展农业功能。一是联合深圳市科普基地联合会成立科普研学专业委员会。二是举办各类科普研学活动：2019年已举办自然课堂、科普小课堂、亲子课堂、农田运动会、农芒粽彩活动、夺"葵"大赛等一系列科普教育及户外亲子活动；2020年已陆续开展"稻荷飘香端午情""做回自然的孩子""欢乐自然学堂""师情花艺"等暑期系列农事体验主题活动，让市民获得亲近自然、体验农业、感受生活的乐趣。

（3）举办大型文旅活动，提升园区知名度。2019年国庆期间，园区向广大游客呈现了千亩稻田、40万平方米油葵花海、8万平方米的紫色马鞭草花海、68亩荷花池以及梦幻粉黛草等精美的"大尺度"农田景观，展现了独具深圳元素的15万平方米的艺术稻田，是展示深圳改革开放四十年文明成果的美丽画卷。

（五）结合乡村振兴，共谋区域发展

迳口村是深圳市光明街道的一个自然村，曾是梅关古道的重要节点，进出东莞和周边的主要通道，原是深圳少有的几个较为落后贫穷的区域。迳口村背靠公明水库，自然环境、人文历史保存完好，是光明小镇迳口田园综合体重点打造的区域。

（1）打造迳口田园综合体。依托现有迳口村空间结构构建"一心三街六院"主题分区，将迳口村建设成为含旅游服务、商务接待、特色餐饮、文化体验、主题客栈、艺术展销等多种功能于一体的田园服务综合体，使其成为创新深圳乡村社会主义先行示范区的典型代表。

（2）通过与迳口社区股份公司（"村改居"后管理原村集体资产的村集体企业）合作成立合资公司，共同开发打造迳口温泉综合体项目，项目对满足市民高品质生活需要，填补区域旅游功能空白，改善社区居住环境，提高当地居民收入具有重要意义。

三、具体实践

（一）社会效益显著

（1）打造科普研学基地，转变学习教育方式。通过开发研学课程、举行科普

教育活动,带动家庭转变教育学习方式,使其从书本走向田间、走向实践,拓展孩子眼界,提高孩子动手能力。2020年通过陆续举办"稻荷飘香端午情""做回自然的孩子""欢乐自然学堂""师情花艺""自然童趣课堂"活动,小朋友们在老师的带领下亲自体验种植的乐趣,感受劳作的辛劳,亲自动手参与彩绘、插花等活动。

(2)普及农业机械化,改变农业生产方式。园区农业生产以机械化为主,从园区喷滴灌设施应用,到水稻、油菜、玉米等农作物的机械播种、插秧与收割,再到采用无人植保机喷洒农药进行病虫草害管理,机械化已经渗入整个农业生产过程

中,极大地节省了园区劳动力,发挥了园区现代农业标杆的示范作用。

(3)增加就业岗位,提高收入水平。园区景观维护、农作物及蔬果种植管理工作为园区附近农户提供就业岗位,增加居民收入。2019年

欢乐田园丰收图

欢乐田园雇用种植工人、保安、保洁人员450余人次,人均增加年收入2.2万元。

(二)生态效益良好

(1)全面实现节约、绿色与循环型农业发展。一是通过节水农业建设年节约灌溉用水84万吨;二是整个园区通过实施测土配方施肥技术,高效利用肥料;三是增施有机肥1.2万吨;四是应用秸秆还田技术还田秸秆1万吨;五是大力应用生物农药、物理防治技术。

(2)园区生态环境明显改善。得益于绿色循环农业的发展模式,园区的生态环境得到了极大改善,规模化种植改善了园区生态环境,调节了微气候,使园区气候凉爽、空气清新、景色优美。园区现已成为各类昆虫,白鹭、池鹭、黑水鸡、白头鹎等多种鸟类的栖息地,形成绿色生态农业发展模式。

(三)经济效益初显

光明小镇欢乐田园在维持大田农业自我循环的基础上,通过休闲农业采摘、举

办科普教育活动、大型农业文化旅游活动，以及体验式农业等主题活动，提高农业附加值，同时通过迳口田园综合体、生态小镇、主题公园等多种形式创收。2019年欢乐田园全年共接待游客达75万人次，环比增长51%，创造了深圳光明区旅游产业的新高点，成为深圳市民及周边地区的网红景点。在2020年上半年受新冠肺炎疫情影响情况下，依然实现了近200万元的营业收入。

下阶段，欢乐田园计划引入更多具备市场潜力、技术优势的高科技农业种植项目，进一步提升园区基础设施建设和管理水平，创造更大的社会、生态和经济效益。

四、模式总结

光明集团携手光明区联合打造欢乐田园，是光明区提升城市品位、丰富城市内涵、完善区域功能的重要着力点。华侨城光明集团创新性地将高度城市化地区的耕地和永久基本农田加以综合保护和合理开发利用；依托基本农田打造现代休闲农业示范区——花海；在国家基本农田政策下，保留农耕本质，依托"大尺度"现代化农业生产和"小组团"个性化农业体验，打造出了智慧农业科普基地和景观农业创意基地。

欢乐田园风景

欢乐田园模式充分利用现行土地政策空间,将现代元素融入农业生产活动,并集成传统农业种植、农耕文化和现代农业技术,打造了方便游客体验美丽乡村空间。同时,将大部分区域向当地居民免费开放,在强化项目社会效益与生态效益的同时,通过农旅融合模式,为外地游客和当地居民的观光游览提供便利,实现吃、住、行、游、娱、购一条龙。

第五章

华侨城西部集团
美丽乡村实践案例

华侨城西部集团以 5A 旅游景区的标准统筹南岸美村的整体打造，整合零散的土地资源集中开发农业主题乐园创新性产品，边规划、边建设、边运营，经过 4 年的努力，初步形成在全国独树一帜的"艺术美学＋六次产业融合"的南岸美村模式。通过流转宅基地、租用存量厂房、流转农用地等方式实现项目空间落位，以鲜花和艺术为亮点，实施"景观公园化、产业主题化、村庄共享化、管理智慧化"战略，通过搭建多主体参与的乡村振兴众创平台，打造了花卉公园、乡村会客厅、艺术家工作室、乡村记忆馆、精品民宿、花田绿道等特色产品，形成了生态农业示范、亲子科普体验、美丽乡村休闲

的综合型业态。南岸美村的开发吸引了艺术家、非遗传承人、乡创青年、新乡贤回归乡村生活就业，新老"村民"共建、共享、共治、共生的新型乡村文明共同体逐渐成形。

案例一　成都安仁南岸美村："以艺术和美学引领的一、三产业联动＋文旅产品多元＋田园场景丰富＋多方共建共营＋乡村振兴样板的花园美村"模式

在"文化＋旅游＋城镇化"发展战略的指引下，2016年8月西部集团在成都注册成立，主营业务为项目投资、片区综合开发、旅游开发与经营、土地整理等，统筹中西部9省（区市）文化旅游及新型城镇化业务。以原有的成都、西安、重庆三个城市公司为核心，通过

南岸美村

成都辐射四川、西藏，西安辐射西北地区，重庆辐射贵州的片区划分，以点带面，最终辐射整个西部地区。

成都安仁古镇南岸美村是西部集团开发建设的美丽乡村，采用"以艺术和美学引领的一、三产业联动＋文旅产品多元＋田园场景丰富＋多方共建共营＋乡村振兴样板的花园美村"的模式，呈现出一个"一、三产业联动，康旅产品多元，田园场景丰富，乡村美学样板"的花园美村。南岸美村将农业和康旅结合，打通"花卉"上下游产业，打造出花卉种植培育、花卉展览体验、花卉加工销售的全方位花卉产业，并在此基础上引入智慧乡村管理体系，为村民与游客提供各方面信息，实现"一部手机刷遍美村社区"。南岸美村启动建设后，已创造经济、社会、文化、环境

多方效益，当地农村居民人均可支配收入由 2017 年的 1.68 万元增长至 2019 年的 2.2 万元，提供超过 1000 个就业机会，实现当地传统文化的复兴与传承，推动了 4000 亩农田的有机化生态化治理，促进了当地乡村旅游的发展。

一、基本概况

南岸美村项目是华侨城践行新型城镇化和乡村振兴的又一实践探索，位置处于安仁古镇以南，斜江河南侧，涉及 2600 亩乡村地区，包括 400 亩集体建设用地、100 亩国有建设用地、2100 亩农用地，包含了 3 个行政村，约 1500 名村民，总投资约 10 亿元。项目 2017 年开始运营，通过流转宅基地、租用存量厂房、流转农用地等方式实现项目空间落位，以鲜花和艺术为亮点，实施"景观公园化、产业主题化、村庄共享化、管理智慧化"战略，搭建了多主体参与的乡村振兴众创平台，打造了花卉公园、乡村会客厅、艺术家工作室、乡村记忆馆、精品民宿、花田绿道等特色产品，形成了生态农业示范、亲子科普体验、美丽乡村休闲的综合型业态。

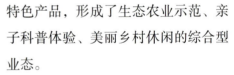

南岸美村文旅项目

锦绣安仁奇境花园

（一）项目特色

（1）一、三产业联动、农业和康旅结合，打通"花卉"上下游产业，打造花园里的美村。

（2）用美学唤醒乡村——构建美学生态圈。构建美村产品体系，打造乡村美学场景。

（二）村民生活环境提升

南岸美村项目分为四大核心模块：文化展示、旅游体验、休闲度假、康养，以乡村美学和乡建艺术为线索，从林盘修复到艺术装点、从景观稻田到核心区花海、从农房外立面到公共艺术建筑，均体现出艺术、美学与乡村的联系，切实提升了村民的生活环境，实现文化和生态的有效振兴。

（三）社区党建治理

在南岸美村基础设施建设中，根据项目发展需要及实际运营中遇到的困难，华侨城以"思考问题、提出方案、多方探讨、分担落实"为思路，在联合政府打造的"社区治理中心"中，以公司党建先锋队牵头，与村集体、公益组织、合作伙伴、主管部门充分沟通协商。多方达成解决方案共识后，以详细的时间节点安排落实项目实施。

二、发展历程

（一）发展模式

1. 多元主体参与的共创共建共享模式

华侨城通过构建多元共治平台，使政、企、村、民协同发挥作用，打造多元主体参与的共创共建共享模式，以达成"文旅引领＋社区驱动＋农旅支撑＋生态示范"的乡村振兴安仁模式（见下图）。华侨城与当地政府合作，共同推进南岸基础设施建设、村民生活环境提升与社区党建治理等乡村振兴基础工作；华侨城与文旅品牌、创业人才等合作，共同出资、共同建设、共同运营文旅、农旅项目；华侨城与

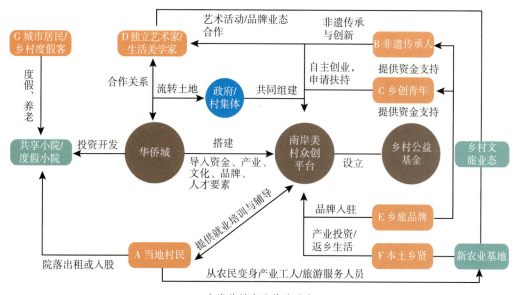

南岸美村多元共治平台

村集体合作，村集体通过土地入股，华侨城出资建设打造，并引入餐饮运营商家，通过经营收益分成实现三方共赢。即由华侨城打造平台，社会各界多方参与，结合当地文旅发展需要，整合合作伙伴的合作意向，为当地探索乡村振兴发展模式提供丰富、多样化的文旅产品菜单。在多方协作下，南岸美村不仅吸引来了游客和新乡民，也带动了当地村民的就业和创业，改善了人居环境，提高了收入水平。

2. 一、三产业联动发展

南岸美村案例的最大亮点是真正实现了一产、三产的联动发展。项目的核心目标是盘活当地的林盘和农田资源，提升乡村土地的集约利用、经济价值，并同时实现美学价值。由此，为传统一产赋能，提取"花卉"这一主题元素，将其作为农业和文旅的结合点，打造花卉种植培育、花卉展览体验、花卉加工销售等上下游产业，除契合"花园美村"的主题外，也提升了农田的经济价值。此外，还带动当地村民开展桃园种植、草莓园种植等体验性采摘农旅项目，打造农业景观化，形成可进入、可参与、可体验的康旅项目。

3. 美村产品体系构建及乡村美学场景打造

本项目在发展乡村文旅和康旅的基础上，有机地融入了乡村美学和乡建艺术元素，成功地构建起"六美"产品体系：美园、美田、美宿、美食、美营、美院。

（1）以花卉艺术场景、亲子游乐场景、摄影体验场景为载体的"美园"体系。南岸美村的核心吸引物是花雕、花海，将花卉科普观光、亲子游乐、婚纱摄影等内容融入其中，利用200亩农田打造了花卉产业与文旅融合的创新一代主题乐园"锦绣安仁·奇境花园"。

（2）以田园绿道场景、大地景观场景、田野艺术场景为内容的"美田"体系。在南岸美村2100亩农田基底上，华侨城西部集团通过与政府联动，打造高标准农田，形成田野大地景观，并在其中修建了绿道环线串联起各个项目，在田野中点缀了艺术装置提升美学氛围，形成"美田弥望"体验项目。

（3）以田野旅居场景、林盘旅居场景、荷塘旅居场景、花海旅居场景为呈现方式的"美宿"体系。华侨城西部集团联合国内网红民宿品牌行李旅宿、大乐之野和乡伴，共同投资建设了"美村宿集"。其中行李旅宿打造了近郊度假品牌"咏归川"，以近郊出游家庭为客群对象；大乐之野打造了青年小资主题民宿"向野而生"，以小资情调为设计卖点；乡伴打造了田园轻奢民宿"溪地·阿兰若"，将客房视野做到了极致。此外，还有华侨城自营的蜂巢式网红"乡苑酒店"，每栋都自带客厅和露台，配之花海景观，形成网红打卡地。

（4）以花园用餐场景、稻田用餐场景、水边用餐场景为内容的"美食"体系。项目利用南岸美村多样化的优质生态景观资源，联合成都本土特色餐饮品牌打造了花园餐厅、康疗食养馆、田园火锅等各具景观美学特色的主题餐厅。

（5）以户外探险场景、农事体验场景、室内早教场景为内容的"美营"体系。本项目将农业、康旅和营地研学相结合，在田野中打造了探险营地、耕学农场、自然教育课堂等营地教育项目。探险营地占地约50亩，延续了奇境花园的风格，在农用地和树林中植入了户外探险的一系列无动力设备，供青少年及成人进行户外营地和拓展活动。耕学农场占地约20亩，为中小学学生提供农事科普、蔬果种植采摘、萌宠喂养等田园生活体验。自然教育课堂为学龄前儿童提供亲子早教、自然认知等体验活动。

（6）以社区培训学习场景、美学研究场景、创客交流场景为内容的"美院"体系。项目充分利用乡村生态博物馆和乡村客厅两个载体，落地了成都市锦城城乡社区发展治理培训学院、成都市蓉创城乡社区空间美学研究院，以及创客学院等特色社区文化交流、展示、服务平台，结合成都市和大邑县的各类培训活动，目前累计培训超过500人次。

（二）发展绩效

1. 关键事件

获得荣誉：3A林盘、2018年摩天奖"最佳田园综合体"、天府科技云科普基地。

2. 发展成果

安仁镇清源村、新华社区、蔡山社区是传统农业种植村落，经济收入低，村民大多外出务工。2016年华侨城进驻安仁，编制整体发展规划，以"文化+旅游+新型城镇化"推进安仁建设。同年

南岸美村风景

云南世博公司进驻，依托花卉产业建成全国精品花雕主题博览园，年游客量达 10 万人次。通过开展技术指导，扶持及带动当地村民参与花卉繁育工作，吸引大量外出人员返乡，经济收入由 2017 年农村居民人均可支配收入 1.68 万元增长至 2019 年的 2.2 万元。截至 2019 年 9 月，已累计接待游客约 85 万人次，其间累计培训 461 人次，已达成意向的培训计划超 2000 人次，有效带动当地就业。

三、具体实践

南岸美村项目明确开发理念，落实产业体系打造，做好智慧乡村管理体系建设，项目推进成效显著。

（一）开发理念

打造乡村旅游 4.0 模式："一站式体验目的地"+"健康生活样板区"（见下图）。

乡村旅游 4.0 模式

南岸美村民宿

（二）打造现代产业体系

项目强调构建三产融合的新乡村产业体系构建。南岸美村片区的乡村产业系统，要充分实现乡村六次产业（即 1+2+3 或 1×2×3）的融合发展，推动构建一个或多个互利、有机、共生的产业生态圈，让乡村的生命力更强。第一产业：有机种植＋标准化管理。第二产业：观光工厂＋文创农礼。第三产业：文旅业态集群＋共享院落。具体内容见下图。

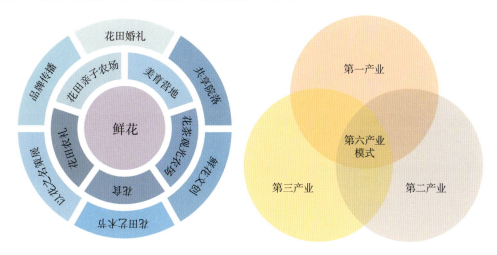

南岸美村的六次产业

（三）智慧乡村管理体系建设

建立以社区管理与乡邻互助为特色的南岸美村乡村社区智慧管理系统（见下图），为新老乡民、到访游客提供综合服务。一方面，村民可通过"一部手机刷遍美村社区"，获取包括天气预告、农业知识和生活便利设施信息，了解南岸美村社群活动等。另一方面，游客 95% 的各类预订和查询可以在手机上完成。

本项目用美学和艺术点亮乡村，打造西南区域乡村振兴样板。未来，将会呈现 1 个美好生活中心，3 个新农业基地，4 个乡村文创品牌，100 个文旅业态，500 个新乡贤，带动当地超过1500 户当地居民共同发展。

南岸美村民宿

南岸美村智慧乡村云平台

项目围绕"健康生活样板区",结合花卉博览产业基础,打造健康社区,推动城乡融合。聚焦"疫后疗愈"发展主题,以"美丽、多彩、健康"为产品画像,构筑产业生态圈。突出乡村旅游目的地、艺术乡建样板间、"美村"产品领头羊、乡村振兴示范区的作用,建设疗愈度假首选地·艺术美村样板间。

(四)项目推进成效显著

1. 经济效益显著,未来前景可期

本项目实现旅游人数持续增长,带动区域经济良性发展。

(1)镇村联动发展,游客量持续增长——南岸美村前期借势安仁古镇旅游经济繁荣,快速提升自身经济发展水平,后期依托自身品牌和特色,为区域旅游经济发展提供新动力。预计2035年,南岸美村将吸引35万人次客流量,将创造约5000万元收入。

(2)三产融合推进,营收多点支撑——随着南岸美村产业链条搭建成形,将出现有机农产品配送、加工农产品展销、旅游休闲度假等丰富的盈利点和经济增长点。

(3)城乡资源聚集,释放集群优势——南岸美村作为新型城乡共创共享的美学乡村,将聚集城乡多元经济主体和经济要素,彼此优势互补,拉动区域经济良性增长。

2. 社会效益良好,可拓展空间较大

本项目以三产融合发展为抓手,实现乡村振兴总目标。

(1)改善乡村整体风貌。南岸美村分期建设过程中,都将以道路、管网等基础设施优化和公共空间升级为基础,引导并统一村庄建筑风格风貌,营建良好旅游及文化产业发展环境。

(2)带动乡土产业振兴。以文旅产业推进三大产业的融合发展,构建形成了"农业特色种植+农产精深加工+旅游观光体验"的产业链条,促进了南岸美村乡土产业可持续发展。

（3）提供更多就业机会。项目筹备及运营管理需要大量工程建设、基础服务、后勤保障等人员的支撑，可为村民提供约1000个就业机会。

3.扎根乡土的文化效益突出

南岸美村风景

本项目以创意和设计为驱动，实现乡土文化的"活态"传承。

（1）文创赋能，复兴民俗非遗。引入艺术家、设计师等文创主体，与乡村非遗匠人、能工巧匠建立合作关系，共同开发新民艺品牌，扩大受众范围，将传统文化与时代精神相结合。

（2）田园美宿，繁荣乡村生活。为丰富南岸美村旅居体验，满足亲子家庭、青年社交、甜美闺密、休闲度假、艺术冥想等度假需求，华侨城在安仁南岸美村先后建设了一批精品民宿。项目以共享小院、精品民宿、度假林盘等产品为依托，通过系列休闲体验业态，重构乡村田园牧歌式生活，吸引新老乡民入住，增加乡村活力。

（3）营建社区，吸引新乡创主体。本项目文化之旅启动以后，将吸引500名艺术家、新乡贤、新匠人回流乡村，搭建新老乡民文化交流与互动的平台，加深城乡文化互融互通，每一位社区参与者都将成为乡土文化的传播人。

4.有效保护林盘生态，生态环保效益明显

（1）保护、修复林盘生态环境。本项目在南岸美村开发过程中，积极落实川西林盘保护工作，保持原有林盘格局，对于生态退化区域开展植被和生物养护工作，保证生态多样性，提升环境自适应、自维持、自发展能力。

（2）推动农田有机化治理。本项目在开发过程中，将推动南岸美村4000亩农田的有机化生态化治理，推动有机农业、绿色农业的发展，提升整体土壤与水系环境品质，打造生态农业示范区。

125

南岸美村风景

四、模式总结

南岸美村模式的独特价值在于，实践了华侨城承接国家战略，在追求经济效益的同时，主动承担政治责任和社会责任，融合多元文化，与当地政府、当地居民和商户实现利益共享、共同发展，满足人民群众对美好生活向往与追求的理想。该模式在坚持共建、共享、共治总体机制下，不断深化"艺术美学＋六次产业融合"发展模式，深度挖掘地域文化内涵，以市场为指引，在充分发挥华侨城集团央企优势的基础上，实现了美丽乡村建设及乡村振兴的发展目标。

在集团发展战略的指引下，旅游、互联网、大健康产业的融合为美丽乡村产业发展提供了新的方向。在产业与技术革命深刻变革的时代，特色美丽乡村作为新型城镇化的载体，华侨城·南岸美村模式需要在创新实践中不断完善：一是要积极融入互联网产业革命，捕捉互联网产业发展趋势，有效利用已有的消费数据资源，开拓文旅消费和产业发展的新领域；二是顺应农业产业革命，明确脱贫攻坚、农业革命、农民致富的市场战略意义，借助农地新政利好，加快美丽乡村建设和田园文旅产品的创新发展，打造"古村＋农旅"新兵种、新内容、新业态；三是顺应康养产业发展，抓住社会消费升级、康养需求增长的"风口"，加快"康养旅居"产业与古村的融合，打造华侨城古镇康旅的"样板间"；四是始终坚持文化引领，以文化为魂，以南岸美村模式为起点，融合传统与现代，打造具有代表性的文化旅游产品，布局全国，建设新时代文化高地。

第六章

华侨城深东集团美丽乡村实践案例

华侨城深东集团主动践行央企责任与担当，积极赋能美丽乡村建设。过去3年来在广东省汕尾市陆河县螺溪镇欧田村打造了以精准扶贫为核心导向的乡村田园文化旅游综合体——华侨城螺溪谷，使得传统的客家小山村旧貌换新颜，转变为乡村出游网红打卡地。螺溪谷项目总体秉承"时尚与乡土融合、居民与游客共享、旅游与社区共进"的发展理念，通过创意和设计的导入，盘活村落内闲置农宅与农田资源，构建了集客家文化体验、乡村民宿度假、生态康养休闲等多功能于一体的高品质乡村旅游度假区，塑造了陆河乡村旅游龙头品牌，探索了旅游驱动的乡村振兴路径。

案例一　陆河螺溪谷:"客家文化传承 + 高品质度假区构建 + 精准扶贫助推"模式

螺溪谷位于螺溪镇,自然生态环境良好,具有发展体验式、浸入式田园生活的优势条件。本项目采用"文旅融合助力精准扶贫"模式,主打"旅游服务业、休闲农业、田园综合体"三大特色产业,鼓励和引导当地贫困户发展农家乐、农家餐馆、乡风民宿等旅游业增加收益;致力于拓展陆河特色农产品销售渠道,带动当地农业实现产业升级,培育农业品牌;整合利用各方媒体资源,积极争取集团内外的权威媒体对螺溪谷项目进行宣传报道,全面提升项目的知名度;积极参加各类博览会、推介会,带领特色产品"走出去",为美丽乡村建设提供新典范。

一、基本概况

螺溪谷项目位于汕尾市陆河县螺溪镇欧田村省道 S238 旁,距离陆河县城 7 千米,距离汕尾市 90 千米。

螺溪谷客家风景

华侨城·螺溪谷项目总占地面积约 570 亩，周围村户 33 户，村民 200 余人。项目所在地属亚热带季风气候，年降雨量可达 2324 毫米，水资源丰富，临近陆河县"母亲河"——漯河，位于二级水源保护区内，当地水系发达，林木丰茂，森林覆盖率达 80%。生态环境优渥，具有开展康养旅游的天然条件。农业资源丰富，景区内水田地 130 亩，竹林地 3 亩，适宜种植多种具有经济价值和观赏价值的农作物，如水稻、青梅、橄榄、香蕉、毛竹等。

螺溪谷自然生态资源得天独厚。春天可观赏梅花，夏天可采摘水果，秋天可食补养生，冬天可温泉康疗。螺溪谷立足于丰富的自然生态资源，逐步发展为陆河县最具代表性的乡村旅游示范性标杆项目，辐射了陆河全县的特色旅游景区，如罗洞万亩梅园、白水寨景区、红椎林自然保护区、御水湾温泉度假村等。"一道、一心、五基地、十农庄"的乡村旅游格局正逐步形成。

二、发展历程

华侨城·螺溪谷是由深圳市坪山区、华侨城深东集团和汕尾市陆河县三方共同打造，以"精准扶贫"为核心导向和以产业兴旺为抓手的乡村田园文化旅游综合体。螺溪谷的山乡巨变得益于华侨城振兴乡村旅游的扶贫思路。2016 年 9 月，深圳市坪山区在为定点帮扶县陆河县谋划脱贫攻坚事宜时，提出引入龙头企业的思路，并确定了乡村旅游这一扶贫路线。华侨城深东集团作为大型文化央企华侨城集团在深圳东部地区设立的综合文旅开发全资子集团，积极主动践行央企社会责任，秉承"乡村振兴"理念，紧抓深圳"东进战略"契机，携手坪山区政府聚焦产业精准发力，坚决打赢陆河县脱贫攻坚战。2017 年 6 月 1 日，华侨城深东集团与坪山区、陆河县政府三方举行螺溪谷文化旅游综合项目签约仪式，选址陆河县螺溪镇欧田村，打造以精准扶贫为核心导向的乡村田园文化旅游综合体——

火龙广场

华侨城·螺溪谷，项目于 2018 年 6 月开业。

（一）利益相关者角色和作用

本项目是深圳市坪山区政府、陆河县政府、华侨城深东集团三方共同打造的以精准扶贫为核心的乡村田园文化旅游综合体。坪山区政府帮扶贫困户，以每户 5000 元为标准，注入陆河县财政共计 300.5 万元，入股华侨城·螺溪谷旅游项目，由陆河县财政兜底每年返还 10%，共计 5 年，其间收益用于贫困户脱贫工作。此后股权由陆河县财政持有，分红用于特困家庭帮扶工作。深东集团为项目的主要建设投资方及运营方，负责项目规划、工程建设、运营管理等方面。

（二）重大荣誉

本项目成立至今，荣获了深东集团颁发的"2017 年度精准扶贫奖"、南方日报社颁发的"2018 年度公益项目奖"、华侨城集团有限公司颁发的"2018 年优秀创想奖"、中国游艺机游乐园协会颁发的"2019 年文旅企业扶贫突出贡献奖"等荣誉与奖项。

三、具体实践

螺溪谷项目在党建引领下，以产业兴旺为抓手，带动美丽乡村建设，强化产业扶贫，以品牌塑造为抓手，开展主动营销，多措并举加强流量导入，实现了欧田村乡村振兴的目标。

（一）党建共建丰富精神文化生活

陆河公司党支部是深东集团位置最为偏远、最贴近扶贫一线的党支部。在深东集团党委的大力支持下，陆河公司党支部与陆河县螺溪镇欧田村党支部签订《党建结对共建协议》，在理论交流、组织建设、一对一帮扶等方面开展了一系列共建活动。

1. 党建结对引领，提升硬件设施

陆河公司党支部多次到欧田村党支部进行考察与交流，为其提供投影仪硬件设施支持，便于欧田村党支部开展各项理论学习活动。村里贫困户的饮水来源是山上引流的泉水和部分水井水，不能保证水质安全，陆河公司党支部党员积极发动社会关系，联络到企业捐赠 6 万元帮助 40 户贫困户开通了管道，满足了当地村民自来水进户的需求。

2. 联动开展主题党日活动，丰富精神文化生活

习近平总书记指出："帮钱帮物，不如帮助建个好支部"。陆河公司党支部积极

度假山居

联动欧田村党支部开展主题党日活动，积极参与党支部书记讲党课、分享学习心得等活动，辐射贫困户党员 30 余人。此外，党支部积极利用螺溪谷项目广电大屏幕，常态化、持续化开展"红色电影周"观影活动，并选取多类型题材吸引更多的村民，对其进行精神扶贫。公司还号召村民利用电影周的契机，积极出摊，售卖农产品、零食、饮品、玩具等，打造陆河县独有的乡村田园夜间经济。

（二）以产业兴旺为抓手带动美丽乡村建设

项目通过华侨城的文化旅游产业运作优势，结合当地丰富的人文、农产品、劳动力等资源，以文化旅游实现"因地制宜，产业扶贫"之路；通过乡村环境整体提升、闲置建筑创新利用、客家文化演绎展示、地方特产创意开发，构建一套文旅产业驱动的乡村振兴解决方案。

螺溪谷聚焦陆河县全域旅游发展，在"文化＋旅游＋城镇化"创新发展战略的引领下，分三个阶段开展全域旅游扶贫工作，主打"旅游服务业、休闲农业、田园综合体"三大特色产业，鼓励和引导当地贫困户发展农家乐、农家餐馆、乡风民宿等创造旅游收益。

欧田书舍

农礼果铺

　　产业布局方面，本项目重点打造了十大文化体验空间，构筑美好客家乡村生活社区，包括火龙广场、乡村公共文化中心欧田书舍、农创市集、微风食课、文化民宿、度假山居、景观化蔬菜种植区梦想田园、综合型空间客家会馆、生态农场和集装箱度假空间——梅园小筑。以上特色旅游业态，由一条唯美的生态花溪依次串

手工作坊

联，共同创造美好的客家乡土生活方式空间。

（三）强化产业扶贫核心理念

螺溪谷项目致力于拓展陆河特色农产品销售渠道，带动当地农业实现产业升级，培育农业品牌。培育扶持了青梅、茶叶、火龙果等一批具有陆河特色的农产品，并将"土货变网货""产品变商品"。实行统一包装、形象推广、物流配送等，由县供销合作联社负责提供备货，直接与农业企业、农民专业合作社等联系，做好农产品的品牌商标注册、认证、监管、保护等环节的规范与管理。通过线上平台（微信、OTA、网络宣传）、旅行社、华侨城内部销售和线下实体零售等渠道，全面打造产业链，为消费者提供安全、绿色、健康、优质的农产品，促进农民就业，增加收入。

（四）以品牌塑造为抓手开展主动营销

2019年8月，运营团队应邀赴广州、深圳两地参与2019广东21世纪海上丝绸之路"广东脱贫攻坚展""2019绿博会（深圳扶贫协作地区农产品展销会）"及"2019广东国际旅游产业博览会"，推介特色旅游及农礼产品，受到展会各级领导与来宾的好评。同时结合当地传统民俗文化，开展了"归园田居活力女神节、客家风情节、农民丰收节、驴妈妈线上直播"等活动，吸引了上万名游客参与，通过活动进一步提升了项目的品牌知名度，并增创收入，同时活动也带动了全县各旅游景区的营业收入，实现了对口帮扶的精准扶贫理念。

以上举措，实施了螺溪谷项目"资源引进来，农副产品走出去"的发展策略，扩大了项目品牌影响力。

（五）多措并举加强流量导入

依托品牌塑造和口碑传播，本项目多措并举导入游客流量。

1. 开启航天主题月，打造亲子出游新体验

2020 年 8 月，航天主题月暨亲子营地月在螺溪谷举行。以天问一号火星探测器发射升空为契机，以"人与太空"为主题，华侨城打造了一个集体验天文知识、航天科技、探索太空于一体的主题流动科技展馆。

2. 推出螺溪谷套餐，实现引流创收

紧抓 2020 华侨城文化旅游节契机，螺溪谷以"两天一夜亲子游"为主打产品，在花橙平台上线"华侨城·螺溪谷民宿特惠房券""华侨城螺溪谷别墅特惠房券"及"华侨城大东部民宿度假专用券"三项优惠，整合陆河县当地旅游资源，重磅推出螺溪谷游玩套餐。

3. 提供多样化选择，做优体验式旅游基础服务

螺溪谷除了提供精品民宿、田园餐厅，以及乡野度假产品外，作为精致美好度假生活方式的创造者和供应者还提供有购物服务、活动体验服务，如客家擂茶手作体验等，并根据市场需求，定制了 2 天 1 夜、3 天 2 夜的游览线路。

四、模式总结

陆河螺溪谷模式秉持"时尚与乡土融合、居民与游客共享、旅游与社区共进"的发展理念，通过创意设计，盘活村内闲置农宅农田资源，构建了集乡村民宿度假、客家文化体验、生态康养休闲、亲子科教研学、团队拓展培训于一体的高品质乡村旅游度假区，探索旅游驱动的乡村振兴路径。该模式激活了乡村资源并传承了客家文化，体现了华侨城党建共建结对引领，以塑造乡村幸福美丽家园和生态宜居为关键，实现人与自然和谐共生发展的理想追求。

螺溪谷应坚持可持续发展战略，积极探索"扶贫"与环保并行的新思路，既要金山银山也要绿水青山。只有科学规划，对资源进行合理利用，并注重保护生态环境才能达到人与环境、人与社会、人与人之间的和谐，这也是景区可持续发展的重

客家民宿

要保障。在螺溪谷项目的努力改造下，这座原本衰败且不被人注意的村落，开始发生了改变：荒废的农田被复垦用来建设艺术菜园，村内的道路、停车场被修建，公共厕所、垃圾回收站等环卫设施以及水电、污水处理设施也得到了完善，这些都是实现城镇化的必经之路。除此之外，华侨城深东集团对当地河流水系也进行了环境整治，通过种植当地药用花卉植物，营造出花溪良好的生态环境，以景区标准推动了乡村环境的改善。

第七章 华侨城中部集团美丽乡村实践案例

2018年，在衡阳市委市政府的支持和领导下，原衡阳市湘江流域治理来雁新城建设投资有限公司（简称"来雁公司"）与华侨城集团强强联合，全面合作成立湖南华侨城文旅投资有限公司，此举是"央地混改"的有效实践，树立了政企合作的新典范。新时代赋予新的品牌使命，2016年，在国家五大发展理念的引领下，中部集团勇做美丽乡村和特色小镇发展的排头兵，深入挖掘地方文化特色，调整产业发展结构，依托人文生态景观，不断推进生态修复、民生建设，补齐功能短板，实施基础设施提升工程。

案例一 衡阳五一村："文化挖掘＋生态修复＋民生建设"模式

湖南华侨城始终坚持"先保护后开发、规划先行、生态优先、民生优先"的理念建设五一村，把文化挖掘和生态文明建设放在突出地位，开发中注重尊重、保护和融入五一村的历史文化及三江汇流的自然风貌，致力于为村民

滨江生态修复带实景图

们构筑一个"望得见山、看得见水、记得住乡愁、留得住文脉"的新型美丽乡村图景。根据规划，五一村将沿三江汇流的湘江水体构筑滨江生态修复带、松梅湖湿地花廊，修缮来雁古塔，以雁文化为核心打造来雁广场、来雁公园、创展中心、湘江之门等多重人文生态景观，让人们沉浸在绵远悠长的时光长河中，尽览当地令人心驰神往的自然风光，领略"古"与"今"的完美融合。

一、基本概况

五一村隶属于衡阳市石鼓区合江街道，位于湘江、耒水、蒸水三江交汇处的湘江西岸，辖区面积986.663亩，全村共有7个村民小组，610户，共计村民2558人。五一村虽占据得天独厚的地理位置，但是历来却因洪涝灾害和严重的三废污染而闻名。

二、发展历程

20世纪80年代以来，五一村辖区内的产业布局以高能耗、高污染排放的有色金属冶炼、重化工生产企业为主，是衡阳传统的化工、建材和能源企业的聚集地。随着时代进步和经济社会发展，村内企业产业布局不科学、结构不合理的问题逐渐

废弃厂房

凸显，经济效益每况愈下、难以为继，村里企业关停倒闭，村民失去在企业的就业机会，污染企业排放的重金属废水、废渣、废气对村里自然环境造成的污染十分严重，村内农业发展遇阻，生存环境恶劣。

村里道路、供水、排水、供电等公共服务设施严重滞后，自然环境惨遭破坏，村民生活水平低，年轻的村民大量流出打工，村里景象一片荒凉。五一村一度成为生产生活问题、社会稳定问题、历史遗留问题和环境污染问题相互交织的老大难"包袱"。

三、具体实践

（一）环境治理

为改变五一村及整个合江套老工业基地落后状况，2010年，衡阳市根据国家和湖南省有关文件精神，启动了合江套老工业区搬迁改造工作，2014年编制了《衡阳市来雁新城规划（2014—2030）环境影响报告书》，作为来雁新城合江套环境治理的总纲，报告书明确五一村辖区内重金属污染严重的翔达化工厂、众合化工厂，以及北干渠、松梅湖及周边两个受污染的水系为重点环境治理对象，确保五一村环境治理工作有的放矢、对症下药。

在衡阳市政府和湖南华侨城的共同努力下，陆续实施了五一村四组（翔达、众

合化工厂）历史遗留污染场地治理、北干渠重金属治理和松梅湖黑臭水体治理三个环境治理项目，其中合江街道五一村四组污染场地（翔达、众合）修复项目争取了中央预算内资金1600万元，松梅湖黑臭水体治理项目争取了中

治理后的众合化工厂内生机盎然

央预算内资金155万元。项目的实施有效解决了北干渠和翔达、众合化工厂历史遗留重金属污染的问题，消除了松梅湖水系的黑臭水体超标。除此之外，在控制水土流失，保护周边水环境与生态系统，恢复自然景观，改善居民居住环境方面效果十分显著，社会环境效益明显。

（二）生态恢复

五一村的生态环境破坏非常严重，北干渠、松梅湖水体污染严重，水中鱼虾死绝，寸草不生，常年散发着异味。如何还青山绿水给村民，是华侨城人心中的头等大事。秉承着"生态环保大于天"的理念，目前已经基本完成了松梅湖黑臭水体治理，而北干渠含重金属底泥清淤及安全处置工程正在稳步推进。

沿湘江西岸的滨江生态修复带，将湘江沿线的景观串联成一个有机的整体，兼具防洪、休闲、观景等功能于一体，在历时一年的紧张施工后已经初露"芳容"。一到雨季就心忧洪灾的日子已成历史，大美五一已经粗具雏形。

滨江生态修复带实景图

松梅湖湿地花廊效果图

新建的五一安置小区宏伟壮观

完成环境治理和生态恢复后，中部集团下一步将打造一片集湿地观光、休闲游览、运动健身、人文展示于一体的自然型城市湿地水景观带——松梅湖湿地花廊，依托原有的松梅湖水系，联动沼泽地、灌木群、河流岸滩、林地、田野湿地塑造自然生态水系，打造四季风景，重现"雁栖人家外，花溪书院里"的江南滨水村落美景。

（三）改善民生

为改善五一村老破旧的居住环境，华侨城中部集团已经完成全村610户的征地拆迁，并投资约6亿元建成了五一村小区安置房。五一安置房项目位于五一村临江的核心地段，住宅建筑面积96486平方米，共有997套安置住房，配套建设有地下车库，小区内部实现人车分流管理。

几年前，五一村道路年久失修，且多为泥土村道，村民出行晴天一身灰，雨天一身泥。五一村虽然紧邻市中心，但道路交通不便。为加快村里交通路网建设，华侨城中部集团迅速启动滨江路、友爱路、七里井路、后街路、源湘路的建设。目前，五一村辖区内滨江路、友爱路、七里井路、后街路、源湘路全线通车，并与市内主干道实现了无缝对接，市内公交车直达五一村，村民自驾去市里仅需几分钟，出行方便快捷。

（四）来雁塔修缮

来雁塔自明代建成，距今已有四百多年的历史，地处蒸、湘、耒三江汇合处，位居衡阳城市千年文脉之上，与石鼓书院相对而立，是衡阳的文化地标，几百年来一直默默地守护着塔下湘江畔的五一村，是祖祖辈辈的五一村民乃至全衡阳人民的根与魂之所在。1944年衡阳保卫战期间，衡阳遭到日军飞机大炮地毯式的狂轰滥炸，来雁塔受到了炮火的轰炸。幸运的是，除了塔的顶部遭到破坏外，塔身部分没有受到太大损害。

1943 年旧影　　　　　　　　　　2000 年基座被蚕食

来雁塔

20 世纪八九十年代，来雁塔被工业废气熏得漆黑，塔表层满是黑色的附着结晶物。修缮前，来雁塔周边布满污染企业，古塔基座土地被企业和周边居民蚕食，私搭乱建现象严重，历经沧桑的来雁塔落寞在时间的长河中。

2019 年年初，来雁塔修缮工作正式启动，工期历时一年，塔本体修缮建面约1056.7 平方米，大大小小修缮了 100 多处。每一处修缮都至少经过 3 位专家反复检验再实施，每道工序施工前，都会进行拍照、测绘并记录存档，拆除的构件也进行编号入库。每一处修缮全部遵循古法工艺，四处搜罗原材料，尽最大可能让来雁塔重现昔日雄姿。

修缮工作在美化来雁塔外貌的同时，还为宝塔修炼"内功"，对来雁塔内部电路、排水系统、自来水供应进行全面改造，并安装文物"三防"设施。塔外，根据传统古塔格局，按明代古建形制建造一个古色古香的院子，周边扩建一个休闲公园。

修缮后的来雁塔容光焕发

来雁塔修缮后，重现初建时的美好，是村民虔诚的希冀，更是人们目之所及、心之所向的新"湘"往。

（五）文化挖掘

衡阳人自古崇拜寓意着"仁、义、礼、智、信、忠"等品德的大雁。来雁塔与回雁峰对峙，寓意雁有来回，是大雁文化的重要组成部分。每年秋天，络绎不绝的雁群飞越天际来到衡阳，最喜盘旋停留在蒸、湘、耒三江汇合处，雁群、古塔、江面相互映衬，形成了一幅绝美的画面。

衡阳自古称为雁城，五一村不论是从自然景观还是人文景观的角度看，更能凸显衡阳雁文化，在深挖大雁文化的基础上，应以来雁塔为核心，建立以大雁文化为串联的来雁广场、来雁公园、规划馆、创展中心以及未来衡阳的新地标湘江之门。

创展中心如一只翩翩鸿雁驻足于月下净湖，平沙落雁，清风戴月。来雁广场紧紧拥抱着创展中心，雁翅微曲如母亲的双手般呵护着创展中心，一静一动生动地凸显了衡阳灵动的气质，充满了文化感、未来感。

正在建设中的衡阳市规划馆位于五一村南段，外形神似于展翅的大雁，又与衡阳当地民居中的马头墙有着异曲同工之妙，整个建筑外观立面设计造型呈熠熠升腾之势，充分体现衡阳的大雁文化和南岳祝融的火文化的精髓。

规划中的湘江之门，定位为衡阳市的会客厅，位于五一村中心位置，三江汇流处的湘江西岸。建筑设计原型提炼于湖湘文化、火神文化与大雁文化，并打造与之对应的三江汇聚、昌盛之火、展翅腾飞的建筑形态。建成之后将成为衡阳新地标建筑。

四、模式总结

（一）央地混改，树立政企合作典范

来雁公司是衡阳市属的平台公司，承接着衡阳市三江汇流区域来雁新城的建设项目。因深化投融资体制改革的推进，中央、省、市相继出台了防范政府债务风险相关文件，来雁公司陷入转型发展难、债务风险高的发展瓶颈。在此背景下，五一村虽位于来雁新城核心位置，但一直发展受阻，未见明显成效。2018 年以来，来雁新城开发建设方面，华侨城集团充分发挥了在文旅产业资源、平台运营方面的优势，结合地方国企来雁公司在衡阳市的资源和环境优势，双方共同合作，跳出地方企业单一的发展局限性，借力市场和资源建设来雁新城，五一村借此东风，近两年发生了翻天覆地的大变化，湘江流域生态文明示范村粗具规模。

来雁广场实景

创展中心夜景

（二）结合特色，发挥自然和人文资源优势

五一村是从南岳衡山进入衡阳城区的头站，村落虽小，但三江汇水，构成了传统文化中"山南水北"的大格局。在这片土地上，有雁城的象征来雁塔以及一批承载着历史发展光辉的老工业建筑。华侨城中

规划馆效果图

145

湘江之门效果图

部集团进驻后，将五一村优越的自然和人文资源与衡阳特色结合，以国际眼光、国际定位，高标准将五一村打造成为一流的文旅新村样板。

（三）深耕文旅，聚集人气

华侨城中部集团根据五一村场地现状及周边环境，提出"一心两轴五片区"的总体规划结构，以五一村为片区文旅开发核心，呈发散状布局城市规划馆、科技馆、博物馆、大型主题亲子乐园、草桥文化风情街、水师船厂遗址公园等16个引擎文旅项目，建成全湖南省人民乃至全国人民的后花园。

第八章

华侨城北方集团美丽乡村实践案例

在全国，华侨城以文化和旅游融合激发乡村振兴发展新活力，提出了建设"100个美丽乡村计划"，致力于打造"望得见山、看得见水、记得住乡愁、留得住文脉、城乡居民共同富裕"的美丽图景；在青岛即墨，华侨城莲花山乡村振兴项目的快速推进，充分展现了新时期华侨城乡村振兴的生动实践。华侨城的乡村振兴实践，不仅是追求共建共赢、助力村民实现美好生活，也是在履行央企责任，践行社会担当，助力国家的乡村振兴战略，助力中华民族的伟大复兴。只要立足"从田园城市到城市田园"全新乡村振兴模式不懈思考，不断提升乡村治理的能力和水平，秉承国家乡村振兴的宏伟规划，

不忘建设"产业兴旺、生态宜居、乡风文明、治理有效、生活富裕"乡村的初心，莲花山项目就一定会越建越好。"品味田园悠然、不弃都市繁华、尽享诗与远方"，华侨城青岛即墨莲花山项目未来可期。

案例一 青岛即墨莲花山："文化＋旅游＋农业＋科技＋体育＋健康＋全息产业融合，助力全域产业振兴"模式

2018 年 3 月，习近平总书记在参加十三届全国人大一次会议山东代表团审议时指出：要推动乡村产业振兴、人才振兴、文化振兴、生态振兴、组织振兴；要深刻认识实施乡村振兴

莲花山（莲花山庄角度）

战略的重要性和必要性，扎扎实实把乡村振兴战略实施好。要求山东充分发挥农业大省优势，打造乡村振兴的齐鲁样板。2019 年 11 月，青岛华侨城投资有限公司成立，作为华侨城北方集团进行区域管控、运营及发展的平台公司，公司成立以来，坚持华侨城集团"文化＋旅游＋城镇化"和"旅游＋互联网＋金融"的创新发展模式，以青岛城市的资源整合者、业务拓展者、资本运作者、价值创造者为定位，快速拓展新项目。基于这样的国家战略背景及集团战略指引，青岛华侨城开启了打造乡村振兴齐鲁第一样板的创新实践征程。

一、基本概况

（一）项目背景

即墨区龙泉街道莲花山片区，位于即墨城区以东 10 千米，全区总面积 52.5 平

水库（台子村角度）

方千米，辖 31 个自然村，村居人口 2.4 万人。该片区山清水秀、生态优良、人文荟萃、蔬果飘香，非常适合休闲农业项目的发展。近年来，在各级政府的战略规划指导下，以及"莱西经验"的引领下，以美丽乡村台子村为示范，逐步探索着一条现代农业增值、村集体增收、农民致富的乡村振兴之路。2018 年 12 月，即墨区政府与华侨城北方集团签订战略合作协议，共同打造莲花山乡村振兴示范区。

莲花山乡村振兴示范区项目占地 52.5 平方千米，华侨城北方集团将积极引入助力发展农业、文化、体育、健康等行业龙头企业，依托华侨城乡村振兴经验，引领乡村生活的现代时尚，重塑乡土文脉的核心价值，打造"生产、生活、生态"三生一体空间，构建一个现代产业和原乡情怀完美融合的"山水田园""文化田园""城市田园"，形成面向东北亚的高标准、国际化、具有国家示范意义的乡村振兴标杆项目，塑造乡村振兴齐鲁第一样板。

（二）项目特色

（1）组织融合强——建立紧密有效的"党委＋村民集体合作社＋企业＋社会组织"的多元化、多层次的合作共赢的组织形式，探索"新莱西"模式。

（2）产业内容广——广泛丰富的"农业＋""旅游＋""文化＋""科技"全息产业融合，助力全域产业振兴。

（3）产业层次高——以高端国际视野，引入高科技农业、省部级资源，促进乡村国际交流合作。

（4）投资规模大——华侨城联手顶级产业资源，为项目倾力投资 300 亿元，并将莲花山项目定位为华侨城集团战略性发展项目。

（5）规划占地大——构建 52.5 平方千米的全域乡村景区，以莲花山水为轴、莲茵河为脉，打造南北两片"三生一体的田园样板区"，演绎"五彩莲山·水墨龙泉"。

二、发展历程

（一）发展模式

1. 战略定位

即墨莲花山片区的规划愿景为"五彩莲山、水墨龙泉、锦绣即墨、青岛华章"，全面建设乡村振兴齐鲁第一样板。

项目将通过文旅聚力农业，推进新旧动能转换，实现乡村振兴。充分发挥华侨城的产业资源优势，为农业产业搭建国际化、高科技的产业资源平台，示范引领农业现代化的发展模式，深入实施以科技农业、文化旅游、温泉健康、体育运动和休闲农旅为主的乡村产业带动。

计划引入 18 类、60 余项产品和配套项目，总投资 300 亿元。未来将带动实现百亿元级年产值，新增 1.5 万个就业机会，全面助力乡村振兴，真正实现农业兴、农村美、农民富。

2. 发展理念

国际视野、以人为本、三产融合、三生和谐。以国家乡村振兴战略为指导，坚持"农业 +""生态 +"的发展理念，以国际化的视野、高科技的起点打造现代农业、田园休闲、康养度假、文化创意等融合发展的田园文旅产品。

以"城镇化 + 农业产业 + 文旅产业"融合发展为思路，继承发扬"莱西经验"，引领新时代即墨乡村振兴之路，成就青岛城乡融合发展示范区的"即墨战略"。

3. 实现路径

（1）乡村国际交往舞台——建设乡村振兴国际交流基地，引入农业部长论坛、田园文旅发展论坛；借力自行车国际赛事，打造莲花山运动公园、国家乡村步道；

以"文化艺术"激活乡村，铺陈即墨生态博物馆、莲花山国际乡村艺术节，向全世界展示齐鲁乡村的世界影响力。

（2）乡村产业资源平台——通过华侨城优质产业资源平台，引入中国农科院企业、休闲农业重点实验室，国家数字设施农业创新中心，荷兰、法国等先进农业资源，华侨城主题农场、垂直农场等国际化、高科技农业产业，助力农业现代化，打造青岛东部的"智农硅谷"。

（3）乡村未来生活展台——项目紧守莲花山山水田园生态底线，依托区域交通优势，利用存量土地资源，充分整合已有项目，以全域景区为思路，建设集田园欢乐度假、智慧综合服务、未来生活示范的"花橙小镇"、国际农庄、欢乐田野和美丽乡村社区，打造具有齐鲁标识的"国际地理标志小镇"。

（二）组织融合创新

为了更好地发挥党建引领作用，莲花田园片区联合党委组织构架不断充实、壮大。青岛华侨城党支部与龙泉街道党工委进行了政企党建共建，确立了1234工作法：

（1）建立"1+1+N"的区域化党建组织架构体系，成立莲花田园片区联合党委，统筹推进整个区域的党建工作。2019年年底青岛华侨城正式注册，并成立党支部，2020年分三步完善了党建共建平台，与龙泉街道党工委签订了共建协议，召开了总经理媒体见面会，与6家总包单位签订了共建协议，至此，党建共建体系正式搭建起来。

（2）在竹韵轩农场、瑞草园、农科院青岛特种作物研究中心等建立综合性党员党建及公共服务平台，以及通过开通微信公众号、抖音号，创办区域化党建工作简报等搭建信息交流平台。依托这两大服务平台开展诸多文旅活动并及时发布党建、产业和人才信息。

（3）推进党建与产业发展，与生产经营，与乡村治理的深度融合，持续提升群众满意度和幸福感。

（4）创新了组织联建、党员连管、资源共享、事物共商4项创新机制。

（三）乡村美学塑造

2019年，青岛市政府工作报告中提出，"挖掘文化底蕴，提升城市气质，塑造城市精神"。即墨文庙祭孔大典、国际水彩名家绘古城、文庙学童开笔礼、古城民谣节、崂山书院常态化公益文化艺术活动等快速兴起，即墨秧歌、柳腔、九狮舞、即墨大鼓等传统艺术形式异彩纷呈，大大增添了古城气质与活力。

与此同时，莲花山项目的艺术活化强调了虚实结合，选择以实体艺术场景和艺术节为落点，以"艺术美学"为

乡村振兴展示中心

精神主线，以当地的乡村艺术进行了传承发扬。如以基地水面映射景观为灵感，开发了镜面装置艺术，点状设置于乡村景观中，打造了镜面山林等新景观。

（四）核心价值

1. 产业振兴

华侨城把增进民生福祉作为率先发展的根本目的，扎实办好乡村民生实事。莲花山村民将广泛参与产业振兴，通过全面保障措施和多种增收途径，从土地流转、混合经营入股、创新就业、福利保障中增收获利，成为"四金农民"。

2. 人才振兴

全面展开乡村人才振兴战略，通过"三项计划"，培育扶持本土农民，通过"两个工程"吸引高智技术人才，通过"两大平台"，激励创新创业人才，打造一支强大的乡村振兴人才队伍，实现莲花山地区原乡复兴。

3. 文化振兴

文化自信是一个国家、一个民族发展中更基本、更深沉、更持久的力量。中国乡村蕴含着中华文明自然、本真、朴素的人文情怀，齐鲁大地蕴含着悠久、深厚、核心的中国文化哲思。华侨城将坚持大力弘扬中华优秀传统文化，深刻挖掘在地文化，让悠久的中华文明在世界文明的发展过程中更加璀璨夺目。

4. 生态振兴

持续建设美丽乡村。实施村庄征迁改造，启动 6 ~ 8 个村庄安置区建设，完成 4 ~ 5 个村庄回迁安置。以美丽乡村、智慧农业建设为抓手，优化乡村社区公共服务供给，加强河库整治、生态保护及道路交通、市政基础设施建设，不断提升乡村面貌和公共服务水平。

5.组织振兴

党的力量来自组织，组织能使力量倍增。基层党组织，是实施乡村振兴战略的"主心骨"。农村基层党组织强不强，基层党组织书记行不行，直接关系乡村振兴战略的实施效果好不好。莲花山乡村振兴示范区通过"党委＋合作社（村民＋集体）＋企业"紧密有效的合作共赢机制，真正实现乡村治理的共赢目标。

三、具体实践

（一）战略发布会

2019年12月28日，隆重举办了"未来乡村创想家"华侨城青岛即墨莲花山战略发布会。多位来自农业农村与文化研究领域的知名学者发表了洞见深邃、前瞻

未来乡村创想家战略发布会

务实的精彩演讲，围绕乡村振兴战略、农业农村现代化、激发农村集体创新意识、推动乡村"产业、人才、文化、生态和组织"振兴、促进农业国际化交流等问题进行了多维度阐释。

面对新的时代机遇，华侨城将全力助力青岛实现新旧动能转换和乡村振兴的伟大工程，通过乡村产业升级、乡村风貌提升、乡村治理增效、乡村生活致富、城乡融合发展的"即墨战略"，将莲花山片区打造成为乡村振兴齐鲁第一样板。

（二）超前策划规划

"五彩莲山·水墨龙泉"的全域乡村景区规划范围是52.5平方千米，核心区的规划范围是14平方千米，初步的开发思路是以南部片区为主，北部片区为辅，中部衔接，两侧布局农业示范性、引领性项目，实现一、二、三产联动发展。

在南部片区，重点打造农业主题公园、欢乐冒险园、度假酒店、主题商业等为核心的文旅项目，并通过开展多种形式的乡村艺术节、举办国家级乡村振兴发展论坛等来激活乡村内生动力，提升片区旅游品牌和知名度。在北部片区，重点打造以民宿、休闲农业为核心的文旅项目。

在中部衔接区，重点打造乡村博物馆、展示中心等特色项目，串联整体片区。

（三）艺术激活乡村

2020 年 11 月 24 日，以"土地·乡村·人"为主题的手艺东方邀请展在青岛华侨城乡村振兴展示中心开放。通过艺术节这种形式，让艺术作品成为坐标，引领人们走进乡村，产生交流和沟通，让日渐荒芜的耕地重启生机，让被人遗忘的土地焕发活力，这才是举办艺术展览的真正意义。

手艺东方邀请展

莲花山乡村振兴展示中心位于龙泉街道岭上村，规划用地范围 6 万平方米，建筑面积 2200 平方米，是华侨城与即墨区人民政府、龙泉街道携手共同打造的展示乡村振兴示范样板蓝图与成效的场所，也是华侨城品牌文化的承载与呈现空间。展示中心将围绕乡村振兴这一国家战略核心主线，借助华侨城的品牌优势和文化艺术资源，以"雕琢的璞玉"为设计理念，通过展览、论坛、培训、交流等多种活动形式，实现公众与乡村、文化、艺术、未来的连接。

乡村传统手工业工坊作为乡村手工艺术的载体，具有浓厚的乡土性与地域性，有利于乡村手工艺术的研究和再利用，极大地助力了传统手工业文化的保护与传承，也为实现乡村振兴开辟了新思路。

四、模式总结

莲花山的美丽乡村建设从高端产业导入、产业多元发展、组织高效融合、创新城乡共荣、全价值链发展理念、平台资源整合理念、人才振兴等方面进行了全新的探索与实践。

高端产业引入方面，在农业领域，华侨城北方集团导入农科院青岛特种作物研究中心等高新科技产业板块，在文化旅游领域，华侨城秉承高端化和精品化路线，引进了精品民宿、休闲农业等文旅业态。产业多元发展方面，通过农业、科技、文化、旅游、健康体育等各个产业融合，达到共同发展的效果。组织高效融合方面，将当地的党组织和合作组织的党组织，包括华侨城的党组织在一定程度上进行融合，进行带动和促进。创新城乡共荣方面，以城带乡，以乡促城，分别保留城市和田园不同的特色，相辅相成，共同满足人们的物质文化和精神文化需求。乡村逐渐发展起来，人们也愿意重回乡村工作，进一步激发乡村活力，带动乡村发展。全价值链发展理念方面，实现农业产业和文化旅游产业全面融合，从而形成产业的价值链。另外，华侨城也提出打造一条情感价值链，加强农村和城市之间的互动，从而形成城镇化价值链、产业价值链和情感价值链共同作用的新兴乡村振兴模式。在平台资源整合理念方面，以点带面，整合大的平台资源，共同推进项目的发展。在人才振兴方面，通过培育扶持本土农民的三项计划，打造一批爱农业、懂技术、善经营的新兴农民；在吸引高质技术人才方面，推出两个工程；在激励创新创业人才方面，打造两大平台，最终实现人才的振兴和乡村人的振兴。

在莲花山片区，华侨城北方集团将携手农业、文化、旅游、体育、健康等行业龙头企业，依托华侨城乡村振兴经验，引领乡村生活的现代时尚，重塑乡土文脉的核心价值，打造"生产、生活、生态"三生一体空间，构建一个现代产业和原乡情怀完美融合的"山水田园""文化田园""城市田园"，形成面向东北亚的高标准、国际化、具有国家示范意义的乡村振兴标杆项目，塑造乡村振兴齐鲁第一样板。

莲花山片区

第九章

华侨城华东集团
美丽乡村实践案例

华侨城沙家浜时光小镇项目是华侨城华东集团在新型城镇化战略下的重点拓展项目，位于风景秀丽的沙家浜，人文历史及自然生态资源得天独厚。项目以"一镇一浜，二田三市"为规划重点，以文旅产业为主要业务，围绕沙家浜旅游度假区及唐市古镇板块联片开发，重点打造融绿色生态旅游、体验式农业观光、时光主题街区、特色餐饮民宿、沉浸式商业于一体的理想生活小镇。项目将通过构建区域商业综合体和发展文化旅游产业两方面，进一步丰富区域文旅产业业态，提升城市旅游文化内核。从完善全域旅游角度出发，通过整合古镇文化，梳理历史人文脉络，打造特色文旅产业，实现常熟优质生活的城市理想，迎接飞速升级的发展机遇，引领全新城市风貌及生活方式。

案例一 常熟沙家浜时光小镇："古镇文旅赋能 + 社区商务会展"模式

华东集团承接国家新型城镇化、长三角一体化发展战略，立足上海，深耕江浙皖，所开发项目遍及三省一市，已入驻 14 座城市，形成以上海、南京、杭州、苏州为核心城市，合肥、南通、宁波、温州为次中心城市的环沪、环宁、环杭、苏锡常 4 大投资布局圈，结合华侨城集团"文化 + 旅游 + 城镇化""旅游 + 互联网 + 金融"的双重战略模式以及"共享、突破、落地"的战略方针，华东集团以打造在华东区域的"服务 + 管控"型战区平台为目标，实现华东区域投资、市场、团队等资源的统筹共享。

一、基本概况

时光小镇择址沙家浜唐市核心位置，项目所在小镇，南与苏州相城、昆山市接壤，未来规划轨道交通直达苏州，东距上海 30 余千米，水路交通便利，苏嘉杭高速公路横穿而过，毗邻 4 个高速出入口，1 小时即可轻松抵达上海。项目 3 千米内规划飞机场，将是苏州境内首个飞机场，周边 1.5 小时圈层内还有无锡、南通、常州、嘉兴等地，区位优势明显。

时光小镇

鸟瞰时光小镇

沙家浜景区近景

华侨城沙家浜时光小镇项目整体规划面积25万平方米，以时光为题，保留老街明清建筑风格和街巷肌理，串联"街市""水市""镇市"，还原历史记忆，采用"沉浸式＋时光线＋故事性"的独特模式塑造了"一个创新居住区＋一条主题商业街＋一座文化古镇"。总建筑面积约16000平方米的主题商业街，融合江南建筑特色，打造"集中式商业＋开放式街区"的购物模式，以丰富的沉浸式感受赋能不一样的商业体验；从小镇出发漫步至欢乐田园，放眼2175亩的田园风光，远离城市的喧嚣和人群嘈杂，感受田园牧歌所带来的宁静与自由，寻觅虞城理想的"田园慢生活"。

二、发展历程

华侨城沙家浜时光小镇是上海华侨城投资发展有限公司、苏州沙家浜旅游发展有限公司、常熟文旅发展有限责任公司三方共同打造，由常熟沙家浜华侨城文旅

"一镇一浜，二田三市"的规划重点

实业有限公司开发建设的项目；2018 年 3 月签署沙家浜华侨城大型文旅综合项目合作协议，同年 5 月常熟沙家浜华侨城文旅实业有限公司正式成立。2020 年 5 月，项目正式开工建设；同年 10 月 10 日，华侨城沙家浜时光小镇召开品牌发布会，荣获常熟理工学院授予的"大学生社会实践基地"以及中国电信授予的"5G+智慧文旅小镇"殊荣。

三、具体实践

时光小镇项目以"一镇一浜，二田三市"为规划重点，以文旅产业为主要业务。文化创意展示中心作为整体项目的起笔项目，不仅代表着起航之势，更引领着整个地块的精神面貌。在兼顾功能与审美需求的同时，在风格设计方面除了尽量体现地方文化特色外，又努力彰显现代气质。小到社区项目的展示中心，大到旗下的城市文化艺术馆群，以华·美术馆、华夏艺术中心为代表，无处不体现着华侨城所秉承的"优质生活创想家"的理念，致力于从艺术角度引导人们观察和认识世界，对城市和生活的内在价值进行思考，从而发现更优质的生活方式与理念。通过借助华侨城的品牌优势和文化艺术资源，嫁接展览、活动等多种形式，实现公众与文化、艺术、城市及未来的连接。

华侨城时光小镇文化创意展示中心

未来的唐市，注定将延续华侨城历来的品质艺术体验，让小镇中心再一次将"华侨城生活方式"推至焦点。文化创意展示中心在建筑设计上汲取了尤泾河两岸建筑的风貌及特点，融合了客群高雅的生活需求，以江南青砖、粉墙、黛瓦进行本色装饰，以现代手法营造了小镇的标志性建筑。近 2000 平方米的多元空间，正以开放包容之势，拥抱全新的小镇生活，拉开了这个小镇焕新升级的帷幕，这是小镇中心艺术大作的第一笔。

四、模式总结

时光小镇是华侨城在新型城镇化战略下的重点拓展项目，致力于打造华侨城在华东地区的复合型文旅标杆。"一个创新社区 + 一条主题商业街 + 一座文化古镇"，时光小镇以"古镇文旅赋能 + 社区商务会展"模式，迭代城市文旅的发展，以多点业态融合的模式，创新多元时光商业，敬献时代文旅人，致献生活超前家。项目基于独特的视角，以时光为笔，汲取古镇灵感，注重历史与现实、传统与现代的融合，新旧建筑编织重组，既留住城市根脉，延续城市记忆，又在历史中构建未来。文旅人与超前家在这里可以找到心灵归属，在平淡的三餐四季里慢慢品味生活的真谛，在天伦之乐中互道时光的美妙，在淳朴园林里欣赏自然的曼妙。在小镇缔造小镇，以经典再创经典，于中心成就中心，这是集华侨城造城创想之大成、汇文旅小镇活化之经验、聚艺术文化生活之灵魂的杰作，时光小镇，开启了不一样的小镇生活。

沙家浜景区风景

第十章

其他国内美丽乡村实践经典案例

美丽乡村建设是美丽中国的具体实践和重要组成部分，是对社会主义新农村建设宗旨与思路的提升和延续。中央"一号文件"连续几年关注美丽乡村问题，在全面实施乡村振兴战略的大背景下，建设美丽乡村是新时期新形势下对"三农"工作提出的新要求。各基层积极响应中央政策，结合自身经济社会特点、产业优势等，探索出符合当地发展需求的美丽乡村建设模式，涌现出了福建永春、浙江安吉、江西婺源等典型案例。2010年，浙江省安吉县率先提出将标准化应用于美丽乡村建设，开创了农村标准化的先河。实践证明，以标准化助推美丽乡村建设，发挥其在提升建设各环节管理水平、支

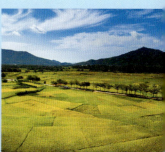

撑建设长效机制和模式创新、固化建设成果等方面的重要作用，已成为美丽乡村建设工作的重要手段。

以美丽乡村为核心的乡村振兴，是城乡融合的两大抓手之一，更是中国"双循环"发展新格局的超级战略引擎和引爆点。福建永春、浙江安吉、江西婺源等国内典型案例，一方面，更加强调政府、市场之间不同的角色、边界，以及共同但是有差别的权责，特别是强调政府的主导作用、村民的主体作用；另一方面，将美丽乡村与全域旅游、新型城镇化等国家战略进行有效衔接，寻求全新的发展动力，创新产业模式和发展模式，构建县域综合发展平台，从而有效提升并促进政策、资本、人才、土地、文化等要素的效率和公平。

案例一　永春县:"政府主导、村民主体、社会参与"的"永春模式"

永春县于 2012 年实施"美丽乡村"建设,已形成"五片三线两带"的建设格局,被评为全国农村综合改革"美丽乡村"建设标准化试点县、福建省"美丽乡村"建设示范县。永春县实施六大举措,按照"立足全县抓提升、着眼全省做示范、面向全国建样板"的新定位,全力推进美丽乡村标准化建设工作,成功探索出一条百姓富与生态美有机统一的美丽乡村建设新路子。

"政府主导、村民主体、社会参与"的"永春模式"是一种自上而下的乡村建设模式(见下图)。在美丽乡村建设中,永春秉持全域一体的建设理念,引入市场机制和社会力量,正确处理了美丽乡村"硬件"建设与"软件"建设的关系,统一美丽乡村建设标准的同时尊重差异。

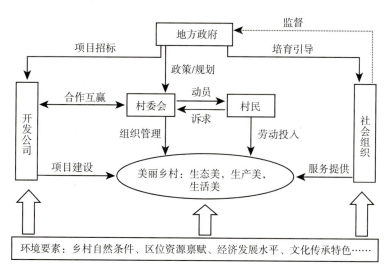

"政府主导、村民主体、社会参与"的"永春模式"

一、基本概况

2012 年，永春县在福建省率先实施"美丽乡村"建设，当地政府精选了一些基础条件较好的乡村进行重点打造，先后共创建了县级示范村 60 个、乡镇级示范村 137 个、精品村 15 个、美丽镇区 10 个、示范线 3 条，县级示范村的乡镇覆盖率达 100%，形成了"五片三线两带"的建设格局。如今永春县的政府主导型"美丽乡村"建设模式已取得了一定的成效，永春县也因此被评为全国农村综合改革"美丽乡村"建设标准化试点县、福建省"美丽乡村"建设示范县。

二、发展历程

依托永春的自然生态优势和农村风貌，2012 年，永春县率先在全省提出了"美丽乡村"建设课题，制定了实施美丽乡村建设五年行动计划，围绕实现"环境优美、生活甜美、社会和美"的目标，以"貌、形、质、本、魂"为总揽，以"八个一"机制措施为抓手，以"民生、民居、民俗"为落脚点，实施"治污、绿化、美化、创新、致富、和谐"六大工程，每年培育 10 个县级示范村和一批乡镇级示范村，根据区域实际，培育形成了"田园风貌型""特色文化型""滨溪休闲型""生态旅游型""造福新村型""产业带动型"等美丽乡村建设样板。

2013 年 9 月，永春被确定为全国一事一议财政奖补美丽乡村建设试点县。

2014 年 4 月，永春被确定为全国农村综合改革"美丽乡村"建设标准化试点县和福建省"美丽乡村"建设示范县。

从被确定为全国农村综合改革"美丽乡村"建设标准化试点县后，永春县紧紧抓住机遇，按照"立足全县抓提升、着眼全省做示范、面向全国建样板"的新定位，全力推进美丽乡村标准化建设工作，成功探索出一条百姓富与生态美有机统一的美丽乡村建设新路子。

三、具体实践

永春县通过建立标准化体系、补齐公共服务短板、重点突出产业发展、聚集社会力量共建、实施"民魂"工程净化风气、建立长效机制促进可持续发展多方面举措成功探索出了美丽乡村建设的新路线。

（一）建立标准化体系

虽然是摸着石头过河，但是永春县的美丽乡村建设切合农村发展实际，深入人心，几年的美丽乡村建设，积累了丰富的经验。通过对理念和做法的总结梳理和提升，制定出美丽乡村建设的基本要求、村庄规划、产业发展、公共服务、文体建设等10个方面105条指标，于2014年9月11日在福建省率先发布《美丽乡村建设规范》，编制完成《美丽乡村公共服务》《美丽乡村服务型党组织》《美丽乡村产业发展》《美丽乡村环境整治》《美丽乡村旅游建设》《美丽乡村文体建设》6个子标准，形成"1+6"美丽乡村标准化体系，明确了美丽乡村的规划、建设、管理、维护等各个环节需要开展的工作和达到的要求。

标准化体系建立后，美丽乡村建设有章可循，建设如火如荼。村容村貌整治"三不"原则（即不搞大拆大建、不套用城市标准、不拘一个建设模式）、乡村景观建设"三多三少"原则（即绿化多种树少种草、小路多石头少木头、材料多乡土的少城市的）和"顺应自然、顺应规律、顺应民意"等理念原则贯彻到美丽乡村实际建设中，既追求整体风格的统一，又追求绿化、美化、旅游、产业、建筑等项目的个性美。

下大力气做好古民居、古楼、古桥、古堡、古巷、古井、古路、古树、古物等的保护和抢救工作，挖掘传承民间艺术、民间传说、农谚民谣、生产生活习俗、农业文化遗产，呈现出更加浓厚的乡村气息和建设内涵，让人"看得见山、望得见水、记得住乡愁"。坚持"一事一议"民主议事，将农民的意愿变成行动，越来越多的村民主动参与到美丽乡村建设的基金筹集、美丽家庭创建、环境卫生考评、项目监督管理等各个环节中，农民的主体作用得以发挥，健康、和谐、文明的建设氛围更加浓厚。如桃城镇丰山村村民主动收集整理了南洋生活用品、古农耕机具、中草药等，建设了丰山村华侨文化、农耕文化、中草药文化展览馆。

（二）补齐公共服务短板

在建设美丽乡村的初始阶段，一些镇村侧重于抓好环境整治、绿化美化、产业发展等方面的项目，对农村公共服务重视不足，形成明显的短板。针对这一情况，永春县围绕提高农民生活便捷指数、文化指数、健康指数、安全指数和幸福指数等五项指标，制定了农村教育、社会保障、社会管理、公共安全、便民服务等方面的

19 条标准，其中硬性指标 17 条、引导性指标 2 条，对美丽乡村的公共服务必须达到的基本水准给予量化和细化。要求村级卫生室（所、站）面积必须达到 60 平方米以上，为广大群众开展免费健康体检、慢性病管理和婴幼儿保健管理等医疗卫生服务等，加强基本公共服务向农村的延伸和拓展，让广大群众真正享受到美丽乡村标准化建设所带来的便利和实惠，把美丽乡村建成农民的生活乐园。

先行先试的桃城镇丰山村，致力于完善农村公共服务，实施了"365"工程。"3"，即三统一：统一农村基层组织标识，统一活动场所功能布局，统一挂机构牌匾。"6"，即六载体：便民利民"e 网通"、惠民富民"共同体"、聚民亲民"智力库"、健民乐民"康乐园"、安民助民"110"、爱民为民"竞技场"。"5"，即五机制：访民情机制、议民生机制、聚民力机制、办民事机制、请民评机制。构建了以党组织为主导，以村干部和党员为主体，面向全体群众，融党务、村务、商务、服务、事务于一体的综合服务体系，成效显著，被作为典型向全县推广。

（三）重点突出产业发展

永春县把产业发展放在美丽乡村建设的突出位置，把促进农民增收作为美丽乡村建设最重要的考核指标，指导各镇村科学实施富民产业发展工程，整合农村当地资源要素，培育"一村一品"特色产业，突出农村工业集聚化发展、现代农业特色化提升、乡村旅游品牌化经营、文化资源产业化运作，引导发展种养大户、家庭农场、农业专业合作社等新型农业经营主体，鼓励发展农副产品加工、林产品加工、来料加工等乡村生态工业，发展农家乐、特色餐饮、纪念品等美丽乡村游服务，引导发展商贸、现代物流、农村电商等生产性和非生产性服务业，多方位拓宽村集体经济和农民收入渠道，实现农村居民人均纯收入增长率高于当年全县平均水平的目标。

五里街镇高垅村引入福建省龟龙现代农业发展有限公司、厦门金草集团、新新园艺、嘉盛园艺、盛绿葡萄园等现代农业企业，建成了全省首个球形智能温室，既可栽培特色瓜果及蔬菜新品种，又兼具休闲观光和科普示范功能。

（四）聚集社会力量共建

永春县建立了处级领导挂钩机制、"县里组织、部门服务、乡镇主抓、村居实施"的逐级负责机制、协调督查机制和奖惩机制等工作机制，成立永春县建设美丽乡村领导小组及 6 个工作小组，制定完善了"八个一""十个联动"等工作措施。

随着美丽乡村建设的不断深入，更加注重筹融资机制的创新，通过招商引资、社会投资、公益捐资、银行融资等多元化渠道，撬动金融资本、企业资本、民间资本投入公园、流域整治、乡村旅游、商务、农事、防控、民生等项目，努力形成"村企联建、侨亲共建、金融帮建、村民参建"的良好氛围。

充分发挥职能作用，动员和带动全社会参与美丽乡村建设。组织部重点抓好农村党建综合体和村级组织建设，宣传部重点开展美丽乡村的宣传报道工作，政法委着重做好平安乡村建设，住建局常年开展环境卫生考评工作，农业局重点开展现代农业竞赛活动，林业局侧重提升绿化美化水平，水利局重点抓好流域整治工作，旅游局着重打造乡村旅游线路，文体新局全力提升特色文化内涵，工会、团委、妇联、科协等合力开展群团组织服务链、志愿者服务活动，形成镇村主导、部门联动、全社会参与的工作机制。

（五）实施"民魂"工程净化风气

精神文明建设是美丽乡村建设的灵魂，"民魂"是引领乡村社会经济持续发展的精神动力。2016年以来，永春县全面开展"美丽乡村精神家园"行动，以培育和践行社会主义核心价值观为核心，以深化农村精神文明创建为主线，突出思想内涵，全面提升群众文明素质水平。围绕"民魂"核心，实施美丽乡村振兴计划，为争创联合国人居奖创造条件。

坚持道德化民、文化惠民、环境宜民，基本实现"人不闯红灯、开车不加塞、垃圾不落地、用餐不浪费、红白喜事不奢办、言谈举止不粗俗、出行旅游不违规、经济生活不失信""八个一"的良好乡风民风。

致力建设好"五个一"，即建设一个乡村文化广场，凝练一种精神主题，打造一批服务队伍，开展一系列活动，建成一个展示区域。培育了桃城镇、五里街镇、石鼓镇等10个"民魂"建设示范乡镇，以及丰山村、埔头村、茂霞村等9个"民魂"建设示范村。设计制作彰显永春县特色的"乡村文化广场"统一标识，深入挖掘弘扬白鹤拳、香文化、侨乡、山歌、南音、漆篮、茶叶、民族风情、名人事迹、家风家训等自然人文资源，建立了38个主题文化馆或展览室，整合镇村文化站、农家书屋、文体设施等资源，开展南音、广场舞、门球等丰富多彩的文体活动，评选出一批历史名人榜、学子榜、能人榜、寿星榜、道德模范榜、身边好人榜、文明家庭榜、最美人物榜等，引导树立科学健康、积极向上的农村文明新风，形成一股干事创业的浩然正气，营造齐心协力建设美好家园的氛围。

（六）建立长效机制促进可持续发展

美丽乡村建设是长期的过程，不能重建轻管、维护缺失、后继乏力。"年初启动、年中推动、年底考评和平时督导"，农村环境卫生长效保洁机制，"向上级争取一点，县财政补助一点，乡镇财政配套一点，村级自筹一点，农民群众投资投劳一点"的筹资方式和"县乡督导、村组管理、专人管护"的常态管护等管理机制如何坚持，是美丽乡村的关键。因此，永春县建立美丽乡村建设长效管护机制，明确机构和人员，落实项目管理工作经费和设施运行维护费用，定期和不定期组织对创建的示范村进行"回头看"，巩固提升美丽乡村创建成果，取得了较好的成效。蓬壶镇观山村着力探索美丽乡村长效管理机制，以"村庄景区化，景区生态化"的理念，发挥 3A 级百丈岩旅游区的优势，大力弘扬仙妈朝圣文化、白鹤拳文化，建设老人活动中心、生态篮球场、文化长廊、健身登山步道等场所，建成了集乡村体验、农业观光、康体健身、宗教朝圣等多功能于一体的特色文化旅游型美丽乡村。

四、案例启示

永春县在福建省率先实施"美丽乡村"建设，围绕"环境优美、生活甜美、社会和美"的建设目标，实施"治污、美化、绿化、创新、致富、和谐"六大工程，每年都做建好一批乡镇级示范村和县级的示范村。从理念的形成、项目设计到工作推进，探索出了一套符合永春实际、可学习可借鉴可推广的政府主导型"美丽乡村"建设模式。

第一，坚持"全面推进、重点培育、打造品牌"的建设路径。永春县结合当地实际，创立了三个不同等次的创建管理目标：合格村、示范村、精品村，按"点—线—面"推进的思路，同步推动"美丽乡镇""美丽片区"建设，全域推进"美丽乡村"建设。坚持"一村一策、突出特色"的原则，重点打造"一村一业、一村一韵、一村一景"各具特色的"美丽乡村"，形成典型范例。目前已经形成了"五片三线两带"的建设格局。着力打造和塘古街、桃溪流域桃城东平示范段周边、西部牛姆林周边、中国香都周边、中东部现代农业示范片区等 5 个美丽片区，培育风情线、文化线、观光线等 3 条精品线，建设"呈祥东溪—西村—醉风园"和"五里街—吾峰—蓬壶"两条"美丽乡村"景观带。争取把永春建设成"人民幸福、社会和谐、产业突出、生态优美、环境整洁、文化繁荣"的美丽乡村山区样板，实现生态美与百姓富的双赢局面，打响永春美丽乡村建设品牌，打造全国"美丽乡村"建设样板。

第二，构建"政府主导、农民主体、社会参与"的共建模式。为了让"美丽乡村"建设步入健康发展的轨道，永春县政府不断加大财政资金的投入力度，每年拨出环境卫生补助经费多达 1700 万元，专项资金多达 1000 万元。同时也积极争取国家级一事一议财政奖补，共获得 5100 万元的"美丽乡村"建设资金。不断加大对公共基础设施的建设和维护，为农民营造舒适的公共环境。政府还积极组织村民开展"美丽乡村"相关知识的学习，制定参观学习的主题，举办大型会议以及专题讲座培训。由于农民才是"美丽乡村"建设的主体，因此政府也非常重视提高农民的积极性，引导他们共同参与家园美化绿化，共创美丽家庭。永春县位于闽南金三角地区，传承了闽南人"爱拼才会赢"的精神，涌现了许多成功企业家，同时也是著名的侨乡。永春的"美丽乡村"建设也吸引了广大企业家、侨亲的大力支持，形成齐心协力建设美好家园的氛围。永春县推出的"金佛手——美丽乡村贷"，共发放了多达 4.86 亿元的信贷资金。永春县运用财政投入、侨亲捐资、招商引资、群众筹资等多种形式，四年来投入"美丽乡村"建设的资金累计超过 8 亿元。

第三，营造"贴近生活、文明和谐、底蕴丰厚"的文化氛围。为了深化农村精神文明创建，永春县实施道德化民、文化惠民、环境宜民三大工程，努力培育一批具有永春特色的农村精神文明建设先进典型，实现人居环境、乡风民风、文化生活"三个美起来"。还为村民建设了特色的文化广场，并开展了许多村民喜闻乐见的文化活动。深入挖掘弘扬白鹤拳、侨乡、南音、茶叶等自然人文资源，建设了 30 个主题文化馆或展览室，整合镇村文化站、农家书屋、文体设施等资源，开展了一系列南音、广场舞、门球等丰富多彩的文体活动，还评选出一批道德模范、美丽家庭等，在农村引导树立科学健康、积极向上的文明新风，带动农民群众现代观念改变。

案例二　安吉县："全域旅游架构下农民高度自主自治"的"安吉模式"

"安吉模式"助力安吉县成功入选首批国家全域旅游示范区名单。"安吉模式"以"全域旅游+美丽乡村"打造"中国美丽乡村"为抓手，以建设生态文明为前提，依托优势农业产业，通过五大举措，提高农民素质，改善农村环境和村容村貌，提出"政府的归政府，市场的归市场"理念，推动农业强、农村美、农民富、城乡和谐发展。

"全域旅游架构下农民高度自主自治"的"安吉模式"

以"示范户"带动乡村发展，企业介入，加大对美丽乡村资金和管理的投入力度，规模化发展。当"示范户"率先在农村开展乡村旅游并取得成功后，村民开始加入旅游接待的行列，学习"示范户"和企业的经验和技术，村集体对美丽乡村建设进行规范和统一管理。"安吉模式"本身就是一种在尊重本地农村的特殊性、复杂性、多样性等基础上，经过长期互动实践而形成的治理模式。不可否认，"安吉模式"在全国范围内的适用性仍需接受理论与实践的检验，但其立足区域特征，强调村民村集体主体作用，严格遵循农村社会公共利益至上的原则，并能够因地制宜地发展出一套科学合理、相对稳定的协同治理体系，表明了其具有的创新环境治理能力，这为全国其他地区的农村环境治理实践提供了良好的借鉴与指导。

一、基本概况

安吉县是我国最早提出"中国美丽乡村"计划的市县之一，2008年安吉县出台《建设"中国美丽乡村"行动纲要》，目标建设"村村优美、处处和谐、家家创业、人人幸福"的新农村，打造全国生态环境优美、产业特色鲜明、社区服务健全、乡土文化繁荣、农民生活幸福的地区，实施"产业提升""环境提升""素质提升""服务提升"四大工程，把安吉县打造成中国最美丽的乡村之一。2010年，浙江省安吉县率先提出将标准化应用于美丽乡村建设，开创了农村标准化的先河。安吉立足于本地生态环境和资源的优势，发展竹茶产业、绿色食品和生态乡村休闲旅游业等新兴产业，带动农民增收。

"安吉模式"以"全域旅游＋美丽乡村"打造"中国美丽乡村"为抓手，以建设生态文明为前提，依托优势农业产业，大力发展以农产品加工业为主的第二产业和以休闲农业、乡村旅游为龙头的第三产业，提高农民素质，改善农村环境和村容村貌，走上了一条一、二、三产业结合，城乡统筹联动，人民富足幸福的小康之路，实现了农业强、农村美、农民富、城乡和谐发展。

二、发展历程

（一）历史阵痛——安吉模式艰辛起步

20世纪80年代，安吉交通条件落后，工业基础薄弱，被列为全省25个贫困县之一。县委县政府不甘落后，学浙南，学苏南，走"工业强县"之路，引进和发展了一些资源消耗型和环境污染型产业，如造纸、化工、建材等，环境遭到了严重污染。为了治理环境，安吉关闭了严重污染企业，从而又一次拉大了与周边县区经济发展的距离。

（二）深入探索——"安吉模式"初显雏形

安吉县委县政府站在新的历史起点和高度上，清楚地意识到：先污染、后治理，先强县、再富民的路子，对安吉是死路一条。经过长期认真调研和思考，决心把改善生态环境放在首位，利用优势农业资源，深挖"三片叶子，一把椅子"的传统产业优势，大力发展竹子、茶叶、蚕桑生产和加工，鼓励发展无污染的转椅生产，形成主导产业。

针对农民普遍缺乏保护生态意识的状况，县委县政府将每年的3月25日定为全县生态日，干部群众在这一天义务到山上、田间捡拾垃圾，从而捡出一个村容整洁的新乡村。2006年安吉被提名为首个"国家生态县"。

（三）思路转变——"安吉模式"丰富完善

安吉最大的优势是良好的生态环境，只有顺势而为，变环境优势为经济优势，安吉的经济发展才有出路。基于这种理念，安吉大力挖掘农业和农产品加工业的潜力，首先提出"世界竹子看中国，中国竹乡在安吉"的响亮口号，从毛竹种植、生产到加工，当仁不让地做起了竹产业的佼佼者。其次，安吉集中精力打造中国名牌农产品——"安吉白茶"。

随着蚕桑、烟叶、竹笋等其他优势农产品使越来越多的村民增收致富，安吉村民开始耐心地寻找跨越式发展之路，立足生态优势，大力创建竹子、椅业、电力、书画之乡：发展毛竹种植和开发利用，如竹地板、竹纤维、竹炭、竹叶黄铜等系列产品；大力发展椅业生产，产品远销欧美等发达国家；建设水电站，破解"电荒"的瓶颈；传承一代宗师吴昌硕先生的遗风，创建书画之乡。第一产业、第二产业的发展，让安吉人得到了第一桶金，大批城市游客的到来又使安吉的第三产业迅猛发展。

（四）与时俱进——"安吉模式"深化升级

在原国家旅游局号召开展全域旅游建设的背景下，安吉旅游"十三五"规划明确指出：通过五年努力，把安吉建设成为一个环境更优美、经济更富强、社会更和谐、百姓更幸福的内外兼具的美丽乡村，打造名副其实的全国美丽乡村样板。

第一，村庄建设强化精品示范引领。安吉着重做的是突出村庄特色品位和加快建设成果转化，以精品示范村为引领，以精品示范带建设为骨架，充分体现安吉美丽乡村的多元性、差异性和均衡性特点，全面展示安吉美丽乡村的新形象、新风貌。

第二，长效管理，引入社会监督力量。安吉邀请相关社会团体、新闻媒体单位与美丽乡村长效管理办公室成员一起，对全县美丽乡村建设进行拉网式细察，共同监督、发现、消除长效管理的漏洞和死角。

第三，深化主体，全力培养品质农民。美丽乡村的灵魂是生活在其中的人，要推进乡村的精神文明建设，就要更好地引导和规范人们的习惯，使生活在其中的人更加文明，更加优雅。"十三五"期间，安吉充分利用农村文化礼堂和乡村舞台，积极开展农村宣讲活动，持续推动美丽乡村从"物"向"人"的转变。

三、具体实践

高家堂是安吉生态建设的一个缩影，以生态建设为载体，进一步提升了环境品位。以高家堂村为代表的村企合作、农民自主自治型安吉模式是全域旅游架构下的典型创新。高家堂村将自然生态与美丽乡村完美结合，围绕"生态立村——生态经济村"这一核心，在保护生态环境的基础上，充分利用环境优势，把生态环境优势转变为经济优势。现如今，高家堂村生态经济快速发展，以生态农业、生态旅游为特色的生态经济呈现良好的发展势头。全村已形成竹产业、生态型观光型高效竹林基地、竹林鸡规模养殖、富有浓厚乡村气息的农家生态旅游等生态经济，其对财政的贡献率达到50%以上，成为经济增长支柱。高家堂村美丽乡村建设发展路径为：生态为本、农业为根，产业联动、三化同步，依托环境、融入文化，创建品牌、树立形象，乡村美丽、农民幸福。

（一）生态为本、农业为根，建设安吉美丽乡村

安吉坚持走生态立县之路，推进形成节约资源和保护环境的产业结构和消费模式，生态环境成为县域经济发展的根基。一是坚持环境就是生产力的发展理念，将生态环境作为县域经济实现弯道超车、跨越发展的有力支撑。二是坚持打造绿色品牌农业，着力将白茶和毛竹两大农业特色产业打造成安吉农业的知名品牌，实现了生态资源产业化、特色产业生态化和绿色农业品牌化。三是坚持推进美丽乡村建设，通过生态保护、绿色发展，使安吉成为名副其实的美丽乡村。

（二）产业联动、三化同步，打造绿色产业链条

安吉始终坚持以农为本，内生发展，打造绿色产业链条，同步推进工业化、城镇化与农业现代化，构筑了协调共进的县域经济体系。一是做精做好现代农业，筑牢县域经济基石。重点围绕毛竹和白茶两大特色产业，加大政策引导力度，扩大种植规模，提高产品质量，延伸产业链条，发展绿色农产品加工业和生态休闲农业，为县域关联工业和服务业的发展创造基础条件，提高农业产业对县域经济的支持能力。二是做大做强主导产业，推进农产品加工业集群发展。打造县域良好的发展环境，促进招商引资引智，严格筛选工业项目，选择科技含量高、经济效益好、污染

排放少的关联工业项目落户安吉，推进主导产业集群发展。三是做优做美特色村镇，推进农村城镇化。强化县域规划协调，不断改善发展环境，在推进农业产业化、工业集群化发展的基础上，统一布局中心城镇建设，使县域产业发展与中心城镇建设相互协调，培育一批设施齐全、功能完备、环境优美、产业发达的中心城镇。通过实施上述措施，逐步构筑起一、二、三产业联动发展，工业化、城镇化和农业现代化同步发展的农业农村发展新格局。

（三）依托环境，融入文化，发展壮大休闲农业

安吉重视保护农村生态环境，重视利用生态资源，鼓励农民维护好、经营好生态资源，不断发展休闲农业和乡村旅游，实现生态效益与经济效益的统一。一是依托环境优势，壮大休闲农业。安吉以打造"中国美丽乡村""中国大竹海"两大休闲农业品牌为抓手，大力发展农家乐、休闲园区等多种形式的休闲农业产业，使休闲农业与乡村旅游得到快速发展。二是加大文化融入，丰富休闲农业内涵。依托丰富的历史文化资源、民族民俗风情，加大文化资源开发力度，休闲农业的文化内涵得到不断丰富。三是突出特色，打造特色休闲农业板块。依托美丽乡村建设，推进形成乡镇"一板块一主题"，乡村"一村一品""一村一景"的休闲农业和乡村旅游格局。安吉休闲农业与乡村旅游走上了特色化经营、精品化发展的道路，成为带动农民就业增收的朝阳产业和县域经济的重要支柱产业。

（四）创建品牌，树立形象，提升美丽乡村美誉度

安吉以美丽乡村品牌建设为抓手，实施从产品品牌到区域品牌的一体化发展战略，显著提升了安吉的整体形象。一是依托特色农业产品，打造绿色农业品牌。二是依托乡村建设，打造美丽乡村品牌。通过品牌建设，不仅实现了农产品的品牌价值，而且增强了安吉的知名度和美誉度，提升了安吉的区域品牌效应，为安吉的全面发展奠定了坚实的基础。

（五）乡村美丽、农民幸福，实现城乡协调发展

安吉在城乡统筹发展中，突出乡村规划建设，从产业布局、基础设施建设、基本社会保障和社会管理等方面，加大对农村的投入，推动农村又好又快发展。一是统筹推进城乡发展建设。二是协调发展城乡社会事业，形成全面覆盖的城乡社会保障体系和公共服务网络。三是全面发展城乡文化事业，统筹推进农耕文化资源与非物质文化遗产的保护利用，建设镇村文化阵地，大力发展传统文化产业和现代文化

创意产业，拓展农业功能，提高农业效益。安吉在城乡统筹发展中，实现了乡村美丽、农民富裕、农村繁荣、社会和谐。

四、案例启示

"全域旅游架构下村民高度自主自治"的"安吉模式"下，村民不是被管理者，不是政策的被动接受者，美丽乡村建设成功与否的关键在于乡村多元行动主体能否共同参与治理，村镇能人与村镇居民的参与同样是美丽乡村建设的"驱动力"。政府充分发挥了财政的作用，实行"以奖代补"措施，极大地激发了安吉人民建设美丽乡村的积极性。由于各村、各企业普遍在绿色发展中受益，政府积极鼓励、引导企业和村民把资金投入到美丽乡村建设中来。在一定程度上，既推动了农民的广泛参与和高度自主自治，充分发挥了其主人翁作用，又加强了对生态环境的保护。

（一）县委县政府的科学引领

一是从实际出发，立足于生态立县、农业富民、开放兴县的发展思路、发展方式，不盲从县域经济发展的老套路；二是不盲目追求经济发展速度和规模，注重建设品牌农业、品味农村、品质农民，注重发展的持久永续，注重五位一体协调统一；三是多届县委县政府始终坚持已经确定的发展思路和发展方式，换届换人不换路。

（二）强调村民村集体主体作用，村企共建发展

一是积极培育农民专业经济合作组织，形成现代产业经营体系。引导农户自愿组织起来，将个体优势转化为集体优势，提高生产经营的抗风险能力，同时降低单独发展的成本，提高竞争力。二是大力发展乡村旅游业。充分利用农村"天生丽质"和文化底蕴深厚的优势，大力发展"农家乐"休闲游、山水游和民俗游。三是加快传统产业改造升级。引导加工制造业向工业园区聚集，加快技术转型升级，主动适应市场需求，增加中高端产品供给。四是实施浙商"回归工程"。利用乡情、亲情引导和动员在外浙商回乡投资兴业，带动更多农民实现就地就近创业就业，推动村企共建发展。

（三）突出生态建设、推动绿色发展

安吉最大的优势是生态环境，最稳定、最有特色的产业是农业，以农为根、绿色发展是安吉模式的重要经验。一是以现代农业发展引领县域经济发展。以现代

农业为支撑，通过绿色发展，衍生出一条条绿色产业链，交织成县域经济发展的绿色网络，保持经济社会发展持久永续的活力。二是以美丽乡村建设提升人居环境质量。建设"美丽乡村"，顺应了农民对生态家园、人居环境和精神生活的更高追求，既立足当前，又着眼未来，能够保持可持续发展并惠及子孙后代，并让农民生活得更体面、更有尊严。

（四）坚守农业产业、坚持内生发展

依托特色农业，延伸产业链条，实现兴县富民，是安吉模式的又一重要经验。一是以联动发展推进绿色工业化。安吉以农业为基础，联动发展农产品加工业；同时严格筛选科技含量高、污染排放少的工业项目予以发展，推动了绿色工业化。二是以功能拓展引领农村服务业。积极拓展农业功能，重点发展休闲农业和乡村旅游，引领农村服务业发展，实现乡村旅游规模和效益的倍增。

（五）注重协调发展、推动全面进步

安吉注重在新农村建设中全面推进经济、政治、文化、社会、生态建设，促进农村各项事业协调发展。构建了现代农业与二、三产业协调发展的县域经济格局；实施村务公开，落实基层民主，充分保障农民基本权利；形成了涵盖文化资源、文化事业、文化产业的农村文化体系；加强农村基础设施建设，提升农村民生事业发展水平；构建了生态环境良好、生态文化繁荣、生态产业发达、生态经济高效的生态文明格局。

（六）迎合新局势、积极创新体制

积极响应国家全域旅游建设号召，安吉努力推进全域景区化建设。根据"五化同步"的总体要求，在提质上苦下功夫力促转型：实现全域化布局、一体化推进、标准化管理、生态化发展、国际化引领。安吉曾在浙江率先成立旅游委，推动政府职能从行业管理转向更深层面的产业推进。为了和市场结合，成立了旅游发展总公司，实现政企分开，以便能让"政府的归政府，市场的归市场"。

案例三　婺源县:"新型城镇化架构下虚拟社会资本运作"的"婺源模式"

婺源携手政府、企业和社会资本,引进生态旅游项目。以旅游经济为主导,直接进入了以服务经济为核心的后工业化时代。短短几年间吸引了大量资本进入。"新型城镇化架构下虚拟社会资本运作"的"婺源模式"注重发展的参与性与收益的分享性。

主线和准则:政府主导、放手民营。

政府、企业、居民各利益主体共同参与发展建设,共同分担发展风险,共同分享发展收益,推动美丽乡村生态宜居和品牌形象提升。通过婺源县全域旅游规划,实现了全域村镇资源的整合、产业的联合、产品的升级、空间的联动,婺源县西线、北线等以往冷门的区域逐步活跃起来。同时,婺源西线、北线、南线等区域将实现劳动力回流、收入和税收的增长、就业的提升等。

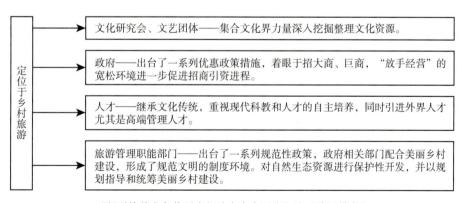

"新型城镇化架构下虚拟社会资本运作"的"婺源模式"

一、基本概况

江西省婺源县以美丽乡村建设为支点大力发展乡村旅游,带动乡村建设增加农民收入，确立了"建设中国最美乡村，打造中国旅游第一县"的目标。同时婺源注重规划，尊重本地实际，避免急功近利，确定了"八年三步走"发展战略，即"前两年打下基础、筑平台、增后劲，中间三年创品牌、扩影响、优结构，后三年促融合、创一流、强产业"。

江西婺源县坚持以人为本，遵循人与自然和谐相处、生态和经济社会协调发展的理念，不断推进新型城镇化建设，弘扬生态文明，建设和谐生态家园。打造美丽人居家园，让最美乡村的家更和、人更美。婺源县坚持围绕"山水文化旅游城市"发展定位，把全县2947平方千米作为一个文化生态大公园来整体打造。坚持生态立县、绿色发展，扎实推进美丽乡村建设，努力打造优美人居环境，促进生态改善、发展提速、民生提质，逐步探索出一条生态发展之路，先后获得全国绿化模范县等荣誉，被评为"中国最美乡村"、"中国最具影响力乡村旅游目的地"。

二、发展历程

婺源以创建文明县城为主线，以资源优势转化为发展优势为建设路径。持续开展文明村镇、文明单位、文明社区创建活动，积极开展"村村秀美、家家富美、处处和美、人人淳美"最美乡村主题活动，倡导文明健康的生活方式，促进城乡文明程度的整体提高。以争做"最美婺源人"为抓手，大力开展"最美教师""最美学生"等十大最美称号评选活动，将争做"最美婺源人"细化深入到全社会各阶层，全方位展现山美、水美、人更美的"中国最美乡村"新形象。

（1）新型城镇化联动美丽乡村。婺源模式，以美丽乡村建设为抓手，推动景区景点与县城、重点镇融合发展，将美丽乡村融入新型城镇化，有效实现城乡融合发展。进一步丰富旅游业态，积极引进和发展一批多样化、差异化旅游项目；大力发展民宿产业，力争每个行政村都有独具特色的民宿，把江湾打造成乡村民宿发展的典范。

（2）促进产业融合。以旅游大发展带动产业大融合，助推镇域经济又好又快发展。大力发展"旅游＋农业"，扎实推进"松风翠"等生态观光农业项目建设；振兴婺源传统四色之一的"江湾雪梨"，加强良种培育和栽植，打造集观光、采摘、文化体验等功能为一体的特色农业体验观光园。扎实推进"旅游＋工业"，进一步完善招商措施，优化发展环境。

（3）建设美丽江湾。把江湾"步步是画"的资源优势转变为"处处宜游"的发展优势。围绕中国特色小镇项目建设要求，坚持高起点、高品位、高标准，全面推进精品步行街、滨河民宿风情街、梨园新区等镇区项目建设和管理，将江湾打造成为"山水人文融于一处"的特色小镇。

（4）实现全民共享。让群众在江湾生活得幸福、游客在江湾感受到幸福。江湾项目的总体规划定位是：以小桥流水的水墨江南徽文化为背景，以古树环绕的水口文化为点缀，以家国天下宗祠文化为基因，以休闲商业配套、文化产业平台为载体，结合婺源地区乃至整个大徽州文化圈的传统观光型旅游，打造以徽州特色文化为背景，婺源及江湾区域文化为特色，文化产业挖掘为扩展，其他休闲配套为辅助的理念创新、功能强大、配套完善并辐射大徽州区域的婺源二级旅游集散目的地。

三、具体实践

（一）生态环境保护

多年来，婺源县坚持把生态保护作为立县之基，引入绿色 GDP 考核体系，把环境指标作为权重大、考核严的重要指标，坚决实行环保目标管理责任制、环境问责制、责任追究制、一票否决制，使政绩考核的导向真正扭到科学发展上来，建立起一整套体现科学发展观的政绩考评体系和生态文明建设标准体系。加强生态环境保护，让最美乡村的山更清、水更秀、花更美。

（二）"三大工程"实施

重点实施资源管护、节能替代、造林绿化三大工程，全县森林覆盖率高达 82.6%。

资源管护方面，在全县范围内实行"十年禁伐天然阔叶林"，对人工更新困难的山场实行全面封山育林，将公益林扩大到 155 万亩；在国内首创自然保护小区模式，设立各类自然保护小区 193 个，保护面积达 65.4 万亩；深入推进林政标准化管理工作，把生态保护纳入干部政绩考核之中，筑就生态环境"安全网"。

节能替代方面，在县财政吃紧的情况下毅然关闭近 200 家污染严重、资源消耗量大的"五小企业"；积极推广以林蓄水、以水发电、以电养林的生态保护模式，推行以"改燃节柴、改灶节柴"为主要内容的"双改双节"工程，积极发展农村沼气，全县平均每年减少能源性消耗木材 9 万立方米，相当于每年新增造林 18 万亩，有效打造了资源"减耗器"。

造林绿化方面，先后在荒山、园区、乡村、道路等地域实施"一大四小"绿化工程，精选 100 个村推进以绿化、美化、花化为主要内容的"花开百村"工程，迅速做大最美乡村的"绿肺量"。

（三）开展水体保护整治活动

在全县 1487 个自然村进行农村清洁工程，实行农村垃圾规范化、标准化收集处理；加强农村餐饮宾招服务业的污水处理，所有规模畜禽养殖场实现粪便、污水无害化处理；加强农村工业企业污染整顿，对整改不到位、不达标的企业予以关闭；所有山塘水库全面禁止化肥养鱼，全面禁止毒鱼、电鱼、炸鱼，所有沿河沿溪建设项目要求做到"环保三同时"（即在建项目必须做到防治污染的措施与主体工程同时设计、同时施工、同时投产使用）；同时，所有河道的采砂全部纳入规范管理，所有矿山全部进行环境恢复治理。通过以上综合整治措施，切实保障最美乡村的一汪清水。

（四）绿色发展

围绕富民强县的战略目标，最大限度地把最美乡村的潜在优势转化为县域经济发展的现实优势，并以此拓宽广大群众的创业、就业和致富渠道。

1. 大力发展以乡村旅游为核心的生态旅游业

坚持把旅游产业作为"核心产业、第一产业"来打造，按照"政府主导、社会参与、规划引领、统筹推进"的思路，成功开发 20 个精品景区，其中国家 5A 级旅游景区 1 个、4A 级旅游景区 7 个，成为全国 4A 级以上旅游景区最多的县。蓬勃发展的旅游产业，发挥了富民的引领作用，截至目前全县经营旅游商品生产和销售的企业和个体工商户已达 400 余家，近 7 万余人通过从事旅游及相关产业实现"门口致富"。以旅游业为主的第三产业占全县 GDP 的比重达 47.2%。

2. 突出发展以低碳节能为方向的生态工业

积极拓展生态工业平台，按照建设循环经济示范园区和生态工业园的要求，积极发展高新技术、旅游商品加工和机械电子加工等产业，创建了全省第一家生态工业园区。先后引进了中科院电子云计算数据运营中心、洁华环保、聚芳永茶叶深加工等一批带动能力强、关联度大的重大项目。依托全省首家旅游商品加工基地，大力发展以徽州三雕、龙尾砚台、甲路纸伞等特色生态旅游产品为代表的加工产业，带动当地特色旅游产品加工业发展，拉动就业1万多人，婺源也被评为国家可持续发展实验区和全国低碳国土实验区。

3. 着力发展以茶业为龙头的生态农业

立足优美的生态环境，积极推进农业"生态化、品牌化、多元化"发展，逐步形成以婺源绿茶品牌为核心，荷包红鱼、油茶等农产品为支柱的产业体系。其中茶园面积17万亩，加工贸易量3.8万吨，出口创汇3100万美元，有机茶出口占据欧盟市场的半壁江山，婺源已成为中国十大生态产茶县。同时，通过生态农业与乡村旅游嫁接互动的新型休闲农业模式，农业产业化水平明显加快，目前省、市、县级农业产业化龙头企业分别达到6家、13家和34家，农民专业合作社总数达151家，有力促进了农民增收致富。

四、案例启示

目前，婺源旅游发展已经硕果累累，成绩斐然，对地方财政、县域经济、关联产业和居民就业做出了巨大贡献。这一成绩不仅仅是经济上的表现，同时还带来婺源社会、环境、文化等方方面面的变化。随着旅游经济的发展，婺源已经组建了规模化发展的企业平台，奠定了大区域的交通格局，形成了全国知名的品牌形象，具备了产业升级转型的整体框架，构建了强有力的制度保障。婺源旅游事业取得的令人瞩目、令人振奋的成绩，为进一步发展打下了坚实的基础。奇迹的背后是精神，跨越发展的动力来源于准确的定位和科学的战略指导：婺源旅游以创新求发展，以改革促繁荣，在发展中不断探索、不断突破，开创积累了以精神创造奇迹、以政府主导推动、以科学指导发展、坚持整体优化、坚持保护优先、坚持文化挖掘、坚持品牌经营、坚持机制创新八大实践发展经验。

婺源旅游经济发展之路不仅取得了丰硕成果，同时还形成了以旅富民、以旅兴县的独特社会化发展模式。这一社会化发展模式可以表述为：以多样化的社会资源进行科学的社会化运作，以科学的社会化运作积淀丰厚的社会资本，以丰厚的社会资本打造一流的旅游目的地，以一流的旅游目的地构造综合性社会产业，以综合性社会产业带动县域经济的跨越式发展，最终实现社会经济、环境文化以及人的全面发展。就其本质而言，婺源旅游带动县域经济持续发展的社会化模式是一种"社会金融模式",即将"社会资源"作为"银行",通过"旅游消费"不断与"银行"发生"业务关系",从中"支取"和"储备"各种"价值",带动形成社会化产业体系,产生社会服务和社会金融等高端服务价值,最终实现县域经济的发展。

第十一章

美丽乡村实践案例经验与启示

国内各地美丽乡村发展模式不尽相同。不同美丽乡村模式的形成，往往都是根植于当地资源禀赋、自然条件和现实实践背景，并在探索中逐渐了形成各自的优势及特色。如前文中的永春、安吉与婺源三个美丽乡村案例，某种程度上已经成为有机整合资源禀赋、民俗文化和政策机遇的美丽乡村典范之作，对于华侨城旗下各集团正在运营的美丽乡村项目而言，既可以互为镜鉴，吸取各自经验、规避潜在风险；又可以取长补短实现差异化发展；即便风格迥异，也可以异曲同工，共同探寻平衡处理村镇区域稳定、民族文化传承、乡村居民利益诉求、企业可持续发展等多元诉求的路径机制，为中华大地的乡村全面振兴和美丽乡村建设，探索出可复制、可推广的发展之路，确保美丽乡村建设得以在正确道路上可持续、健康发展。

一、美丽乡村实践基本经验

（一）科学合理规划，优化空间结构

在美丽乡村建设过程中，国内美丽乡村始终坚持顶层设计，突出特色化，以各乡镇、村庄为基础，强化全域理念，融入文化元素，推出"美丽乡村建设标准"，力求"一乡一韵、一村一品"，杜绝"千篇一律、千村一面"。通过村庄规划编制，顺应城乡融合发展趋势，突出地域特色，体现差异性和多元化的乡村之美。依托现有山水脉络特点规划建设美丽乡村，坚持乡村原真性保护、原居住式开发、原特色利用，注重乡土味道，保留现有乡村风貌，留住田园乡愁。特别是近年来，各乡村根据实际，在发展方向上，依据区域布局、产业特色等，启动了村镇总体规划修编工作，完善村庄规划，加强规划管理。科学合理的空间经济布局，不仅提高了区域资源配置效率，而且优化了村域空间结构，从而促进了经济与生态的协调发展，为全域美丽乡村建设提供了支撑。

（二）积极发展产业经济，助推产业融合

产业发展是美丽乡村建设的重要体现。在全域美丽乡村建设过程中，各村结合自身产业特点，积极发展特色产业，推动产业的深度融合。一是因地制宜发展特色产业，坚持实施"产业兴城"战略，根据各乡镇、村庄的产业基础和资源禀赋，科

学定位区域支柱产业，划定优势产业发展区域。二是因势利导促创业，着眼转型创新发展，树立现代市场观念和经营理念，加大对农民返乡就业与大学生创业的扶持力度。特别是积极利用"互联网+"，鼓励村民开办电商，破解当地农产品销售难的局面。三是聚力产业融合发展，坚持全产业链运营，推动一产向二产过渡向三产延伸，通过三产融合、价值链整合、品牌化营销提升产业收益。积极发展休闲农业、景观农业、创意农业，将生态农业与旅游业有机结合，引导乡村在主要道路周边发展当地特色的稻田农艺、创意农业、体验农业等，鼓励村民在旅游景区附近开办各具特色的乡村旅游酒店和农业庄园，积极推动休闲农业、生态农业和乡村旅游走"一村一特色、一镇一品牌"的发展道路。

（三）大力推进农村改革，激活乡村发展活力

我国美丽乡村和特色小镇不断探索创新农村改革，先后在农房贷款、强镇扩权、宅基地改革上取得了较好的效果，盘活了农村的资源，推动了农村经济发展，有力地促进了全域美丽乡村建设。在农房抵押方面，正积极制定农房抵押融资实施细则，科学引导各市商业金融机构推出一批以农房为核心的涉农信贷产品，建立健全涵盖农房确权颁证、价值核算、投融资机制、风险评估、风险补偿等环节的配套政策，拓宽"三农"融资渠道，有效缓解农民贷款抵押难的矛盾。一方面，加大财政资金投入。坚持将财政资金的投入重点放在发展产业、富裕农民上。对于贫困村，通过与精准扶贫相结合，预拨部分资金支持美丽乡村建设项目早开工、早见效，加快支出进度，提高财政资金的使用效率。在产业与配套项目、税收优惠、信贷融资等方面给予大力支持，有力带动了农村经济发展和农民增收致富。另一方面，坚持"政府资助、农民参与、社会支持"的多元资金支持机制，积极发挥财政资金的造血功能，利用市场机制，引导社会资本参与美丽乡村建设。在屋场建设过程中，积极发挥财政资金的引领作用，以奖代补引导群众集资、企业捐资，鼓励农民自愿投工投劳，调动广大农民参与美丽乡村建设的积极性和主动性。

（四）发挥乡土文化的影响力，推动乡风民风的改善

农村蕴含着丰富的传统乡土文化。在开展全域美丽乡村建设过程中，应充分挖掘乡村文化，以乡村文化为引领，推动乡风民风的改善。一是强化乡贤文化的引导力。聚集当地乡贤达士、先进道德模范、优秀党员干部、企业管理人员等乡村精英，定期开展村规民约学习，引导广大村民参与到乡村文化建设中来。二是发挥宗

祠文化的带动力。往往乡村的宗祠文化源远流长。在现代乡村文化建设过程中，美丽乡村要积极融合传统优秀的宗祠文化，赋予宗祠文化新的内涵，将祠堂家庙打造成为村民学习和践行社会主义核心价值观的文化站，并积极宣传"文明上网、文明旅游、文明交通、文明餐桌"等文明道德实践活动，使祠堂成为美丽乡村道德建设的重要阵地。三是开展乡村文明创建。国内当前美丽乡村将村民社会公德、职业道德、家庭美德、个人品德建设作为重要抓手，积极开展关爱留守儿童、空巢老人等志愿者服务活动，组织文明乡村、风尚社区、五好村民、星级文明家庭等创建活动，弘扬乡村正能量，引领乡村树立新风尚，使文明行为和习惯在广大农村地区蔚然成风。

二、美丽乡村实践案例启示

科学的规划是全域美丽乡村建设的前提，良好的产业经济发展是基础，积极的农村改革创新是动力，强有力的财政政策支持是保障，特色传统文化的保护与继承是支撑。可见，我国在开展全域美丽乡村建设过程中，应积极吸取各地良好的经验做法，先行做好相应的规划设计，依托当地资源禀赋发展特色产业经济，加快农村改革的步伐，加大财政支持力度，注重对当地乡土文化的保护。只有这样，全域美丽乡村建设才能顾及乡村建设的方方面面，最终实现美丽乡村建设内容与地域的全覆盖。

（一）科学合理规划，强化美丽乡村建设顶层设计

（1）探索建立美丽乡村的标准化建设指标。一是在县镇村三级成立规划指导小组，小组成员需要具备丰富的专业知识与技能。村级规划小组由于受限于人员文化水平等客观条件，镇级规划小组应给予充分的指导帮助，同时也应该有村民选举的代表全程参与，形成与群众良好的信息反馈机制，切实提高群众的参与度。并且要关心村民切身利益，解决迫切问题，由政府引导推动村民生产改革，结合村民需求，解决当前重点整治问题，考虑农村发展后续维护管理工作，做好规划，突出村庄风格，推进好美丽乡村建设规划。二是规划过程中应当注重科学规划，做到根据各村特点进行规划，使每一个村庄真正建立一个属于自己特色的美丽乡村模式。要着重针对各村的自然条件、现有基础和本村经济发展水平、产业特点等，既注重前期建设，又注重长远发展，保持村庄地形地貌，注重生态环境整治，立足安全、经

济、方便使用与管理，注重节约集约，切实推进各类设施建设，不贪大求洋，不好高骛远。三是镇级规划指导小组要加强与县域规划小组的联系、沟通，规划要统筹全局，处理好整体与部分的关系，站在乡镇一体的整体高度，进一步优化农村与城镇的结构布局。

（2）规划应注重蓝图与实际相结合。美丽乡村建设要始终牢记乡村的性质，决不能简单地把城市规划理念生搬硬套地放到乡村身上。正如习近平总书记提到的美丽乡村的愿景，"看得见山，望得见水，记得住乡愁"。乡愁是一个人对故乡的山水、人文、建筑、习俗等一切事物、观念的记忆与思念。这显然不是要求我们要造山、蓄水，而是要树立凸显地方特色的建设理念，避免防止千村一面的局面，要把村庄改造成风景优美、环境宜人的美丽乡村。彰显个性并不是一味地追求特立独行，规划应当在充分挖掘地方特色的基础上，积极利用文化底蕴，打造真实反映自身情况的村落。规划还应当循序渐进，切忌追求速度，善于总结和把握农村发展过程中的差异性规律，做好顶层设计，注重规划先行、有的放矢、塑造典型、持续推广。在乡村规划上应当既尽力而为努力做到最好，又量力而行尊重事物的客观发展规律，坚决反对任何形式主义，不搞一刀切。要在充分调研的基础上，有计划地进行，一定要有耐心、责任、担当，稳步而进。

（二）注重发挥宣传教育的舆论引导作用

当今社会是信息社会，信息的迅速传播使宣传教育的舆论引导作用更加突出、更加广泛，因此宣传教育的舆论引导作用就显得日益重要。在生态文明建设中，宣传教育同样起着重要的示范和引导作用。人是生态文明建设最重要的参与主体，生态文明成果如何，主要依赖于每个人的意识和行动，依赖于每个公民参与生态文明建设的主动性和积极性。这就需要通过宣传教育构建起全民参与环境保护的行动体系，并不断探索出生态文明建设的新理念、新思路、新方法。经过宣传引导，广大村民群众积极主动参与到当地的文明生态村建设中，自发形成并认真遵守村规民约，通过"一事一议"、村务协商等方式，积极为农村公共基础设施建设献策献力；经过宣传引导，村民群众可以积极成立合作社，以土地和房产入股或出租的方式创办农家乐、采摘基地等，进一步拓宽村民增收渠道。

（三）加快发展农村产业经济，推进一、二、三产融合发展

农村产业经济是农业经济的基础，对全域美丽乡村建设具有举足轻重的作用。

对此，应通过农村产业经济的发展带动美丽乡村的建设。具体来说，就是要大力发展农产品加工业，支持农业龙头企业发展，鼓励农业龙头企业开展联合与合作，促进全产业链经营。拓展农业功能，推进农业与旅游业、红色教育、乡土文化、医疗健康等产业的深度融合。加快对家庭农场、专业大户、种养能人、农民专业合作社、农业龙头企业等新型农业经营主体的培育。加强农民专业合作社和土地股份合作社的规范化建设，创新农业产业化组织形式和利益连接机制，构建农户、农民专业合作社与龙头企业之间互利共赢的合作模式。此外，建立农产品产供销一体的产业体系，改善农产品流通体系，推进农产品直销，建立农产品营销公共服务平台，实现农村一、二、三产的有机融合。

（四）推进改革创新，激发农村发展活力

随着我国市场经济的推进，农村现有的体制机制不仅严重束缚了农村的发展，而且在一定程度上阻碍了美丽乡村的推进，亟须对其改革创新。一要完善农房抵押贷款制度。农房作为我国广大农民的主要财产之一，因其金融风险问题，在银行贷款上往往受阻。对此，通过建立农房贷款担保体系和风险补偿机制创新来化解农房贷款中的金融风险。二要加快农村土地制度改革步伐。一方面，有序推进宅基地制度改革。改进宅基地管理制度，完善宅基地权益保障和取得方式。另一方面，加快农村土地资本化流转。在坚持"三权分置"的情况下，加快农村土地确权颁证的步伐，建立归属清晰、流转顺畅的土地流转机制。规范土地流转过程中的主体行为，杜绝农地流转后非农化行为。三要着力培育特色小镇。特色小镇是乡镇经济基础较好、产业发展特色、人口集聚较多、文化内涵独特、发展潜力较大的特定地域单元。在培育美丽乡村和特色小镇上，需要在发展理念与发展模式上创新，改革现有的管理体制机制，加快行政审批的下放力度，激发乡村和小镇的发展活力，助力全域美丽乡村建设的推进。

（五）强化政策支持，保障资金供给

强有力的政策支持与资金保障是全域美丽乡村建设的保障。美丽乡村建设是一个系统的工程，离不开各级政府的政策支持与资金扶持。在政策上，需要加大政策支持力度，统一协调各部门的政策。继续实施农产品流通减免税、粮食生产补贴政策，完善农产品价格补贴与农业生态补偿制度，积极推进精准扶贫政策，努力探索新常态下惠农惠民的新政策。在财政资金扶持上，把各级财政支持基础设施建设的

重点放在农村，加大农村基础设施建设力度，将财政资金向农村道路硬化、危桥危房校舍改造、农村电网建设以及山水林田湖保护与生态修复倾斜。此外，充分发挥财政资金的引领作用，积极引导社会资本参与到美丽乡村建设中。

（六）加强农村文化建设，着力乡风民风淳化

一方面，保护和弘扬乡村文化。加大对传统村落保护力度，挖掘和弘扬乡村传统优秀文化，修缮农村祠堂、庙宇、古塔、古戏台、古民居等历史文化遗迹，发扬传统民俗活动、民间艺术等特色民俗文化。大力弘扬传承传统乡贤文化，积极引导各村制定村规民约，改善村风民俗。改善农村文化体育设施设备，加大对村镇文体活动中心的改造升级，积极开展各具特色的乡村文化活动，丰富农村居民精神文化生活。加大对乡村图书馆的扶持力度，建设一批功能更齐全、特色更鲜明的乡村图书馆，为广大农村孩子提供更加美好的学习乐园与精神家园。另一方面，培养文明乡村风气。通过大力开展社会主义核心价值观教育，加强村民对社会公德、职业道德、家庭美德和个人品德的塑造，积极利用村级文化教育设施场所，开展多种形式的知识宣传和培训活动，全面加强农村精神文明建设。推动完善村规民约，引导农村群众遵纪守法，诚实守信，融洽村社邻里关系，营造和谐社会氛围。

三、华侨城集团美丽乡村建设未来展望

华侨城美丽乡村模式独特的价值在于，一方面将全域共建共享理念落到实处，用国际化的视野和要求，强化三亚等旅游城市的建设，包括"硬环境""软环境"两方面，强调软硬双面发展，既强调旅游基础设施建设，也重视优化旅游发展软环境，重视坚持从严治旅的长效机制，重视加快形成法制化、国际化、便利化的营商环境，同时重视全面提升在地居民的文明素质，营造热情好客、文明友好的一流国际旅居环境。另一方面，大力发展特色"文创、文旅、文博"三文融合的产业生态圈，保持个性营造。统一规划、统一设计、统一建设，突出完整性、原始性、真实性和延续性，在原有资源和风俗文化基础上，保持特色和营造个性，防止"千村一面"。

华侨城未来需要贯彻好"绿水青山就是金山银山"的发展理念，为乡村居民提供一个宜居宜业的生活环境，为城市游客提供一个享受田园、亲近自然的世外桃源。华侨城美丽乡村模式需要在创新实践中不断完善：

一是强化产业支撑，因地制宜地凸显特色优势。企业在参与过程中，需摈弃传统的房地产开发思维，要在现有的政策框架下平衡投入产出，结合景区周边服务配套的功能，通过做好后勤保障基地等配套服务获得效益。美丽乡村建设中可以引入NGO、建立旅游培训学校、引入玛哪书房等优秀文化创新力量，把文创产业和美丽乡村结合起来，促进村民转产转业。

二是坚持全域化的生态养生与美丽乡村共建。这样既能满足政府对于乡村建设的需求，以及全区域共同发展的需求，同时也满足了游客对生态养生的需求、居民安居乐业及对乡村环境保护的需求，市场前景广阔。在区域开发过程中应注重：(1)构建管理协商机构，成立旅游管理机构，由村民代表、村委会、地方政府以及投资方共同组成，切实保障社区居民参与旅游过程中的权益。建立有效的乡村社区参与机制。发挥村民委员会、村民小组在资源保护及旅游发展中的作用。(2)社区参与旅游开发经营，每个村的景观均为村公共资源，在开发过程中应折合成一定比例的股份分配给村民；村民可通过自有房屋及资金直接或间接投入旅游开发建设。(3)培训和教育，培训生态旅游、旅游资源、食物养生的等相关知识，同时包括礼貌礼节、环境及村落保护等知识，以保证"生态 + 养生 + 美丽乡村"的共建。

三是华侨城美丽乡村建设要着力机制创新。华侨城应多注重多元共治机制的创新发展，构建"政府为主导、企业为主体、社会组织和公众共同参与"的环境治理体系。国务院办公厅印发的《农村人居环境整治三年行动方案》主张"引导相关部门、社会组织、个人通过捐资捐物、结对帮扶等形式，支持农村人居环境设施建设和运行管护"。在美丽乡村建设中构建"多元共治"模式已是必然趋势。以政府为主导的旧动力正在主动退出，取而代之的是搭建一个多元主体的乡村振兴平台，促进更多的振兴主体参与到美丽乡村建设、发展中来，这也是乡村未来得以永续发展的持续动力。

四是大力发展以旅游业为龙头的现代服务业，加强旅游供给侧结构性改革，促进业态全面融合，加强消费领域和旅游产品升级方面的创新。

责任编辑：李志忠
责任印制：孙颖慧
封面设计：中文天地

图书在版编目（CIP）数据

华侨城美丽乡村实践 . 2, 案例篇 / 华侨城集团有限
公司编著 . -- 北京：中国旅游出版社，2021.1
ISBN 978-7-5032-6640-9

Ⅰ. ①华…　Ⅱ. ①华…　Ⅲ. ①农村—社会主义建设—
研究—深圳　Ⅳ. ① F327.653

中国版本图书馆 CIP 数据核字（2020）第 255223 号

书　　名：华侨城美丽乡村实践　案例篇

作　　者：华侨城集团有限公司编著
出版发行：中国旅游出版社
　　　　　（北京静安东里 6 号　邮编：100028）
　　　　　http://www.cttp.net.cn　E-mail: cttp@mct.gov.cn
　　　　　营销中心电话：010-57377108，010-57377109
　　　　　读者服务部电话：010-57377151
排　　版：北京中文天地文化艺术有限公司
印　　刷：北京工商事务印刷有限公司
版　　次：2021 年 1 月第 1 版　　2021 年 1 月第 1 次印刷
开　　本：787 毫米 × 1092 毫米　1/16
印　　张：14
字　　数：240 千
定　　价：108.00 元（全 2 册）
I S B N　978-7-5032-6640-9